第三册目録

獄訟類

吏治類

爵秩類

幕僚類

薦舉類

知遇類

隱逸類

清稗類鈔

獄訟類

叩閽

凡寃獄不得直於本省官長，則部控，又不能直，乃叩閽。然叩閽極難，其人須伏於溝，身至垢穢，俟駕過時，乃手擎狀，揚其聲曰寃枉。如衛士聞之，卽時捉得，將狀呈上，其人拿交刑部，解回原省。或言專有一等人，代人爲此，亦不須多錢，緣此等本是丐流，旣得訟家錢，且解省時，沿途均官爲之供食，獄結，照例充軍，又可中途脱逃，爲此者極多。且非此輩，則何時候駕，如何遞呈，亦不能如式也。

鼓狀通狀

國初，劉餘佑《請革帶地投充疏》，有「御狀、鼓狀、通狀紛争無已」語。鼓狀卽登聞院之狀，通狀卽通政司之狀。雍正初，登聞院改隸通政司，其後控訴者赴都察院及步軍統領衙門，外藩赴理藩院，遂無所謂鼓狀、通狀矣。

呈批出票之日期

州縣衙署事務繁，遇有勾攝案件之事，如户婚、田土案，均有定章，呈詞批准，方掛批。每月初三日所進之呈，至初八日午後方揭曉。掛批後，方敘票稿，分别送刑名、錢穀兩幕友核閲，閲後送籤押，籤押方送官。向例，凡由衙署外入之件，先送門稿，門稿送官閲，閲後官發籤押，籤押仍送門稿，門稿方發房。是籤押者爲内咽喉，而門稿者乃外咽喉也。有此輾轉，必數日而核一票稿，又必數日而繕籤送印，發房交班。計初三日之案，初八日批准，十一日出票，已甚速矣。

傳案限期

凡一案傳票，官必酌批傳案之限期，或三日，或五日，其實限者自限，逾者自逾。限三日者，至五日送審，官可謂能行其令於下矣，限五日者，七日送審，官亦可謂能舉其職矣。然亦難以盡咎差役。每見有官遇差役送案之勤而不悦者，蓋畏問案故也。門稿揣知官之心理，乃擱案不送而索賄，否則勒令兩造和息，既可見好於官，又可得利息錢。此項每案以十千或五千文計，陝西、山左均有之，向不在禁例。官亦明知故犯，何樂不爲？是以有案無傳，有傳無送，有送無訊，有訊無結者，比比然也。

藏民訟事

藏民搆訟，在浪孜沙衙門，以錢之多寡定曲直，大抵每案必罰。亦有不值訟而私辯曲直者，則擲骰，點多者爲直。寃不伸，則賭大咒，兩造皆至藏西二十餘里之山麓。其地有四方大神石一塊，以火在石上燒圓石二塊，紅如熾炭，兩造白事畢，卽以燒石置於掌中，拳握之，外縫以生牛皮，至大昭開視，謂曲者手焦，直者無恙也。

發審局判訟事

各省有發審局承審案件，爲京控之發回原省以交局者，或上控之提審交局者，而莫不以候補道爲總辦，候補府爲提調，候補同通州縣爲承審員。承審員有定額，承審數年，輒得署缺以去。若輩類皆夤緣進身，絶無法律知識，自號老吏，惟以鍛鍊迎合爲事，不則亦顢頇伴食，一任吏胥之舞文弄法而已。要之，一案到局，無有卽審卽結者，窮年累月，人民且求死而不得也。

訴訟別設機關

訴訟二字，爲法律名詞，因權利或其他事項訴於官吏而判其曲直也。屬民事者曰民事訴訟，卽凡因私權關係如田宅錢債及契約等涉訟事件。而起訴者也，在法稱爲私訴。屬刑事者曰刑事訴訟，卽凡因身體財産生命之被害而起訴者也，在法稱爲公訴。宣統己酉，各省有設審判廳、檢察廳者，凡此等機關之所在，其地牧令卽不受詞訟矣。

句票

句票，拘捕罪人所執之憑票也。凡刑事訴訟，被告人傳喚不到或逃亡者，皆用句票拘捕之。亦稱提票。

木子雄圖財害命案

順治時，山東張立山宰浙江之開化，有木子雄者，以圖財害命案置重典，待決有日矣。會張以奉諱受代，攝事者爲王某，去數月部文下，木正法，王時爲監斬官。越三載，張服闋赴補，得江西鉛山令。有竊賊拒捕傷腦案，正兇到案，張視其貌，若素識者，聽其聲，類開化人，問姓名，爲李雄，疑而詰之，卽木也。張大驚，曰：「聞汝已正法矣，何尚在？」雄仰視，知張卽昔之承審官，因不敢隱，具言昔處斬時正在黑夜，刀適中頸骨，身仆而首未殊，頸痛幾絶。比醒，則四周絶無一人，以力掙脱所捆繩，踰城遁。逃至江西，改姓李，作偷兒度日，今又以拒捕破案，死復何言。張驗其腦後，刀痕宛然。

張詢知監斬者卽署任王某，乃以木之昔刑後脱逃及今之拒捕殺人事通詳上憲，贛撫移咨浙江查之。浙撫大駭，行提昔日監斬及行刑之人至省嚴鞫。時王已擢宰江南，離任至浙，訊之，則曰：「開化向未戮人，無善於行刑者。是夜，木正法時，刀砍而仆，疑其已死，遂用蘆席掩之，俟天曉驗收。詎至次日，尸已不見，不敢聲揚，以業已處斬具報。不料其逃至江西，復因他案敗露及於前事也。」浙撫又咨提木至浙，令其親族認識之，果是。復再三研訊，司刑之人實無賄縱情弊，案遂定。木仍解回江西結案，而王與用刑之人，咸獲重譴。

黄毓祺詩詞獄

順治乙酉，豫親王多鐸下江南，崑山顧亭林處士炎武已逸，惟禮部尚書常熟錢謙益出城迎降。未幾，至燕京，管祕書院事，充《明史》副總裁，繼以疾乞假，馳驛回里。世祖疑有異，令巡撫、巡按視其疾以告。逾年，鳳陽巡撫陳之龍獲黄毓祺於通州之法寶寺，搜出印信詩詞，謂欲復明也，並以謙益曾留毓祺宿且許助資招兵等詞入奏。卽命總督馬國柱逮訊，謙益力辨其誣，且自言年已七十，動履藉人扶持，必不敢萌他念，哀籲問官，乞開脱。適首告謙益之盛名儒匿不赴質，毓祺病死於獄，乃以謙益與毓祺素不相識定讞。國柱具疏解之，遂得釋。謙益既歸，乃以前著之《初學集》、《有學集》刻以行世。謙益字牧齋。

順治甲午以前科場案

順治一朝，科場案最多，前乎丁酉者，則有乙酉、丁亥、壬辰、甲午諸案。

乙酉，河南鄉試録内，稱皇叔父爲王叔父，主考歐陽蒸、呂雲藻俱革職，交刑部治罪。

丁亥，會試同考官袁襘如擅改硃卷，革職。

壬辰會試，以第一名程可則悖戾經旨，特旨除名。試官祕書院學士武陵胡統虞降三級，弘文院學士大名成克鞏降一級，同考左敬祖等奪俸有差。

甲午，禮部參奏順天主考編修吳縣范周、編修江夏吳正治評閱試卷，止有姓名，全無次第。給事中宋牧民亦稱試録程文種種乖謬，並奉旨交刑部。

科場之事，明季卽有以關節進者。每科五六月間，房考就聘之期，則先爲道地，或晉謁，或爲之行金以賄諸上臺，使得棘闈之聘，後分房驗取，如操券而得也，每榜發，不下數十人。至本朝而益甚，各分房之所私許，兩座師之所心約，以及京師貴人之所密屬，如麻如粟，殆千百人。闈中無以爲計，各開姓名，擇其必不可已者登之，而間取一二孤寒，以塞人口。北闈尤多此弊。北闈房考及座主，率爲輦下貴人，未入場，已可按圖而索。知某人必入，故營求者先期定券，萬不失一，不若各省房考必爲州縣，茫然不可知，暗中摸索也。順治甲午一榜，無不以關節得倖。於是陰躁者走北如騖，各入成均，若傾江南而去之矣。至丁酉，輦金載寶，輻輳都下，而若京堂三品以上之子弟，則不名一錢，無不獲也。若善弋聲名，遨游公卿者亦然。惟富人子或以金不及額，或以價忽驟溢遜去，蓋榜發無此中人矣。於是蜚語上聞，天子赫怒，逮繫諸房考。

顧亭林通鄭成功案

顧亭林嘗以世僕陸恩叛投里豪，數其罪，投之於江。蓋亭林之先世，曾以良田數頃向里人葉方恆押銀，亭林急欲贖歸，而葉意圖吞没，再三延閣。亭林迫之急，葉遂以千金啗陸恩，使訐亭林通鄭成功事，冀亭林畏罪逃逸，無暇問田事也。其後移獄松江，幸而免。

孫長卿折獄

太原有民家，姑婦皆寡，姑中年，不能自潔，村無賴頻就之。婦不善其行，陰於門户牆垣阻拒之。姑慚，假事以出婦，婦不去，頗勃谿，姑益恚，乃誣控之官。官問奸夫姓名，姑曰：「夜來宵去，實不知爲誰，鞫婦自知。」因唤婦，婦果知之，而以姦情歸姑，苦相抵。拘無賴至，又譁辯，謂兩無所私，彼姑婦不相能，故妄言以相詆毁耳。官曰：「一村百人，何獨誣汝？」重笞之，無賴叩乞免責，自認與婦通。械婦，婦終不承，逐去之。婦忿而上控，仍如前，久不決。

時淄川孫長卿大令宗元宰臨晉，推折獄才，憲司遂下其案於臨晉。人犯到，略訊一過，寄監訖，即令隸人備磚石刀錐，質明聽用。皆疑曰：「嚴刑自有桎梏，何將以非刑折獄耶？」不解其意，姑備之。明日出訊，命以諸具悉置之堂，傳犯者，又一一畧訊之，乃謂姑婦曰：「此事亦不必求甚清析，淫婦雖未定，而奸夫則確。汝家本清門，惟一時爲匪人所誘，罪全在某。堂上刀石具在，可自取擊殺之。」姑婦趦趄，恐邂逅抵償。孫曰：「無慮，有我在。」於是姑婦並起，掇石交投，婦銜恨已久，兩手舉巨石，恨不即立斃之，姑惟以小石擊臀腿而已。又命用刀，姑逡巡，孫止之，曰：「淫婦，我知之矣。」命執姑嚴梏之，遂得其情，案乃結。

一日，遣役催租，租户他出，婦應之。役不得賄，拘婦至，怒曰：「男子自有歸時，何得擾人家室。」遂笞役，遣婦去，乃命匠多備手械以備蔵比。明日，邑中傳頌使君之仁，逋賦者聞之，皆使婦出應，乃盡拘而械之。

順治丁酉順天科場案

專制國之用人，銓選與科舉等耳，古用鄉舉里選之法，最近文明，後漸成器械之事。凡汲引人材，從古無有以刀鋸斧鉞隨其後者，銓政縱極清平，能免賄賂，不能免人情，科舉亦然。士子之行卷，公卿之游揚，恆爲躐取科第之先導，不足諱也。明代程敏政、唐寅之事，沈同和、趙鳴陽之事，關節槍替，經人舉發，無過蹉跌而止。至本朝，乃興科場大案，草菅人命，甚至弟兄叔姪，連坐而同科，罪有甚於大逆。無非重加其罔民之力，束縛而馳驟之，蓋始於順治丁酉之鄉闈矣。

明代迷信八股，迷信科舉，至亡國時而尤盛，餘毒所蘊，至本朝遂盡洩之。蓋滿人旁觀極清，籠絡國中秀民，莫妙於中其迷信。始入關，則連歲開科，以慰蹭蹬者之心，繼而嚴刑峻法，俾忮求之士稱快。丁酉之獄，主司、房考及中式之士子，誅戮及遣戍者無數。其時滿、漢方水火，而漢之無恥者，又欲借滿以傾漢，傾漢以結滿，故發難者漢人，受禍者亦漢人。漢人陷溺於科舉，至深且酷，不惜假手於滿人，屠戮同胞，以洩多數被擯者之憤，此所謂天下英雄入我彀中者也。

丁酉之獄，蔓延幾及全國，以順天、江南二省爲鉅，次則河南，又次則山東、山西，凡五闈。明時江南與順天俱有國子監，俱爲全國士子之所萃，非僅一省之關係已也。大兵下江南，雖已改應天府爲江寧，廢止南雍，然士子耳目，尚以順天、江南爲觀瞻所係。是年科場大獄，即以此兩闈爲最慘，同時並舉，以聳動迷信科舉之漢兒，用意至爲明顯。今分闈敍述，首順天，次江南，又次河南，而以山東、山西附見於河南之下。蓋三省之獄，皆以磨勘爲起因也。

丁酉，賓興屆期，世祖遣翰林侍讀曹本榮、侍講宋之繩主順天鄉試，所謂北闈者是也。又選各衙門有才名之散官分校五經房，如大理左右評事李振鄴、張我樸，國子博士蔡元曦，行人司行人郭濬等，凡十有四人。振鄴等皆年少輕狂，浮薄寡慮，雖未必盡納財賄，而欲結權貴樹黨援之心則同。囑託甚多，名額有限，闈中推敲，比之閱文以定高下者，其心更苦。爵高者必錄，爵高而黨羽少者擯之，財豐者必錄，財豐而名非夙著者又擯之。振鄴尤孟浪，在外所通關節者二十有五人，在闈中時，一時無可物色，以親隨有奚童名靈秀者頗黠慧，遂手畫藍筆一紙，令其覓之，一一具見，止中五名，外二十人不中。事已，宜索以泯迹，振鄴忘之。秀以示同伴馮元，元固振鄴素遇之寡恩者，遂攫去，藏於樸，思以箝振鄴。尚未發，至榜下，輿論大譁。

苕溪貢生張漢素戇騃，以別有隱恨，剪髮刻揭，投送科道衙門四紙，嘉善蔣文卓亦寫揭，匿名而徧傳之。杭州貢生張綉虎，本光棍，拐妓逋京師，慣爲拿訛紮詐之梟，從中鼓煽恐嚇，藉漢與文卓爲囮，詐得振鄴、我樸銀一千二百兩。吏科陸貽吉與聞其事，然非過付也。乃文卓揭載其名，貽吉大怒，文卓即削其名，而貽吉猶不自安，語刑科任克溥曰：「漢與文卓將揭今科之弊，不意牽涉及我，吾將自檢舉。」而因循未果。克溥受山左諸大老意旨，久銜考官，又爲孫伯齡所咻，不無垂涎於房考。房考不應，早欲甘心於諸人，及世祖幸南海子，面召漢大臣及科道官，嚴諭以盡職掌，無徇庇。克溥遂於十月十六日疏劾科場大弊，世祖大怒，卽傳旨拏疏中有名人犯，至吏部會審。

時滿大臣尚未知關節爲何事也，太宰王某掀髯抵掌，詮註解釋，圖海、科爾坤始恨南人之狡。訊時，振鄴贓證有據，轉攀張我樸、蔡元曦，堂上援筆定案，署謂：「我樸、元曦雖堅不承認，但振鄴執稱不已，賄弊是實。」不意太宰欲邀懽於滿大臣，特召馮元，以言餂之，元出樸中藍筆一紙，按卷而對，則二十五關節中首爲陸慶曾，係二十年名宿，且曾藥愈振鄴，借中式以酬醫，非入賄者，亦逮入。第二名爲太宰胞姪樹德，太宰大懼，上疏自劾。得旨云：「王樹德審明處分，不必先期陳乞。」時十月二十五日也。明日，吏部獄詞上，奉旨依議卽決，父母兄弟妻子流徙尚陽堡，家產入官。二十七日，我樸、元曦、振鄴及新舉人田耜、賀鳴郊騈首菜市。貽吉不先檢舉，亦坐知情過付，同僇矣。正法之次日，卽檄各省，逮繫各家老幼，籍没資產。隨又提拏各犯，緹騎四出，於是而張次先父子、孫伯齡父子、郁光伯父子，學士諸震、漢之兄中書舍人嘉，及中書張恂、光禄李倩，次第就逮。嗣又遣校拏常熟趙某，湖州二沈、二閔，皆有關節而不中者。元之口供有八公子，於是公卿之有子獲雋者，咸凜凜矣。十二月初四日，繫累男女一百八人，出關而去，中有三十人，不與同局而同没焉。

戊戌正月十五日，集諸士覆試於太和門，每人以滿兵一人夾之，仍諭以盡心搆藝，不必畏懼。供給茶煙，未嘗缺乏，卽所監押，亦小心執禮，安慰致囑。題爲世祖親定。甫二日，榜出，僅革白丁霍某某等八人，餘皆准會試。是獄也，遷延半載，皋陶曰殺之三，堯未卽曰宥之三也。上意未測，爰書莫定。四月二十二日，忽接上傳，拿取各貌，御前親録。故事，朝廷若有斬決，鎮撫司開南角門，刑部備綁索口啣，點劊子，工部肅街道。是日晨，備綁索四十副，口啣四十枚，劊子手四十名，厲行刑刀數口，簇擁各犯入太和門。當是時，上御殿引問，衆皆惕息，便溺皆青。獨張天植自陳「孤蹤殊遇，臣男已蒙臚，富貴自有，不必中式。況又能文，可以面試」等語。特蒙賜夾，校尉蝦等欲夾雙足，上竪一指，遂止夾一足。堅不承認，曰：「上恩賜死，無取辭。若欲屈招通關節，則必不承受。」上回面向内久之，傳問曰：「朝廷待汝特厚，汝前被論出，朝廷特召内陞，何負於汝？平日做官，亦不甚貪猥，奈何自罹於辜？今俱從輕，各拿送法司。」卽於長安街重責四十板候旨。駕起，而科官不論列，以引咎而免責。其牽連之子文等，並首難之文卓及漢，俱不與。當經刑部遵旨行杖，杖太重，若必欲斃之杖下者。時尚書噤不出一語，獨侍郎杜某奮起，大詬諸皂曰：「上以天恩特賜寬宥，爾等必置之死，以辜負上意耶！止可示辱而已。若不幸見罪，余獨當之。不聽吾言，吾將蹴蹋死若曹矣。」於是諸皂始稍稍從輕，得不死。是晚杖畢，仍繫刑部獄。

翌日，刑部奉上諭：「開科取士，原爲遴選真才，以備任使，關係最重，豈容作弊壞法！王樹德等交通李振鄴等，賄買關節，紊亂科場，大干法紀，命法司詳加審擬。據奏，王樹德、陸慶曾、潘隱如、唐彦曦、沈始然、孫暘、張天植、張恂俱應立斬，家産籍没，妻子父母兄弟流徙尚陽堡。孫伯齡、郁之章、李倩、陳經在、丘衡、趙瑞南、唐元迪、潘時升、盛樹鴻、徐文龍、查學詩俱應立斬，家産籍没。張旻、孫蘭茁、郁喬李、蘇霖、張繡虎俱應立絞，余贊周應絞，監候秋決。因人命至重，恐其中或有寃枉，特命提來，親行面問。王樹德等俱口供作弊情真，本當依議發落，但多犯一時處死，於心不忍，俱從寬免死，各責四十板，流徙尚陽堡，餘俱依議發落。董篤行等，本當重處，朕面問時，皆自認委係溺職，姑著免議。自今以後，凡考官士子，須當恪遵功令，痛改積習，持廉秉公。不得以此案偶從寬典，遂視常例，妄存倖免之心，如再有犯此等情罪者，必不姑宥。爾等衙門即行傳諭。欽此。」

自北闈大獄興，彈劾科場者大起。陰應節劾南闈，而主考房考十八人逮；蔣徹修劾河南、陝西，而主考逮；山東磨勘一字訛，而房考被逮，皆是也。

順治丁酉江南科場案

順治丁酉十一月壬戌，給事中陰應節奏江南主考方猷等弊竇多端，物議沸騰，其彰著者，如取中之方章鉞，係少詹事方拱乾第五子，懸成亨咸膏茂之弟，與猷聯宗有素，乘機滋弊，冒濫賢書，請皇上立賜提究嚴訊。得旨：「據奏，南闈情弊多端，物議沸騰，方猷等經朕面諭，尚敢如此，殊屬可惡。方猷、錢開宗並同考試官，俱著革職，並中式舉人方章鉞，刑部差員役速拿來京，嚴行詳審。本內所參事情及闈中一切弊竇，著郎廷佐速行嚴查明白，將人犯拿解刑部，方拱乾著明白回奏。」十二月乙亥，少詹事方拱乾回奏：「臣籍江南，與主考方猷從未同宗，故臣子章鉞，不在迴避之例，有丁亥己酉甲午三科齒録可據。」下所司查議。

戊戌二月庚午，御史上官鉉劾奏江南省同考官舒城縣知縣龔勳，出闈後被諸生所辱，事涉可疑。又中式舉人程度淵嘖有煩言，情弊昭著，應詳細磨勘，以釐夙奸。得旨：「著嚴察逮訊。」丙申，禮部議覆：「御史上官鉉奏江南新榜舉人嘖有煩言，應照京闈事例，請皇上欽定試期，親加覆試，以覈真僞。至直省士子雲集，闈務不便久稽，其江南新科舉人，應停止會試。」從之。

三月庚戌，上親覆試丁酉科江南舉人。戊午，諭禮部：「前因丁酉科江南中式舉人，情弊多端，物議沸騰，屢見參奏，朕是以親加覆試。今取得吳珂鳴，三次試卷，文理獨優，特准同今科會試中式一體殿試。其汪溥勳等七十四名，仍准作舉人。史繼佚、詹有望、潘之彪、洪濟、黄樞、秦廣之、陳遡潢、許允芳、張允昌、何亮功、何炳、曹漢、馬振飛、朱扶上、萬世俊、黄中、董粵固、韓揆策、謝金章、許鳳、楊大鯤、周篆、沈鵬舉、史奭等，亦准作舉人，罰停會試二科。方域、林大節、楊廷章、張文運、汪席、陳珍、華廷樾、顧元齡、劉師漢、夏允光、程牧、孫弓、安葉甲、孫長發等十四名，文理不通，俱著革去舉人。」

十一月辛酉，刑部審實江南鄉試作弊一案，正主考方猷擬斬，副主考錢開宗擬絞，同考官葉楚槐等擬責遣尚陽堡，舉人方章鉞等俱革去舉人。得旨：「方猷、錢開宗差出典試，經朕面諭，務令簡拔真才，嚴絶弊竇。輒敢違朕面諭，納賄作弊，大爲可惡。如此背旨之人，若不重加懲治，何以警戒將來！方猷、錢開宗俱著卽正法，妻子家産籍没入官。葉楚槐、周霖、張晉、劉延桂、田俊民、郝惟訓、商顯仁、朱祥光、文銀燦、雷震聲、李上林、朱建寅、王熙如、李大升、朱蓮、王國楨、龔勳俱著卽處絞，妻子家産籍没入官。已死盧鑄鼎，妻子家産亦籍没入官。方章鉞、張明薦、伍成禮、姚其章、吳蘭友、莊允堡、吳兆騫、錢威俱著責四十板，家産籍没入官，父母兄弟妻子併流徙寧古塔。程度淵在逃，責令總督郎廷佐、亢得時等，速行嚴緝獲解，如不緝獲，伊等受賄作弊是實。爾部承問此案，徇庇遲至經年，且將此重情問擬甚輕，是何意見？作速回奏。餘如議。」

先是，刑部諸臣遵旨回奏審江南鄉試作弊一案，耽延情由，下吏部議。至十二月丁亥，吏部議：「尚書圖海、白元謙，侍郎吴喇禪、杜立德，郎中安珠護、胡悉寧，員外郎馬海，主事周明新等，讞獄疏忽，分别革職，革前程並所加之級，仍罰俸。」得旨：「圖海等本當依議，姑從寬免革職，著革去少保太子太保，並所加之級。其無加級者，著降一級留任。」

己亥三月戊子，再覆試丁酉科江南舉人。

蓋順治丁酉江南鄉闈發榜後，衆大譁，好事者爲詩爲文，爲《萬金記傳奇》及雜劇，以方字去一點爲萬，錢字去邊旁爲金，指二主考姓，備極行賄通賄狀而醜詆之。流布禁中，世祖震怒，遂有是獄。兩主司撤棘歸里時，道過毗陵金閶，士子隨舟唾駡，至欲投磚擲甓。桐城方某，冠族也，禍先發，於是連逮十八房官及兩主司。總督郎某又採訪舉子之顯有情弊者八人，上之於朝，其八人即於京師就緝，同主司嚴訊。凡南北舉子皆另覆試，北場爲先。上親御前殿，士子數里外攜筆硯，冰雪僵凍，立丹墀下，頃刻成數藝，兵番雜沓以旁邏之，如是者三試而後已，榜發，黜數人。南闈覆試最後，皆不得與會試，所覆一如前，亦黜十餘人，而最後一二十人，復停三科，其解首則竟爲進士。是役也，師生牽連就逮，或就立械，或於數千里外鋃鐺提鎖，家産籍没，妻子流離。更波及二三大臣，皆居間者，亦血肉狼藉，長流萬里矣。

或曰，是年江南鄉試前數日，嚴霜厚三寸，既鎖闈，鬼嚎不止。是雖迷信之談，亦足見是獄之慘也。

北闈所株累者多爲南士，而南闈之荼毒，則又倍蓰於北闈。北闈房考官之被戮者，僅張我樸、蔡元曦、李振鄴三人，且法官擬重，而特旨改輕以市恩，猶循殺之三、宥之三之常格。至南闈，則特旨改重，且罪責法官，兩主考斬決，十八房考，除已死之盧鑄鼎外，生者皆絞決，蓋考官全體皆得死罪矣。又兩主考、十八房考，妻子家産皆籍没入官，家産没入已酷，又并其妻子而奴虜之。明燕藩篡弑，謂之靖難，其後大戮建文諸忠臣，以其妻妾配象奴。方之丁酉科場，慘酷正等。夫行不義殺不辜，爲叔世得天下者之通例，不從弑逆者，即例應以大逆坐之，科場案則何爲者？士大夫之生命之眷屬，徒供專制帝王之游戲，以借爲徙木立信之具，而於是僥倖弋獲，僥倖不爲刀下之游魂者，乃詡詡然自命爲科第之榮，有天子門生之號。嗚呼，科舉之敗壞人道，摧殘廉恥，而賣國賣君之人，乃亦出於其中，豈創設科舉者之所逆料者耶！

順治丁酉河南科場案

順治丁酉十二月壬申，給事中朱紹鳳劾奏河南主考官黄釴、丁澎進呈試録《四書》三篇皆由己作，不用闈墨，有違定例。且黄釴居官向有穢聲，出都之時，流言嘖嘖。又挾恃銓曹，恣取供應，請敕部分別處分。得旨:「黄釙著革職嚴拿察究,丁澎亦著革職察議。」

戊戌七月辛酉,刑部議河南主考黄釙、丁澎違例更改舉人原文作程文,且於中式舉人硃卷内用墨筆添改字句。黄釙又於正額供應之外,索取人參等物。黄釙應照新例,籍没家産,與丁澎俱責四十板,不准折贖,流徙尚陽堡。上命免釙、澎責,如議流徙。

河南副主考丁澎,名士也,紀載頗及此事,則有可録者如下。朱紹鳳彈河南闈之原奏,見朱自刻之奏議中。蓋是年以參劾試官爲最趨風氣之一事,於是臺諫中思有所表見者,無不欲毛舉一二細故,以合時尚。今觀是年十二月十四日朱紹鳳劾河南科場之原奏,可知矣。其辭曰:「刑科右給事中加一級朱紹鳳謹題,爲主司違例可疑闈卷並宜嚴察事。竊惟設科取士,關係匪輕,主司銜命而行,動曰矢公矢慎。公者,屏絶苞苴之謂也;慎者,欽遵功令之謂也。少涉私情,便干物議,天威有赫,殷鑒昭然,乃臣於黄釙、丁澎,不能無議焉。復查順治十一年五月内禮部題覆臣同官孫珀齡《科場關係大典》一疏,内開『試録宜用闈墨』一款,凡科場題目,預先洩漏,種種奸弊,多因主考場前預撰試録程文。今應如科臣議,用諸生原墨,稍加裁訂,以刊程文,違者糾參等因。奉有俞旨,歷科各省罔不遵行,獨今年河南試録,則大異是,首篇刻李模,僅同四句,次篇刻李敏孫,一語不符,三篇刻李士召,所存者兩股耳。若以爲文堪首列,何不揚於王廷?若以爲理礙進呈,何以壓於多士?苟非狥私,便爲抗旨,百口難爲二人解也。又聞黄釙出都之日,嘖有流言,及乘傳入闈,挾恃銓曹聲勢,恣取供應,地方官積不能堪,事屬風聞,未敢輕告。要之釙服官素著穢聲,典試復多闕失,似又不可與丁澎同日而語也。伏祈勅下該部,將釙等分別從重議處，以爲人臣專擅者之戒。其闈墨全卷，務須嚴加磨勘，據實指陳，庶不負朝廷書升之重典並皇上遹來懲誡之盛心，功令肅然，科名幸甚。」奉旨：「據所參河南録文違例，並黃釚服官素著穢聲，出都之日，嘖有流言，挾恃銓曹，恣取供應等情，殊干法紀，著革了職嚴拿察究。丁澎，係副考官也，著革了職一並察究議奏，該部知道。」紹鳳原題如此。觀其置黃釚恣取供應於後，而以試録違式爲要點，奏末又明言皇上遹來懲誡之盛心，可見當日本意，在搆成一種科場案，以投時好。紹鳳奏議有龔鼎孳序，稱與少同鄉舉，垂三十年，白首弟兄，則亦明時之有科目者也。

自是歲河南科場以磨勘興大獄之後，科場試録，遂無硃墨真卷。揭曉之日，若發見有違式者，皆知照本人換卷，終科舉時代皆然。取士而以穿窬之盗度人，科舉功令，至不足道，以防弊與作弊二者較之，亦當諒作弊者之不得已矣。

順治丁酉山東山西科場案

順治戊戌二月庚午，禮部磨勘丁酉科鄉試硃卷，劾奏違式各官。河南省考試官黃釚、丁澎，用墨筆添改字句；山東省同考官同知袁英，知州張錫懌，知縣唐瑾、吴暹、何鏗、章貞，用藍筆改竄字句；山西省考試官臣蘭馨、唐賡堯批語不列銜名，俱屬疏忽。得旨：「俱著革職逮問。」

山東、山西考官革職逮問之結果，雖無所聞，然其罪名不過「疏忽」二字，則逮問後自亦無大處分也。

查許墳地案

海寧許季覺與其同邑查某友善，查掇巍科，躋顯仕，許杜門隱居，甘貧食淡。查没，賜祭歸葬，勢烜赫。葬地侵許氏祖墳，兩家子弟交搆，許曰：「吾終不以死友賣祖父也。」挺身訟之官，連年不決。查、許本通家姻戚，居間者以十數，至是，許攘袂奮髯而誓曰：「頭可斷，地不可讓！」聞者乃止。後查以通海客誣季覺，大吏鍛鍊周内，置於獄，會有知其誣者，營護得解。仇者百出其計，欲殺之，乃避之山陰。數年，卒蹤跡得之，使幹役十餘人縶以去。許知不得復生，義不辱，因於獄中碎瓷器作屑，吞之而斃。

淄川崖莊殺賈案

順治戊戌，淄川之鄉西崖莊，有賈者被人殺於途，越夕，其妻王氏亦自經死，賈弟鳴於官。時鄞縣費禕祉令淄，親驗之，見布袱裹銀五錢餘尚在腰中，知非爲財也。拘兩村鄰保訊之，無端緒，亦未搒掠，釋之歸，但命地約詳察，十日一關白而已。踰半年，事漸懈，賈弟怨費仁柔，上堂屢譟，費怒曰：「汝既不能指名，欲我以桎梏加良民耶！」呵逐而出。賈弟無所伸訴，憤葬兄嫂。一日，以逋賦故，逮數人至，中有周成者懼責，上言錢糧措辦已足，即於腰中出銀袱，請驗視。驗已，問家何里，答云某村，又云去西崖幾里？答五六里。曰：「去年被殺賈某，汝何人？」答云：「不識其人。」費勃然曰：「汝殺之，尚云不識耶！」周力辯，嚴梏之，果伏罪。

先是，王氏將詣姻家，以無釵飾聒夫，使假於鄰，夫不肯，自假之，頗甚珍重。歸途，卸而裹諸袱，內袖中，既至家，探之，已亡。不敢告夫，又無力償鄰，懊欲死。是日，周適拾之，知爲王所遺，窺其夫他出，夜踰垣，將執以求合。時溽暑，王臥庭中，周潛就淫之，王覺大號，周急止之，留袱納釵。事已，王囑曰：「後勿來，吾家男子惡，恐俱死。」周怒曰：「我挾勾欄數宿之資，寧一度可償耶？」王慰之曰：「我非不願相交，渠常善病，不如從容以待其死。」周乃去。於是殺賈，夜詣王曰：「今某已被人殺，請如所約。」王聞之，大哭，周懼而逃，天明，則王死矣。費廉得情，以周抵罪，羣服其神，而不知所以能察之故。則曰：「事無難辦，要在隨處留心耳。初驗尸時，見銀袱刺萬字文，周袱亦然，是出一手也。及詰之，又云無舊，詞貌詭變，是以確知其情也。」

淄川無首尸案

胡成、馮安，皆淄川人也，世有郤，胡父子強，馮屈意交懽，胡終猜之。一日同飲，薄醉，頗傾肝膽，胡大言勿憂貧，百金之產，無難致也。馮以其家不豐，故嗤之。胡正色曰：「實相告，昨途遇大商，載厚裝來，我顛越之於南山眢井中矣。」馮又笑之。時胡有妹夫鄭倫，託爲說合田產，寄數百金於胡家，遂盡出以炫馮，馮信之。既散，陰以狀報邑，費禕祉拘胡對勘，胡言其實，問鄭及產主，不訛，乃共驗諸眢井，一役縋下，則果有無首之尸在焉。胡大駭，莫可置辯，但稱冤。費怒，擊喙數十，曰：「有確證，尚叫屈耶！」以此囚具禁制之，尸戒勿出，惟曉示諸村，使尸主投狀。逾日，有婦人抱狀，自言爲亡者妻，言夫何甲揭數百金出作貿易，被胡殺死。費曰：「井有死人，恐未必即是汝夫。」婦執言甚堅。乃命出尸於井，視之，果不妄，婦不敢近，卻立而號。費曰：「真犯已得，但骸軀未全，汝暫歸，待得死者首，即招報，令其抵償。」遂自獄中喚胡出，訶曰：「明日不將頭至，當械折股。」役押終日而返，詰之，但號泣，乃以梏具置前，作刑勢，卻又不刑，曰：「想汝當夜扛尸忙迫，不知墮何處，奈何不細尋之？」胡哀請急覓。乃問婦：「子女幾何？」答言：「無。」「甲有何戚屬」？云：「有從叔一。」慨然曰：「少年喪夫，伶仃如此，其何以爲生矣。」婦乃哭。費曰：「殺人之罪已定，但得全尸，此案即消，消案後，速醮可也。汝少婦，勿再出入公門。」婦感泣，叩頭而下。

於是費即票示里人，代覓其首。經宿，即有同村王五者報稱已獲，問驗既明，賞以千錢。喚甲叔至，曰：「大案已成，然人命重大，非積歲不能結。姪既無出，少婦亦難存活，早令適人。此後亦無他務，但有上臺檢駁，止須汝應身耳。」甲叔不肯，飛兩籤下，再辯，又一籤下，甲叔懼，應之而出。婦聞，詣謝，費極意慰諭之。又諭有買婦者當堂關白。既下，即有投婚狀者，蓋即報人頭之王五也。乃喚婦上，曰：「殺人之真犯，汝知之乎？」答曰：「胡成。」曰：「非也，汝與王乃真犯耳。」二人大駭，力辯爲寃。費曰：「我久知其情，所以遲遲而發者，恐有萬一之屈耳。尸未出井，何以確信爲汝夫？蓋先知其死矣。且賈死，猶衣敗絮，數百金何所自來？」又謂五曰：「頭之所在，汝何知之熟也？所以如此其急者，意在速合耳。」兩人色變如土，不能置一詞，並械之，果吐實。蓋五與婦私久，謀殺其夫，而適值胡之戲也。乃釋胡，馮以誣告重笞，徒三年。事既結，未妄刑一人。

順治辛丑奏銷案

奏銷案者，順治辛丑八月江南奏銷案也。蘇、松、常、鎮四屬官紳士子，黜革至萬數千人，並多刑責逮捕之事，案亦鉅矣。

是年正月初七日，世祖晏駕，二十九日，聖祖諭吏部、户部：「錢糧係軍國急需，經管大小各官，須加意督催，按期完解，乃爲稱職。近覽章奏，見直隸各省錢糧，拖欠甚多，完解甚少。或係前官積逋，貽累後官，或係官役侵挪，借口民欠。向來拖欠錢糧，有司則參罰停升，知府以上，雖有拖欠錢糧未完，仍得升轉，以致上官不肯盡力督催。有司怠於徵比，枝梧推諉，完解愆期。今後經管錢糧各官，不論大小，凡有拖欠參罰，俱一體停其升轉，必待錢糧完解無欠，方許題請開復升轉。爾等即會同各部寺酌立年限，勒令完解，如限内拖欠錢糧不完，或應革職，或應降級處分，確議具奏。如將經管錢糧未完之官升轉者，拖欠官並該部俱治以作弊之罪。」三月，定各省巡撫以下州縣以上徵催錢糧未完數分處分例，此即當時之所謂新令，人民所痛心疾首者也。凡入奏銷案者，固謂之絓新令，然即辛丑奏銷以後，官吏之追呼，士紳之僇辱，亦無不以新令爲陷阱矣。

江南賦役，百倍他省，而蘇、松、常、鎮尤重。役外之征，有兑役、里役、該年催辦捆頭等名，雜派有鑽夫、水夫、牛税、馬荳、馬草、大樹、釘、麻、油、鐵、箭、竹、鉛彈、火藥、造倉等項，又有黄册、人丁、三捆、軍田、壯丁、逃兵等册，大約舊賦未清，新餉已近，積欠常數十萬。中有實欠未免者，有已完而總書未經注銷者，有實未欠糧而爲他人影冒立户者，有本邑無欠而他邑爲人冒欠者，有十分全完總書以纖怨誣爲十分全欠者。時司農告匱，始十年並征，民力已竭，而逋欠如故。蘇撫朱國治強愎自用，造欠册達部，號曰抗糧。既而盡行褫革，發本處枷責，鞭扑紛紛，衣冠掃地。崑山探花葉方靄以欠折銀一釐謫官，其具疏有云：「所見一釐，准制錢一文也。」民間有「探花不值一文錢」之謡。自是而兩江士紳，得全者無幾。有鄉試中式而生員已革，且有中進士而舉人已革，如華亭董含者。方光琛爲歙縣廩生，亦中式後被黜，遂亡命至滇，入吴三桂幕。撤藩議起，三桂坐花亭，令人取素所乘馬與甲來，於是貫甲騎馬，旋步庭中，自顧其影，歎曰：「老矣。」光琛從左廂出，曰：「王欲不失富家翁乎？一居籠中，烹飪由人矣。」三桂默然，反遂決，軍中多用光琛謀。世璠敗，光琛亦就擒，磔於市。光琛，字獻廷，明禮部尚書一藻子，皖人也，不應在國治奏銷案内。亦以各省厲行此事，國治爲尤酷耳。

國治撫吴在己亥冬，承鄭延平兵入沿江列郡之後，意所不慊，輒以逆案爲名，任情荼毒，當時横暴之舉，非始於奏銷。嘗上疏言蘇、松、常、鎮四府錢糧抗欠者多，因分别造册，紳士一萬三千五百十七人，中有三千人併被逮，過常州放還，楊大鶴實與其力焉。衙役二百四十人，敕部察議。部議現任官降二級調用，衿士褫革，逋糧册中人，處分之法又不一，有斥革而止者，有鋃鐺起解者，又有現任官與在籍官之不同，見任官降調，而在籍官與士流俱黜革。吏部又上下其手，有所出入。衙役照贓治罪。國治爲奏銷案之主動，奏銷之名，即其所創。夫整理賦税，原屬官吏職權，特當時以明海上之師，積怒於南方人心之未盡帖服，假大獄以示威，又牽連逆案以成獄也。

康熙壬寅五月，奉特旨，奏銷提解諸人，無論已未到京，皆釋放還鄉。癸卯八月，龔芝麓尚書鼎孳時爲左都御史，奏「錢糧新舊並徵，參罰疊出，挪見征以補帶徵，因舊欠而滋新欠，請將康熙元年以前催繳不得錢糧概行蠲免。有司既併心一事，得以畢力見征，小民亦不苦紛紜，得以專完正課」。下部知之。

以催徵鞭扑士子，蓋自辛丑新令以來，官吏無不以奉行爲能事，又不獨國治所轄之江蘇已也。張文端公英撰《黄貞麟墓誌》云：「年二十五舉孝廉，冠其經，次年成進士，越六年，授鳳陽司理。」又云：「蒙城、懷遠、天長、盱眙四縣，子衿逋賦者各百餘人，令咸逮之獄。獄隘，諸生無置足地，公聞之，謂令曰：『被逋賦者皆未驗其實，忍令殞死於獄乎？』悉還其家。及訊，則或舞文吏妄爲註名，或誤報，或續完，悉得原而釋之。」即此亦可見矣。

蘇克撒哈寃獄

蘇克撒哈以材辯受知九王，見事中變，盡發九王陰謀以自免，世祖大委任之。四輔同受顧命，克撒哈才出三人上，往往獨斷。見漢員之傑出者，必折節下交，既入其門，即誌之。木札積箱，朝臣皆其黨矣。鰲拜不能平，卒以計傾之。

攝政王多爾衮初入都，圈地授八旗，九王鑲白旗下多善地，攝政王既殂，御前正黄旗下有言分地不如鑲白旗者，拜煽之。克撒哈，鑲白旗人也，聞之，不敢言，言者滋多。拜與克撒哈請遣大臣覆勘正黄旗地，詔遣户部尚書蘇納海、侍郎雷虎等率固山牛彔科道部曹多人出視地，擁衆數千，民洶懼。正黄旗下原得善地者，憚於遷移，羣言勘地之擾，流聞禁中。上朝太皇太后，太皇太后切責四輔圈地擾民事，將中止。明日，直隸總督朱昌祚、巡撫王登聯均請罷圈地。拜大驚，疑克撒哈結黨通宫掖，乃搆陷之。以二十四大罪賜自盡，誅其四子十二孫，婦女嬰孩無一免者。克撒哈妻聞難作，取箱中木札焚之，曰：「無遺禍舉朝也。」

當昌祚疏未上時，先以草示納海，拜聞之，則納海、昌祚、登聯三人並賜死。納海繫刑部，披甲二人直入，立其側。納海顧而笑曰：「我知之矣。我大臣也，固有體。」取酒酣飲，呼家人布裀於地，解衣覆衾卧，顧二卒，令縊之。一卒取帶，曰：「是未能絶我。」取弓弦縊之，乃絶。昌祚哭泣徘徊，不能自引決，四卒抱之就縊，登聯亦死之。此順治辛丑事也。

趙清獻折獄

浙閩總督漢軍趙清獻公廷臣之折獄也，擿發如神，其最傳人口者數事：有盲者與屠者善，一日入屠室，虚無人，筐有錢五百文，懷之走。屠者覺而追於途，盲者撫膺號曰：「天乎，吾辛苦積此錢，乃欺吾瞽而要劫乎！」衆皆憤憤。趙過，爲遮訴焉，屠者亦泣陳。趙笑命吏取盆水，投錢其中，浮脂熒熒也，乃斷歸屠者。又法司鞫殺人者，既自承矣，趙見所上牘而疑之，曰：「傷不及寸而刄盈尺，此必冤。」後果獲正盜。夏大旱，山中人相驚，以旱魃頳顔赤鬒絳衣冠猝入人家，壯者逸，弱者匿，魃去而財物空矣。趙曰：

「吾當祈之。」密戒邏者分伺擒捕，果獲暴卒，伏法焉。

羅織前代人詩

自文字之獄興，奸人乘之，投匭告訐。嘗有告人作詩觸時諱者於刑部，司官將白堂官移訊，主事李可汧見之，曰：「此乃唐人薛逢作，題曰《開元後樂》，大抵言天寶亂後事者，有何觸忌而移訊耶？」明日，李復攜《唐詩鼓吹》言於堂官，由是被控者乃免。

莊廷鑨史案

明相國烏程朱文恪公國楨嘗作明史，舉大經大法者筆之，刊行於世，謂之《史概》，未刊者爲《列朝諸臣傳》。明亡後，朱氏家中落，以藁本質千金於莊廷鑨。廷鑨家故富，因竄名於中，攘爲己作，刻之，補崇禎一朝事，中多指斥本朝語。或謂莊目雙盲，以史遷有左丘失明乃著《國語》之説，日夜編輯爲明書。及死，無子，其父允城流涕曰：「吾哀其志，當先刻其書。」遂梓行之，號曰《明書》。然此非實事也。

康熙癸卯，歸安知縣吳之榮罷官，謀以告訐爲功，藉此作起復地，白其事於杭州將軍松魁。魁咨巡撫朱昌祚，昌祚牒督學胡尚衡，廷鑨並納重賂以免，乃稍易指斥語重刊之。之榮計不行，特購初刊本上之法司，事聞，遣刑部侍郎出讞獄。時廷鑨已死，戮其尸，誅其弟廷鉞。舊禮部侍郎李令晳嘗作序，亦伏法，并及其四子。令晳幼子年十六，法司令其減供一歲，則得免死充軍，對曰：「予見父兄死，不忍獨生。」卒不易供而死。

序中稱舊史朱氏者，指文恪也。之榮素怨南潯富人朱佑明，遂嫁禍，且指其姓名以證，并誅其五子。魁及幕客程維藩械赴京師，魁以八議僅削官，維藩戮於燕市。昌祚、尚衡賄讞獄者，委過於初申覆之學官，歸安、烏程兩學官並坐斬，而昌祚、尚衡乃幸免。湖州太守譚希閔蒞官甫半月，事發，與推官李煥皆以隱匿罪至絞。滸墅關榷貨主事李希白聞閶門書坊有是書，遣役購之，適書賈他出，役坐於其鄰朱家少待之，及書賈返，朱爲判其價。時希白已入京，以購逆書立斬，書賈及役斬於杭，鄰朱某者，因年踰七十，免死，偕其妻發極邊。歸安茅元錫方爲朝邑令，與吳之鏞、之銘兄弟嘗預參校，悉被戮。時江楚諸名士列名書中者皆死，刻工及鬻書者同日刑。惟海寧查繼佐、仁和陸圻當獄初起時，先首告，謂廷鑨慕其名，列之參校中，得脱罪。是獄也，死者七十餘人，婦女並給邊。時五月二十六日也。

或曰死者二百二十一人。卷端羅列諸名士，徒欲借以自重，泰半不與編纂之役。蓋浙之大吏及讞獄之侍郎，鑒於魁之被禍，且畏之榮復有言，雖有寃者，不敢奏雪也。之榮卒以此起用，並以所籍佑明之產給之，後仕至右僉都。

顧亭林於是書則曰：「不甚通曉古今，冗雜不足道也。」又曰：「余一至其家，薄其人不學而去，是以不列名獲免。」有周恭先者，既受聘矣，以他事爲莊所擯，亦免於難。

莊氏及參訂諸人繫武林軍獄時，雖受桎梏之苦，滿洲將軍佟某頗加防護，飲食供奉無或缺，尚得以詩歌相倡和。就刑時，諸人有作絶命詞者，佟命搜其遺艸摹刻之，共六石，後惟廷鑨一石存焉。廷鑨，字美三，廷鑣兄也，有「豚犬縱難全覆卵，糟糠豈罪及然萁」，「一氣潮迴江上月，全家淚灑武林春」等句。廷鉞，字佐璜，才華最富，七歲能詩，著有《百尺樓詩稿》。有「檮杌有名終累楚，鴟夷無后可留齊」之句，罹禍時年二十四也。吴江潘力田檉、吴媿庵炎在獄時，潘賦詩云：「抱膝年來學避名，無端世網忽相嬰。望門不敢同張儉，割席應知愧管寧。兩世先疇悲欲絶，一家累卵杳難明。自憐腐草同湮没，漫説雕蟲誤此生。」「吴闕一路作纍纍，林棘庭前聽五詞。已分殘形輕似葉，恰憐衛足不如葵。下堂真愧先賢訓，抱璧幾同楚客悲。縱使平反能苟活，他年應廢《蓼莪》詩」。「圜土初經二月春，薰風又到縶維身。流螢夜度綈袍冷，採蕨朝供麥飯新。敢望左驂歸越石，還期轉佩似靈筠。多情最是他鄉侶，閒譜龜茲慰苦辛」。「閱歷風霜祇自疑，難將身世問時宜。窮愁只合吾儕事，姓氏羞爲獄吏知。見説成書刑鑄鼎，不聞有楚召胥靡。南山此去躬耕好，未可重題酒後詩」。

書中所云王某孫壻卽德祖，所云建州都督卽太祖也，而皆直書其名。又云「長山峒而鋭士，飲恨於沙墠；大將還而劲，卒銷亡於左衽」，如此之言，散見於李如柏、李化龍、熊明遇傳中，又指孔有德、耿精忠爲叛。且自丙辰迄癸未，俱不書在闕外之年號，而於隆武、永曆之卽位正朔，必大書特書，其取禍之端有如此。

江南忠義録案

康熙丁未四月，江南民人沈天甫、吕中、夏麟奇等僞撰《忠義録》，詭稱爲明黄忠端公尊素等百七十六人作，陳濟生編集，明大學士吴甡等六人爲之序。天甫使麟奇詒甡之子中書元萊所，詐索銀二千兩。元萊察其書非父手蹟，控於巡城御史，以聞，聖祖以奸民誑稱謀叛，誣陷平民，大干法紀，下所司嚴鞫。天甫等皆棄市，其被誣者不問。

戊申，卽墨黄指揮培之奴姜元衡刪易此書，增入黄氏唱和詩，控其主與兄弟子姪作詩誹謗本朝，又與顧亭林搜輯諸人詩，皆有訕語。復以濟生所輯《忠義録》指爲亭林作。後因援天甫故牘，謂元衡所控之書，卽天甫等陷人之書，事旋解，株連者二十餘均得釋。

龐雪厓弭浦城之獄

龐雪厓太守塏，康熙朝任邱詩人也。以翰林出知建寧府，甫下車，浦城令以嚴苛激變，邑人乘夜焚册局，殺册書。龐聞信，馳往，傳教官、典史至，集諸生於明倫堂，數令罪，諭士民毋生亂，查倉庫册局，收未焚書册，變遂定。督部某惡閩俗之悍，欲重懲之，而浦令方與士紳有嫌，將羅織興大獄，龐争之曰：「令實已甚，吾可殺人以媚人乎！」僅誅一人流二人而已。

吴德基解大獄

吴履，字德基，蘭谿人，爲南康丞。民王瓊輝仇里豪羅玉成，執其家人笞辱之。玉成兄子玉汝不勝恚，集少年千餘人，圍瓊輝家，奪之，縛瓊輝歸，箠之瀕死，乃釋去。瓊輝兄弟五人庭訴，斷指出血，誓與玉成俱死。履念獄成當連千餘人，勢不便，乃召瓊輝，語之曰：「獨羅氏闔爾家耶？」對曰：「千餘人。」曰：「千餘人皆辱爾耶？」曰：「數人耳。」曰：「汝憾數人而累千餘人，可乎？且衆怒難犯，倘不顧死，盡殺爾家，雖盡伏法，亦何益於爾？」瓊輝悟，頓首惟命。履乃捕箠者四人，於瓊輝前杖之，流血至踵，命玉成對瓊輝引罪，拜之，事遂解。不然，大獄成矣。

刑部録供兼滿漢稿

刑部各司定讞，不録漢供。康熙時，太倉王相國掞爲刑部尚書，言：「本朝官制，滿、漢並設，欲其彼此參酌。今供詞俱非漢語，是非曲直，漢司官何由知之？若隨聲畫諾，漢官便虛設矣。」聖祖韙之，乃令嗣後録供，兼滿、漢稿，永爲例。

朱方旦教案

士大夫談軼事者，往往及朱方旦之名，然但以妖人目之，視爲王好賢、徐鴻儒之類。此緣專制時代官文書所束縛，又政教不分，學問中禁闕自由思想，動輒以大逆不道戮人。一經遭戮，傳者遂加甚其詞，印定耳目，無能言其真相者矣。如光、宣間四川井研之廖平，經學使吴蔚若、侍郎郁生奏參，幾罹於法，尚是專制束縛之餘習。迹方旦所犯，並無罪名，當時侍講王鴻緒所參三大罪，一則談傳教信仰，具出世法，畧去帝王臣庶之階級也。二則信徒之多也。三則發明記憶在腦不在心，以爲立説新異也。由今觀之，前二者皆宗教家面目，其後一端，所謂新發明之腦力作用，尤爲生理之定義，學界之雅言。若以爲大罪，則今日之書籍皆當焚禁，學校皆當封毀矣。

有宗教之形似，而不從異域之梵、釋、耶、回各教脱胎者，除鄙背祕密各雜派外，其緣飾以儒學，出入於九流者，厥惟大成教。方旦教旨，信者多讀書通文義之士，所比擬者，皆孔子、程、朱、老莊之倫，所著《中説補》，發明腦之功用，當時雖已有利瑪竇等挈西學以東來，然方旦不言與耶教有關，且能著書立説，必自有心得，非拾人牙慧者可比。時人崇拜方旦，詡爲前知，必自有異術，如泰西各國之預言家。又據參案，謂其書所言皆修養鍊氣之術，則必於生理學别有會悟者。舍是諸端，若妻妾田宅子弟入官，不能指爲罪狀，又可知其無秘密結合妨害治安之處也。

當時所傳述者，則謂康熙庚申，湖廣有朱方旦者，自號二眉山人，聚徒横議，造《中説補》，謂中道在兩眉之間山根之上。又自詡前知，與人決休咎。初爲湖廣巡撫董國興以左道惑衆劾奏，逮至京，得旨寛釋。及吴三桂反，順承郡王勒爾錦統師駐荆州，方旦以占驗出入軍營，巡撫張朝珍稱爲奇異神人。聖祖密諭勒爾錦，軍機大事，勿爲蠱惑，方旦乃往江南、浙江。辛酉七月，侍講王鴻緒得方旦所刻《中質祕書》，遂以奏進，指摘其與徒問答語，有誣罔君上、悖逆聖道、摇惑民心三大罪。言：「方旦擁妻妾，廣田宅，爲子納官，交結勢要。其所造《中説補》不外坐功鍊氣之術，而妖黨互相標榜，謂今之眉山，古之尼山。方旦亦全無畏忌，居之不疑，刊書流播。向在荆州軍前，煽惑兵事，後復徧遊江浙，乘輿張蓋，徒黨如雲，遠近奔走，祈問吉凶，常聚至數千人。輒以小信小惠，勾連入教，雖漢之張角，元之劉福通，亦不過以是術釀亂。臣叨恩侍從，本無言責，因見邪教橫行，不勝憤激，具疏糾劾。」得旨：「朱方旦以市井匪人，妄言休咎，詭立邪説，招致羽黨，誣罔悖逆，揺惑民心，情罪重大。此疏所劾俱實，着湖廣巡撫嚴拿究擬。在外督撫不先究擬，在外督撫不先究治，在内言官未曾糾劾，並嚴行申飭。」

壬戌二月，九卿等議覆：「翰林院侍講王鴻緒疏參楚人朱方旦，自號二眉道人，陽託修煉之名，陰挾欺世之術，廣招黨羽，私刻祕書。其書有曰：『古號爲聖賢者，安知中道？中道在我山根之上，兩眉之間。』其徒互相標榜。有顧宏齊者曰：『古之尼山，今之眉山也。』陸光旭則曰：『孔子後二千二百餘年，而有吾師眉山夫子，朱、程精理而不精數，大儒之用小，老、莊言道而不言功，神仙之術虚』等語，皆刊書流布，蠱惑庸愚，侮慢先聖。乞正典刑，以維世道。」經湖廣總督王新命審實具題：「朱方旦詭立邪説，妄言休咎，煽惑愚民，誣罔悖逆，應立斬。顧宏齊、陸光旭、翟鳳彩甘稱弟子，造刻邪書，俱斬監候。」從之。又宗人府題：「閒散宗室勒爾錦贈朱方旦『至人里』、『聖人堂』匾額，原任湖廣巡撫張朝珍贈『聖教帝師』匾額，應行文巡撫王新命，查其果有憑據否，或係朱方旦自行標榜，俟問明具題到日再議。」上諭大學士等：「此事無庸行查，前勒爾錦領兵在荊州時，朕已聞此等事，曾諭彼時差去之人，朕知朱方旦係狂妄小人，軍機大事，萬不可聽其蠱惑。又對秦遣往軍前，回時路經武昌，原任巡撫張朝珍向對秦云：『朱方旦果一奇異神人，爾宜相會。』遂接見，以賓禮優待。由此觀之，勒爾錦等所贈匾額是真，着即議結。」尋議勒爾錦見在羈禁，張朝珍已經病故，俱無庸議。得旨：「張朝珍所廕世襲官革去，方旦既斬，其徒翟鳳彩、顧宏齊亦於秋後處決，陸光旭放歸。」蓋以宏齊嘗言「今之眉山古之尼山」，光旭嘗言「孔子後二千二百餘年而有我師眉山夫子，朱、程精理而不精數，大儒之用小，老、莊言道而不言功，神仙之術虚」也。

西學東漸，新説漸盛，於生理，則發明思慮在腦，於推步，則發明地球繞日而行，已成定論，而當時以爲悖逆。蓋思慮在腦，則道學家之心學爲兩歧，地繞日行，則天圓地方地静不動之舊説皆廢。故曆法早從西説，且世以西人爲欽天監監正，然地動之説，則必以非聖無法絶之，可見當時我國儒者之心理矣。厥後又有欽天監南懷仁奏上所著《窮理學》一書，其言以靈魂爲性，謂一切知識記憶，不在於心，而在頭腦之内，語既不經，旨極剌謬，命立焚之。懷仁書之見焚，方旦身之見殺，其故一也。

方旦於未被戮前，漫游江浙，汪懋麟嘗著《辨道論》以闢之，可見方旦聲勢之盛，而文人不從其教者，辨駮之不能已也。文作於逮京出獄之時，及方旦得罪，自以《辨道論》爲有先見，實亦專制錮習，視時君之喜怒，爲文字之聲價耳。

德州新郎失蹤案

康熙初，孫某爲德州牧，嘗鞫一奇案。初，村人有爲子娶婦者，新婦入門，戚里畢賀。飲至更餘，新郎出，見新婦炫裝，趣轉宅後，疑而尾之。宅後有長溪，小橋通之，見新婦渡橋逕去，益疑，呼之不應。遥以手招壻，壻急趁之，相去盈尺，而卒不可及。行數里，入村落，婦止，謂壻曰：「君家寂寞，我不慣住，請與郎暫居妾家，數日便同歸省。」言已，抽簪扣扉，軋然，有女童出應門，婦先入，不得已，從之。既入，則外舅外姑皆在堂上，謂壻曰：「我女少嬌慣，未嘗一刻離膝下，一旦去故里，輒戚戚。今偕郎來，甚慰係念。居數日，當送兩人歸。」乃爲除室，牀褥備具，遂居之。家中賓客見新郎久不至，共索之，室惟新婦在，不知壻之所往。由此遐邇訪問，畧無耗息，翁媪零涕，謂其必死。將半載，婦家悼女無偶，遂請於村人父，欲別醮女。村人父益悲，曰：「骸骨衣裳，無可驗證，何知吾兒遂爲異物？縱其奄喪，周歲而嫁，當亦未晚，胡爲如是急也？」婦父益銜之，訟於庭。孫怪之，判令待以三年，存案遣去。村人子居女家，家人亦相忻待，每與婦議歸，婦亦諾之，而因循不自行。積半年餘，心不安，欲獨歸，而婦固留之。一日，合家遑遽，似有急難，倉卒謂壻曰：「本擬三日遣夫婦偕歸，不意儀裝未備，忽遘閔凶，不得已即先送郎還。」於是送出門，旋踵急返，周旋言動，頗甚草草。方欲覓途行，回視院宇無存，但見高塚，大驚。尋路急歸，至家，歷言端末，因與投官陳訴。孫拘婦父諭之，送女于歸，始合巹焉。

青州詩扇案

青州范小山以販筆爲業，行賈未歸，妻賀氏在家，爲盜所殺。是夜微雨，泥中遺詩扇一握，乃王晟所贈吳蜚卿者。晟不知何人，吳爲益都富人，與范同里，平日頗有佻達之行，故里黨咸信之。郡縣拘質，堅不伏，而慘被械梏，遂以成案。駁解往復，歷十餘官，更無異議。吳亦自分必死，囑其妻竭所有以濟煢獨，有向其門誦佛號千者，給絮袴，萬者結絮襖。於是乞丐如市，佛號聲聞十餘里，因而家驟貧，惟日貨田產，以給貲斧。陰賂監者，使市鴆。夜夢神人告之曰：「子勿死，曩日外邊凶，目下內邊吉矣。」再睡，又言，以是不果死。無何，祥符周櫟園侍郎亮工方爲登萊青道，慮囚至吳，若有所思，因問：「吳某殺人何據？」范以扇對。周熟視扇，便問王爲誰，范云不知。又將爰書詳閲一過，立命脱其械，自監移之倉。范力争，怒曰：「而欲妄殺一人，便了却耶？抑將得讎人而甘心耶？」衆疑周私吴，卽莫敢言。周標硃簽，立拘南郭某肆主人。主人懼，罔知所以，至則問曰：「肆壁有東莞李秀詩，何時題耶？」答曰：「舊歲提學按臨，有二三秀才，飲醉留題，不知所居何里。」遂遣役至日照拘李。數日李至，怒詰曰：「既作秀才，奈何謀殺人？」李頓首錯愕，但言無之。周擲扇下，令自視，曰：「明係而作，何詭託王晟？」李審視云：「詩果某作，字實非某書。」曰：「既知汝詩，當卽汝友，誰書者？」李曰：「跡似沂州王佐。」乃遣役拘王，王至，訶之一如見李狀。王言此益郡鐵商張成索某書者，王其表兄也。周曰：「盜在此矣。」執張至，一訊遂伏。

先是，張窺賀美，欲挑之，恐不諧，念託於吴，必人所共信。故僞爲吴扇，執而往，諧則自認，不諧則嫁名於吴，而實不期至於殺也。踰垣入，迫賀，賀以獨居，常以刃自衛。既覺，捉張衣，操刀而起，張懼，奪其刀，賀力挽，令不得脱，且號。張益窘，遂殺之，委扇而去。吴始悟「裏邊吉」乃「周」字也，然終莫解其故。後邑紳乘間請之，周笑曰：「此甚易知。細閲爰書，賀被殺在四月上旬，是夜陰雨，天氣猶寒，扇乃不急之物，豈有忙迫之時反攜此以增累者？其嫁害可知。向避雨南郭，見題壁詩與箑頭之作口角相類，故妄度爲李，果因是而得真盜，幸中耳。」

沂州王氏女孕兒案

王成，沂州縣胥也，家距縣署二三里，以差務冗，輒不得返。家有妻一妹一，夙和好，炊爨縫紉之事，更相爲役。一日，成奉差往郯城，過家門，入焉，則妻方淅米於庭，妹方製衣於室。成曳妻入卧闥，以久曠兩不自制，遂據榻淫焉。時當夏晝，妹以兄歸，當爇飯款之，輟所業，就井旁攜米入廚，復奔而告嫂，請具膳方畧，則二人方裸而有事，妹默然出走。成事已，遽行。姑嫂炊飯飽餐，姑以所見詰嫂，嫂具告之。姑年方及笄，情竇初開，聆嫂言，頗領會。嫂又以成匆匆去，未暢其欲，偕姑入卧闥，現身説法。而兩陰相合，夫之餘精，流入姑之生殖器焉，逾數月，經閉腹高，遂成孕。

姑已受同邑陳某聘，婚有日矣，爲舅所聞，疑而控之官。官訊姑，不承，訊嫂，亦不承。時成亦就訊，以爲職業雖卑，而家無男子，妻賢淑，妹幽嫻，斷無意外事，亦不承。案懸數月，姑果育男，呱呱者在抱矣，百喙莫解也。陳索聘物及退婚據，嫂不言，姑亦羞欲絶，而成終疑之。會新官李化龍至，李有廉能名，檢舊卷，得是案，曰：「寃也。」提成至，莫以對，曰：「兒育乎？」曰：「育也。」曰：「奚乳？」曰：「別雇乳母也。」李令挈兒至，則柔若無骨。李曰：「得之矣。」鞫之，得其實，俱依不應得而爲之事，依律治罪，照例取贖。判以兒給成收養，姑仍配陳某，兩家不得復生異議，案遂結。

陽穀血衣案

朱某，陽穀人。少年佻達，喜詼諧。以喪偶，往求媒媼，遇其鄰人之妻，睨之美，戲謂媼曰：「適睹尊鄰，風雅妙麗，若我續娶，渠可也。」媼亦戲曰：「請殺其男子，我爲君圖之。」朱笑曰：「諾。」更月餘，鄰人出責負，被殺於野，邑令拘鄰保，鞫之，無端緒，惟媒媪述相謔之辭，以此疑朱。捕至，百口不承。令又疑鄰婦與私，搒掠之，五毒慘至，婦不能堪，誣伏。又訊朱，朱曰：「細嫩不任苦刑，所言皆妄，既使寃死，而又加以不節之名，縱鬼神無知，予心亦何忍乎？我實供可矣。欲殺夫而娶其婦，皆我所爲，婦實不之知也。」問：「何證？」答言：「血衣可證。」及使人搜之其家，不可得，又掠之，死而復蘇者再。朱乃云：「此母不忍出證據以死我耳，待自取之。」因押歸，告母曰：「予我衣，死也；即不與，亦死也。均之死，故遲也不如其速也。」母泣入室，移時取衣出，付之。令審其迹確，擬斬，再駁再審，無異詞。年餘，決有日矣，令方慮囚，忽一人直上公堂，怒目視令而大罵曰：「如此憒憒，何足臨民！」隸役數十輩將共執之，其人振臂一揮，頹然並仆。令懼，欲逃。其人大言曰：「我關帝前周將軍也，昏官若動，即便誅卻。」令戰懼悚聽。其人曰：「殺人者乃宫標也，於朱何與？」言已倒地，氣若絶，少頃而醒，面無人色。及問其名，宫也，重撻之，盡服罪。蓋宫素不逞，知鄰人索逋而歸，意腰橐必富，及殺之，竟無所得。聞朱誣服，竊自幸。是日入公門，殊不自知。令問朱血衣所自來，朱亦不之知。喚其母鞫之，則割臂所染，驗其左臂，刀痕猶未平也。令亦愕然。後以此被參揭，免官罰贖，羈留而死。

新鄭張某失貲案

長山石進士宗玉爲新鄭宰，適有遠客張某經商於外，因病思歸，不能騎步，賃手車，攜錢五千，兩夫挽載以行。至新鄭，兩夫往市飲食，張守貲，獨卧車中。有某甲過，睨之，見旁無一人，奪貲去。張不能禦，力疾起，遥尾之。入一村，又從之，入一門，張不敢入，自短垣窺之。甲釋所負，回首見窺者，怒執之，指爲賊，縛以見石，因言狀。問張，張備述其冤，石以無質實，叱去之。張竊謂官無皁白，石置若不聞，頗憶甲久有逋賦，但遣役嚴追之。逾一日，即以銀三兩投納，石問金所自來，甲答質衣鬻物，皆指名以實之。石遣役令視納税人有與甲同村者否，適甲鄰人在，便唤入。石問：「汝即爲某甲近鄰，金所從來，當自知之。」鄰人答不知。石曰：「鄰人不知，必曖昧。」甲懼，顧鄰人曰：「我質某物，鬻某器，汝寧聞之乎？」鄰人曰：「然，固聞之矣。」石怒曰：「是必與某甲同盗，非窮治之不可。」命取梏械。鄰人大懼，曰：「我以鄰故，不敢招怨耳，今刑及己身，何諱乎！彼實劫張某錢。」遂釋之。時張以喪貲未歸，乃責甲押償。

于清端折獄

康熙辛酉，永寧于清端公成龍督兩江，按部至高郵。適巨紳家將嫁女，奩具甚富，夜被偷兒席卷而去，刺史無術。清端傳令諸門閉，止留一門，放行人出入，吏目守之，嚴搜裝載。又出示諭，闔城户口，各歸第宅，候次日查點搜掘，務得贓物所在。乃陰囑吏曰：「設有城門中出入至再者，捉之。」過午，得二人，一身之外，無行裝，曰：「此真盗也。」二人詭辯不已。令解衣搜之，見袍内著女衣二襲，皆奩物也。蓋恐次日大搜，急於移置，而物多難攜，故密著之而屢出也。

清端初爲邑宰時，至鄰邑，且經郭外，見二人以牀舁病人，覆大被，枕露髮，簪鳳釵一股，側眠牀上，有三四健男夾隨之。時更番以手擁被，令壓身底，似恐風入者。少頃，息肩路側，又使二人更相爲荷。清端過，遣隸回問之，云是妹疾垂危，將送歸夫家。清端行二三里，又遣隸回視其所入何村。隸尾之，至一村舍，兩男子迎之入，還白清端。清端詢其邑宰：「城中得無有劫盜否？」宰云：「無之。」時功令嚴，上下諱盜，故即被盜賊劫殺，亦隱忍不敢言。清端就館舍，令僕訪之，果有富室被強寇闖入，炮烙死矣。乃喚其子來，詰其狀，子固不承。清端曰：「我已代捕，巨寇在此，非有他也。」子乃頓首哀乞，求爲死者雪恨。乃往見邑宰，差健役四鼓離城，直至村舍，捕得八人，一鞫盡伏罪。詰病婦何人，盜供是夜同在勾欄，故與妓女合謀，置金牀上，令抱卧，至窩頓處，始瓜分。人皆服清端之神。或問所以能知之故，則曰：「此甚易解，但人不關心耳。豈有少婦在牀，而容人入手於衾底者？且易肩而行，勢甚重，交手護之，則知其中之有物矣。若病婦昏憒而至，必有婦人倚門而迎，今止見男子，並不驚問一言，是以確知其爲盜也。」

捕朱光輔案

康熙朝，江蘇巡撫韓世琦奏爲明遺孽朱光輔與朱拱櫚潛住松江泗涇龍珠菴，結黨謀叛，知府張羽明發覺，獲得周王僞寶、僞劄、號旗並同謀各犯姓名。拱櫚知事泄，將光輔託僧六如擁護，挺身而逃。於是僞總兵金宗美、宗翰，僞游擊陳山，僞糧道邵台臣，僞練兵官陳爵，僞書記胡文闓，僞儀賓趙十良等八十餘人，皆凌遲，株連者無算。其實所謂總兵等者，悉市井小民，而光輔、拱櫚之果有其人否，尚未可知，嚴緝竟不獲。羽明欲圖超遷，力與大獄，未幾，革職去。

朱三太子案

張先生者，初不知其何許人也。康熙癸亥春，蓬萊李力遠晤之於路氏筵次，見其丰標秀整，議論風生，因私詢其從來，主人曰：「先生姓張，字潛齋，浙中名士也。學淵博，且工手談，精音律，今爲張氏西席，特邀之與會飲春酒耳。」是日賓朋雜沓，張與李情意殷殷，若素相識。越二日，投刺謁李，以綾質詩扇爲贈，自是爲文字之交者半載餘。一日，張忽過李，言欲附舟南行，來告別，家有數口，米薪悉出自居停，但月須錢千文爲蔬菜資。李唯唯，乃按月遣送，如是者又半載餘。乙丑，李赴春闈，旋歸，知張已攜眷南旋矣，自此不相問者十餘年。丙子，李任饒陽縣令，兼署平山，會噶爾丹叛，李措辦軍需，日無寧晷。張至饒訪李，李無暇與談，匆匆贐之。

丙戌季冬，李解任家居，張偕二子至，曰：「江左連歲水荒，不得已，就食山左弟子張岱霖家，今請求薦一館以餬口。」李曰：「歲暮矣，他家來歲之館，久已聘定。予有孫數人，皆童蒙，幸爲不屑之教可乎？」張曰：「善。」因留居焉。亦時至岱霖家，旬日即旋。戊子初夏，四月初三日，李方與張弈，忽有營兵官役捕張之父子及李去。解至省城，撫軍坐後堂，藩臬列左右，旁無一役。先問李曰：「爾讀書爲官，當知理法，何窩藏朱某爲不軌事？」李曰：「予僅知讀書，門外之事，亦不與聞，不知誰爲朱某，予從不敢作犯法事。」撫軍曰：「汝家塾師爲誰？」李曰：「塾師爲張用觀，南方人，二十年前，在東平州張家設帳，曾識之。

前年十二月，其父子來吾家，諄言尋館度日，予有孫數人，乃令從之讀書。朱之不法事，實不知也。」撫軍曰：「彼在南方姓王，山東姓張，汝不知乎？」李曰：「不知。」又喚張父子至，問曰：「汝何人？」曰：「吾乃先朝皇子朱慈煥，原封定王，事至今日，不得不説實情。」又問曰：「汝何以在浙？」曰：「崇禎末年，流賊圍京城，先皇將吾交王内官，匿民間。城破，王獻之闖賊，闖又交杜將軍。未幾，吴三桂與大兵殺敗流賊，各自奔逸，賊中有一毛將軍，攜吾至河南，棄馬買牛，種地年餘。當道查捕流賊甚急，彼遂拋吾而逃。時吾年甫十三，自往南行。至鳳陽，遇老鄉紳王某者曾爲先朝御史，執手悲泣，留於其家，遂改姓王，偕其子同學讀書。又數年而王病故，吾年十八九，乃渡江而南，投寺削髮。後游浙，止一古剎，有餘姚人胡姓，亦宦裔，偶來寺，與我談經論文，大詫曰：『子才學如此，何爲流於空門？』乃延至其家，改易衣帽，勸蓄髮。其室旁有小園半畝，茅屋數間，俾吾居其中，後又以女妻焉。此吾所以爲浙人而曰王某也。」撫軍曰：「今有江南兩處叛案，皆稱扶爾爲君，恢復明朝，爾往浙中質之。」時四月初六日也。

當日，撫軍將口供繕寫題疏，即將張與李起解南行，騾轎四乘，解官數員，爲東兖道蕭某、撫標中軍陳某、都司張某及守備千把等，率領馬步兵數百，及沿途接者，日有千人。十四日至淮安，易舟。二十二日至杭州，在貢院質審，上坐者欽差少宰穆旦，次鎮杭將軍，次兩江督，次浙閩督，次蘇撫于，次浙撫王。問張曰：「汝是王士元乎？」張曰：「吾本姓朱，名慈煥，改名王士元，是實。」又問曰：「汝既爲朱某，朝廷待汝不薄，何爲謀反？」曰：「吾數十年來改易姓名，冀避禍耳。今上有三大恩於前朝，感戴不忘，何嘗謀反？」又問曰：「三大恩爲何？」曰：「流賊亂我國家，今上誅滅流賊，與我家報仇，一也，凡我先朝子孫，從不殺害，二也；我家祖宗墳塋，今上躬行祭奠，命人洒掃，三也。況吾今年七十五歲，血氣已衰，鬚髮皆白，乃不反於三晉變亂之時，而反於清寧無事之日乎？且所謂謀反者，必占據城池，積草屯糧，招軍買馬，打造盔甲，吾曾有一於此乎？吾因年荒米貴，在山東教讀度日，居近通衢，密邇京師，尚敢有謀反之事乎？」問官曰：「今有大嵐山叛賊張某，口稱保汝，何得強辨？」遂帶張至。時李與張同在案前，問曰：「汝認誰是朱某？」張熟視之，曰：「不認。」又問曰：「汝前供扶助朱某，今日何又不認？」張曰：「第假其名義以煽動人，實不相識。」又問李曰：「彼在汝家教讀時，亦知其姓朱乎？」李曰：「知其姓張，且不知其姓王。」又問曰：「張在汝家將二年，汝豈不知？可實言。」李曰：「彼在我家，亦西賓耳，我曾爲命官，先人曾受誥封，朋友重乎，君父重乎？我縱不知輕重，也知利害。我若知情，豈不藏之深山幽谷，而乃令居我家，在官道之旁，與城市親知，飲酒作詩，人雖至愚，不至於此。」又問李曰：「汝言飲酒作詩，都是何類人？」李曰：「我尚不知，何況他人？東平汶上之士人，求其寫册頁及扇者不止一人，大人體皇上好生之心，亦不肯波及無辜之士。況山東至浙江，隔二三千里，南方之事，何從得知？今在臺下，如對天顔，不敢一字虚僞。」

至是，上坐者諭臬司曰：「朱某、李某均非強盜，可將獄神廟收拾潔淨，茶飯留心照管，委官看守。」是晚卽宿獄廟。時有委員二人，一靳一陳，又有千夫長魯姓者，豪爽人也，見朱、李而深敬之，朝夕談笑，或對楸枰，或觀雜傳，聚飲歡歌，忘其身在囹圄中矣。月餘，將東平州張某解到，遂提張、李同至後堂。張已先在，審官仍六人，問李曰：「張某供稱朱某在汝署主稿，汝與朱深交，張僅有一面之識，然乎？」

李曰：「凡州縣官主稿者，非刑名即錢穀，朱某只能作詩下棋，我請其主棋稿乎，主詩稿乎？彼時皇上親征噶爾丹，我又代理平山兩縣，晝夜措辦軍需，朱某過饒，次日即行，送贐則有之，實無主稿之事。二十年前，彼曾在張家教讀，眷亦在張家，彼時我方識之。張某，汝今在公堂上，須實言，天地鬼神，庸可欺乎！」張語塞。又問朱曰：「汝識張否？」朱曰：「彼從我讀書數年，是我之學生，豈不識之？」問官遂大怒，嚴刑究訊張某。既而江南解一和尚至，太倉奸僧也，素行不端，曾鑄假印，僞造定王劄符給與愚民，煽惑作亂。及提朱對證，又云不相識，惟與賊黨葉某爲異姓兄弟，而又締姻盟，事犯於江寧，既被緝獲，遂解杭。

迨部覆至，見判語云：「朱某雖無謀反之事，未嘗無謀反之心，應擬大辟以息亂階。細詢李某，堅供不知情，然在伊家捉獲，且住有年餘，説不得不知情。合以知情而不出首之例，流徙三千里。」至是，遂以簽發寧古塔定案矣。旨云：「着穆旦多加兵丁，沿途防護，將朱某帶至京中，問明正法。」時七月十一日，將大嵐山衆犯處決，十二日登舟起解，十五日至蘇，因尚未發落太倉奸僧，又住月餘，分羈兩處。至八月二十三日，復登舟北行，至淮安，易騾轎。九月十七日入都，朱送刑部獄，李在户圈。越數日，即將牽連人百餘名，分三起充發，一寧古塔，一齊齊哈爾，李發伯都訥，朱即棄市。時朱家在餘姚，有一妻二子三女一媳，聞事發被捕，皆投繯，六命俱盡。朱某，初曰張潛齋，亦曰王士元，即世所傳朱三太子是也。

或曰，朱三太子乃楊起隆所託名，令其黨李株等糾約滿洲各官家奴，將於元旦起事，經監生郎廷樞上書告變，聖祖密遣捕獲株等二百餘人誅之，譌言始息，起隆旋亦就獲，處以極刑。

石天際寃獄

石崙森字天際，湘潭歲貢生。少負儁才，與兄嵋森俱有文名，倜侻尚氣節，見義必爲。康熙初，既平三藩，有詔蠲免丁糧，楚中過兵之地，所當免者十數年，銀穀累千萬，有司格沮上恩，征斂如故。時天下初定，民惴惴畏法吏，無敢言者。崙森獨憤曰：「此亡明之故轍，聖世乃有此乎！」即走京師，詣臺部，莫敢爲通，乃懷書俟車駕出，伏道旁稱寃。聖祖覽其詞，交刑部訊狀，給勘合，馳驛送武昌，令督撫案問。事得直，而石天際之名動天下。

會武昌夏逢龍亂，湘撫乃假交通叛黨名，令湘潭令楊篤生收之獄，其子觀往省之，吏並捕觀論殺。商民大憤，聚數百人，欲劫出之，乃卽就城下刑之。然天際在武昌聞亂後，自蜀還湘潭時，所止宿處，悉題名記日月。及被收，持此自雪，有司不能傅之罪，故雖殺之而不能具獄，因秘焉。既而部選天際爲學官，乃厚賂其家，令具呈報病死，篤生竟以殺天際功擢知府。

粤東老龍船戸案

康熙戊辰冬十月，高唐朱宏祈制軍徽蔭總制粤東時，往來商旅，多告無頭寃狀，往往有千里行人，死不見尸，甚至數客同遊，全絶音信者，積案累累，莫可究詰。初告，有司尚發牒行緝，投狀既多，遂置而不問。朱蒞任，稽舊案，狀中稱死者不下百餘，其千里無主者更無算。朱駭異慘怛，籌思廢寢食，徧訪僚屬，迄少方畧。於是潔誠熏沐，致檄於城隍之神，已而變食齋寢。恍惚中，見一官僚搢笏而入，問：「何官？」答云：「城隍劉某。」「將何言？」曰：「鬢邊垂雪，天際生雲，水中漂木，壁上安門。」言已而退。既醒，不解隱謎，輾轉終宵，忽悟曰：「垂雪者，老也；生雲者，龍也；水上木爲船，壁上門爲户，合之非老龍船户也耶？」蓋省之東北有小嶺曰藍關，源自老龍津，以達南海。嶺外巨商，每由此假道以入粵。乃遣武弁，密授機謀，捕龍津駕舟者，次第擒獲五十餘名，升堂鞫之，果皆不械而服。蓋寇以舟渡爲名，賺客登舟，或投蒙藥，或燒悶香，使客沉迷不醒，而後剖腹納石，以沉於水也。自是以後，害遂絶。

嘉定浮賦三大獄

蘇、松、太爲東南財賦之區，而賦額之重，亦莫蘇、松、太若，自明已然。上溯之，比元多三倍，比宋多七倍；旁證之，比常州多三倍，比鎮江多四五倍，比他省多一二十倍。以肥磽而論，江蘇一熟，不如湖廣、江西之再熟；以廣狹而論，二百四十弓爲畝，不如他省三百六十弓或五百四十弓之爲畝。而賦額獨重，斯民之所以重困，而蠲減之虛文，終不能實惠及民也。

國初，屢詔蠲蘇、松、太浮賦，而以寬大之典反興大獄者，則莫如嘉定三大獄。查慎行送孫致彌詩謂「危機翻自詔恩來」，固已言之有沈痛也。茲述三大獄之始末如左。

順治丁酉，詔蠲辛卯、壬辰錢糧；戊戌，詔蠲癸巳、甲午錢糧。户部以嘉定紳衿自辛卯至丁酉積欠八九十萬兩，題請嚴追，並清察官儒積逋，造册解京。蓋順治時沿明例，進士户田二千四百畝，舉人户田一千三百畝，編立賓號，生員户田一百七十畝，編立歸號，尚有客户冒濫及義圖等項，咸在其中。時奏考尚寬，有司例不徵比，因循不完，故有此數。部議，紳欠五百兩以上，衿欠二百兩以上，解部處分。蘇撫朱國治嚴治其事，號曰抗糧。委兵備道王紀到縣，收紳衿欠百兩以上者共一百七十餘人，閉於尊經閣，諭令十日完清免解。人皆破家蕩產，甚有鬻子女者，仍未清完，遂解省，分三等羈管，全完者羈玄妙觀承天寺，完半者羈鋪，全欠者監禁。又勸全完者代衆完納，至秋完清，同求免解，俱繫西察院候旨。閲兩月，奉旨釋放，庚子年終報銷。國治將蘇、松、常、鎮四府併溧陽一縣抗糧紳衿，造册題參，共一萬三千五百十七人，俱斥革，欠分釐者亦不免。嘉定一學，僅存二人，其未完之紳衿，則解道羈管，候撫咨解。康熙壬寅，蘇撫韓世琦奉旨特赦。此一事也。

江寧衛運軍議加行月糧，始於順治甲午，計十一萬六千兩，除分派泗州、安東、興化、溧水外，嘉定獨加五萬三千八百兩有奇，丙申、丁酉兩年，各先徵一半。時歲洊饑，衛弁持檄至，曰奉旨加漕，民倪拱辰、陸秀德等斥之曰："此非漕也，行月糧耳，所派地與數，非旨也。乃傅糧道傅作霖。混申之牒，蔡總漕世英。駁而未定之額耳。以派支言之，嘉定所派衛爲蘇州，爲太倉，爲鎮海。若江寧諸衛，有原派之縣在，不應越而問於嘉。以嘉定言之，歲以七萬三千九百漕折銀解京矣，又責以五萬四千解江寧，是兩漕也。且他邑折漕，石止五錢，嘉則石七錢矣。又輸官布九萬五千餘疋，亦不應復派。以衛額言之，漕船一千二百七十四，行糧給本色，每船米三十六石，積之四萬五千八百六十四石，月糧亦如之，而本折各半。其支給也，於南米，於南屯，南米十八萬九千八百九十餘石，南屯十六萬二千八百十四石，共三十五萬二千七百餘石。是額也，先以十一萬七千三百八石五斗給運軍，後以二十四萬石分給駐防兵士。是行月糧未嘗或缺也，又不應復加。今之議加者，在月糧之半折，在半折之石加五錢，無論嘉定之不堪加，折色之不應加，加之不應五錢，卽應五錢，亦僅一萬一千四百有六兩耳。隨漕而攤之通省，畝不過毫，獨責之改折五州縣，畝不過分，卽使橫坐於嘉，亦畝不過九釐，何故而有此五萬三千八百兩之額，畝有九分四釐之增？民實不服。」衛弁語塞去，未幾復至。知縣潘師質被劾，逮繫江寧，乘間赴秦淮死。拱辰等控之部科，湖廣道監察御史馮班特疏請蠲，部議覆定加編月糧折色銀四萬五千八百六十四兩，均派五州縣，嘉定以漕額獨多，加編二萬六千七百六十九兩有奇。諸運軍銜拱辰等不置，嗾布政司逮鞫，坐以阻撓軍需之罪，大杖笞之，荷校暴日中死。師質以壬寅提羈江寧，自沈秦淮時，賦詩繫臂以見志。其詩云：「家山何在遠相望，六上公車空自忙。只爲散材膺劇邑，難逃臣罪挂王章。秦淮六月愁無限，練水秋風恨轉長。未報君親虛嗣續，誰收枯骨葬江鄉？」聞者莫不墮淚。歿後猶以公債未清，勾提家屬，產盡嗣絕，僅存其妻葉氏，其妻弟葉雲仍自江右赴吳斡旋，三載始得歸。嘉定人士醵金助之，贈詩以彰其義，侯旭詩云：「秋來風日還佳否，老穉聯翩攜社酒。哭奠當年潘令君，力爲民生甘隕首。我公爲民不顧身，秉心剛直同松筠。志效聖賢爲經濟，命與時左空沉淪。迄今公逝十餘稔，道旁猶喧高劉本。高旌、劉志嘉，俱嘉邑庠生，爲蝕加漕假印事露，民憤，立斃之，陳屍神廟，潘以此坐誤，嘉人編成唱本。每恨無能叩九閽，璽書褒美賢令尹。何事誅求累葉公，餐風戴月來海東。意氣如雲腸似雪，三年困頓悲途窮。旅況蕭條歲月改，一生一死交情在。古來俠士即仁人，拯溺救焚端所賴。功成事畢整歸鞭，亢首還將經史參。瓊林虛左遥相待，竚望臨流了宿緣。」此又一事也。

康熙己巳，又有部費之獄。其在丙申年，蠲蘇、松、常、鎮、淮、揚地丁之半，嘉定以折漕不得與。甲子，蠲漕糧三分之一，嘉定以無米可蠲，不得與。丁卯，蠲本地未完地丁及戊辰地丁，嘉定復以折漕不得與。於是知縣聞在上、諸生張凝祉訴之巡撫洪之傑，之傑允入告，謂須預籌部費。在上因與紳士議，每排各輸公費。並函屬嘉紳庶吉士孫致彌在京挪墊，始得覆蠲准免，旋遣副貢生汪鐩實等匯銀入京歸款。明年，奸民曹明等以科斂控之巡撫陶章，又控之總督，詞連本邑進士趙俞等三十五人，又以危言撼章，章不能諱。遂會督漕上聞，逮在上及鐩實、張瑄、汪文懿三十六人下獄會鞫。在上疊受嚴刑，經承朱其祥供收銀三萬七千兩，並供寄頓監收主名，遂逮繫諸有名者。而在上匯京之銀，供係王霖說收受，霖說者，華亭户部尚書日藻弟也。覆審時，復於原供外，勒供徐樹敏、徐師魯收受若干兩，於是江督傅臘塔劾刑部尚書徐乾學子姪交結巡撫，招摇競利。獄成，霖說、樹敏、在上、凝祉擬大辟，致彌、師魯擬絞，之傑已故免議，餘徒四人，杖六人，黜革鐩實及武舉蕭璞，諸生陸培遠、馬翼，監生戴鑑、沈日宜等三百人。致彌、霖說、師魯次第捐贖，鐩實瘐死。壬申結案，諸生免議者十三人。乾學慰趙俞詩云：「虛舟飄瓦事無端，吏議深嚴帝詔寬。憐爾成名翻失意，幸余旋里得休官。網羅罹及驚磨蟻，骨肉生還穩挂冠。不用恩牛并怨李，螺峯相見夢魂安。」查慎行送致彌罷官就訊感憤成詩云：「蒼狗如雲極可哀，危機翻自詔恩來。家承忠孝身尤重，致彌爲明登萊巡撫孫元化之後。禍起衣冠勢易摧。善不可爲寧論惡，人皆欲殺我憐才。乾坤直似蝸廬窄，懷抱殊非醉始寬。」此又一事也。

康熙庚午哭廟大獄

康熙庚午哭廟大獄，吴中名士同時就戮者，自金人瑞而外，有倪用賓、沈琊、顧偉業、張韓、來獻琪、丁觀生、朱時若、朱章培、周江、姚剛、徐玠、葉琪、薛爾張、丁子偉、王仲儒、唐堯治、馮郅十八人，家孥財産，皆籍没入官，其被株連而軍流禁錮者無算。蓋吴多講學之社，明亡而猶盛，各立門户，人瑞游其間，多調和之，名譽尤著，所至傾倒一時。遇貴人，輒嬉笑怒駡以爲快，故及於禍。獄之初起，廷意欲羅織名士以絶清議，苦無辭，乃藉哭廟事除之，謂爲大不敬，駢戮之，當無異言。

國喪故事，各省巡撫巡按例率官紳設位哭臨，禁婚樂。蘇亦舉行哭臨大典，當事者已戰兢惕厲，罔敢顛越。而人瑞卽率諸生入，進揭帖，繼至者千餘人。揭帖所陳，以吴縣令濫用非刑，預徵課税也。哭臨者大駴，命械之，衆大譁。人瑞於獄中上書千餘言，多所指斥。巡撫朱某密奏，有「敢於哀詔初臨之下，集衆千百，上驚先帝之靈，似此目無法紀，深恐摇動人心」等語。朝廷固深惡誹語也，至是，命大臣訊之於江寧，讞成，不分首從，凌遲處死，没其家孥財産。講學之社，自是絶矣。

人瑞本姓張，字若來。倜儻不羣，少補長洲博士弟子員，後以歲試文不中程式黜革。及科試，卽以金人瑞名就試，拔第一。案發，妻子流寧古塔。嘗於獄中作家書曰：「殺頭，至痛也，籍没，至慘也，而聖歎以無意得之，不亦異乎！若朝廷有赦令，或可相見，不然，死矣。」當時同繫者十八人，獄卒白某憐之，陰維護之。至七月初一日，白當更代，乃入謂曰：「衆相公皆良善人，但都爺作對，罪已甚重，不可挽矣。所望者，皇恩卽有大赦耳。我今日去，恐不能復相見也，倘有家書，可速付我，當爲寄去。」於是衆人作書，或殘柬，或斷紙，皆有皇恩大赦之言，而不知爲白之慰詞也。

鄒流騎以刻鹿樵紀聞繫獄

太倉吴梅村祭酒偉業曾撰《綏寇紀略》一書，原名《鹿樵紀聞》，身後亦幾成大獄。觀施愚山致金長真書，卽可見之。書云：「梅村《鹿樵紀聞》一編，鄒流騎以故人子弟之義，賣屋爲任剞劂，一備放失舊聞，一以表章前輩著述，良爲勝事。但不合輕借當時名流姓氏參評，致有此舉。蓋懲前史之禍，即莊氏史案。不得不申明立案，非有深求於鄒也。聞書中絶無觸犯，惟凡例所列大事記，似爲蛇足。今拘繫起解，舉家號哭，悉焚他書，笥橐爲空，毘陵士大夫莫不憐之。鄒既貧且老，莫爲援手，萬一決裂，不特鄒禍不測，且恐波及梅村遺孤，惴惴巢覆是懼。夫束天下文士之手，寒地下先輩之心，或亦當世大賢所不忍爲也。」

康熙己卯順天科場案

自順治丁酉以後，科舉不得志之士，動輒造作蜚語，至興大獄。康熙己卯，李蟠、姜宸英典順天鄉試，有「老姜姜借作薑字。全無辣味，小李大有甜頭」之謡，因是下獄，李謫戍，姜以老病卒於請室。

是役也，姜實以目昏不能視，爲同官所欺，同官簠簋不飭，爲言路所劾，遂牽連下獄。朝士皆知其無罪，顧以其事涇渭各具，當自白。乃發憤，死刑部獄中。時王文簡公士禎方官刑部，歎曰：「吾在西曹，使湛園以非罪死，愧何如矣。」湛園，姜之號也。

郭琇以父寃受勘治

康熙時，卽墨郭總憲琇以直聲震中外。總憲鐫職家居時，佛倫爲山東巡撫，劾其父景昌原名爾標，曾入賊黨伏法，並誣其私改父名，濫請封典。部議追奪，並奪總憲冠帶，逮赴江寧勘治，議遣戍，得旨寬免。後再起，督湖南，時湖南專設總督也。入覲，具疏訟寃：「臣父郭景昌係縣庠生，邑匪郭爾標無妻室，安得有子？不知佛倫何所聞而誣衊若此？」佛時已入相，聖祖親詰問，以舛錯對，命仍給誥軸。

陳恪勤詩案

陳恪勤公鵬年，中康熙辛未進士，以大學士張文端公鵬翮薦，出知江寧府。康熙癸未，聖祖南巡，總督阿山借供帳名欲加稅，陳不可。乃以其將明平康廢基造行宮事，謂爲大不敬，劾之，遂落職下獄。或絶其食，獄卒憐之，私哺以餅，爲守者李丞偵知，杖卒四十，曰：「與一勺水者如之。」陳自問命絶矣，適浙撫趙恭毅公申喬過之，叱獄官，得以生。聖祖赦其罪，命入武英殿修書，尋起任蘇州知府。

陳守江寧時，嘗以啓事未屈一膝爲總督噶禮所劾，及守蘇，又被劾，則以挾不拜爲師之嫌，且蘇撫張清恪公伯行以糾發科場關節事劾噶，陳實助之也。至是，益怒陳，謂其所著《重游虎邱》詩含譏刺，以爲誹謗，按句旁註而奏之，摘印下獄。聖祖詔曰：「詩人諷詠，各有寄託，豈可有意羅織以入人命？」命復其官，尋擢霸昌道。

陳詩云：「雪艇松龕閱歲時，廿年蹤跡鳥魚知。春風再埽生公石，落照仍銜短簿祠。雨後萬松全還匝，雲中雙塔半迷離。夕佳亭上憑欄處，紅葉空山繞夢思。塵鞅刪除半晌間，青鞵布襪也看山。離宫路出雲霄上，法駕春留紫翠間。代謝已憐金氣盡，再來偏笑石頭頑。楝花風後遊人歇，一任鷗盟數往還。」鷗盟兩字。指爲鄭經，謂陳陰通臺灣，幸聖祖知其誣，不之究。不然，《南山集》不得獨爲大案矣。

何之杰詩獄

蕭山何之杰，字毅庵，明諸生。毛大可見其詩而愛之，嘗出己詩與何及徐孟調之詩合爲一集，名曰越州三子，實不知其詩之有避忌否也。一日，有言毅庵作詩刺當道者，守令得其詩，無如何，乃搜其舊稿指摘之，謂犯國禁死罪，係纍之，以兵押之渡江，投和碩康親王軍門下。杭紹二守會勘於吳山之城隍廟，毅庵對簿，無所詘。有委員大聲詰之曰：「日重光，何也？」毅庵曰：「頌禪代也。東朝繼世與興王嗣國，凡有光於前代者，當時皆頌曰重光。《虞書》曰『重華協于帝』，《孟子》曰『於湯有光』是也，此樂府題也。」詰者曰：「何以曰紀遼東？」毅庵曰：「此亦樂府題也。隋帝征遼東而詩紀其功，凡後儒之頌功德者，皆得和之，我太祖不嘗下遼東乎？夫遼東爲勝國之地，謂當諱之，吾不解也。」詰者曰：「明朝者何？」毅庵曰：「詰旦也。以詰旦而爲勝國，則會朝清明，不惟在明朝，且在本朝矣。」詰者曰：「清戎者何？」毅庵曰：「清軍也。以戎兵而爲戎敵，則整我六師以修我戎，不惟戎徐戎，並戎周宣矣。」詰者曰：「然則曷爲夷？」毅庵曰：「裔也。舜東夷，文王西夷也，且夷與夏對，今我有方夏，煌煌三祖蒞中國而撫四夷。誰夷我者？夷我者大逆，當反坐。」詰者曰：「曷爲虜？」毅庵曰：「擄也。成爲王，敗爲虜，寇不敢以明爲虜，以明本王也。寇雖勝，然亦未底於成也。若我，則成之者矣。且我自敗寇以來，南征北討，其自中及外，何一非我所虜乎？而反以虜我，大逆當反坐。」詰者無以應，乃曰：「評選汝詩者，誰也？」毅庵曰：「一徐緘，死矣，一毛奇齡，見爲文學侍從之臣，恐非此所能詰者。況行文舊習，評與選皆身爲之，固未嘗出二人也。」

時巡撫金某、督學王某皆儒臣，皆言諸所詰不當，入官無學術，徒多事，貽笑士類。聖天子儻聞此，將以我輩爲何如人？而按察佟某直據嘉興錢氏例，凡舊刻文卷，有國諱勿禁，其清、明、夷、虜等字，則在史館奉上諭，無避忌者。乃責紹興知府胡某、蕭山縣劉某各記過一次，使自新，而毅庵竟免。

先是，康熙癸亥，浙省修通志，當道聘毅庵入館，纂修《人物志》。其有不得者，悉思於此齮齕之，至是散去。會聖祖謁禹陵，毅庵迎駕望京門外，獻《南巡頌》十章，上命收其帖。及還京，特註毅庵名，並書其頌，敕總督王某訪里居所在，奬之。乃屏跡東郊，與武進士張某、道士蔣某講參同之學以終老。大可名奇齡，孟調名緘。

錢謙益有學集案

錢謙益所著《有學集》，風行一時，而身後乃被禁書毁板之禁，蓋以其詩文有憤激詛詈之語也。其第三卷中有《和燒香曲》，可與吴梅村《清涼山讚佛詩》參觀。曲云：「下界伊蘭臭不收，天公酒醒玉女愁。吴剛盜斫質多樹，鸞膠鳳髓傾十州。玉山岢峩珠樹泣，漢宫百和迎仙急。王母不樂下雲車，劉郎猶倚小兒立。異香如豆著銅鐶，曼倩偷桃爇博山。老龍怒鬬搜象藏，香雲罨藹通九關。鬻香長者迷處所，青蓮花藏失香譜。靈飛去挾返魂香，玉杖金箱茂陵土。烟銷鵲尾佛鐙紅，夢斷鐘殘鼻觀通。雞林香市經遊處，衫袖濃熏盡逆風。」

《投筆集》諸詩有全首指斥者，《有學集》詆諆各語，所言皆薙髮滿語二事也。文如《高會堂酒闌雜詠序》云：「歌聞敕勒，祇足增悲，天似穹廬，何妨醉倒。」詩如《次韻贈别友沂》云：「髠鉗疑薙削，壞服覓儔侣。」《哀節母壽詩》云：「碣石已鐫銅狄徙，天留一媪挽頹綱。」又云：「馬沃市場餘苜蓿，婢膏胡婦剩燕支。」《吴期生生日》云：「春酒酌來成一笑，黄龍曾約醉深卮。」《簡侯研德》云：「國殤何意存三户，家祭無忘告兩河。」《虎邱舟中戲張稚洪》云：「紙帳梅花檀板月，夢魂不到黑山邊。」《題京口避風館》云：「朔風吹動九天昏，四壁明鐙笑語温。可歎爰居無屋止，避風常向魯東門。」《放歌行》云：「三王五伯造整頓，君臣將相同拮据。撑天拄地定八極，爲此衣冠禮樂争寰區。東門嘯戎索，北落移天樞。躶衣笑神禹，好冠詫句吴。」又云：「閶門飛閣瓦欲流，毒霧腥風滿阡陌。」《孫郎長筵勸酒》云：「東門銅狄不相待，麻姑筵前見桑海。燕山馬角可憐生，揚州鶴背知誰在。天關漢口未通津，銀海又報生埃塵。漁陽白雀自賓主，魚鳧杜宇猶君臣。」《補山堂》云：「宵來光怪橫甲兵，彌天倒瀉脩羅雨。」《題菊齡圖》云：「顧影不須嗟短髩，黄花猶識晉衣冠。」《歸立恭畫像》云：「周冕殷冔又刼灰，緇衣僧帽且徘徊。」《乳山道士勸酒》云：「蒼鵝崇朝起池水，杜宇半夜啼居庸。銅人休嗟冶新鑄，銅駝會洗塵再蒙。」《南樓》云：「南戒江山半壁新，月華應不染胡塵。」《寒夜記夢》云：「陰火吹風撲鐙燭，鬼車載鬼嚎檐端。須臾神鬼怒交鬭，朱旂閃爍朱輪殷。相柳食山腥未懲，刑天争神舞不閒。天吴罔兩助聲勢，海水矗立地軸掀。」《飲酒雜詩》云：「夢得朱囑書，旁行寫復復。不辨科斗文，神官爲我讀。」又云：「聖人必前知，卓哉我高皇。天文清分野，兩戎分針送。躔度起斗牛，天街肅垣牆。篇終載箕尾，尾閭慎隄防。眇然龜魚呈，海底沈微茫。卓犖世史書，濬臣提正綱。戎夏區黑白，亘古界陰陽。石屋閟光怪，化爲魚鳥章。高秋風雨多，夜起視襲藏。」《丙戌七夕》云：「閣道垣牆總罷休，天街無路限旄頭。生憎銀漏偏如舊，横放天河隔女牛。」《海客釣鰲圖》云：「貝闕珠宮不可尋，六鰲風浪正陰森。桑田滄海尋常事，罷釣何須歎陸沈。」《次林茂之韻》云：「殘書繙罷刼灰過，汗簡崔鴻奈史何。貢矢未聞虞服少，專車長誦禹功多。荒唐浪説程生馬，訛謬真成字作他。東海揚塵今幾度，錯將精衛笑填河。」又云：「地更區脱徒爲爾，天改撑犂可奈他。」又云：「茫茫禹跡今如此，憒憒天公莫怨他。」《次茂之申字韻》云：「先祖豈知王氏臘，邊人不解漢時春。」《新安王氏收藏目録》云：「滄桑以來六百殃，飆迴霧塞何茫茫。昆明舊灰鑠銅狄，陸渾新火炎崑岡。乘輿望御委塵土，武庫劍履歸昊蒼。砲火蕩拋琬琰字，馬牛蹴蹋金玉相。」《夏日燕新樂小侯》云：「雖無法部仙音曲，也勝陰山《敕勒歌》。」《嚴祠》云：「林木猶傳唐痛哭，溪雲常護漢衣冠。」《西湖雜感》云：「歌舞夢華前代恨，英雄復漢後人思。」又云：「昔叩于公拜緑章，擬徵楛矢靖東方。鵐夷靈爽真如在，銅狄災氛實告祥。」又云：「堤走沙崩小劫移，桃花嫠面柳攢眉。青山無復呼猿洞，緑水多爲飲馬池。善舞獼猴徒跳盪，能言英武學侏儒。祇應鷲嶺峯頭石，卻悔飛來竺國時。」又云：「匼帀湖山錦繡窠，腥風殺氣入偏多。夢兒亭裏屯蛇豕，教妓樓前掣駱駝。粉蝶作灰猶似舞，黄鶯避彈不成歌。嘶風渡馬中流飲，顧影相蹄怕緑波。」又云：「青衣苦效侏儒語，紅粉欣看回鶻人。」又云：「鶯斷麯裳思舊樹，鶴髡丹頂悔初衣。」《題丁老畫像》云：「髮短心長笑鏡絲，摩挲皤腹帽簷垂。不知人世衣冠異，只道科頭岸接籬。」《京口觀棋》云：「渭濱方罫擅長安，紗帽褒衣揖漢官。今日向君談古事，也如司隸舊衣冠。」《懷嶺外四君》云：「朔雪横吹銅柱殘，五溪雲物淚汍瀾。法筵臘食猶周粟，壞色條衣亦漢官。」《徐武静生日》云：「毳帳圍廛里，穹廬埒堵牆。駱駝銜燕寢，雕鷲撲迴廊。緑水供牛飲，青槐繫馬樁。金扉雕綺繡，玉軸剔裝潢。篳篥吹重閣，胡笳亂洞房。老夫殊毷氉，吾子剩飛揚。」《霞老置酒記事》云：「兵前吴女解傷悲，霜咽琵琶戍鼓催。促坐不須歌出塞，白龍潭是佛雲堆。」《茸城惜别》云：「蘭錡羝羊觸，罘罳凍雀穿。左言童豎慣，右袒道途便。蘆管聲啁哳，穹廬帳接連。銅駝身有棘，金狄淚如鐫。沙道堤翻覆，雲臺像播遷。只孫侔貙虎，怯薛領貂蟬。潼酒天廚給，駝羹御席駢。」《自題小像》云：「指示旁人渾不識，爲他還著漢衣冠。」《雜人》云：「執熱漢臣方惜箸，畏炎胡騎已揚舲。」

牧齋有《贈愚山子序》，辭意頗狂悖，略云：愚山子以地師遊人間，嘉定侯廣成久殯未葬，愚山子歎曰：「安可使忠臣之骨，露暴腥穢？」躡屩二千里，相視吉壤，哭奠而去。訪余小閣，余乃告之曰：「佛言南印度爲象主，東支那爲人主，西波斯爲寶主，北獫狁爲馬主。吾夷攷之，惟南東二主而已，他非與也。印度爲梵天之種，佛祖之所生，支那爲君子之國，周禮之所化。南曰月邦，東曰震旦，日月照臨，禮教相上。波斯輕禮重貨，獫狁獷暴忍殺，區以別矣，安得曰葱嶺以西俱屬梵種，鐵門之左皆曰胡鄉？既指蕃□爲佛國，將點梵亦濫胡名。九州十道，並爲禹迹，燕代迤北，雜處戎胡，厥後茹血衣毛，奄有中土。肅慎、孤竹，咸事剪除，皆馬國之雜種，幽冀之部落。東之偪於北也，東之刼也。南居離位，東屬震明，爲陽國，西北則並爲陰國。今儼然稱四主焉，何居？陰疑於陽，必戰，大易所以有憂患也。此地理之當明者一也。一行謂山河之象，存乎兩戒，北戒自三危、積石，負地絡之陰，乃至東循塞垣，抵濊貊、朝鮮，是謂北紀，所以限戎狄也；南戒自岷山、嶓冢，負地絡之陽，乃東循嶺嶠，達東甌閩中，是謂南紀，所以限蠻夷也。自晉以前，秦洛爲中夏，淮楚爲偏方，南紀微而北紀獨尊。自晉以降，幽并則神州陸沈，江東則一州御極，北紀潰而南紀猶在。我國家受命鍾祥，實星紀斗牛之次。洪武中詔修清類分野書，以斗牛吳越分爲首，而尾箕幽燕之分，盡遼東三韓，最居其後。以是爲雲漢末派，龜魚之所惡，而北紀之所窮也。此地理之當明者二也。」其《一匡辨》謂：「犬戎、山戎，皆爲北狄，戎狄種類繁多，狄有赤狄、白狄，戎有九姓八國，各以所據地爲號，實皆匈奴別種。北狄種有二，玁狁葷粥之屬，世居陰山幕北，是爲北匈奴。山戎自周末孤竹失國，竊居其地，故燕北有東胡，胡有東北，猶單于之有南北二庭，其實一也。春秋時，山戎最強，齊桓伐山戎而九夷皆服，今北平之東，自元之遼東大寧，盡遼水之陽，皆孤竹山戎故地。漢末，匈奴北遁，鮮卑強盛，其別種爲庫莫奚、契丹。而阿保機之興也，在白狄故地，今之大寧也；阿骨打之興也，在肅慎故地，今之開平也。契丹爲鮮卑遺種，金源又爲契丹雜種，並居山戎挹婁故地，則皆東胡耳。開闢以來，爲中國患者，玁狁、山戎而已矣。玁狁之禍，至蒙古而極，山戎之禍，至黑水靺鞨而極。大矣哉，齊桓之伐山戎也。」

康熙辛卯江南科場案

康熙辛卯，江南鄉試，正主考爲左必蕃，副主考爲趙晉。九月九日榜發，解元爲劉捷，蘇郡中式者十三人。士論大譁，以趙與總督噶禮通同賄賣關節也。二十四日，諸生千餘人咸集玄妙觀，推廩生丁爾戩爲之首，使人舁五路財神像入府學。廣文勸諭，不從，鎖之於明倫堂，争作歌謡聯語以嘲之，俄頃而徧市中矣。有一聯最佳，聯云：「左邱明有眼無珠，趙子龍渾身是膽。」或以紙糊貢院之匾，改「貢院」二字爲「賣完」。噶因人情洶洶，知衆怒難犯也，不得已，據以上聞，並將爾戩等羈禁，將以誣控反坐之。

得旨，令欽差閣部張文端公鵬翮會同督撫嚴審。文端以其子爲安慶府知府而袒噶，欲寢其事，適蘇撫張清恪公伯行抵任，必欲窮究其事。及審訊，則趙之家人軒三供詞牽涉及噶，清恪遂據情參奏，張與噶亦劾清恪。尋奉旨，一併革職，仍著文端研訊虚實。清恪與噶對簿畢，出門，以相争而相毆，噶軀雄壯，清恪亦魁梧，噶不能勝，爲清恪所踢，踣於地而滚，二人俱擬重罪。朝廷旋念清恪居官清正，令仍爲江蘇巡撫。於是噶黨馬逸姿、李玉堂輩，咸被剪除，吴人快之。

及定讞，必蕃戍，晉擬斬，而斃於揚州獄中，人咸曰自縊也。或云其同年王式丹殿撰入獄探視，以肩輿藏死丐，飾爲晉尸，令晉縋上屋，越獄而遁，謡言鬨傳，株連多人。乃另發吴縣訊究，經年始結案，房考官王白命、方名、蘇壎等俱棄市，舉人程光奎、吴泌、徐宗軾、馬士龍、席玕俱黜革擬遣，贖免，仍枷示蘇州府署前，以帷蔽其身。爾戩至碎帷辱駡以洩憤焉。

戴名世南山集案

桐城方孝標嘗以科第起，官至學士。後因族人方猷主順治丁酉江南試，與之有私，並去官遣戍，遇赦歸。入滇，受吴三桂僞翰林承旨，吴敗，孝標先迎降，得免死。因著《鈍齋文集》、《滇黔紀聞》極多悖逆語，戴名世見而喜之。所著《南山集》署名曰宋潛虚，以戴姓出於宋後，故諱戴爲宋也。

集中多采録孝標所紀事，尤雲鍔、方正玉爲之捐貲刊行，雲鍔、正玉及同官汪灝、朱書、劉巖、余生、王源皆有序，板藏於方侍郎苞家。又其《與弟子倪生》一書，論修史之例，謂「本朝當以康熙壬寅爲定鼎之始，世祖雖入關十八年，時三藩未平，明祀未絶，若循蜀漢之例，則順治不得爲正統」云云。時趙忠毅公申喬方爲都諫，奏其事，九卿會鞫，中戴名世大逆法，至寸磔，族皆棄市，未及冠笄者發邊。朱書、王源已故免議，尤雲鍔、方正玉、汪灝、劉巖、余生、方苞以謗論罪絞。時孝標已死，以名世之罪罪之，子登嶧、雲旅，孫世樵並斬，方氏有服者皆坐死，且剉孝標尸。尚書韓文懿公菼、侍郎趙士麟、御史劉灝、淮揚道王英謨、庶吉士汪份等三十二人並别議降謫。疏奏，聖祖惻然，凡議絞者改編戍，灝以曾効力書局，赦出獄，苞編管旗下，雲鍔、正玉免死，徙其家，方氏族屬止謫黑龍江。炭以下平日與名世論文牽連者，俱免議。是案也，得恩旨全活者三百餘人。此康熙辛卯壬辰間事也。

山東殺子案

山東之民有方山民者，商於外，其妻與人通。一子方九歲，中夜醒，肩旁有一足，詢其母曰：「父歸邪？」其母惡之，且誡曰：「苟洩吾事，當寸臠之。」其子旦入塾，至午，不敢歸餉，及暮，亦然。其師窮詰之，乃述母誡，師強送之及門始返。次日不赴塾，師往呼之，其母曰：「昨未歸，方欲向師求兒，何久藏乎？」師知其故，遂宣兒語於衆，因訟之。縣令不信，督師出兒。師歸，遂率徒衆登婦樓窮索之，不得，將下樓，已躡數級，忽見一甕於婦牀下，血腥逼人，取視之，兒果碎臠於中，事乃白。其所私者，逃於杭之護國院爲僧，並獲之就法焉。此康熙乙未事也。後梨園有演《殺子報》者，卽本此，惟增一訴寃之姊耳。

蔣非磷佐治代州獄

鉛山蔣堅，字非磷，精法家言，諸侯爭延之。代州有大獄，因纍纍，牘可隱人，撫軍檄岢嵐牧甘某究治。甘聘蔣行，獄立具，殺七人，釋無辜者百八十人。酒姓兒娶婦月餘，弟迎姊歸，入村，失姊，懼，反誣酒氏，官下酒氏翁於獄，七年不決。蔣從太原返，吏指前樹林曰：「此酒氏家也。」蔣心動，策馬至山凹，有人扃户博，瞷之，一兒覺有異，拍髯者肩，告之，衆咸噆曰：「鬼耳，人則安能來？」蔣亟歸，白甘，篡取鉤距，果髯者所略也。

渾源州誤殺案

栗恭勤公毓美字樸園，山西渾源州人，幼貧而孤。其師某，爲同邑明經，老名宿也。有同學某甲年少家裕。師子女各一，子年二十餘，不辨菽麥，女及笄，婉淑明慧，父母愛之如掌珠，素器恭勤，欲以歸之。彼此皆有意，女亦微聞其說，第未明議聘耳。恭勤以貧故，常宿於齋，師之子伴焉。一夜，師子曰：「躁甚不能寐，願與子易位。」恭勤難之，強而後可。俄自屋墜一物，鏗然有聲，師子大呼，鐵戈貫胸，氣絶矣。恭勤懼而號，師出，見子慘死，謂恭勤謀殺。恭勤譁辨，屋上有洞，然以易位故，疑不能釋，甲亦慫恿之。鳴於官，以文弱書生，嚴刑逼訊，遂以謀殺誣服。

恭勤在獄待決矣，女既無所歸，甲遣冰人來議婚，且願養夫婦老，許之。既合巹，彌月，甲小飲微醺，告女曰：「費盡心血，乃能娶汝。」女詰之，曰：「汝兄之死，乃我買盜某爲之，本欲賊栗某，何期誤傷汝兄。然栗某得罪，我始得與汝合，亦天緣也。」女佯歡笑，益勸之醉。某酣卧，女藏刃於懷，徹夜不眠。向曙，至縣署擊鼓，爲兄雪寃。官廉得情，以某甲並盜抵法，而釋恭勤。女大言於堂曰：「我已誤歸某，今爲兄故，出首本夫，前生孽緣也。」出刃自刎死。恭勤以女故得釋，哭不成聲。後以拔貢由縣令洊至河督，養師夫婦終其身，奉女木主，朝夕申瓣香焉。

馬訟圖案

康熙朝京師有武某者，以一車一馬，挾貲販米南花園，投宿董之貴家。董利其財，殺之，夜即以其車載其尸，鞭馬曳之，投他處。武父旋得尸於道，得馬於劉姓者之門，遂執劉面官。時勘案者爲刑部汪蛟門、主政懋麟，乃曰：「殺人而縱馬門前，非理也。」微行至南門外訪之，縱馬行，隨其後，馬至董家，躍而入。收訊之，具服，因定讞，都人爲作《馬訟圖》。

乍浦漁人得兒案

康熙時，平湖之乍浦有某者，故業漁，無子。一日，曬網中庭，扃户出，比還，則一嬰兒卧網中，以爲天賜，乳哺之。後家道漸裕，兒亦頭角嶄然。忽有寧波販客至，聞之道途，詢其日月，驚曰：「予曾於是日放紙鳶，戲以兒坐竹籃送上，風急繩斷，瞬息千里，旋入大海，意謂必無生理，今故尚在，然左臂有痣如丹，可立辨也。」因往索之某，欲載與俱歸。彼此争論，至訟之官，官判曰：「紙鳶弄子，絶少人心，網漁得兒，實有天意。」遂斷以歸某。

訟師陷賢婦案

某鄉有村翁者，其子出外貿易，留媳於家。媳素賢，日以織紝佐炊，翁坐享之，無所事事，恆與村人賭博，負則取償於媳，習以爲常，媳亦不較也。一日，媳小病停織，語其翁曰："我手力所入有限，以資菽水則僅可，以供博負則無餘，此後翁可稍節賭否？"翁默然。是日微雨，飯罷，攜傘徑出，至夜不歸。媳疑之，既三日不返，媳愈疑慮，乃向鄰里告以故，囑代覓之。會連日陰雨，河流暴漲，有鄰人來告媳曰："頃河中有一浮屍，旁有破傘，曷往驗之？"媳急往視，則爲六十許老人，果翁也，乃呼號欲絕，觀者憐之，代撈之殯殮。適里中有監生某，虎而冠者也，知其家固貧，而其外家頗殷實，思藉此詐錢，昌言於衆曰："此事能不報官而遂了乎？"里中無應之者。某素習刀筆，乃以媳怨言逼翁投水鳴於官。拘媳嚴訊，媳不慣受刑，遽誣服，案遂定。棄市日，其翁適自外歸，仍攜傘，途中聞其媳將以寃死，亟奔法場，已無及矣，遂痛哭赴官自陳。縣令乃据實檢舉，而以監生抵罪，令亦褫職。

何晴巖游戲判案

明奸黨趙文華，慈谿人，其後嗣頗興盛，且有列名仕版者，甲其一也。甲本騃傖，納貲得同知職銜，出入縣署，頗以士紳自居。一日，其鄰村演劇，甲往觀之，適演《鳴鳳記》，至文華拜嚴嵩爲義父時，描摹齷齪形狀，淋漓盡致。甲大怒，謂其辱及先人，不可不報，次日，執全班子弟，送縣請究。縣令何晴巖，汴之名進士也，笑謂甲曰："伶人大膽，敢辱君家先人，宜枷責，方足蔽辜。"甲拜謝。何升堂，提伶人至，命仍服飾文華時之服，紗帽紅袍，荷以巨枷，枷額大書"明朝誤國奸臣趙文華一名"，枷號示衆，且命押赴趙氏宗祠前，荷枷三月。甲大窘，浼人懇求，乃罰令出瓦三萬片修文廟，始得釋。

王皋謨聽訟

世宗以閩中吏治頹廢，遣使按視倉庫，悉易諸守令，新至者，頗尚操切。時江蘇王皋謨知晉江縣事，前官以擊斷爲治，而訟益繁。王下車，語民曰：「此皆吾赤子也，忍以賊盜視乎！」解苛政，坐堂皇，呴呴作家人語。曲直既判，呼兩造前，令釋忿，相對揖，罷去。由是訟者遂日少。

某試官因出題獲譴

雍正某年開科試士，某省典試官既覆命，忽以細故遭嚴譴。蓋是時朝野盛傳聖祖疾革時，書傳位十四皇子六字於張文和公廷玉掌中，鄂文端公爾泰強張改十爲于，則其文變爲傳位於四皇子，即世宗也。世宗御名胤禛，典試官所出題爲「或問禘之說」一章，世宗以題中禘字作示旁皇帝解，以指其掌，作張廷玉掌中之詔解，以爲侮也，故怒譴之。其實某出題時無此意也。

徐冠卿以詩被誅

崑山徐健庵司寇之幼子冠卿，名駿，少聰慧，延舉人周雲陔教授。冠卿得鄉舉，與其師同入京，試禮部。師管束太嚴，冠卿以百部食之，卒於逆旅。其年，冠卿即捷南宮，入詞館。京師人有知其事者，題其混名曰藥師佛。冠卿恃才狂放，怨者頗多。雍正初，怨家某以其詩有「明月有情還顧我，清風無意不留人」之句，遂以出首。當刑部審訊時，有與司寇有瓜葛者，欲寬其罪，預告之曰：「實出無心。」及訊，冠卿仰見堂上有司員松江胡宗琳侍立於旁，與其師貌無異，乃大驚悟，供有心誹謗者，胡亦力爭，遂畫稿定罪。將正法時，所親猶怪之，冠卿曰：「吾命也。」無他言。

年羹堯以夕惕朝乾獲咎

雍正乙巳，川陝總督太保年羹堯以日月合璧五星連珠奏賀，奉旨：「此本字體潦草，且將朝乾夕惕寫作夕惕朝乾，年羹堯非粗心辦事之人，直不欲以朝乾夕惕歸之於朕耳。年羹堯既不以此四字許朕，則渠青海之功，亦在朕許與不許之間。今降旨詰責，年羹堯必推託患病他人代書。夫臣子事君，必誠必敬，陳奏本章，卽他人代爲，烏有不寓目之理？觀此，年羹堯自恃己功，顯露不臣之迹，其乖謬之處，斷非無心。着將原本發還，令其明白回奏。」議政王大臣旋奏：「年羹堯反逆不道，欺罔貪殘，彈章如邱山之積，罪迹逾溪壑之深。臣等公擬大逆罪五，欺罔罪九，僭越罪十六，狂悖罪十三，專擅罪六，貪婪罪十八，侵蝕罪十五，殘忍罪四，忌刻罪六，共犯九十二大罪，請立正典刑，以伸國法。」奉旨：「年羹堯令自裁，其父遐齡，弟希堯免死，子富立斬，餘子十五歲以上發極邊充軍，産入官。」

或曰，世宗有旨云：「朕將年羹堯解京，本將仍見寬宥，今伊家忽然出虎，眞乃天意當誅。」先是，虎自京師西便門進正陽門西江米巷，入羹堯家，咬傷數人，九門提督率侍衞槍斃之。

查嗣庭以文字被誅

雍正丙午，查嗣庭、俞鴻圖典江西試，以「君子不以言舉人」二句，「山徑之蹊間」一節命題。其時方行保舉，廷旨謂其有意譏刺，三題「茅塞於心」，廷旨謂其不知何指，其居心不可問。因查其筆札詩草，語多悖逆，遂伏誅，并其兄慎行嗣瑮，遣戍有差。浙人因之停丁未會試科，俞鴻圖自認出日省月試題免罪。旋出學差，以不知檢束論死。

或曰，查所出題爲「維民所止」，忌者謂維止二字，意在去雍正二字之首也，遽上聞。世宗以其怨望毁謗，謂爲大不敬，命搜行篋，中有日記二本，乃按條搜求，至謂其爲隆科多、蔡珽所薦，係死黨，又謂其狼顧之相，必心術不端，又謂其捏造怨誹語難枚舉，於聖祖用人行政，大肆譏刺，以翰林改科道爲可恥，以裁汰冗員爲厄運，以欽賜進士爲濫舉，以清書庶常又考漢文爲苛例，以庶常散館爲畏途，以多選庶吉士爲蔓草云云。遂下嚴旨著拏問，交三法司審訊。

或曰，查嘗著《維止録》一書，取明亡大廈已傾得清維之而止也。世宗覽之，初甚嘉許，謂其識大義。太監某進曰：「此背逆書耳，何嘉焉？」世宗詢以故，某曰：「縱觀之，見其頌揚我朝，若横觀之，盡是詆斥滿洲耳。」世宗側其畫觀之，果然，遂大怒。

或曰，查之《維止録》專記世宗宫廷曖昧事，籍没時，其原稿進呈，有曾私録其副祕藏於家者見其首頁云：「康熙六十一年某月日，天大雷電以風。予適乞假在寓，忽聞上大行，皇四子已即位，奇哉。」云云。

亦可知其大凡矣。又是書有跋，記查氏受禍始末甚詳，其畧云：查君書名震海内，而不輕爲人書，琉璃廠賈人賄查侍者，竊其零縑賸墨出，輒得重價。世宗登極，有滿人某欲得查書，賈人以委侍者，半年不能得一紙。一日，查閉書室門，有所作，侍者穴隙窺之，則見其手一巨帙，秉筆疾書，書訖，梯而藏之屋梁。乃伺查出，竊以付賈人，賈人以獻滿人，遂被舉發。是夜三更，查方醉眠，圍而捕之，全家十三口，無一免者。又浙東諸家橋鎮，一小市集也，有庵祀關羽，某學究書一聯榜其門云：「荒村古廟猶留漢，野店浮橋獨姓諸。」朱、諸同音，爲查採入《維止録》中，獄起，亦置於法。

吕留良以文字戮尸

吕留良，字莊生，又名光綸，字用晦，號晚村，石門人。八歲善屬文，與張履祥等發明程朱之學，嘗揭一聯於堂楹云：「一囊無半卷書，惟有虞廷十六字；目空天下士，只讓尼山一個人。」爲諸生十餘年，明亡，忽自以爲淮府儀賓之後，追念明代，以發抒種族思想，著爲書，誓不仕。郡守以隱逸薦之，乃削髮爲僧，康熙辛酉卒。雍正時，以曾静文字獄之牽涉，被戮尸，著述均毁。

先是，湖南人曾静遣其徒張熙投書於川陜總督岳鍾琪，勸以同謀舉事。鍾琪以聞，詔刑部侍郎杭奕禄、副都統海蘭至湖南，會同巡撫王國棟，提曾静質訊。静投案，供稱：「因應試州城，得見留良評選時文，内有論夷夏之防及井田封建等語，又與留良之徒嚴鴻逵、沈在寬等往來投契」等語。於是即將静、熙提解來京，並命浙江總督李衛，查留良、鴻逵、在寬家藏書籍，所獲日記等書，並案内人犯，一併拏解赴部，命內閣九卿等先將靜研訊。」世宗怒，以留良之罪，尚在靜之上，諭：「將留良及現在子孫嫡親弟兄子姪照何定例治罪之處，著九卿翰詹科道會議。各省督撫提督兩司，秉公各抒己見評覈，定議具奏。」旋將留良、鴻逵及留良之子葆中，皆剉尸梟示，子孫遣戍，婦女入官。在寬凌遲處死，而靜、熙則免罪釋放。

謝濟世以謗訕獲咎

謝濟世嘗爲御史，以直言被譴，戍邊。雍正己酉七月，世宗諭內閣：「據順承郡王錫保以在軍前效力之謝濟世註釋《大學》毀謗程朱參奏前來，朕觀謝濟世所註之書，意不止毀謗程朱，乃用《大學》內『見賢而不能舉』兩節，言人君用人之道，借以抒寫其怨望誹謗之私也。其註有『拒諫飾非必至拂人之性，驕泰甚矣』等語，觀此，則謝濟世之存心昭然可見。謝濟世於公正任事之田文鏡，則肆行誣參，於婪贓不法之黃振國，以及黨護鑽營之李紱、蔡珽、邵言綸、汪誠等，則甘聽其指使而爲之報復，乃直顛倒是非，紊亂黑白，好惡拂人之性者矣。天理國法，所不能容，萏已及身，而猶不知省懼，何其謬妄至於此極！夫拒諫飾非之說，乃朕素所深戒，然必責難陳善，忠言讜論，而後可以謂之諫，若乃排擠傾陷之私言，奸險狡惡之邪論，豈可以直諫自居，而冀朕之聽受耶？試問謝濟世，數年以來，伊爲國家敷陳者何事？爲朕躬進諫者何言？朕所拒者何諫？所飾者何非？除處分謝濟世黨同伐異誣陷良臣之外，尚能指出一二事否乎？謝濟世以應得重罪之人從寬令其效力，乃仍懷怨望，恣意謗訕，甚爲可惡。應作何治罪之處，著九卿翰詹科道秉公定議具奏。」

陸生枏以通鑑論被誅

陸生枏，廣西舉人，以軍功得官江蘇吴縣知縣，引見扣缺，乃留京，以主事用。著《通鑑論》十七篇，順承郡王錫保疏劾其言詞狂妄，非議朝政，着九卿科道秉公定擬。中有《論封建》、《兵制》、《立儲》等篇，指爲大逆，卽著於軍前正法。

裘璉以文字被逮

雍正時，有裘璉者，慈谿人，明平波伯兆錦之孫。父永明，諸生，散家財買敢死士從魯王於台州、紹興間，得授提督九門禁旅軍務同知左軍都督，順治丙戌，殉難於錢塘。時璉生三歲，少孤力學，天才卓絶，黄梨洲尤器重之，與姜宸英、鄭梁二人齊名。璉少卽知名，崑山徐乾學奉命纂修《一統志》，訪士於梨洲，梨洲以璉薦，越十五日而成《三楚志》，人咸驚其工且速，遂與徐氏及高士奇諸人交。聖祖南巡，獻賦，命近侍記名。然年逾七十矣，始獲舉於鄉。聖祖見璉名，謂近侍曰：「裘璉中矣。」翌年，成進士，三甲第一，特賜傳臚，與二甲第一名同，異數也。旋改庶吉士，乞身歸。上幸熱河，欲璉扈從，問院長以璉何在，以具詞乞身對，帝曰：「伊固年逾七十矣。」遂允其請。

世宗性多疑，既卽位，羅織諸王之賓客，雍正己酉，崑山三徐以事罷職，士奇並獲譴。是年冬，璉被逮入京，時年八十五矣，明年六月，卒於京師，時獄猶未解也。三徐與高之獲罪，或謂其黨於諸王之故，至於璉，相傳亦因三徐與高。或謂璉少時家居，曾作《擬張良招四皓書》，其辭曰："戚夫人嬖生趙王，帝以母故，欲立其子，佯曰：『如意類我。』呂后恐，使建城侯澤劫留侯計，留侯爲言四皓，命太子爲書，卑詞厚禮以往。太子曰：『噫，吾爲書，懼自伐以旌君過也。』於是以安車四乘，白璧十雙，繒帛累百，衣冠各一襲，爲留侯書以招四皓曰：『上高先生名久矣，知先生之不可強致也，每與良等言，歎慕不少忘。今上春秋高，多病，戚夫人日夜抱趙王啼弄上前，而后太子累月不得見，則是驪姬復溺於晉，而褒姒復煽於周也，豈不殆哉！顧知君莫如臣，上非盡惑於愛也，非中於讒也，非忘天下以徇兒女也，心懦太子而慧趙王，以爲能蒙吾業也。然則欲定太子，莫若翼太子；欲翼太子，莫若賢太子。賢之奈何？今上所心重而不能致者，獨有四先生耳，先生其何以爲太子計？夫救人患之爲仁，定社稷之爲勳，扶綱常倫敍之爲賢，成所敗安所危之爲智。良試念之，良何有於先生？上與太子何與於先生？漢天下亦何與於先生？先生其何以自爲計？深山之木，盤龍蛇，干雲霄，斷崖之石，怒風雨，室鬼神，將千百年，非不安且久也。棟梁不先，而明堂不急，則人勿寶貴之矣。先生一出而太子可安，天下可定，處士可重，願先生留意也。或告先生曰：上輕士嫚罵，故士多亡匿不出。夫上所嫚罵者，非士也，而先生何自視之淺乎？』四皓得書，笑曰：『吾固疑張良爲之。』乃出，卒定太子安天下。傳曰：『不有君子，其何能國？』留侯四皓當之矣。"璉之書具載集中，當時頗多傳誦之者。或摭其詞以入告，謂此書乃諷聖祖易儲，爲太子允礽作，而璉之禍作矣，然實誣也。

吟詩殺身

世宗嘗微服游於市，就一書肆翻閱書籍，時微風拂拂，吹書頁上下不已。一書生見狀，卽高吟曰：「清風不識字，何必來翻書。」世宗以爲譏諷也，旋下詔殺之。

岳鍾琪被寃

岳威信公鍾琪佩撫遠大將軍印，以奉旨入覲，命提督紀成斌權篆。會準夷入寇，擄馬駝萬餘，爲總督查郎阿所發，遂褫岳爵，置紀於法。有老卒云，岳既入朝，紀以滿洲人强勁，以駝馬命副參領查廩領卒萬人驅牧。廩性懦葸，畏邊地寒，以偏裨五十人放牧，己率衆避寒山谷間，日置酒高會爲樂。準夷入寇，偏裨報廩，廩笑曰：「鼠盜不久自散。」按兵不往。及馬駝被擄，廩聞信，棄軍去，過總兵曹勷壘，呼曹救之。曹卞急，率兵往，爲賊所敗，單騎奔，賴提督蔣建率本標卒追之，轉戰七晝夜，敵始卻。廩見紀，皆委罪於曹，紀笑曰：「滿洲人之勇固如是耶！」收縛，將斬之。岳至，紀告以故，岳驚曰：「君今族矣，滿族爲國舊人，吾儕豈可與抗以干其怒耶！」解廩縛，以善言諭之，委罪於曹，斬之以徇，而以捷聞。廩轉恨岳次骨，會查郎阿巡邊，其戚也，因控岳諸不法事，及紀掩敗爲功狀。查郎阿據以入告，世宗大怒，斬紀於營，置岳詔獄，而廩竟得免。

麻城涂如松殺妻案

麻城涂如松娶楊氏，不相能，歸輒不返，如松嗛之而未發也。亡何，涂母病，楊又歸，如松復毆之，楊亡，不知所往。兩家訟於官，楊弟五榮疑如松殺之，偵於九口塘，有趙當兒者素狡獪，漫曰：「固聞之。」蓋戲五榮也。五榮駭，即拉當兒赴縣爲證，而訴如松與所狎陳文等共殺妻，知縣湯應求訊無據，獄不能具。當兒父謂其兒故無賴妄言，請無隨坐。應求訪唆五榮者，生員楊同範，虎而冠也，乃請褫同範衿，緝楊氏。

先是，楊爲王祖兒養媳，祖兒死，與其姪馮大姦，避如松毆，匿大家月餘。大母慮禍，欲告官，大懼，告五榮，五榮告同範，同範利其色曰：「我生員也，藏之，誰敢篡取者！」遂藏楊複壁中，而訟如松如故。逾年，鄉民黄某墐其僮河，灘淺，爲犬爬噉，地保請應求往驗，會雨雷電以風，中途還。同範聞之大喜，循其衣衿笑曰：「此物可保。」與五榮謀，僞認楊氏，賄仵作李榮，使報女屍，榮不可。越二日，應求往，屍朽不可辨，殮而置褐焉。同範、五榮率其黨數十人鬨於場。

事聞之總督邁柱，委廣濟令高仁傑重驗。仁傑，試用令也，覬覦應求缺，所用仵作薛某，又受同範金，竟報女屍肋有重傷。五榮等遂誣如松殺妻，應求受賄，刑書李獻宗舞文，仵作李榮妄報。柱信之，劾應求，專委仁傑鞫。仁傑掠如松等兩踝骨見，猶無辭，乃烙鐵索使跽，肉煙起，焦灼有聲，雖哀求不免，皆不勝其毒，皆誣服，榮死於杖下。然屍故男也，無髮，無脚指骨，無血裙袴。逼如松取呈，如松瞀亂，妄指認抵擱。初掘一塚，得朽木數十片，再掘，幷木無有，或長髯巨靴，不知是何男子。最後得屍，足弓鞋，官吏大喜，再視，髑髏有鬖鬖白髮，又驚棄之。麻城無主之墓，發露者以百數，每不得。又炙如松，如松母許氏，哀其子之求死不得也，乃翦己髮，摘去星星者，爲一束，獻宗妻刓臂血，染一袴一裙，弃其亡兒棺，取脚指骨，凑聚諸色，自瘞河灘，而引役往掘之，果得矣。獄具，署黄州令蔣嘉年廉得其詐，不肯轉，召他縣仵作再驗，皆曰男也。仁傑大懼，詭詳屍骨被換，求再訊。俄而山水暴發，幷屍衝没，不復驗，柱竟以如松殺妻官吏受賍擬斬絞奏。麻城民咸知其寃，道路洶然，卒不得楊氏，事無由明。

居亡何，同範之隣嫗早起，見棨血横糊奔同範家，方驚疑，同範婢突至曰：「娘子未至期遽産，非嫗，莫助舉兒者。」嫗往，兒頭扨，胞不得下，須多人搯腰乃下。妻窘呼：「三姑救我。」楊氏闖然從壁間出，見嫗大悔，欲避而面已露，乃跪嫗前，戒勿洩。同範自外入，手十金納嫗袖，手摇不止。嫗出，語其子曰：「天乎，猶有鬼神，吾不可以不雪此寃矣。」卽屬其子持金訴縣。縣令陳鼎，海寧孝廉也，久知此獄寃苦，不得間，聞卽白巡撫吳應棻，吳命白總督。總督故邁柱，聞之以爲大愚，色忿然，無所發怒，姑令拘楊氏。陳陰念，拘楊氏稍緩，或漏洩，必匿他處，且殺之滅口，獄仍不具也。乃爲訪同範家畜娼，而身率快手直入，毁其壁，果得楊氏。麻城人數萬，懽呼隨之至公堂，召如松認妻。妻不意其夫狀焦爛如此，直前抱如松頸，大慟曰：「吾累汝，吾累汝。」堂下民皆雨泣。五棨、同範等叩頭乞命，無一言。時雍正乙卯七月二十四日也。應棻以狀奏，越十日，而原奏勾決之旨下，柱不得已，奏案有他故請緩決。同範揣知總督意護前，乃誘楊氏具狀，稱身本娼，非如松妻，且自伏竊娼罪。柱復據情奏，天子召柱、應棻二人俱内用，特簡户部尚書史貽直督湖廣，委兩省官會訊，一切皆如鼎議。乃復應求官，誅同範、五榮等。

吴墨謙爲人釋訟

雍正時，松江有吴墨謙者，通曉律例，人倩其作呈牘，必先叩實情，理曲，即爲和解之，若理直，雖上官不能抑也。

德清徐西灣未貴時，贅於王廷燫家，外姑劇愛之，割田千畝爲奩贈。後女死失歡，靳而不予。西灣之父方虎方伯適乞休，年八十矣，自往索之，遂涉訟。奩目具載，且有細簿號數租額，守令均袒之。吴爲作訴詞，極言婚姻夙好，翁婿相得，惟夫故家析，女已殀逝，不能給，亦不願給也。夫曰奩，則非翁之所得問，夫曰贈，則非訟之所能争，親家翁具三達尊，斷不涎此，此必主計僕之狡獪耳。訴入，方虎廢然返。

某富室欲吞未賣絶之活産，而業重價輕，未及三十年，無可解説。乃覓一故紙，仿正找兩券，僞作一絶據，筆墨濃淡，均極相符，更倩人摹舊契圖印之。臨審呈驗，失業者無以辯也。吴從掌案索觀，反覆良久，密告曰：「僞也。」即爲申訴，謂：「民家契券，既不可懸之於壁，又不可鋪之於几，則藏之篋，復慮其污且損也，則夾之書中，故疊侵焉，然蠹痕必重疊，斷無能東西穿穴之理。今此契折紋，與蛀穴參差，殊不可解，祈明府弔取藏券之器以對之，則情僞畢現矣。」富家無可呈，乃放贖。

徽州有質庫，地棍欲詐其貲，乃習其繆草，仿其戳記，依其款式，自造僞票，作珠一顆，曲五百金，計值十當五，須償千金。典主亦健者，取此月號簿呈送，棍乃轉訟其夥，謂主人豔珠，令夥没入也。吴取票視之，笑而慰夥曰：「無恐，易剖耳。」具言：「各典店規，例以年長一小郎寫票，大典櫃夥四，次三，又次二，各授票百，以木扦貫而授之，否則落紙如飛，散同秋葉矣。請明府弔各典票驗之，可見此票無孔，非典中物也。」棍語塞，乃遁。

費孝廉陷費叟於獄

某縣村農費叟，足穀翁也，力田致富，居平恆以無貴家大族往來爲恨。一日大雨，子婦滌蔬河濱，遇一小舫泊柳下，中一文士，逼處漏篷，衣履沾濕，二僕尤甚，詢之舟人，則城中孝廉費某也。婦以適與同姓，歸述之叟，叟即持雨具至舟迎，謂曰：「雨甚，貴人曷不暫過敝廬小住乎？」孝廉方飢餒交困，聞言，欣然登岸。入草堂，敍禮畢，詢知爲同姓，甚喜，即與序雁行，講家人禮。叟立命治具爲歡，攜手步檐下，指而語之曰：「予鄉居，亦頗無憂，此水田也，有若干，復有薑芋蔗田若干，魚池若干，茭灘若干。此外有桑原蔬圃若干，桑陰皆藥畦也。」又攜手入堂左，孝廉望之，有屋十餘間，曰：「此倉廩也，此牛羊豕舍也，其屋之左右，皆佃舍及僦居者也。」孝廉唯唯，心羡之。家人告酒具，乃邀入座，殽核豐潔，非田舍所有。叟握杯曰：「此醞五年矣，今特爲貴人設也。」孝廉稱謝不置。既而酒酣，孝廉自道家世及交遊曰：「某官爲年伯，某官爲座師，今行取之某部某，則房師也。其他如某某，則中表也，城中現任官某某，皆與弟善，無不言聽計從。凡交於弟者，安有禍患相及哉！」叟聞言，默識於心。飯畢，雨止日斜，孝廉告別，叟留之宿，孝廉辭，悵悵而別。

明日，叟易華衣盛僕，刺舟入城訪孝廉，亦款留之。自此甚交契，凡叟之田土畜産所有，時有進納，秋成貢新，歲除獻臘。孝廉頗感之，恆思有所報効，而苦無事，竭思得計，乃謀於所善之捕役，令其囑盗陷之。未幾，果致叟於獄，叟子走孝廉所求援，孝廉泣曰：「汝父視我厚，吾捐頂踵以救何吝？顧所犯甚重，非口舌可能爭，奈何？況今之當事皆利徒乎。」其子曰：「苟能出父，一聽叔教，無吝也。」孝廉遂言某官當賄若干，某胥某役及盗當若干，上下關通，非半萬不可。村農之財，皆在土地，苦無多錙存篋，竭措不滿，遂集田房諸券，謀質於孝廉，孝廉皆假他人名以有其田土房屋，猶以文書上下，百端誅求，其子至羅雀掘鼠以應，家破而叟始釋，爲時一年矣。

叟之在獄也，德孝廉不置，每自謂幸識此人，不然殆矣。及歸，核所費，則産已蕩盡，乃大慟，淚未乾而督交屋人至矣。痛定尋思，與盗不面，何仇而至是？遂割雞攜酒入獄以勞盗，叩所由，盗曰：「我害汝破産而反食我，君子也，吾何忍更隱乎。此無他，乃汝弟孝廉囑捕役爲之耳。」叟聞始悟，亟趨孝廉所，累辭以他出。叟怒，歸讓子婦曰：「非若一言，禍不至是。」子婦曰：「以其姓偶同，故述於翁，不令納交於彼也。」翁慚，大駡之，婦憤，雉經而死。子痛婦之亡於非命也，亦繯頸焉。叟至是，見家破而嗣絶也，亦付一繯。

全謝山幾以皇雅篇獲咎

全祖望字紹衣，浙江鄞縣人，乾隆丙辰庶常，世稱謝山先生，著有《鮚埼亭集》。嘗作《皇雅篇》，篇中有「大討賊」，註曰：「志取北都也。」敍述世祖得天下之正，謂前古無有倫比，其辭曰：「天下喪亂將以啓聖人，謂予不信試觀諸甲申。明烈帝，非荒君，十七載，何憂勤，其奈生逢陽九辰，五十揆席多賊臣。馴令米脂賊，塗炭遍斯民，赤者眉，黃者巾，遂污神器遭鬼嗔。先皇赫斯怒，慇茲雷雲屯，曰咨爾叔父，爲我討賊清乾坤。嗤賊狃累勝，豈識天兵如天神。望風不戰走，封狐十丈化遊魂，燕人望師如拯焚，一朝快復仇，壺漿夾道出九門。東來近天子，驚見冲齡未十春。累朝創業，未之或聞，負扆委裘，皇皇懋親。剪商已再世，一朝唾手志竟伸，奠九鼎，定八垠，非天私我，曰惟積功與累仁。」有忌者摘其詩語，謂不忘有明，雖頌昭代開國之功，實稱揚思宗之德，有煽惑人民不忘故主之意。思嗔二字，暗指本朝，「爲我討賊清乾坤」句，竟敢冠賊字於清字之上，尤爲悖逆。「驚見冲齡未十春」，「累朝創業，未之或聞，負扆委裘」，「一朝唾手」等句，亦多微辭。謝山因此幾獲譴，幸大學士某爲之解釋始免。

范起鶚以家藏顧亭林文集被控

范起鶚，乾隆時之寶山人。以家中藏有顧亭林文集數種，被其從兄起鳳指爲違礙禁書，呈控於江蘇巡撫楊魁，請派員往搜。

胡中藻以堅磨生詩被誅

湖南學政胡中藻著《堅磨生詩》中，多謗訕語，經人告發，乾隆乙亥三月十三日，大學士九卿翰林詹事科道等面奉上諭：「我朝撫有天下，於今百有餘年，列祖列宗深仁厚澤，漸洽區宇，薄海内外，共享昇平。凡爲臣子，自乃祖乃父食毛踐土，宜其胥識尊親大義，乃尚有出身科目名列清華，而鬼蜮爲心，於語言吟詠之間，肆其悖逆詆訕怨望如胡中藻者，實非人類之所應有。其所刻詩題曰《堅磨生詩鈔》，堅磨出自《魯論》，孔子所稱磨涅，乃指佛肸而言，胡中藻以此自號，是誠何心？從前查嗣庭、汪景琪、吕留良等詩文日記，謗訕譸張，大逆不道，蒙皇考申明大義，嚴加懲創，以正倫紀而維世道，數十年來，以爲中外臣民咸知警惕。而不意尚有此等鴟張狺吠之胡中藻，即檢閲查嗣庭等舊案，其悖逆之詞，亦未有連篇累牘至於如此之甚者。如其集内所云『一世無日月』，又曰『又降一世夏秋冬』。三代而下，享國之久，無如漢、唐、宋、明，皆一再傳而多故，本朝定鼎以來，承平熙皞，蓋遠過之，乃曰又降一世，是尚有人心者乎？又曰『一把心腸論濁清』，加濁字於國號之上，是何肺腑？《至謁羅池廟》詩則曰『天非開清泰』，又曰『斯文欲被蠻』，滿洲俗稱漢人曰蠻子，漢人亦俗稱滿洲曰韃子，此不過如鄉籍而言，即孟子所謂東夷西夷是也。如以稱蠻爲斯文之辱，則漢人之稱滿人曰韃子者，亦將有罪乎？又曰『相見請看都盎背，誰知生色屬裘人』。此非謂旃裘之人而何？又曰『南斗送我南，北斗送我北。南北斗中間，不能一黍闊』；又曰『再泛瀟湘朝北海，細看來歷是如何』；又曰『雖然北風好，難用可如何』；又曰『撥雲揭北斗，怒竅生南風』；又曰『暫歇南風競』，兩兩以南北分提，重言反復，意何所指？其《語溪照景石》詩中，用周時穆天子車馬走不停及武皇爲失傾城色兩典故，此與照景石有何關涉？特欲借題以寓其譏刺訕謗耳。至若『老佛如今無病病，朝門聞説不開開』之句，尤爲奇誕。朕每日聽政，召見臣工，何乃有朝門不開語？又曰『人間豈是無中氣』，此是何等語乎？其《和初雪原韻》『白雪高難和，單辭贊莫加』，單辭出《尚書·呂刑》於詠雪何涉？《進呈南巡》詩則曰『三才生後生』，今曰天地人爲三才，生於三才之後，是爲何物，其指斥之意可勝誅乎？又曰『天所照臨皆日月，地無道里計西東。諸公五岳諸侯瀆，一百年來頫首同』。蓋謂岳瀆蒙羞頫首無奈而已，謗訕顯然。又曰『亦天之子亦萊衣』，兩亦字悖慢已極。又曰『不爲遊觀縱盜驪』，八駿人所常用，必用盜驪，義何所取？又曰『一川水已快南巡』，下接云『周王淠彼因時邁』，蓋暗用昭王南征故事，謂朕不之覺耳。又曰『如今亦是塗山會，玉帛相將十倍多』，亦是二字，與前兩亦字同意。其《頌蠲免》則曰『那是偏災今降雨，況如平日佛燃燈』。朕一聞災歉，立加賑卹，何乃謂佛燈之難覩耶？至如《孝賢皇后之喪》，乃有『並花已覺單無蒂』之語。孝賢皇后，係朕藩邸時皇考世宗憲皇帝第聘賢淑作配朕躬，正位中宮，母儀天下者一十三年，然朕亦曷嘗令有干預朝政，驕縱外客之事？此誠可對天下後世者。至大事之後，朕恩顧飾終，然一切禮儀，並無於會典之外有所增益。乃胡中藻與鄂昌往復酬詠，自謂殊似晉人，是已爲王法所必誅，而其詩曰『其夫吾父屬，妻皆毋道之』，夫君父，人之通稱，君應冠於父上，曰父君尚不可，而不過謂其父之頫而已，可乎？又曰『女君君一體』，焉得漠然爲帝后也，而直訴曰其夫曰妻，喪心病狂，一至於此，是豈覆載所可容者乎！他如《自桂林調回京師》，則曰『得免吾冠是出頭』，伊由翰林薦擢京堂，督學陝西，復調廣西，屢司文柄，其調取回京，並非遷謫，乃以掛冠爲出頭，有是理乎？又有曰『一世璞誰完，吾身甑恐破』，又曰『若能自主張，除是脫韁鎖』，又曰『一世眩如鳥在笯』，又曰『蝨官我曾慚』，又曰『天方省事應問我』，又曰『直道恐難行』，又曰『世事於今怕捉風』，無非怨悵之語。《述懷》詩又曰『瑣沙偷射蜮，饞食狼張箕』，《賢良祠》詩曰『青蠅投昊肯容辭』，試問此時於朕前進讒言者誰乎？伊在鄂爾泰門下，依草附木，而詩中乃有『記出西林第一門』之句，攀援門户，恬不知恥。朕初見其進呈詩文，語多險僻，知其心術叵測，於命督學政時，曾訓以論文取士宜崇平正。今見其詩中即有『下眼訓平夷』之句，下眼並無典據，蓋以爲垂照之義，亦可以爲識力卑下，亦可巧用雙關云耳。至其所出試題內，考經義有『乾之爻不象龍說』，乾卦六爻皆取象於龍，故《象傳》言時乘六龍以御天，如伊所言，豈爻不在六龍之內耶？乾爲當今年號，龍與隆同音，其詆毁之意可見。又如『鳥獸不可與同羣』、『狗彘食人食』、『牝雞無晨』等題，若謂出題必欲避熟，經書不乏閒冷題目，乃必檢此等語句，意何所指？其種種悖逆，不可悉數。十餘年來，在廷諸臣所和韻及進呈詩册，何止千萬首，其中字句之間，亦偶有不知檢點者，朕俱置而不論，從未嘗以語言文字責人。若胡中藻之詩，措詞用意，實非語言文字之罪可比。夫謗及朕躬猶可，謗及本朝，則叛逆耳。朕見此書已數年，意謂必有明於大義之人，待其參奏，而在廷諸臣及言官中，並無一人參奏，足見相習成風，牢不可破。朕更不得不申我國法，正爾囂風，效皇考之誅查嗣庭矣。且內廷侍從曾列卿貳之張泰開，重師門而罔顧大義，爲之出資刊刻。至鄂昌身爲滿洲世僕，歷任巡撫，見此悖逆之作，不但不知憤恨，且喪心與之唱和，引爲同調，其罪實不容誅。此所關於世道人心者甚大，俾天下後世共知炯鑒。張泰開著革職交刑部，胡中藻、鄂昌已降旨拏解來京，俟到日，交大學士九卿翰林詹事科道公同逐節嚴審定擬具奏。欽此。」

甲寅，大學士九卿翰詹科道等奏稱：「胡中藻違天叛道，覆載不容，合依大逆，凌遲處死，該犯的屬另十六歲以上皆斬立決。張泰開明知該犯詩鈔悖逆，乃敢助貲刻板，出名作序，應照知情隱匿律斬立決。其與逆犯酬答之鄂昌，俟拏解到日另議。」諭令「大學士九卿翰詹科道等公同集訊，屢經面對，僉請處以極刑，自屬按律定擬。朕意肆市已足示衆，胡中藻免其凌遲，著卽行處斬，爲天下後世炯戒。胡中藻係鄂爾泰門生，文辭險怪，人所共知，而鄂爾泰獨加贊賞，以致肆無忌憚，悖慢譸張。且於其姪鄂昌敍門誼，論杯酒，則鄂爾泰從前標榜之私，適以釀成惡逆耳。胡中藻依附師門，甘爲鷹犬，其詩中讒舌青蠅，據供實指張廷玉、張熙二人，可見其門户之見牢不可破，卽張廷玉之用人，亦未必以鄂爾泰、胡中藻輩爲匪類也。鄂爾泰、張廷玉亦因遇皇考及朕之君，不能大有爲耳，不然，何事不可爲哉？大臣立朝，當以公忠體國爲心，若各存意見，則依附之小人，遂至妄爲揣摩，羣相附和，漸至判若水火，古來朋黨之弊，悉由於此，鄂爾泰爲滿洲大臣，尤不應蹈此惡習。今伊姪鄂昌卽援引世誼，親暱標榜，積習蔽錮，所關於世道人心者甚鉅，使鄂爾泰此時尚在，必將伊革職重治其罪，爲大臣植黨者戒。鄂爾泰著撤出賢良祠，不准入祀，其配享太廟，係奉皇考遺詔遵行，與見在准張廷玉之配享相同，應仍照舊。張泰開本一庸懦無能之人，其出貲刊刻，由被勒索，而序文又俱係胡中藻自搆，張泰開著從寬免其治罪，卽著釋放，仍在上書房行走，効力贖罪。胡中藻之母年已八十，其孫亦在幼穉，及伊弟胡中藩等，著從寬免其緣坐。其胡中藻詩案內一應干涉之人，除鄂昌俟解京之日另行審結外，其餘俱著加恩，一概免其查究。至於李蘊芳身爲縣令，乃以檢驗爲苦，反覆嗟怨，甚屬狂悖，該撫見以貪婪題參革職，俟審擬到日，再降諭旨。餘依議。」

段昌緒以吴三桂檄文論斬

康熙癸丑，平西王吴三桂叛，傳檄遐邇。檄有流傳於河南夏邑者，乾隆時，司存成、司淑信昆仲得之，以示段昌緒，昌緒加評而圈點之。乙亥，高宗南巡，道夏邑，民人劉元德以縣令不職賑恤不周等情訴於行在。高宗以元德爲鄉愚，必有指使，嚴訊之，以昌緒對。大怒，命有司派員捕之，因於昌緒卧室，起出三桂檄文，窮治之，乃斬昌緒，并置存成、淑信於重典。

彭家屏以明季野史論斬

高宗以段昌緒之評點吴三桂檄文也，而聯想及於彭家屏。家屏者，夏邑人，嘗開藩江右，以編纂族譜曰《大彭統記》至觸高宗之怒，謂「大彭」二字類似國號，指爲狂悖，而革職家居者也。至是，又疑之，且以家屏曾奏汴撫圖南炳之諱災，遂並查抄其私宅，搜獲明季野史數種，於是家屏論大辟，并及其子。

齊周華以吕留良案牽涉而死

齊赤若，字周華，天台諸生，爲息園侍郎猶子，與息園齊名，其後爲道士。雍正辛亥，周華年三十五矣，以吕留良案遵詔陳情，被阻，遂赴都，逕呈刑部，又被阻，押交浙江學政。學政制於撫藩，始以言誘，繼以威脅，欲令中止。周華堅不允，遂下獄，枷杖禁錮，瀕死者數，而矢志不移。浙閩總督郝某巡台州，乃遣長子具訴，郝特疏具題，遂成欽案，部議遂以永遠監禁混結。郝題匾華頂曰：「仰之彌高。」聯云：「物外有人閒始見，山中可樂老方知。」遣總兵吳某詣獄，請周華書之，自此獄禁稍疏，乾隆改元始釋。此後益肆志山水，修道於武當山瓊台觀，前後八九年。一日，忽云機動欲行，適長子奉祖母命往迎，遂返。時息園罷官家居，周華往訪，有仇人洛東者，潛書「僧道不許濫入齊府」字，揭於息園之門，周華見之，廢然返，意謂息園故拒己也。作呈詞，列十罪狀，因巡撫熊某至台，往訴之。巡撫方與息園有隙，即據呈具奏。丁亥，廷議翻前案，削息園職，周華淩遲。周華嘗自謂爲東方木星，木不斲不成器，故爲呂案抗疏，甘就刀鋸鼎鑊而不辭。緹騎至門時，見其門懸一聯云：「惡劫難逃，早知不得其死；斯文未喪，庶幾無忝所生。」官中人見之，爲之卻步。

蔡顯以詩句論斬

蔡顯，華亭舉人也，著有《閒漁閒閒録》，以論祀鄉賢祠節孝一條，爲郡紳所嫉，郡守鍾某亦惡之。乾隆丁亥，摘其所作詩有「風雨從所好，南北杳難分」句，又《題友袈裟小照》詩有「莫教行化烏腸國，風雨龍王行怒嗔」句，謂爲隱約怨誹，情罪甚重，刑部擬以淩遲，改斬決。其門下士譴戍者聞人卓之倓、劉素菴朝棟等二十四人，並其妾朱氏。顯有子三人，長曰必昭，雋才也，年十七，亦與書賈吳秋漁同譴戍。

青浦胡吟鷗，名鳴玉，殫見洽聞，工詞賦。乾隆丙辰，與葉棨梓同舉博學宏詞科，十月，召試太和殿，不第。歸隱三十年矣。顯被仇家訐發，其序爲胡作，因以被逮，時年八十有奇。邑宰褚啓宗力慰之，至省入獄，見蔡曰：「尊集序文刊名爲胡某，察筆意，似出先生手。」蔡悟曰：「然。」褚曰：「如此，當不必累胡。」蔡頷之。褚卽囑胡堅辭不承。及案獄，蔡矢口自認，胡遂得釋歸。是獄也，又有陸時三名珩者，僅十五齡，褚訊其年未及冠，詳請釋之。

吴紹詩欲興文字獄

乾隆戊子，江西巡撫吴紹詩奏稱：「李紱詩文集辭句憤激，李任漢、傅占衡集中亦多狂悖句，請將李紱等子孫革訊，查封家口房屋，並請將李茹、馮詠、馮謙、萬承倉、吴名岸、黄石麟查辦。」旋奉旨：「李紱所作詩文，其中誠有牢騷已甚之詞，但核之，多係標榜惡習，尚無訕謗實跡。卽其與戴名世七夕同飲，原在名世未犯罪以前，且座中不止一人，無足深究。至李任漢之於吕留良，語多推許，不過爲講學文字俗套。若傅占衡狂吠之語，殆染明末無知妄作之風，久經物故，如一一根究，事體未協，且恐無識之流，疑爲文字獲咎，反得遂其詭激沽名之隱，甚無謂也。但此等謬語，刊刻成書，於世道人心，貽誤不小，著該撫將各項書本板片，查明銷燬。」

袁子才有折獄才

袁子才歷任溧水、沭陽、江寧知縣，有折獄才，終日坐堂皇，任吏民白事，有小訟獄，立判遣，無稽留者。多設耳目方略，集鄉保，詢盗賊及諸惡少姓名，出簿記相質證，使不能隱，則榜其姓名，許三年無犯湔雪之，奸民皆斂跡。方山谿洞外兩氓争地，無契券，訟久莫能斷。袁視案牘山積，笑曰：「此左氏所云晉鄭之間有隙地，玉暘、頓邱是也，訟久則破家，吾當爲若了之。」乃盡去舊牘，別給符驗，使各開墾升科。

某年五月十日，天大風，白日晦冥。江寧有韓氏者，被風吹至銅井村，村去城九十里，明日，村人送之歸。女已字李秀才子，李疑風不能吹人遠去，必有姦，因控之縣。袁曰：「古有風吹女子至六十里者，汝知之乎？」李不信，袁取元郝文忠公《陵川集》示之曰：「郝公一代名臣，寧作誑語？第當年風吹吴門女，竟嫁宰相，恐汝子無福耳。」秀才讀詩大喜，姻好如故。總督尹文端公繼善聞之，曰：「可謂宰官必用讀書人矣。」

江寧有戰艦繫纜江干，一日，有老兵方踞舵樓而遺矢，有舟揚帆來掠之，兵墮水死。諸兵盡出，斷帆繫舟，搒舟子無算，創甚垂斃，鳴之官。袁往驗，詰舟人曰：「汝挂帆行，何至遽觸他舟？」舟人固稱風急，實非人力所能主。袁曰：「汝言不足信，可仍駕舟張帆而下，令我審視之。」舟人如所命，乘風破浪，渺不知所之。蓋已諭役，密令其竟去也。諸兵大譁，袁曰：「此誤殺耳，律無抵法，埋葬銀由我出俸錢給之可矣。」

兩淮鹽引案

兩淮鹽引案爲乾隆時三大案之一，蓋乾隆戊子，德州盧雅雨都轉見曾乞病在籍，以前在淮運司任堤引事發，遂革職下獄死。是案因尤拔世任兩淮鹽政，風聞鹽商積弊居奇，索賄未遂，乃奏稱：「上年普福奏請預提戊子綱引，仍令各商每引繳銀三兩，以備公用，共繳貯運庫銀二十七萬八千有奇。普福任內所辦玉器古玩等項，共動支銀八萬五千餘兩，其餘見存十九萬餘兩，請交內府查收。」朝廷以此項銀兩歷任鹽政并未奏聞，私行支用，檢查户部檔案，亦無造報派用文册。且自乾隆乙丑提引後，二十年來，銀數已過千餘萬，顯有蒙混欺蝕情弊，密派江蘇巡撫彰寶會同尤拔世詳悉清查。旋據彰寶等查復歷年預行提引商人交納餘息銀兩，共有一千零九十餘萬兩，均未歸公。前任鹽政高恆任內查出收受商人所繳銀至十三萬之多，普福任內收受丁亥綱銀私行開銷者又八萬餘兩，其歷次代購物件借端開用者，尚未逐一查出。奉旨，褫淮商黄源德、徐尚志、黄履泰奉宸院卿銜，江廣運布政使銜，程謙德、汪啓源按察使銜，解現任運使趙之壁任，前運使盧見曾、鹽政高恆、普福並褫職，且下見曾於揚州獄以訊之。

大學士傅恆等復奏云：「兩淮商人疊荷恩賞卿銜，乃於歷年提引一案，將官帑視爲己貲，除自行侵用銀六百二十餘萬兩外，或代購器物，結納餽送，或借名差務，浪費浮開，又冒侵銀至數百萬兩，於法於情，均屬難宥。今既敗露，又蒙格外天恩，免其治罪。所有查出各款銀數，自應盡數追繳，以清國帑。查歷年提引應行歸公銀共一千零九十二萬二千八百九十七兩六錢，內除奉旨撥解江寧協濟差案及解交內府抵換金銀牌錁，與一切奏明支用，并因公支取，例得開銷銀四十六萬一千七百六十九兩九錢二分五釐。又現貯在庫歸款銀二十六萬二百六十五兩六錢六分六釐，兩共銀七十二萬二千零三十五兩五錢六分一釐，應如該撫等所請，免其追繳外，所有各商節年領引未完納銀六百二十五萬三千五百八十四兩一錢六分六釐，又總商藉稱辛工膏火銀七十萬三千六百零二兩，又楚商濫支膏火銀二千兩，又總商代鹽政購辦器物浮開銀十六萬六百八十七兩，又各商借差支用銀一百四十八萬二千六百九十八兩八錢，及辦差浮開銀六十六萬七千九百七十六兩八錢。以上商人名下，共應完納銀九百二十七萬五百四十八兩七錢七分九釐，其各商代吉慶、高恆、普福購辦器物作價銀五十七萬六千七百九十二兩八錢二分一釐，又各商交付高恆僕人張文學、顧蓼懷經收各項銀二十萬七千八百八十七兩八錢五分二釐，各商代高恆辦檀梨器物銀八萬六千五百四十兩一錢四分四釐，均該商等有心結納，於中取利，亦應照該撫等所請高恆、普福名下無可追抵之款，着落該商名下賠完，通共計應追繳銀一千零十四萬一千七百六十九兩六錢。至普福自向運庫支用並無檔册可查之丁亥綱銀四萬二千八百五十一兩四錢三分九釐，該撫既稱非各商經手，但正項欠缺，未便無着。如普福不能追繳，在通河衆商名下均攤賠補，亦如所請辦理。其盧見曾婪得商人代辦古玩銀一萬六千二百四十一兩，例應於見曾名下勒追。但查此項代辦古玩銀兩，亦係各商有心結納運使，濫行支用，如見曾家屬名下不能全完，仍應在各商名下分賠。再查十一年提引後歷任運司，如朱續焯、舒隆安、郭一裕、何煟、吳嗣爵、盧見曾、趙之璧，除見曾業已議定治罪外，其餘各員，既經該撫等訊無餽遺染指與各商結納情弊，除已故之朱續焯、舒隆安、郭一裕三員無庸置議外，其現任河南布政使何煟、江蘇淮徐道吳嗣爵不能詳請早定章程革除積弊，均屬不合，應將該二員照私罪降三級調用。已經解任之運使趙之璧，在任五年之久，目擊鹽政腐敗，庫內收貯銀兩，任聽普福提用，不能阻止，及護鹽政時，又不據實具奏，殊屬有心徇隱，應照溺職例革職。現任總督高晉前署鹽政四十餘日，前任總督尹繼善在任最久，且有統理鹽務之責，乃竟全無覺察，均難辭咎，應一併交部嚴加議處。」

是獄也，鹽政高恆、普福，運使盧見曾均伏法，刑部郎中王昶，內閣中書趙文哲、徐步雲以私自送信與見曾皆獲嚴譴，大學士紀文達公昀亦牽連責戍焉。王後官至侍郎。

葉佩蓀解滄浪鄉志獄

乾隆中葉，湘中有高治清者，授徒鄉里，頗事著述。巡撫某聞之，以清爲國號，而高乃以治清名，疑與曾靜、張熙有連，遂派員往捕，籍其家，得所著《滄浪鄉志》以獻。閱其書，頗有譏刺時政語，遂羅織傅會，竟以大逆奏。布政使葉佩蓀獨疑之，詳閱其書，實無詆毁詞意，且中有「聖德涵濡，恩周薄海」諸頌揚語，第未抬頭耳，因黏籤以進。奏上，高宗諭：「書中並無謗訕謀逆之詞，其頌揚語漏未抬頭，自係鄉曲陋儒，不知著書體例之故，不得以是爲罪。」於是高得釋。

澹歸徧行堂集案

乾隆乙未閏十月，高宗檢閱各省呈繳應燬書籍，中有僧澹歸所著《徧行堂集》，乃韶州府知府高綱爲之製序，並爲募貲刊行。詩文中多悖謬字句，自應銷燬。因論及高綱身爲漢軍，且爲高其佩之子，世受國恩，乃見此等悖逆之書，恬不爲怪，轉爲製序募刻，使其人尚在，必當立寘重典。其書板自必尚在粤東，著李侍堯等即速查明此書版片及刊印之本，一併奏繳。

初，李方玉觀察璜官南韶連兵備道，偶以公事過丹霞寺。寺中有廚，封鎖甚固，璜詢所藏何物，僧曰：「自康熙至今，本寺更一住持，即加一封條，其中所藏何物，實未悉。」璜命啓視，僧不能阻。啓廚，得一册，皆謗毁本朝語，則明臣金堡後曰澹歸和尚手筆也。璜長子大翰慫恿其父，謂方今書禁至嚴，舉發此事，可冀升擢。是夕，璜持册旋至室中，逾丙夜不寐，竟惑於大翰之言，白督撫，遂入奏，即有焚寺磨骸之命，寺僧死者五百餘人。丁酉，璜入覲，卒於京師。大翰後由刑部員外郎擢知漢陽府，將抵任，忽覩一僧，衣紅袈裟入船，猝病，卒於麻城。自後李氏凡有英儁之才必早世，歿時必見和尚焉。

王錫侯以字貫被誅

乾隆丁酉十一月，新昌王瀧南呈首舉人王錫侯删改《康熙字典》，另刻《字貫》，補字典之不足，本爲當時諸儒所嫉。高宗閱其進呈之書，第一本序文凡例，將聖祖、世宗廟諱及御名字樣開列，實爲大逆不法，命鎖押解京，交刑部審訊。錫侯及其子孫並處重刑，燬其板，且禁售賣，然其後流傳日本矣。至一併緣坐者，亦分起解京治罪，於是李友棠以題詩卷首革職，而大學士史貽直、尚書錢陳羣雖爲王氏家譜及錫侯所撰他書作序，高宗念其已故，置不究，並謂此實不爲已甚之折中辦法也。惟兩江總督高晉、江西巡撫海成、布政使周克開、按察使馮廷丞皆以失察革職，治罪有差。

錫侯，字韓伯，其書曰《字貫》者，意謂字猶散錢也，貫之以義耳。並依《康熙字典》分部，列其總字，注明在本書何類。凡天、地、人、物四類，下分四十部，體例略如《爾雅》。音義相同，即會於一，而每部則配以千字文。

徐述夔一柱樓詩案

東臺舉人徐述夔著有《一柱樓編年詩》，多詠明末時事，《正德杯》云：「大明天子重相見，且把壺兒擱半邊。」又有「明朝期振翮，一舉去清都」之句。乾隆戊戌，東臺令上其事，廷旨謂：「壺兒即胡兒，含誹謗意，借朝夕之朝作朝代之朝，且不言到清都而言去清都，顯有興明朝去本朝之意，餘語亦多悖逆，實爲罪大惡極。」時述夔已卒，乃并其刊刻遺詩之子懷祖皆戮屍，其孫食田、食書及校對之徐首髮、沈成濯並江蘇藩司陶易之、改稿幕友陸炎均處斬，陶易及揚州守謝啓昆、東臺令涂耀龍均革職。而以沈德潛曾爲述夔作傳，贊其品行文章，亦大怒，同褫其官爵銜謚，毁其祭葬碑文，撤其鄉賢祠牌位。

王爾揚文字之獄未成

乾隆戊戌四月，巴延三以舉人王爾揚所作《李範墓誌》於「考」字上擅用「皇」字爲悖逆，押解至省，嚴審定擬奏聞。高宗謂：「此係迂儒用古，並非叛逆。皇考之字見於《禮經》，屈原《離騷》、歐陽修《瀧岡阡表》俱曾用之。在臣子尊君敬上之義，固應迴避，但迂腐無知，泥於用古，不得謂之叛逆。若本科會試中式，亦不過於榜上扣除，今既未中，下科仍可會試。」此事竟可無庸查辦。

韋玉振以刊刻行述杖徒

乾隆戊戌，江蘇巡撫楊魁奏贛榆縣生員韋玉振爲其父刊刻行述，内有「於佃户之貧者，赦不加息，并赦屢年積欠」之語，殊屬狂悖。經其叔韋昭告發，韋玉振應請照違制律杖一百，褫革衣頂。奉旨：「韋玉振於行述家譜内，妄用『赦』字、『世表』二字，雖此外尚無悖逆之跡，究屬僭妄，非僅違制可比。且該犯身列宫牆，自應稍知文義，乃於『赦』字『世表』字僭用不忌，自當治以僭妄之罪。今該撫僅照違制擬杖，未爲允協，仍應照僭用例，杖一百，徒三年。」

僞皇孫案

乾隆庚子春，高宗南巡，回鑾時駐涿州，有僧率幼童接駕，云係履端王次子，以側福晉妬嫉，襁褓被逐，僧收養之至於成立。初，高宗第四子履端親王永珹，出繼履恭王後，有側福晉王氏，爲王所鍾愛，會他側室産次子，帝已命名，時王隨帝之灤陽，而次子以痘殤告，其邸人皆言爲王氏所害，帝亦微聞之，故疑童近是。訊其嫡福晉伊爾根覺羅氏，則言其子殤時，余曾撫之以哭，非王氏所棄。帝乃召童入都，命軍機大臣會鞫。童貌端莊，坐軍機大臣榻上，端坐不起，呼和珅名曰：「來，汝乃皇祖近臣，不可使天家骨肉有所湮没也。」諸大臣不敢置可否。保成時爲軍機司員，乃近前批其頰曰：「汝何處村童，爲人所紿，敢爲此滅門計乎！」童惶懼，言係樹村人，劉姓，爲僧所教，讞乃定。事聞，斬僧於市，戍童於伊犂。後又於其地冒稱皇孫，招摇愚民，爲松文清公筠所斬。然聞其邸太監楊姓者云，履王次子痘時，實未嘗殤，王氏潛以他尸易之，而命王之弄童薩淩阿負之出邸，棄之於荒野，嫡福晉所撫哭者，非真也。

程明禋以壽文被斬

湖北孝感生員程明禋至河南桐柏縣教讀，十有餘年，乾隆辛丑，富人鄭友清壽誕，戚友劉用廣等浼程撰壽文，友清亦楚人，賈於豫致富。時值三月，文有「紹芳聲於湖北，創大業於河南」及「捧河中之劍，似爲添籌」等句，友清疑有違礙，貼紅簽於上，明禋怒，其門人楊殿才、王國華、胡高同俱不服，令友清之姪萬青詣明禋引咎，不從，毆萬青，傷右眼。殿才以友清非青衿，不應妄評，乃編俚語揭之街市，爲明禋洩忿。友清即持幃首於桐柏教諭黄懷玉，懷玉稟學撫，豫撫富勒渾批飭南陽守提訊。因於明禋寓搜出久經飭禁之《留春新集》一部，又摘寫《後漢書·趙壹傳》内成語「文籍雖滿腹，不如一囊錢」詩句，密加圈點。又於程友曹文郊家，查出《文昌録》一軸及符咒解省。

至是，撫藩臬即將明禋所作壽文狂悖之處，逐一指詰，明禋供：「上年二月，劉用廣言其友鄭友清原爲湖北興國州人，移居河南桐柏，經商起家。三月初一日，爲其生日，囑代撰文爲壽。因友清自湖北至河南起家，故有『紹芳聲於湖北，創大業於河南』二句，原引《易經》『富有之謂大業』句也，至『捧河中之劍』二句，因係三月生日，故引用秦昭王上巳置酒事，以切時令。至《趙壹傳》詩句，乃庚子科鄉試不中，牢騷不平，偶讀《趙壹傳》觸起心事，隨手摘寫幾句，實無他意。」勒渾詰以「汝何以獨取《趙壹傳》兩句詩，且批『古今同慨』四字？今聖明在上，勤政愛民，臣民無不愛戴，何以混鈔不煖飽當今豐年之成語？」裡曰：「犯生教讀度日，被富人輕視憤懣，故圈出此二句，且應舉多次不中，因荅主司去取不當。又以運蹇，無由發跡，卽使衣食充足也不樂，故寫鑽皮出毛羽，洗垢求瘢痕，不飽煖當今豐年等句。」曹文郊供《文昌録》符咒，乃業師劉逢恕寄存多年。旋經勒渾奏請明裡照大逆律凌遲處死，弟明珠照律擬斬立決，妻子俱依律緣坐給功臣家爲奴，殿才、國華、高同等褫革衣頂，杖八十，懷玉革職。

尹嘉銓以著書處絞

博野尹嘉銓，由舉人歷官至京卿，乾隆辛丑，以布政使休致。高宗南巡，嘉銓遣子賫奏請，爲其父元孚侍郎會一請謚，並從祀孔廟。高宗震怒，派英廉、袁守侗二大臣檢查嘉銓所著各書中有悖謬處，諭云：「朋黨自古大患，皇考世宗御製是論，爲世道人心計，明切訓示。乃尹嘉銓竟有『朋黨之説起，父師之教衰，君亦安能獨尊於上』之語，顛倒是非，顯悖聖諭。且又有『爲帝者師』之句，儼然師傅自居。無論君臣大義，不應如此妄語，卽以學問論，内外臣工各有公論，尹嘉銓堪爲朕師傅否乎？昔韓愈云：『自度世無孔子，不當在弟子之列。』尹嘉銓將以朕爲何如主也？又所著《名臣言行録》，將本朝大臣如高士奇、高其位、蔣廷錫、鄂爾泰、張廷玉、史貽直悉行臚列，以本朝之人標榜當代人物，將來伊子孫恩怨，卽由此起。又伊在山東藩司任内，面求賞戴花翎，敢於朕前自述對伊妻言，如不得賞，無顔相見等語，彼時伊毫不知恥，而朕深鄙其人，實自此始也。至其託言夢中神人告以係孟子後身，當傳孔子之道。又朕製《古稀説》，而伊乃自號古稀老人；且娶年逾五十之處女爲妾，所行種種乖謬，正如少正卯言僞而辨、行僻而堅所必誅者。伊從前經朕保全，休致回籍，本可終其餘年，乃惡積貫盈，自行敗露，此實天道昭彰，可爲天下盗竊虚名妄肆異議者戒！尹嘉銓着即處絞。」

然膠州逄福陔觀察則嘗告咸陽李孟符主政曰：「嘉銓雖奉嚴旨，旋蒙赦宥。蓋爰書已定之明日，高宗知某之與嘉銓契也，命其往獄宣詔，並賫賜御廚酒肴，陽爲己所攜入，以與之餞別者。諭令酒罷毋遽就死，先以嘉銓所言，暨飲食與否，回奏俟後命。某遵旨往，有頃復奏，謂嘉銓謝恩就坐，顔色不亂，惟深自引咎，謂負聖恩。凡飲酒三杯，食火腿肥肉各一片。上微哂。俄召嘉銓至，先數其罪，後乃宣旨，赦令歸田。又問尚有何奏，嘉銓奏云：『蒙皇上天恩，至於此極，感激之忱，靡可言喻。惟年逾七十，精力衰頽，無以圖報，祇有及未死之前，日夕焚香叩天，祝皇上萬壽，國家昇平，雖至耄期，誓不敢一日間斷。』上大笑曰：『汝尚欲活至百年乎？』因揮之出。」

甘肅米捐案

乾隆辛丑，大學士阿文成公桂率師勦回，時李侍堯再起爲陝甘總督，有旨飭二人查辦甘省藩庫收捐監穀事。文成覆奏，謂係王亶望在藩司時慫慂勒爾謹奏請開例，且一面奏立規條，一面即公然折色包捐，王得擁厚貲而去。高宗大怒，提爾謹訊之，並將亶望拏交刑部審訊，又令文成侍堯將歷任道府之冒銷勒賈分肥情形，逐一查明參奏。旋據奏稱：「按察使福寧供，開捐之始，卽屬折色，并無交糧，王亶望將實收總交蘭州府存發，各州縣或多或少，均藩司主政。至折色銀兩，并未見補買歸倉，多放銀抵糧，盤查結報，皆係具文。又據知府宋開煌供，前因燉煌、玉門兩縣册結，以未經盤查，詳請展限，王亶望不准，只得在省出結。又據福寧供，各屬報災分數，俱由藩司議定具奏，又補行取結，並未親往勘驗，放賑亦不監視。亶望若預知被災輕重，定發實收多少，其爲侵浮銷蝕，毫無疑義。再亶望於每名監生公費四兩外，又加雜費一兩，王廷贊復任，又加一兩。至此事總不過首府首縣數人經手，請將蘭州府知府蔣全迪、前任臯蘭知縣捐升刑部員外郎程棟革職提訊，並王亶望任内揑報之歷任道府王廷贊、秦雄飛、福寧等現任官二十一員革職拏辦。又丁憂事故之潘時選等一十三員，由吏刑二部查明，一併革職解訊。」

有旨：「蔣全迪、程棟先拏解蘭州，王廷贊解交行在，俟王亶望等解到，再行會審。其曾任道府縣者，一體拏解嚴究。王廷贊供出饋送王亶望銀兩之武威縣知縣朱家慶、固原州知州郭昌泰、涇縣知縣邱大英、西寧縣知縣詹耀琳，分别提取訊供，行在大學士九卿會訊，按律定擬。請將爾謹、亶望、廷贊即行正法，其侵銀三萬以上之程棟、陸瑋、那禮善、楊德言、鄭陳善、蔣重熹、宋學淳、李元椿、王臣、許山斗、詹耀琳、陳鴻文、黎珠、伍葆光、舒攀桂、邱大英、陳澍、伯衡、孟衍泗、萬人鳳等二十犯，其侵銀不及二萬而任内有建倉侵款之徐任英、陳韶二犯，改爲斬監候，入於本年勾到情實官犯内辦理。著派刑部侍郎阿揚阿馳驛前往甘省，會同該督李侍堯傳旨曉諭，提視行刑。其侵銀一萬兩以上之閔鵷元、林昂霄、舒玉龍、王萬年、杜畊書、楊有澳、李本楠、彭永和、謝恆、周兆熊、福明等十一犯，侵銀九千至一千兩以上之韋瑗、尤永清、萬邦英、丁愈、趙元德、顧汝恆、宋樹穀、黄道矩、蒲蘭馨、章汝楠、侯新、董熙、沈泰、墨爾、賡額、善達、華廷颺、賈若林、龐樗、覺羅承志、李弼、申寧吉、謝廷庸、葉觀海、麻宸、張毓林等二十六犯，俱依議斬監候。又冒振不及一萬而任内有建倉侵欺銀兩之錢成均、王旭、陳金宣、宋開煌等四犯，從寬免入本年秋審，仍牢固監禁。」

壬寅，高宗以蘭州逆回蘇四十三倡亂，時謝桓、宋開煌、萬邦英、董熙、黄道矩著有微勞，免死，發往黑龍江充當苦差，遇赦不准援釋，所生親子，亦不准應考出仕。並飭查通案，有無類似謝桓等情，曾經文成上疏聲敍出力者，許自行陳訴。又經侍堯復奏，將舒玉龍等二十四犯，照謝桓等一體免死發遣。

方國泰以藏匿祖詩被杖徒

乾隆壬寅五月，安徽巡撫譚尚忠具奏歙縣生員方國泰藏匿伊祖方芬《濤浣亭》悖逆詩集一案，奉上諭：「譚尚忠奏，已故歙縣貢生方芬所著《濤浣亭》逆詩，伊孫方國泰藏匿不報，請將方芬刨坟僇尸，方國泰照大逆知情隱諱，擬斬立決等因，已批該部議奏。據稱，方芬詩集内『征衣淚積燕雲恨，林泉不共馬蹄新』；又『亂剩有身隨俗隱，問誰壯志足澄清』；又『蒹葭欲白露華清，夢裏哀鴻聽轉明』等句，雖隱約其詞，有厭清思明之意，固屬狂妄，但不過書生遭遇兵火，流離轉徙，爲不平之鳴，并未公然毁謗本朝也。方芬老於貢生，貧無聊賴，鬱不得志，借詩牢騷則有之，況其人已死，朕不爲已甚，若如此卽坐以大逆之罪，則杜甫集中窮愁之語最多，卽孟浩然亦有『不才明主棄』之句，亦概得謂之大逆乎？從前查辦河南祝萬青家祠匾對及湖南高治清所刻《滄浪鄉志》，吹求字句，辦理太過，屢經降旨通諭各督撫，勿得拘文牽義，有意苛求，豈譚尚忠尚未之聞乎？此案着交刑部核議具奏，如方芬集內或另有不法之句，不止如摺內所云，該撫未經摘出，抑有不敢陳奏之語，並着該部查明，再行請旨核辦。」

旋經刑部遵旨奏稱：「方芬係本朝歲貢生，生於明天啓年間，歿於康熙二十九年，著有《易經補義》一部，《濤浣亭詩集》一本，又伊七世祖方有度著有《陛辭疏草》一本。方國泰於學臣考試時，將《陛辭疏草》《易經補義》二書呈出，以爲一家孝友，請匾奬勵。當經飭縣查出，方芬《濤浣亭詩》內有『征衣淚積』等句，語意狂妄。訊之方國泰，據云，《濤浣亭》係伊五世祖方芬所著，不知何時刊刻，存留在家，只此一本。詩內悖謬之處，因是祖上所著，相隔百有餘年，實不能指出作詩本意。至所著『避寇』諸句，幼時曾經祖父言及，康熙初年，閩寇來攻徽州府城，一家逃避，官兵平復，始得回家，這避寇，想必指閩寇等語。臣查前奉諭旨，凡收藏違礙悖逆之書者，俱令及早繳出，仍免治罪。前撫臣業已宣布，該犯讀書識字，旣將伊祖上所著之《陛辭疏草》、《易經補義》呈求請奬，而於《濤浣亭詩集》獨不呈出，其爲有心存匿，已可概見，科以應得之罪，夫復何辭？惟如該撫所請，將方芬刨墳僇尸，方國泰斬決，辦理殊失持平。查律載，收存違禁之書者杖一百，又大逆知情不首者杖一百，流三千里。此案除方芬久經物故聖恩不加重罪外，方國泰應照律量減一等，杖一百，徒三年。至該撫奏稱詩集板片，恐各屬搜羅不盡，現在通飭實力查繳，並移咨各省，一體詳查焚毁等語，應如該撫所奏辦理。」

莊容可以丁文彬書獲咎

番禺莊容可中丞有恭嘗爲學使，一日出行，有丁文彬者獻書於道左，莊諗其夙有心疾也，置不問。及擢巡撫，則事隔五年矣，而丁之書爲人所劾。高宗大怒，下嚴旨於莊，責令呈進備觀覽。莊復奏，以尋覓不見爲言。高宗諭曰：「丁文彬指斥本朝，妄肆詆訕，莊有恭之意，蓋恐進呈此書，則罪戾顯然，故藉詞尋覓不見，以避重就輕。夫大逆不道之詞，豈有曾經寓目致令迷失之理？必係聞信查出，私爲銷毁耳。莊有恭受朕深恩，不應狡詐爲鬼蜮伎倆至是也。其罪不在巡撫而在學政，且欲保全學政俸禄養廉耳。著照伊學政任内所得俸禄養廉數目，加罰十倍。」

浙江州縣倉庫虧空案

乾隆丙午，高宗以浙江州縣倉庫虧空，特派阿文成公與姜晟、曹文埴、伊齡阿先後馳往查辦，伊齡阿遂留浙爲巡撫。時諸城竇東皋侍郎光鼐督學浙江，高宗密敕將倉庫事據實陳奏。竇乃嚴劾平陽知縣黄梅借彌補倉庫爲名，科斂肥橐，贓款纍纍，温旨褒其不避嫌怨。而文成等查覆，則謂無其事，竇具疏抗辯，並親赴平陽訪查。伊齡阿劾其在明倫堂招集生監，詢以黄梅劣蹟，答以不知，則咆哮恐嚇，勒寫親供，奉旨褫職。伊齡阿又劾其平陽城隍廟多備刑具，傳集書役，追究黄梅款蹟，生監平民，一概命坐，千百爲羣。及回省時，攜帶多人，晝夜兼行，致水手墮河淹殞，並有「不欲作官，不要性命」之言。奉旨，將竇挐交刑部治罪。竇抵杭，伊已密遣人守其衙署，忽有歸安諸生王以衙、王以鋙，以門生投刺來謁，入內，卽脫留棉襖一件，稱報老師識拔之恩。拆視之，則皆黄梅按畝勒捐之田單、印票、圖書、收帖，計二千餘張，密爲收存者也。

竇得之大喜，遂奏稱黄梅以彌補虧空爲名，按畝捐錢，户給官印田單一張，在任八年，侵贓二十餘萬，因將田單、印票、圖書、收帖各檢一紙呈遞。甫出奏，而伊派員來押解矣。高宗謂：「凡事可僞，而官印與私記不可僞，且斷不能造至二千餘張之多，況字帖俱有業户花名排號，確鑿可據。」因命文成中道回浙，且免竇挐問，同往審訊。文成旋奏黄梅勒借民錢侵用田單公費是實。奉旨伊齡阿與前撫福崧皆嚴議革職，阿等亦皆議處。竇回京，署理光禄寺卿。

松滋王五子案

華亭李深源嘗令松滋，有幼孩王五子死於野失耳環衣服一案，李赴尸場相驗，歸時天寒雨雪，改裝易服，率幹役私出行。至卜肆中，卜者將闔户，役詭稱遠鄉人，偕外省友來看驗尸，天晚腹飢求食，願出金，卜者欣然爲炊黍。因問以近日問卜者多否，卜曰：「少。惟今晨有本處十六七歲童子曰鮮旺兒者來測字，隨手檢出鴞之鴞字，遂戲之曰有梟首之象。」李問其人何若，卜者曰：「其人曾在王某家爲義子，因無狀被逐。」問所居，曰：「相距不遠。」李辭卜者，率役往覓。至其處，令役突呼鮮旺兒名，其人卽於草叢中跳出，驚問爲誰。答曰：「我爲汝舊隣，隔數年，何卽不識耶？今欲往某村，路不熟，倩汝偕往，以錢爲謝。」鮮旺兒初猶以路遠天晚辭，及出金示之，始諾。旋語之曰：「汝隨身物可攜行，失之非我事。」鮮旺兒遂於草中拾取一小袋同行。將近傳舍，李令役伴先入，更派數役，帶至案下，拆閱袋底，得質票，即命取贖，乃耳環衣服也。令尸親認之，尸親一見，即號咷，贓已確鑿，而犯供堅不吐實。又其體頗瘦弱，難以刑求，李反覆開導，乘其飢渴，以飲食誘之，始供認不諱，遂論罪如律。

張問陶訊盜

張問陶以翰林出守萊州，恃才傲上。謁新撫長白某，撫謂其無禮，心甚嗛之，語方伯曰：「張守，書生耳，太守爲一郡表率，能勝任耶？」方伯曰：「張守雖書生，尚不誤民事。」會有劇盜桀驁狙詐，屢斷屢翻，承訊官皆莫可如何。撫又謂方伯曰：「君謂張守不誤民事，渠如能定讞，當令赴任，否則將登白簡也。」方伯商諸廉訪，延張至臬署訊盜，僉問：「其幾日可結？」曰：「三日足矣。」又問：「需用何刑？」曰：「刑具用時再議，最要者，金華極精乾脯一大盤，紹興佳釀一大甕，聊助談鋒，斷不可少。」翌辰，張至臬署廳事，箕坐炕上，几置金華極精乾脯一大盤，階置紹興佳釀一大甕，一僮扇爐暖酒，一僮執壺侍側，一書吏在旁錄供。呼盜跽於前，左手把杯，右手翻閱案牘而問之曰：「汝郯城人耶？」盜曰：「然。」「汝年幾何矣？」曰：「三十有七矣。」「汝居鄉乎，城乎？」曰：「居城。」「汝有父母乎？」曰：「小人不幸，父母俱亡矣。」「汝有兄弟乎？」曰：「兄弟三人，小人其長也。」「汝有妻子乎？」曰：「小人有二子，長年十八，能獵獸矣，幼年十三，尚未能獵獸也。」「汝家何業也？」曰：「無所事事也。」時方伯、廉訪皆在屏後竊聽，以張素工言語，必能摘奸發覆，不意所問皆瑣事，恐不能結，深以爲慮。越日，張又至臬署，問盜曰：「汝鄰城人耶？」盜對曰：「然。」「汝年幾何矣？」曰：「小人今年三十有九，明年且四十矣。」「汝居鄉乎，居城乎？」曰：「居鄉。」「汝有父母乎？」曰：「父早亡，母已下堂矣。」「汝有兄弟乎？」曰：「兄弟三人，小人其次也。」「汝有妻子乎？」曰：「小人有一子一女，皆孩提也。」「汝家何業也？」曰：「薄田數畝，務農爲業也。」至第三日，張至臬署，方伯與廉訪問曰：「君言三日了結，今三日矣，果能了結耶？」張笑曰：「今日下午當可了結，請無慮。」因傳諭預備刑具，聽候結案。乃至客廳，仍箕坐炕上，以乾脯下酒，呼盜跽於膝前，問曰：「汝鄰城人耶？」盜曰：「然。」「汝年幾何矣？」曰：「去年四十，今又添一歲矣。」「汝居鄉乎，居城乎？」曰：「時而居城，時而居鄉也。」「汝有父母乎？」曰：「小人有母，年逾七十矣。」「汝有兄弟乎？」曰：「小人有兩兄，皆亡矣。」「汝有妻子乎？」曰：「小人有子，呱呱在抱也。」「汝家何業也？」曰：「無田可耕，漁而或樵也。」日晡，命僮取巨觥來，連滿飲三巨觥，命將酒脯撤去，傳集皂隸，備刑具聽用。乃正色危坐而語盜曰：「我觀案牘，前承訊各官所讞，一一屬實，汝何屢斷屢翻也？人謂汝桀驁狙詐，實不謬。我與汝絮語三日，皆家常瑣事，三日所答，前後迥不相符，瑣事尚如此反覆，況正案耶？汝果從直吐實，尚不愧爲好漢，如再敢飾言強辯，我卽將三日所答瑣事，以證汝之反覆，雖嚴刑處死，亦不爲過，汝須自忖，毋自討苦喫也。」盜猶欲強辯，張叱左右施嚴刑，斃命勿論。盜急叩頭乞命，願吐實，誓不再翻。張大喜，立命畫供，案遂結。問陶，字船山。

莊繩祖破疑案

乾隆時，莊繩祖爲交城知縣，一少女殺於野，莊集村人履勘。某某二人者，視速而脣動，莊疑之。密召女父母，問：「識此二人否？」曰：「是日黎明殮尸時，實見二人踞於高阜。」莊曰：「地甚僻，時又絶早，不宜有人至，必殺人者内怯，於此偵探耳。」命擒而嚴詰之，果二人欲行強暴，女不受污而被戕也。

燕某縊其妻及其弟婦，誣鄰人威偪致死。莊驗之，則二婦共縊一索，足離土床二尺許，旁置一矮木几，莊卒然問曰：「几非本在此者乎？然則二婦之死，汝爲之耳，何誣鄰爲！」燕堅不承，曰：「此易知耳，果自縊，必有承其足者，非偪之使縊，抽几而何！」燕辭塞。蓋二婦皆不謹，燕故偪其死，適與鄰有隙，遂誣之也。

李賡芸自縊案

乾隆朝，嘉定李賡芸官福建汀漳龍道，時龍溪縣有械鬬事，令黃某，懦不能治。有候補縣朱履中者，内狡外質，李不知也。請於上官，以朱往，朱蒞任數月，亦不辦。李擢藩司，以朱無能，左遷其官。朱嘗虧鹽課五千金，漳州守畢所譖曾納朱賄，李之僕曾以修船乏款，私貸朱貲。至是，朱憤無所洩，揭於兩院，謂虧帑由道府婪索。總督汪志伊修舊怨，乃解李任，授意福州守涂以輈，使嚴詰之。促對簿，李憤，自縊死，士民呼號於門。事上聞，令侍郎熙昌王引之出按，抵朱法，督撫均譴斥有差。

閩中虧空案

乾隆末，閩中虧空案發，州縣伏法者二十餘人，藩司以驚怖死。臬司以寃殺七命爲人舉發，時甫擢陜藩，已起行，復奉部文，追回正法，道府俱褫職。總督伍拉納、巡撫浦霖並逮問入京。高宗震怒，廷訊日，施大刑。越日，卽押赴市曹，時伍兩目耿耿，猶能左右視，浦右腿已夾斷，橫臥車中，奄奄一息矣。當日總理淸查局者，爲田方伯鳳儀，天性峻刻，勾稽出入，皆就現虧爲斷。又以迫促了事，其中應劃應抵者，皆未及詳愼分淸。既撤局，總計庫款，乃浮出數十萬金。又有古田令塔倫岱者，以滿洲孝廉起家，虧項皆有款可抵，不及查出，遂擬絞決，而死者不復生矣。

此案實發自福州將軍魁倫。時閩省吏治極敝，倉庫皆空，魁倫鎭閩日久，知其詳，而幕友林樾亭之章奏，敷陳又至詳盡。奏入，大動上聽，立授魁以閩督，使窮治其事，遂成大獄。未幾，魁授川督，以教匪偷渡嘉陵江失機伏法。時林甫選四川彭縣，調江津，旋被檄委辦藏務，卒於西陲邊外。

山東姦殺案

乾隆時，山東某縣鄉民某家尚溫飽，有一子，娶婦貌頗佳，逾半年歸寧。既匝月，子控衞往迎，距婦家可二十餘里，半途經古墓下，樹木重蔽，相傳有妖。婦入榛莽溲焉，夫控衞以待。少頃婦出，所著袴本綠色，忽易爲藍，心疑一時目眩，未之詰，察其神情瞀惘，亦異平時。抵家，乘間語父，父曰：「安得有此！」並置不問。翁媼故與子對房居，晚飯畢，以子婦初遠歸，促令早息。夜半，翁媼見子舍尚有燈光，竊意何事復起，旋聞有聲似鳥鼓翼，繼而嗷然如怪鴟怒號，破窗飛出。急起視，則窗開，子已破腹死於床，婦失所在矣，箱篋床帳，並皆完好，惟少一護褥布單。官往驗之，絶無端緒，於是鬨傳某村婦爲妖攝去矣。閲數年，有某令新蒞任，細閲案卷，喟曰：「此姦殺也。妖攝人，能死其夫，卽殺矣，豈能持刀割腹？且攝布單胡爲？」遂拘兩造重鞫之，問：「有村民無故外出久不歸者否？」婦父言：「有某村某戚出已數年。」問：「在案前乎？」云：「約畧同時。」令曰：「盜在此矣。」乃拘戚之父母，詳問平日出游何處最熟，遣役隨往蹤跡之。至清江浦，見一婦當壚，酷似女，須臾夫至，果某戚也。拘解歸訊，則婦素與戚姦，道出塚間，借作疑陣，爲劫殺遠竄之計。是夕，先啓户出婦，而已作破窗飛逝狀以示怪異，布單血污，不類妖噬，故捲之而去也。

段起玲以由衷言褫貢生

段松廬名起玲，乾隆時之新化歲貢也。剛介狷狹，其學以堅苦樸實爲主，躬耕授徒以養母，非其力不食，非其人不交。著《由衷言》内外篇，自道所得，亦心齋、二曲、剛主諸人之流也。嘗於衆中面訐人過，爲怨家所忌，陰結其徒，挾所著内外篇，以誹謗上告。時書禁甚嚴，幾蹈文網。當事有知之者，按其書，實無狂悖語，乃坐其徒以誣告罪，然松廬之貢生亦被褫。

汪龍莊折獄

蕭山汪龍莊大令輝祖，由名幕而爲循吏，所著《學治臆説》、《佐治藥言》，風行海内。有無錫縣民浦四童養妻王氏與四叔經私事發，依服制，當擬軍，汪以凡上。常州守引服制駁，汪議曰：「服制由夫而推，王氏童養未婚，夫婦之名未定，不能旁推夫叔也。」臬司以王氏呼浦四之父爲翁，翁之弟是爲叔翁，又駁。汪曰：「翁者，對婦之稱，王氏尚未成婦，則浦四之父，亦未爲翁，其呼以翁者，沿鄉例分尊年長之通稱，乃翁媪之翁，非翁姑之翁也。」撫軍因王氏爲四妻，而童養於浦，如以凡論，則於四無所聯屬。議曰：「童養之妻，虚名也，王習呼四爲兄，四呼王爲妹，稱以兄妹，則不得科以夫婦，四不得爲夫，則四叔不得爲叔翁。」撫軍以名分有關，又駁。議曰：「禮，未廟見之婦而死，歸葬於女氏之黨，以未成婦也。今王未廟見，婦尚未成，且記曰：『附從輕』。言附人之罪，以輕爲比，書云：『罪疑惟輕』。婦而童養，疑於近婦。如以王已入浦門，與凡有間，比凡稍重則可，科以服制，與從輕之義未符。況設有重於姦者，亦與成婚等論，則出入大矣。請從重枷號三個月，王歸母族，而令經爲四别娶，似非輕縱。」議上，韙之，遂得批允。

國泰以交通和珅伏法

乾隆時，昆明錢南園通副灃嘗奉命察山東巡撫國泰貪穢狀，微服止良鄉，見有豪僕過，跡之，則大學士和珅使通書國泰者也。未幾僕還，叱止之，搜得私書，中多隱語，立奏之，國泰卒伏法。

阿睦爾撒納子永錮於獄

阿睦爾撒納叛，妻子爲舒文襄公所擒，其少子某時甫周晬，高宗憐之，命貸其生，但永錮於獄。年四十餘，尚在囹圄，嘉慶甲子乙丑始卒，獄中皆推爲祭酒。

嘉慶戊午湖南科場案

嘉慶戊午湖南鄉試，有富家子傅進賢賄藩胥，割卷面以黏他卷，時粗擬名次，久之，所黏卷竟中解元。先是，湘陰彭莪爲制藝有名，羅典主講嶽麓書院，雅愛重之，闈後呈所作，羅決爲必售，而榜揭無名，方甚惋歎。及見墨卷，彭作具在，而名則非，大駭，告湘撫，窮治之，盡得吏姦利狀。傅懼，願爲彭援例捐道員，更與萬金及美田宅，戚友關說百端，彭意頗動，羅持不可，獄遂具，胥與傅皆論斬。

和珅獄事

嘉慶己未，仁宗賜和珅死，其供詞以奏摺楷書之，李孟符主政曾見四紙於京師，非全案，且與世傳籍没之清單不同，蓋尚未吐實之初供也。而珅之獄事，亦可藉見一斑矣。

一紙係奉旨詰問事件，凡兩條，一問和珅：「現在查抄你家產，所蓋楠木房屋，僭侈踰制，並有多寶閣及隔段樣式，皆仿照寧壽宮安設。如此僭妄不法，是何居心？」一問和珅：「昨將抄出你所藏珠寶進呈，珍珠手串有二百餘串之多，大內所貯珠串，尚祇六十餘串，你家轉多至兩三倍，並有大珠一顆，較之御用冠頂蒼龍教子大珠更大。又真寶石頂十餘個，並非你應戴之物，何以收貯如許之多？而整塊大寶石，尤不計其數，且有極大爲內府所無者，豈不是你貪黷證據麽？」

一紙係和珅供詞，凡三條：「奴才城內，原不該有楠木房子，多寶閣及隔段式樣，是奴才打發太監胡什圖到寧壽宮看的式樣，仿照蓋造的，至楠木，都是奴才自己買的。玻璃柱子内陳設，都是有的，總是奴才糊塗該死。又珍珠手串，有福康安、海蘭察、李侍堯給的，珠帽頂一個，也是海蘭察給的。此外珍珠手串，原有二百餘串之多，其餽送之人，一時記不清楚。寶石頂子，奴才將小些的，給了豐紳殷德幾個，豐紳殷德爲和珅子，卽尚和孝公主者。其大些的，有福康安給的。至大珠頂，是奴才用四千餘兩銀子給佛寧額爾登布代買的，亦有福康安、海蘭察給的。鑲珠帶頭，是穆騰額給的，藍寶石帶頭，係富綱給的。又家中銀子，有吏部郎中和精額於奴才女人死時送過五百兩，此外寅著、伊齡阿都送過，不記數目。其餘送銀的人甚多，自數百兩至千餘兩不等，實在一時不能記憶。再肅親王永錫襲爵時，彼時緼住原有承重孫，永錫係緼住之姪，恐不能襲王，曾給過奴才前門外鋪面房兩所。彼時外間不平之人，紛紛議論，此事奴才也知道。以上俱是有的。」

又一紙亦係供詞，而問詞已失之，凡十四條：「大行太上皇帝龍馭賓天，安置壽皇殿，是奴才年輕不懂事，未能想到從前聖祖升遐時，壽皇殿未曾供奉御容。現在殿内已供御容，自然不應在此安置，這是奴才糊塗該死。又六十年九月初三日，太上皇帝册封皇太子的時節，奴才先遞如意，洩漏旨意，亦是有的。又太上皇帝病重時，奴才將宫中秘事，向外廷人員敍説，談笑自若，也是有的。又太上皇帝所批諭旨，奴才因字跡不甚認識，將摺尾裁下，另擬進呈，也是有的。又因出宫女子，愛喜貌美，納取作妾，也是有的。又去年正月十四日，太上皇帝召見時，奴才因一時急迫，騎馬進左門至壽山口，誠如聖諭，無父無君，莫此爲甚，奴才罪該萬死。又奴才家資金銀房産，現奉查抄，可以查得來的，至銀子約有數十萬，一時記不清數目，實無千兩一錠的元寶，亦無筆一枝墨一匣的暗號。又蒙古王公，原奉諭旨，是未出痘的，不叫來京。奴才無論已未出痘，都不叫來，未能仰體皇上聖意。太上皇帝六十年來，撫綏外藩，深仁厚澤，外藩蒙古原該來的，總是奴才糊塗該死。又因腿痛，有時坐了椅轎，擡入大内，是有的。又坐了大轎，擡入神武門，也是有的。又軍報到時，遲延不即呈遞，也是有的。又蘇淩阿年逾八旬，兩耳重聽，數年之間，由倉場侍郎用至大學士兼理刑部尚書。伊係和琳姻親，係和琳之弟媳的父親。兒女姻親，這是奴才糊塗。又鐵保是阿桂保的，不與奴才相干，至伊犂將軍保寧升授協辦大學士時，奴才因係邊疆重地，是以奏明不叫來京。朱珪前在兩廣總督任内，因魁倫參奏洋盜案内奉旨降調，奴才實不敢阻抑。又前年管理刑部時，奉勅旨仍管户部，原叫管理户部緊要大事，後來奴才一人把持，實在糊塗該死。至福長安求補山東司書吏，奴才實不記得。又胡季堂放外任，實係出自太上皇帝的旨意。至奴才管理刑部，於秋審情實緩決，每案都有批語，至九卿上班時，奴才在園上，並未上班。又吴省蘭、李潢、李光雲，都係奴才家的師傅，奴才還有何辨呢？至吴省蘭聲名狼籍，奴才實不知道，只求問他就是了。又天津運同武鴻，原係卓異交軍機處記名，奴才因伊係捐納出身，不行開列，也是有的。」又清單一紙，開列正珠小朝珠三十二盤，正珠念珠十七盤，正珠手串七串，紅寶石四百五十六塊，共重二百二十七兩七分七釐。藍寶石一百十三塊，共重九十六兩四錢六分八釐。金錠金葉二兩平，共重二萬六千八百八十二兩，金銀庫所貯六千餘兩。

吴中杖責諸生案

嘉慶己未夏，吴中有杖責諸生之獄，其詳見王述菴少司寇《與平恕書》。書云：「違晤經時，伏諗執事興居安豫。弟以鼎湖大故，匍匐入都，前日始回南下，備知諸生獲罪，深爲駭異。諸生寒士居多，求貸於富户，乃事理之常，伊等或以教課爲業，或以筆墨爲生，無力償還，亦其常分。賴有父母師保之責者，正宜加之憐惜，或代爲寬解，或再爲分限，俾得從容措繳。即使伊言粗率，亦何至不能稍貸，乃至扑責寒士，以媚富户，實無情理。此非該令平日與富户交結往來，受其餽賄，即係意存庇奸，爲事後得錢之計，情事顯然，不待推求而可見。諸生之不平則鳴，有何足怪？惟是時承審之員，非該令平日結納之上司，即係狼狽爲奸之寅好，臬司將赴湖南，不顧其後，而巡撫初蒞新任，以至四出查拿，牽連數十，掌嘴銷頂，凌辱不堪，成何政體？當今律令内，從未有生員貸債不還遂致責革之條。若以聚衆爲名，亦當視其應聚與否耳。漢時太學生舉幡闕下，見於《漢書》不一，唐之太學生爲陽城而聚衆，宋之太學生爲李綱而聚衆，至周朝瑞等爲趙汝愚而聚衆，史册載之，不一而足，以爲美談。蓋凡事必先定其是非，如諸生理屈詞窮，糾衆以挾制縣令，從重懲之，宜也；若縣令先以挾私違制，則人人有同心，豈能默爾？一呼百應，籲告上臺，以求判斷，自無不可。斯時即宜告承審各員，研究富户平日與該令有無結交，何以討好如此？果無他故，然後科以性情兇暴違制擅責之咎，仍另爲該生起限，寬緩清還，諸生自必欣然而散，何至成此大獄，使士民重足而立也？往在京口，那繹堂司空言宜撫軍爲人仁厚，劉竹軒倉場亦言其老成精細，昨過蘇相見，謙和恭敬，抑然自下，實有古賢臣風範。特其時兩司未到，獄案已定，而執事又無一言救正，縱地方官之所欲，恣其蹂躪，此必非撫軍之本意也。今者荷蒙皇上垂照如神，洞燭其違制擅責之由，降旨再飭制軍研審，制軍居心公正，未必謂然。然成事不説，是否覆盆能白，尚未可知。儻執事以繫鈴者解鈴，則日月之更，民皆仰之矣。弟此次進京，仰見皇上典學右文，而王韓城、劉諸城二相國，以及石君冢宰、繹堂司空，贊翊熙朝，愛才好士，力持大體，恐承旨之下，於此亦不慊然。弟見數十年來，小省學政，職分本微，奉督撫如上司，與州縣相結納，甚至幸其噂爾蹴爾之助，媕婀唯諾，殊爲可恥。若江浙學差，皆三品以上大員，出膺任使，地分既高，卓然自立。故遇有諸生品行不端者斥之，學業不進詞章不上者令廣文夏楚之，其餘則是曰是非曰非，所以重人材而勵廉恥。今執事久以詞林雅望，洊受上知，冀旦夕入贊綸扉，惟是扶持士類，主張名教，庶可與石君諸公相見耳。至近年州縣所以魚肉諸生，其意蓋在立威，威立而諸生箝口結舌，則庶民何敢出而争控？是以獄訟之顛倒，徵收之加耗，無所不至。比者言路大開，江南漕政，横徵重斂，已一一仰叨聖鑒，故制府亦力爲振作，今冬定作清漕之局。但州縣或有陽奉陰違，倍收多取，恐生監連名訐告，而州縣指爲閧堂鬧事者甚多，未知執事可能究其事否？俟案定而後量加董戒，抑或如此案不科州縣之失，而即科諸生之罪，若仍助其餤而長其氣，則吏治之壞，不知伊於何底也。弟陳臬三司，且於大理署都察院刑部三法司，均爲堂上官，所見生監控告之案，不勝枚舉，然未見有人因其抗令而右袒之至於此者。弟與緣事諸生，並無門生故舊之雅誼，一至蘇州，即知此案已上聞，並荷聖明指摘，所以不辭饒舌者，實以此案追債事輕，關於士氣者大，而關於將來漕弊者尤大。且爲執事風節所關，夙叨世好，度無肯效忠告之誼者，故忘其愚戇，用布區區。如或以規爲慎，則韓文公之《諍臣論》、歐陽公之《與高若訥》及《與杜祁公》、《論石介書》，取而研之可也。」

李毓昌被鴆案

嘉慶戊辰，淮陽水災，振務既已，委江寧候補縣即墨李毓昌往查山陽。李攜其僕李祥、顧祥、馬連陞三人以從。既至，寓善緣庵，歷各鄉，知浮開振户無數，筆記之，將爲稟揭地也。

李祥最狡黠，得筆記，潛告其友包祥，包爲山陽令王伸漢之僕，遂告伸漢。伸漢懼，因李祥以賄毓昌，絶之，伸漢益懼，召李祥，授以謀，使鴆之。事竣，毓昌將行，十一月初七日，伸漢置酒爲餞，及醉歸，渴而索茗，李祥進一甌，嗅之知有異，不飲，乃強灌之，遂仆地，少選，七竅流血，死矣。李祥乃與顧祥、馬連陞同舉其尸，懸之於梁，以主人自縊奔至縣請驗，伸漢至，贈棺殮之。

越十二日，毓昌之叔泰清至自即墨，知毓昌已死，謁伸漢問狀，曰：「自縊也。」問其僕，曰：「散矣。」

泰清謀歸其喪，仲漢饋百金，曰：「歸宜即營葬。」泰清持喪婦，夫人林氏夜夢毓昌訴冤，異之。一日，偶檢遺篋，見藍表羊裘多皺痕，一若倉卒所置者，出之，見襟袖有異色，濯以水，水赤，嗅之，臭而腥，審爲血，大駭。奔告泰清曰：「夫其冤也。」泰清審之確，啓棺驗之，尸未腐，面塗石灰，胸置小銅鏡及符籙，心腹指尖皆作青黑色，以水濯之，石灰去，面色亦然，雙拳握焉。

至是，泰清乃以雪冤自任，入都，控之都察院。事聞，得旨，由山東巡撫吉綸提李毓昌屍棺詳檢具奏，原告李泰清帶往備質。仲漢聞之，遍賂上下。驗之日，巡撫以次咸集，以水銀洗刷，遍體青黑，毒傷顯然，復蒸檢之，剔其骨，則兩肋兩鎖子黑如墨，藩司某謂實被毒身死也。綸復奏，奉旨提各犯入京，交刑部訊問，冤始大雪。李祥、顧祥、馬連陞均凌遲處死，並派刑部司官押解李祥至山東，於李毓昌墓前，先刑夾而再處死，並摘心致祭焉。包祥、馬連陞、王仲漢均斬決，淮安守王轂絞決，江督鐵保、同知林永升均革職，戍烏魯木齊，蘇撫汪日章革職，寧藩司楊護、蘇臬司胡克家均革職留河工效力。其餘佐貳雜職，獲徒流杖責者八人。惟教諭章家璘，查無受賄分贓，亦無浮冒，得旨送部引見，以知縣用。案既定，復特旨贈毓昌知府，賜其嗣子李希佐舉人，一體會試。泰清本武庠生，亦賜武舉人。仁宗且御製《憫忠詩》三十韻，勒石墓表以旌之。

仁宗平某婦冤獄

嘉慶丙子，畿輔某邑有某甲者，以窩賭爲生，爲暴於一邑。某乙亦博徒也，素畏甲，一日甲乙偶語，忽一少婦過其旁，甲睨而豔之，問乙曰：「此誰家婦？」乙曰：「吾妻也，適自母家回耳。」甲因戲語之曰：「爾乃有此婦耶？老子今夕當往汝家一宿。」即以錢二千授之。乙受錢，有難色，附甲耳語曰：「妻性剛，恐不易服，當先歸與婉商之。」甲笑諾。乙歸家，未及言，妻即怒叱曰：「爾不事正業，而日與強暴爲伍，今之眈眈視我者，豈人類耶！不速絶之，禍無日矣。」乙氣懾，竟不敢言，奔告甲，請姑緩。甲不可，曰：「老子豈施錢賑貧者耶！」更與錢二千，促之歸，曰：「不得當，毋相見也。」乙私慶得錢可從博，攜以歸，告妻曰：「今日博勝矣。」妻以乙每博未嘗不負，今安得有此，苦詰乙錢所自來，乙不承，而詞色慙沮不自勝，妻益疑，度其必自甲得來，憶日間眈視事，則大恐。乃陰懷匕首自衞，袒衣上下，皆以針線縫紉甚固，事訖，乃閉門假寐，以覘其變。

夜將半，忽聞叩門聲，乙故語妻，謂將起溲，遂起，出門去，妻急起，尾其後。乙啓户，見甲小語曰：「床上卧者是也，爾第僞爲吾者，事畢即出，愼勿與言。」方二人小語時，妻已伏户後，備聞之，即出匕首以俟。乙手牽甲袂入户，妻以爲前行者必甲也，以匕首力刺之，乙大呼倒地，甲急遁去。婦知其誤也，乃大哭。比隣驚起，見乙死於地，而婦挾利刃，疑爲有奸，鳴之官。官詰婦，婦以實告。乃捕甲至，則曰：「戲語誠有之。然誆耳，未嘗往其家也。」甲故與吏役交結，多爲之道地者，官信之，竟釋甲而施婦以嚴刑。婦備受毒楚，然終矢口不移，官竟以因奸謀殺定案，奸夫獲日另結，而置婦極刑。

事聞於朝，決有日矣，仁宗慨然歎曰：「好人誠難做乎！」刑部堂官不解，請其故。仁宗曰：「是烈婦也，奈何刑之？甲欲強姦，乙殆賣姦，甲不強則乙不賣，乙不賣則婦不殺，婦之殺甲，非殺乙也。乙之死，雖婦殺之，實甲殺之，不誅甲而誅乙之婦，可謂平乎？且未得奸夫主名，而即坐人以極刑，何以風示天下！使婦女知保全名節之可貴耶？宜以刑婦者刑甲，而旌婦以彰其烈，庶足蔽甲之辜而服乙之心。」尚書侍郎皆駭汗伏地，不敢仰視者久之，遂遵旨改讞。

彭兩峯審石

長沙彭兩峯農部永思署雲南嵩明州，至省，適某官解餉失銀二百，得一石，縶贏卒屬治之。彭察石有蟲窩紋，問卒曰：「贏曾騎否？」曰：「某日出某店即騎，因載石輿中，途遇石類者取之，至某店屋後，得石絕類，置袖中。」呼店主與某官從者云：「看我審石。」取十數石令比較，皆曰：「不類。」出袖中石示之，則曰：「類。」曰：「此石何以出爾屋後？」乃頓服。

劉世瀾佐治灌陽獄

嘉慶時，劉世瀾挾法家言游粵西，以贊治灌陽獄有聲。時令灌陽者爲杜某，灌陽多山，旁縣民相率至，即灌陽墾山爲生。王乙者，孑身來某山，廬焉。乙有族子曰大者，歲或再三至，至則留乙所數日乃去，近山居人多識之。久之，或怪乙數日不出，卽山視之，入其廬，尸赫然在牀而無首，居人集視，曰：「禍矣。」一人曰：「不如瘞之。」乃醵錢而瘞之。久之，大至山，居人告曰：「若叔病以某日死，吾儕葬之矣。」大求其所，哭之去。數日復至，爲居人設食，居人或不欲往，固邀之，徧觴居人，極道居人德。食已，延至瘞所，曰：「將以叔歸葬。」居人愕曰：「既葬，何必歸？」大不可，出棺，曰：「叔貧，不知何以斂也。」將啓視，居人益窘，然未有以止之。既啓棺，大曰：「首安在？」居人不得已，實告之，大哭曰：「是不得不累諸君矣。」居人大懼，謀賄大寢其事，使人私焉，強而後可，顧所欲奢，居人不能給。事聞於縣令，令悉逮居人訊之，無迹，久之，居人或不勝搒掠，自誣殺乙，求其首，不能得。於是瘐死者二人，獄卒不具。

越數月而杜宰灌陽，劉入杜幕，閱獄詞，反覆之，謂杜曰：「獄有疑。」杜曰：「何也？」劉曰：「居人之死者二，是不當從居人求之矣。」杜曰：「奈何？」劉曰：「視大，非能以叔歸葬者，然且固出之，固啓之，是知其無首也。庸知非大殺之乎？又有疑者，人死不見首，何以必知爲乙？居人之以爲乙而瘞之也，有驗乎？」杜乃集居人訊之曰：「若始何以知死者乙也？嘗檢其體辨之乎？」皆曰：「倉卒不知出此，雖然，視其衣，則乙也。」杜告劉曰：「居人曰衣固乙也。」劉曰：「他有驗乎？」曰：「無。」劉曰：「是未可知。雖然，大知死者無首也，可以此求之。」明日，劉與杜謀，悉召隸，誡之，杜出坐堂皇，隸數十人侍，召大，跽於左，居人跽於右。杜曰：「是獄也，今知之矣。今日不承者，必斃之木下。」顧隸取大刑具，堂上下大聲應之。大刑具至，以告，堂上下又應之，居人股栗，大亦失色。杜乃謂居人曰：「乙首安在？」皆號曰：「不知。」杜曰：「若曹固不知也。」乃謂大曰：「而知之。」大瞠目。杜厲聲訶之曰：「而殺之，而不知耶！」大俛首曰：「無。」杜曰：「而貧，不能以叔歸葬，而知棺無首也，固啓之何也？」大不能答。杜顧隸曰：「刑之，是固殺其叔者也。」大戰慄，頓首曰：「叔固在也。」杜愕，因曰：「固知而叔在也，今安在？」大曰：「在小人家。」杜曰：「而家幾何人？去此幾何？」大曰：「家某縣某鄉，百里而近，有妻，一子幼。」遂以大付獄，謂居人曰：

「苦若曹矣。」皆感泣叩首不已。杜曰:「雖然,乙不獲,獄不白,誰識乙者,速捕之。」即選隸四人,偕居人往,别遣牒某縣。居人與隸即夜抵大家,遲明,叩其門,門啓乙出,見居人,不能隱,遂擁之行。至縣,隨而觀者數千人,讙言王乙在也。一訊,皆具服。

先是,有男子不知何許人,獨行,避雨於乙廬,會暮,求止焉。大適在,窺客囊有金,與乙謀殺之,被以乙衣,匿其首,遂以其囊遁。久之,微聞居人以爲乙而瘞之也,將以此求賄於居人。至是,訊得首,合之,是獄具。粤人籍籍稱杜神明,既而聞之曰劉之謀也。

童槐清理積案

嘉慶己卯、庚辰間,鄞縣童槐方以勤慎受天子知遇,仁宗念山東積牘如山,清釐不易,以童任東臬。每案,輒奉特旨專交審訊,定議後,即單銜奏結。在任一載,凡二十餘年之積案千餘起,悉以結,釋獄囚無罪者一千三百餘人,並審結本任内案一千八百起,自此中外忌嫉。仁宗賓天,即調任湖北,旋授通政司副使。明年,被舊屬誣訐,經吏議,遂降四級調用。

瞽者拐婦案

楊稷宰甘肅之會寧,嘗行涇固間,見瞽者挈一少婦行山谷中,婦容甚戚,而瞽者貌獰惡,疑之。默察其舉動,又似目能視者,審非善類,執而訊之,一詰即服。蓋婦家靖遠,從父就食他邑,適與瞽偕行,瞽故能視物，其瞽者僞也。至中途，殺女父於古廟，而迫婦使爲妾。於是置瞽者於法，返婦靖遠。楊以此獄，例得進一官。時邑宰某方罣部議，將降調，楊以獄讓之，某得以無事。稷，字事可，武進人。

渭南朱某寃死案

嘉慶庚辰，陝西渭南縣富民柳全璧以索債事毆死傭人朱某，乃重賄縣令徐潤，誣爲朱某自跌傷，已完案矣。朱之妻子上控，撫院改委他縣令姚洽另審，柳復廣通賄，巡撫朱勳、布政使鄧廷楨皆有所染，洽承意指。朱妻方臨蓐，命差役淩逼赴審，致傷風死。其戚馬某屢控，洽加以嚴刑致斃。朱某有姪，已受賄私和矣，村民不甘，羣聚詬之曰：「汝不上控，吾儕即分汝尸！」朱姪不得已，入京上控。御史王松年密劾之，仁宗命那繹堂制府成馳驛往訊，盡得其實，全璧抵死，洽、潤等論戍，勳、廷楨降革有差。

朱毛裏案

嘉慶時，浙中懸重賞以購朱毛裏。會學使者校士杭州，有童生某，倩人頂替入場獲售，名列第一。已而爲人告發，學使怒，除其名，將治罪，某逸，命仁和、錢塘兩令捕之。而某有友數人在西湖讀書，某投之，其友恐外室有人往來，匿之庖，以爲如是而邏者無可蹤跡矣。不意鄰屋數椽，有錢塘幕友方僦居以安頓其細小，一日，其僕婢輩開窗遥望，忽見一衣冠中人下與供刀匕者爲伍，疑爲朱，以告幕友，覘之信，告令。令以關係重大，遲或遠颺，遂請兵乘夜出城，圍其室，縛之以歸。而某不之知，初猶支吾掩飾，繼而忽聞欲其承爲朱，乃大駭，吐實，而頂替之案遂結。

湖州北門外有一庵，破屋數椽，僅蔽風雨，一僧居之，耕田自給。一日，來一行脚僧，云數年前與之同受戒於杭州某和尚者，留十餘日而去。不一月，忽杭州委員挈是僧來湖，云是僧在杭州首告朱，現匿湖州北門外某庵。大吏命湖州守會營率兵捕之，比至，窮搜無所得，嚴鞫庵僧，則并不知朱爲何許人。轉詰行脚僧以此語所自來，則云：「吾亦何嘗知有朱？特前至杭州，於城門見其圖形，比入城，衢錢塘令節，懼遭鞭箠，故造爲此語，以冀免一時之責耳。」遂并解二僧於杭，後一以誣告獲罪，一以無辜釋回。然湖州僧事雖得白，而庵中所有，已爲兵役席卷一空矣。

杭州城門，駐防將軍主之，非有大事，夜不輕開也。捕朱之年，突有一紹興人夜半叩城門，云得朱消息，特來報知。守城者不敢懈，奔告將軍，令放之入，詰以朱所在，則云在紹興某村某家。乃即知會撫軍，悉發撫標兵，連夜渡江至某村，圍其家，無少長男女，悉縛以歸，哀號之聲，徹於道路，而當事者不顧也。鞫治久之，乃知其人爲村中富家，來告者即其家之傭工，數日前搆有小忿，思欲借此以傾陷之，而非真有所謂朱也。遂置來告者以法，而其人得扶老攜幼，生出獄門，然歸家，則故居半成瓦礫，田園悉就荒蕪矣。

劉第五案

劉第五，教匪林清黨也。林事平，劉逸，奉旨各省協擒，懸重賞。葉縣廖思芳欲以奇功自見，日宿旅店。有口操齊音之偉男子，腰懸利刃二，胸間刀箭瘢歷落，廖急出呼騎士兜擒之，問其名，曰劉第五，亟送之縣。既定讞，解刑部。而曲阜孔氏上言，廖所獲者，孔氏佃農之劉第五，非教匪逸酋之劉第五也。仁宗怒，集廷臣鞫問，如孔言，乃釋劉而繫廖，後瘐死於獄。

新郎被殺案

嘉慶時，浙江某縣鄉人有娶妻者，合巹夕，新郎自洞房出如廁，至夜半，家人皆倦臥，始聞新郎入房。黎明，家人起，見洞房已開，詢知新郎早出門矣，亦未以爲異也。既而數日不歸，咸詫之，跡至廁，忽於積薪下見一尸，則新郎也。大駭，詰新婦，云：「花燭之夜，新郎入房，片時即入廁，夜半始入房就寢。天將明，詳問我金銀首飾共若干，藏何所，我一一告之。彼云性喜早起，囑我且睡，少頃則聞其已出。今檢視首飾，皆無有矣。」家人問其狀貌若何，答云：「夜半燈影朦朧，未能諦視，但見右手六指。」蓋新郎方如廁時，適有賊藏廁中，欲俟夜深行竊，既見新郎，恐其號而執之也，遽前搤其項殺之。因假其衣，以入洞房，次晨席卷而去。時村中有一六指人，素爲衆所不齒，家人聞新婦言，以爲必此人矣。遂鳴之官，捕六指人加以刑訊，遂自誣服。獄既具，論如律。新婦以新郎既死，復遭汙辱，遂自縊。新郎之母惟一子，見子婦俱亡，亦自縊。

越數年，郡人有商於閩者，遇一人於逆旅，詢之，同鄉也。其人忽問曰：「吾鄉有一新郎被殺之案，其賊已得否？」郡人曰：「獄早定矣，賊且伏誅矣。」其人面有喜色。方盥沐，不覺自匿其右手，驟視之，六指也。郡人覺有異，因窮詰之，且告以：「有人抵死，今雖告我，何害？」賊具吐其實。蓋賊與新郎相隔一村，自殺新郎後，遠適閩，既遇鄉人，乃欲探知確耗也。郡人許以不洩，而陰遣人報本地有司執賊，一訊即伏。閩省督撫爲之具奏，移案至浙江核辦，論賊如律。於是知縣以失入抵罪，自巡撫至知府，皆照例議處。

宋靄若賦詩問案

嘉慶朝，宋靄若任四川簡州牧，有積案猾賊，不畏嚴刑，以不能得其實，乃於公案取錦箋十幅，詩韻一部，前列四役，旁侍一童以訊賊。賊無言，先作絕句二首，再訊之，賊無言，繼作五七律各一首，又訊之，賊無言，乃作短古一首，賊竟無言，更作長七古一首，朗誦不已，遂不復訊。時漏已三轉，旁侍之胥役皆倦，而賊不覺泣下，自言不畏嚴而畏清也，乃具言其事。

劉衡以達情鑼聽訟

《庸吏庸言》、《蜀僚問答》、《讀律心得》諸書，爲嘉、道間南豐劉觀察衡任四川牧令時所作。觀察政聲茂著，言行相符，其在官時，輒於大堂旁懸鑼一面，號達情鑼，令有寃抑者擊之，即出坐堂皇，立爲聽之。

蔡某匿産案

鳳陽富人秦某病革時，子尚幼，託其貲於子之婦翁蔡某。秦卒，子遂依蔡而居，及長而成婚，蔡尚無返璧意。且御秦子極苛，其女以爲言，蔡怒，逐壻及女。秦子訟之官，官以蔡受秦貲無左證，斥弗理。時鄰邑宰晉陽許某折獄如神，秦子往訴焉，許嫌越俎，還其牘。秦子涕泣，伏公庭，呵之，秦終不去。許憐之，謂曰：「余姑爲爾緩圖之，牘則非例所當受也。」

會捕得某案從盜罪不至死者，許於密室中鞫之，囑盜指蔡爲主藏，當減其罪，盜欣然從命。許遂移牒鳳陽，拘蔡至，則頓首呼冤。許曰：「吾觀爾之爲人，亦非作姦犯科者，盜言妄也，行將釋汝。」因從容詢蔡生平。蔡以身既免罪，官又假以辭色，則大喜過望，自道其行事，惟恐弗詳，但不及壻家託貲事。許忽拍案怒問曰：「爾自言初爲窶人子，繼作小負販，謀升斗利，免凍餒而已，安能驟致鉅富？不爲盜主藏，亦必多行不義，趣就三木！」蔡大懼，痛哭於地，具言秦某託貲始末。許曰：「汝言烏足憑？」取書狀，吾牒鳳陽縣察之。」蔡書訖，許閱狀，曰：「果爾，汝壻已成立，胡不返其貲？」曰：「固將授之，渠蓋爲賈未歸也。」許曰：「汝壻若歸，卽授之乎？」曰：「然。」許笑曰：「爾壻待爾久矣。」時秦子實在旁聽鞫，乃喚至前，蔡見壻，大駭，秦子尚欲有言，止之曰：「若翁允歸汝貲，勿再絮絮，使若翁無顏。且若翁撫汝十數年，汝亦當有以報之。」命秦子以其貲五分之一贈蔡，卽令書券交換訖，釋蔡令歸。蔡始悟爲令所紿，然亦感令義，下堂卽挈其壻及女歸，和好如初焉。

高家埝河決案

道光甲申十一月大風霾，高家埝十三堡潰決，洪澤湖水氾濫，淮、揚二郡幾成澤國。宣宗震怒，命大學士汪廷珍、尚書文學往江南查辦。乙酉正月，抵清江浦北岸之萬柳園，江督、漕督、河督及文武各員畢集轅門外。少頃，一騎馳至，高呼曰：「中堂請漕督魏大人請聖安。」而不及其他，於是江督、河督皆自知褫職矣。

及汪、文入行館，漕督魏元煜入請聖安畢暫退，復呼三人聽宣諭旨。有四人自中門出，捧硃諭，肅立香案前，三督皆跪。宣旨者讀至「孫玉庭辜恩溺職，罪無可逭，皇上問孫玉庭知罪否？」孫免冠連叩曰：「孫玉庭昏憒糊塗，辜負天恩，惟求從重治罪。」語訖，又連叩崩角，始傳諭着革去大學士、兩江總督，再候諭旨，兩江總督着魏元煜署理，魏九頓謝恩。再傳諭「張文浩剛愎自用，不聽人言，誤國殃民，厥咎尤重，皇上問張文浩知罪否？」時張已易冠服，乃伏地痛哭，自稱罪應萬死，求皇上立正典刑。續又宣曰：「上諭張文浩着革職，先行枷號兩個月，聽候嚴訊。」遂命清河令取枷至，枷乃薄板所製，方廣尺餘，裹以黃綢，荷於張頸，擁而去。復傳道廳營各官羅跪庭中，傳旨後，又云「欽差臨行，面奉聖諭，自古刑不上大夫，張文浩官至河督，而特令枷號河干者，實因民命至重，設官本以衞民，今乃蕩析離居，實爲朝廷之辱，是以特予嚴譴。乃爲慎重民命起見，凡淮陽士民，其皆仰悉上意」云云。迨汪、文復命，諭令張文浩發往伊犂。

道光丁酉順天科場案

道光丁酉順天鄉試，二場《春秋》題爲「楚屈完來盟于師，盟于召陵」。魯僖公四年。某中式卷，文中牽涉魯事，與題跋盩，磨勘官以文理荒謬籤出。部議，總裁降級留任，同考官革職，舉人褫革。時當國者爲穆鶴舫相國彰阿，有同考某者，官部曹，謁其座師某，極言簿領清寒，積資匪易，一旦罷斥，殆將無以爲生。某殊憫念之，謂之曰：「子姑少安，試代求之穆相耳。」磨勘官某，穆之門生也。越日，穆入直，爲言於祁文端公寯藻、湯文端公金釗，皆云茲事可從寬典，第部議已定，恐難挽回耳。穆退直，商之於某太史，太史稍躊躇，對曰：「某卷云云，固有所本，蓋唐人啖助之說也。」穆曰：「得之矣。」明日入對，玉音及磨勘事，即以是說陳奏，得加恩，改爲總裁、同考皆罰俸，舉人某罰停三科。其實啖氏所著書，今日絕無存者，顧安得有是說？穆之相業無得而稱，獨茲事能保全士類，蓋猶有愛才恤士之雅也。

庫丁盜庫銀案

户部有三庫，歲有御史奉命稽查，庫丁恐其糾摘積弊，餽贈甚豐，相沿既久，即有清介者不受其賄，亦無能發其覆也。道光癸卯，庫丁張誠保盜庫銀事發，遂成巨案。誠保，大興人，兄亨智開萬泰銀肆於正陽門外，爲其子利鴻捐納知州，又爲數友報捐，備銀萬千餘兩，屬戚族周二、張五運至部，二在庫門外守銀，令五陸續攜銀進庫。時捐銀皆誠保上秤報數，乘捐生擁擠時，訛報二平爲三平，七平爲十平，共盜銀四千兩。適有未及交捐者之銀，均從庫門外運回，因即隨盜而出。肆夥張益生知其故，索分之，誠保不允，遂偕其侶數人控之官。誠保棄市，亭智遣戍，家産均入官，二等問罪有差，庫官皆褫職。乃命侍郎維勒查庫，計少銀九百二十五萬二千零，歷任銀庫司員查庫御史凡三百餘人，皆被譴追賠。自是稽查三庫御史之缺遂裁撤，而以實缺侍郎兼充管理三庫大臣矣。

鄧嶰筠破疑案

鄧嶰筠制軍廷楨嘗守西安，有漢中營卒鄭魁坐置砒饝中殺人罪論死，賣砒者賣饝者及鄰婦之爲左驗者皆具，獄成。鄧疑之，密呼賣饝者前，曰：「汝賣饝日幾何枚？」曰：「數百枚。」「一人約買幾何？」曰：「三四枚。」「然則汝日閲百餘人矣。」曰：「然。」「百餘人形狀名姓日月，皆識之耶？」曰：「不能。」「然則汝何以獨識鄭魁，以某日買汝饝耶？」其人愕然。固問之，曰：「我不知也，縣役來告，曰官訊殺人者已服矣，惟少一賣饝者，爾盍爲之證？」訊鄰婦，言爲役所使如前言。惟賣砒者爲真。蓋死者嘗與鄭有違言，爲瘈犬嚙死，其唇青，而鄭之買砒，實以毒鼠也。

同州嫠者，以事出其繼子，子無所歸，訟至省。鄧佯怒曰：「此逆子也，當杖死。」縶柱礎下，故久治他事，而潛令人以茶餅給其子。子奉母，母怒不食，奉其叔，叔食之。至日暮，鄧度其母見子傫然縶庭中，時時顧日影待斃也，意且悔。乃密呼其叔曰：「汝嫂癡人耳，試以我意語之：汝撫六歲兒至娶婦，婦死更娶，勞苦甚矣，顧信族人言，有好兒子將爲汝嗣，汝幼而撫者不能子，顧能子長兒乎？彼利汝財而嗣汝，顧能孝養汝乎？汝死，財與子皆族人有也。即汝何利必欲出子者？明日官爲汝杖決，無難也。」叔叩頭出。次日，母子來泣謝，不復言出子事。

張翰風治獄得民心

道光時，張翰風嘗權章邱縣，章邱民好訟，月收訟牒至二千餘紙。院司道府五署之胥吏，皆章邱人，多走書請託，掎摭短長無虚日。翰風蒞任歲餘，五署無一紙至，而結新舊案二千有奇，亦無一案翻異上控五署者。民失物，誤訟於長山縣，輒歸獄於章邱，翰風曰：「汝失物地，大樹北抑樹南也？」曰：「大樹北。」翰風曰：「若是，則吾界也。」民愕然曰：「誠鄒平耶。即不欲以數匹布煩父母官。」持牒竟去。忽鄒平民亦來赴愬，翰風謝遣之，則號咷曰：「自父母去鄒平，民受屈者多矣，知父母不能越境理事也，私念此情得白諸父母前，即不啻伸雪耳。」聞者皆泣下。翰風，名琦，陽湖人，惠言之同懷弟也。

謀殺親夫案

道光時，某縣有謀殺親夫案，甚奇。某以腎囊剪斷致死，其婦嘗自承與表兄某通。自縣解省覆勘時，撫幕程某閲尸格，告之撫曰：「某在室受婦剪，狂奔，及户而仆，首必在外，足必在内，今乃適相反。若將自外入室者，恐必有冤。」撫曰：「腎囊何物，誰得而加以剪？何所疑！」婦及其表兄遂置大辟，程以是内疚，辭館歸。

會程子續娶再醮婦，爲浙江某郡守之女，頗相得。一日，戲以己之生殖器示之曰：「亦嘗見此乎？」婦以「吾固藏有油漬者」對，大驚，窮詰之，婦乃啓篋出眎，則有腎囊盛於甌，以油漬之，曰：「有表弟某，本與吾訂婚而他娶，吾惡之，故剪某腎囊。且吾固未嘗嫁，徒以曾爲表弟所亂，乃託辭再醮耳。」程子以告父，程因密告冤婦之父，使入都控之。得直，婦處大辟，巡撫以下各官降革遣戍有差。

某守典郡時，某以中表故，往依之，時婦固在室也，甲出入閨闥，與有私。及守挂冠，某亦歸。其父爲娶富室女，吉期，守之妻挈婦詣賀，留不歸。越翼日，某忽潛就婦榻，冀有以慰之，婦詬之。某方褫下衣欲求歡，亟取翦斷其腎囊，某負創而奔新婦室，未越户而仆，遂死。

朱潮遠治忤逆案

朱潮遠官漳、泉時，軍民不辨官話，每堂審，必令役譯鄉語。一日，有老人控子忤逆者，詢其父：「有妻乎？子乃其所生乎？」曰：「否，妻，其繼母也。」又詢其：「母與父年相若乎？」曰：「少艾。」朱曰：「此必父暱其妻，妻凌其子。」而中證乃其姑父，叩首稱善。於是命父立其上，用小板連衣輕扑之，又命其子與父叩頭服禮，旋諭其父曰：「爾晚年依子，何不念前妻之情耶？」復戒其子曰：「親年無幾，家庭小隙，乃至此耶？」父子均感動，乃抱頭大哭而歸。

星子子亡婦死之奇獄

鄭夢白中丞祖琛嘗宰星子，邑民楊翁者晚得一子，爲聘童養媳某氏，性亦柔善。後二人皆長大，爲之成婚，是夕共寢，甚相得也。翌晨，二人不起，入視，見新婦裸死於牀，而新郎杳矣。驗婦尸，無傷痕，惟已非處子矣。不解，覓其子不得，命往報婦家。時方暑，三日後父始至，則已殮而瘞諸野，翁以恐婦尸腐爛爲言。父大疑，謂翁父子同謀死其女，故匿子而瘞婦以滅迹。徑出控諸縣，請驗，及開棺，則非女尸，乃六七十老翁也，尸鬚髮皆白，背有斧傷痕數處。鄭益駭，問翁，翁亦茫然，問其子何在，亦不知也，加以刑訊，卒無辭。鄭無如何，始命瘞棺，而以翁返。

楊翁繫月餘，忽報子自投，亟出訊之。自言是夜與婦狎戲，搦其陰户，笑方劇，而婦忽寂然不動，挑鐙視之，死矣，一時懼罪而逃。昨自旁邑聞父被刑將抵罪，故不憚自言，以白父冤。蓋其子本業修髮，故能捉搦爲樂，然但知作劇，而未諳解之之法，故逃去。於是繫其子，釋翁歸。顧婦尸何以忽易男尸，且尸有傷痕，懸示相招，無尸親出認，不得已，請更展限再緝。翁歸月餘，偶以事至建昌，道經周溪，遥見有少婦浣衣溪畔，漸近，似其婦，猝呼之，婦舉首見翁，訝曰：「吾翁也，何緣來此？」遂請泊船過其家。翁是時驚定而疑，乃問曰：「汝其鬼耶，其人耶？」婦慘然曰：「非鬼，姑請至家再述。」翁登岸從之去，入一草舍，其狀類農家。詢何以在此，婦方欲言，涕良久，始述其詳，且曰：「幸渠今出門，得遇翁，事已白，願相從至溪頭，葬身魚腹足矣。」

初，婦死，倉卒被瘞，半夜復醒，天曉，適有建昌寇氏爲木工者叔姪二人道此，聞號救聲，乃相與撬棺出之。婦本少艾，又時方新婚，服飾華整，其姪乍見心動，將以偕歸，而叔執不許，詳詢里居，將送之還家。姪争之不得，乃斧其叔致死，即以尸入棺，掩蓋畢，攜婦還，爲夫婦，婦不敢拒，故至此。翁聽畢，撫之而泣，曰：「兒不幸遭此強暴，亦復何罪？且兒若不歸，此案終無由白，可速行，稍遲，恐無及也。」遂以俱歸。將抵家，忽途中一少年負斧鋸芒芒然來，瞥見婦，大駭，將篡取之，婦駡曰：「妾向以弱荏爲汝所劫，今天幸見憐，俾與翁遇，汝死在旦夕，尚敢肆惡乃爾乎！」翁於是知其爲某者，忿與争，村中人咸集，相與執縛詣縣，並攜婦爲證。一鞫而服，乃釋其子於獄，命翁攜還，使復諧伉儷焉。

閩縣拾金案

河南曹懷樸名謹，宰閩縣時，一日出行，途遇二人争辯，提問之，其一曰：「頃拾金，約重五十兩，持歸，白之母，母曰銀太多，苟爲失者所急需，必有他變，亟應守其地還之。乃至此守候，彼果至，即付以原金。彼反覆審視而曰，尚有半，蓋欲詐欺以取財也。」曹詰失銀者曰：「所失果百兩乎？」曰：「然。」又語拾銀者曰：「彼所失爲百兩，與此不符，此必爲他人所失，其人不來，汝姑取之。」於是拾銀者遂持銀去。

涿州殺夫案

道光季年，涿州有富家婦謀殺其夫者，實以木器壓其喉氣閟而殞，乃以組繫項，作自縊狀，以聞於官。官馳往驗，謂《洗寃録》凡自縊者血痕直入髮際，八字不交，今此尸喉間有勒痕，與自縊者殊，疑有別故。既廉得姦夫主名，繫而鞫之，具伏其平日與婦有私及合謀殺夫狀，遂以絞勒定讞，論罪如律。

刑部郎中滿洲耆齡方總理秋審處事，詳閱尸格，謂絞勒者八字必交，今察究傷痕，明與絞死者殊，疑有枉，欲以平反爲能。因自知罪可逭,亦遂抵死不承。重貽宗親長老,連控於都察院,均言此婦行貞潔,力請直其讞。刑部彙覈奏上，時宣宗恤庶獄尤劬，又懲治道骫骳，思一掃刮而振勵之，特賞耆齡花翎，記名以道府簡用，天語褒獎，且勉刑部司員，盡當法耆齡。凡初讞是獄者，譴謫有差，并以良家節婦横遭誣衊，特敕有司建坊旌表，於是耆齡折獄明允之名聞天下。不數年，深人始共傳言被旌之婦已與姦夫自配爲夫婦，盡踞富家田宅有之矣。其婢僕亦稍稍出言其舊主死狀，有流涕者，於是知初斷是獄者之不誤矣。然以案經欽定，卒莫如之何。

合州命案

咸豐時，四川合州七澗橋有鞠姓者，翁姑子婦同居。姑，向氏也。一夜睡醒，忽失翁，起視，則大門房門皆啓。急呼子出視，久之，亦不還，大驚，至天明，出視，則於門外數十步，被人殺死道旁。卽報州請緝，久不得凶手。守催甚急，逢三八告期，必投牒催緝，知州桊雨田刺史慶患之。又以緝限將滿，懼干處分，與刑幕謀消弭之策，刑幕亦計無所出，乃曰：「刑吏陳老倫頗諳事，或可與謀。」因召陳至，許之，且曰：「若能設法銷案，則賞五百金，且當有以擢汝也。」陳諾之。

先是，向氏以獄事時至州署就陳計議，因相諗，陳既承官指，因至鞠家，審視良久，還報官曰：「已得要領，然不可促迫。」官大喜，先以所許金與之。陳乃潛遣媒媪，託事過合州，因至鞠家少坐，且問近狀，向以近得奇禍告之。媪佯爲關切者，因謂向曰：「汝家遘此禍，甚可憐，然一時無即得賊理，而獄事久則費多，汝家貧，何所出？曷遣嫁汝媳，既省食指，又可得聘金。」向韙其言，遂以媒事託媪，已而媪遂說向，令婦嫁陳。時向頗聞吏得官賜金，然不知其緣，顧頗以得攀附公門中人爲榮，又冀訟事得道地，欣然許之。

陳既娶婦，遂盡得其家事，而婦自嫁陳後，喜其安逸，不復憶前夫。一日，陳自外歸，有憂色，婦問之，陳曰：「吾所憂者，皆爲汝前夫家事耳。」婦驚問故，陳曰：「此事州官責成於我，必欲了此事然後已，今實無策，故焦急耳。」婦聞言，亦悶悶。陳曰：「能使汝姑不催否？」婦曰：「不可。彼夫及子皆慘死，安肯休？」陳默然去。一日，陳色甚慘沮，婦驚問故，陳曰：「官限我如一月内不能辦，則必先斃我，命在旦夕矣。」婦初在鞠家操作甚苦，自適陳，以爲可久相安，忽聞言，心胆碎裂，急問計安出。陳曰：「茲事吾已得要領，然礙於汝不能言。」婦問故，陳曰：「吾已勘得汝翁及夫死皆汝姑與姦夫謀殺，汝不知耶？」婦力辨姑素清白無外遇。陳曰：「汝何騃，姑與人姦，豈必告汝？且此事，但須汝上堂證姑之姦，我即得活，他事不關汝，何持之急也。」婦素愚憒，以爲苟不死，而已得長享安樂，遂諾之。陳因以謀陰報官，且密陳佈置之宜。

翌日，向又投牒催緝，官忽拍案怒曰：「此事已究得實，即汝與姦夫所爲，乃尚敢控官耶！」因以陳所言詰之。向駭，大呼冤。官叱曰：「姦夫已得，何猶狡賴！」即命拘姦夫至，與對質，則果見差役引一壯男至，自言與此婦姦通，且歷言謀殺狀。姑堅不承，命刑訊，甚慘酷，猶堅執如故，且曰：「有婦嫁某家，可傳詢也。」官曰：「可。」命傳婦至。官問：「汝姑在家，嘗與人姦通否？」婦錯愕，不知前後情節，因曰：「有之。」官詰向曰：「汝媳已直供，何狡賴？」向出不意，而陷於網羅也，且懼嚴刑，遂誣服。

時衙署內外人及民間多知向冤，然無敢發者。向有弟，以姊被冤，欲上控，怯不敢。其甥女年僅九歲，因爲訟詞，畀之導使上控。時府道按察相朋黨，歷控皆不得直。黃宗漢督四川，一日出門，女持狀來，攔輿控愬，前騶受州賄，鞭逐之。黃在輿中，聞有女子呼冤聲，而顧爲從人所遏，頗疑怪，因呵斥之，命武巡捕收其呈，並賞以錢二緡。發按察鞫之，仍不得直。他日黃出，女復跪道控，黃曰：「汝何刁頑，豈復欲得錢耶？」女泣訴曰：「母受奇冤，故冒死上瀆，非欲得錢也。」復以屬按察，令詳勘其事。又召李陽谷大令入署，屏人，告以故，使往合州密勘，親給以札。李固以廉明著稱者也，乃喬裝商人，攜二僕去。越數日，黃往候學使何紹基，何以腹疾固辭，再三欲見不得。黃與何素厚善，不得見，甚怏怏。返輿過臬署，因念合州獄久不得報，遂往訪之，閽者循例擋駕，黃必欲入，閽者言方督諸委員鞫獄，黃問：「何獄？」曰：「合州獄。」黃曰：「吾正欲究茲事。」遂徑入，命勿罷訊，因與按察同上坐。時諸讞局委員列坐於下，欲令此女自認誣告，女不肯，即令隸掌其頰，女屢被刑，頰肉盡落，稍批之，牙肉即露。黃良不忍，曰：「此女伶仃可憫，汝曹何專苦之？且人以母冤求雪，縱非實，亦何罪也！」遂顧按察，令自鞫。按察意，甚欲庇其黨，然不敢恣所爲，又不欲遽窮究，遷延良久。黃曰：「汝曹何故僅鞫此女，不一召他人？」按察不得已，乃爲傳姦夫至，則色充膚腴，不類囚徒。黃大怒曰：「如此，何不杖之？」杖甫下，囚即呼曰：「休矣，汝輩前允吾不受刑，今日何故杖我？」黃大駭，命窮究，遂盡吐刑吏賄令冒充姦夫狀，按察及諸委員皆失色。黃顧謂諸人曰：「君等觀吾折獄手段如何？」一承審官曰：「大人鞫獄甚當，然凶手究何在？」黃曰：「若汝言，則寃獄不當雪耶？」乃回署，然終不得凶手。

是時川中官場以朋黨蒙蔽之風甚固，無有以嚴勘此獄爲然者。李既奉札，改裝，船至重慶，甫登岸，見二僕持帖前，半跪迎曰：「李大老爺，道臺大人命小的在此久候，大老爺何來遲也？」李驚曰：「吾乃賈人，與官場不相識，何以此見稱？」僕笑曰：「李鬍子李多鬚，故有李鬍子之名。李大老爺，何人不知？今之來，非承制臺命來此訪合州案耶？然此事不忙，大人請先入道署小住。」李乃言：「吾實李某，以收私債來此，故不敢以真名告人，初不與官事也。」二僕強之入署，觀察某接之甚恭，因微詢來意，李仍執前說，且欲行，觀察曰：「即非獄事，少住何妨？」李不得已，留居署中，數日，李堅欲行，其行之前一夕，官親數輩出謂李曰：「君之事，我等早知之，何必諱言？如能相爲掩飾者，當以三千金爲君壽。」李仍言實無此事，堅卻不受，即辭歸省。行數十里，李從僻處登岸，潛剃鬚，復改他服，逕至七里潤，人果無知者。居半月餘，盡得官吏姦狀，始返，惟尚以未得正凶爲憂。

一夕，李宿逆旅，其地去省數百里，偶聞他屋兩人語甚讙，一曰：「今之官誠糊塗，某家父子被人殺死，而官乃以謀死親夫結案，何昏昏也！」其一曰：「然則何人殺之耶？」曰：「我是也。一日我夜過七里潤，適以乏川資，至人家竊得一被，甫出門，一男子追出，欲奪被，相持甚急，我嚇之曰：『速舍去，否則殺汝。』尚相持，我遂舉刀砍之踣。俄又一少年出追，又殺之。吾懼罪遠逃，今已逾年，知案結，乃歸也。」李聞之，亟呼僕起擒，械至省，報知黄，遂定獄，斷如律。州官及吏當大辟，嫁吏之民家婦凌遲，承審官削職，其妄言者定軍罪，釋向歸，而旌其女之孝。復以勤廉補李以縣缺。已而黄内調，將軍某署督篆，復翻前獄，黄適爲刑部尚書，見其奏，乃嚴駁回。始不敢翻。

是獄也，卒脱桀於死罪，陳先已自盡，惟婦論罪如律。時謡云：「合州一朵雲，盜案問姦情。如要此案明，須殺陳老倫。」

咸豐戊午科場案

咸豐戊午北闈之獄，外簾實先肇端。先是，順天府丞蔣達以場中供給草率，擅自出闈赴園奏事，奉旨革職，府尹梁同新亦降調，以吴鼎昌、毛昶熙代之。臺長並劄巡視磚門御史分傳各行户查究草率之由，移咨刑部定案。治中及大、宛二縣令皆鐫級去。比題名録出，士論譁然，孟傳金遂首發大難矣。

是時科場法弛，視關節爲故常。刑部主事羅鴻禩因中表李鶴齡通房考官浦安，而柏静齋相國葰之僮靳祥慧黠知文，柏年老，事多委之，浦乃更以囑靳。既而羅卷擬副榜，靳取他中卷易之。及磨勘，羅卷訛字至三百餘，磨勘官出以語人，事漸播，孟奏之。文宗遣内侍至禮部取視羅卷，大怒，召羅至南書房更試，文題爲「不亦樂乎」，詩題爲「鸜鵒前頭不敢言」，命端華、肅順監試，陳孚恩閱卷。文謬劣，因斥羅，並覆勘諸中式卷，下刑部窮治之。

於是斬自殺，柏、浦、羅皆論死，驗實，死徙者復十餘人，株連繫獄者數十人。故事，大臣當死，臨刑，衆官爲乞恩，往往得宥。及是，衆邀肅俱，肅素惡科目，又與柏有隙，取旨監斬，佯諾，升車去。至菜市，見柏車，迎笑曰：「七哥來早。」即升座促刑。柏素寬謹，爲肅所陷，勝保自軍中上疏，至有「羅網彌天，衣冠掃地」之語。然中式卷訛字多至數百，考官不知，是竟不寓目矣，惡得爲無罪乎！

有平齡者，頑兒票中之花旦也，與端、肅最狎，是科亦中第七名。當年有花旦名松林者，其名甚噪，故平齡又號賽松林。獲雋後，言官摭其事以聞，查知平出溥善房，故溥亦論棄市，而凡溥房所中者，無論有無關節，一律拘入步軍統領衙門聽審，嚴禁外人探望。諸人不堪其苦，食一燒餅，須費京錢三千。而平既逮治，亦瘐死。

凡考官之通關節者，每藉家人送食物時，黏關節於食物盂下。是科程廷桂爲三主考之一，與柏同入闈，程子代人送關節亦以此。監場御史見而匿之，關節未入，程亦不知也。榜發，有知名士某以不第怨望，有流言，程有友招飲於南下窪之陶然亭，座客有爲知名士代訴不平者，程反唇譏之，聲聞於外。其旁室適有御史宴客，乃摭其事以聞於朝，事下部訊，程議戍邊，其子棄市。

東湖婦逼死姑案

咸同間，東湖有某婦，事姑孝，每晨起灑埽庭除，治中饋，然後適姑寢問安，以盥水一盆雞卵兩枚置於案，如是以爲常。一日，清晨排闥入，見姑牀下有男子履，大駭，亟低聲息氣，爲掩門而出。姑已覺之，羞見其婦，自縊而死。鄉保以婦逼死其姑，鳴於官。婦恐揚其姑之惡，不復置辯，遽自誣服，已按律定讞矣。新令張某蒞任，過堂，見婦神氣静雅，謂必非逼死其姑者，疑其有寃，再三研詰，矢口不移。因諭之曰：「汝若有寃，我能爲汝直其事，此時不言，不得活矣。」婦答曰：「負此不孝大罪，何面目復立人世？願速就死。」令終疑之，沈思累日。縣有差役某甲者，其妻素以兇悍著，令忽召甲，云有公事須赴某縣一行，俾還家束裝，速來領票。頃之，某甲到署，令忽大怒曰：「汝在家逗遛，誤我公事，必爲汝妻所縻也。」卽發簽拘其妻，鞭之五百，血流浹背，收入獄中，與獲罪婦同繫。某甲之妻終夜詛罵，謂縣令如此昏暴，何以服人。婦聞其絮聒不休，忽言曰：「天下何事不寃！卽如我任此死罪，尚且隱忍不言，鞭背小事，盍稍默乎！」張乃使人潛聽於户外，聞言來告，張大喜。明旦，提婦與某甲之妻同至堂上，詰以昨夕所聞之言，婦不能隱，張悉心鞫問，盡得其情，平反此獄。而薄犒某甲之妻，慰而遣之。及胡文忠公林翼撫鄂，訪知其事，則張已前卒，文忠竟以後任張建基登之薦牘，而前任張之籍貫名字，湮没不可考矣。

段光清判斃雞案

段光清宰鄞縣，以廉明稱。一日偶出，見衆人環立某米肆門首，方諠辯，命二隸往，旋偕二人來，伏輿前，一鄉人，一米肆主也。鄉人供以父病來城延醫，道經某米肆，足誤踐其雛雞致斃，肆主索償九百錢，囊中僅得錢二三百枚，不足以償，因與争耳。段曰：「雛雞值幾何，乃索償九百乎？」鄉人曰：「肆主言，雛雞雖小，厥種特異，飼之數月，重可九斤。以時值論，雞一斤者，厥價百文，故索九百，小人無以難也。」段顧肆主曰：「鄉人言真乎？」肆主曰：「真。」段笑曰：「索償之數不爲過，汝行路不慎，斃人之雞，復何言？應即遵賠。」鄉人曰：「吾非不遵，奈囊資不足耳。」段曰：「汝可典衣以足之，再不足，本縣爲汝足之可也。」時環觀者，嘖嘖詈縣官殊憒憒，以一雞雛斷償九百錢，烏有是理，然不敢詰也。鄉人解衣付典，得錢三百，合囊資，凡得六百，段以三百補之，以付肆主，且笑語曰：「汝真善營業哉，以一雞雛而易錢九百，如此好手段，不慮不致富也。」肆主面有喜色，叩首稱謝，攜錢而起。段忽令肆主回，則鄉人亦隨以至，乃皆跪輿前，段曰：「汝之雞雖飼數月而可得九斤，今則未嘗飼至九斤也。諺有云：斗米斤雞。飼雞一斤者，例須米一斗，今汝雞已斃，不復用飼，豈非省卻米九斗乎？雞斃得償，而又省米，事太便宜，汝應以米九斗還鄉人，方爲兩得其平也。」肆主語塞，乃遵判以米與鄉人，鄉人負米去。

左文襄執法如山

左文襄佐駱文忠幕時，長沙富人常氏有子殺人，當論抵，以獨子故，偏賄官紳，求寢其事，文襄執不可。常恨且懼。乃輾轉託人，求勿問。文襄曰：「此事若問吾者，吾猶謂必殺之。」卒論罪如律。

藍某折獄

藍某令潮陽時，陳氏兄弟以争父遺田七畝搆訟，謂兄弟本同體，何得争訟？命役以鐵索縶之，坐卧行止，頃刻不能離。更使人偵其舉動詞色，日來報。初悻悻不相語，背面側坐，至一二日，則漸漸相向，又三四日，則相對太息，俄而相與言矣，未幾，又相與共飯矣。知其有悔心也，問二人有子否，則皆有二子，命拘之來，謂曰：「汝父不合生汝二人，是以搆訟，汝等不幸又各生二子，他日争奪，無有已時。吾爲汝思患豫防，命各以一子交養濟院與丐頭爲子。」兄弟皆叩頭哭曰：「今知悔矣，願讓田，不復争矣。」曰：「汝二人即有此心，汝二人之妻未必願也，且歸與計之，三日後定議。」翌日，其妻邀其族長來求息，請自今以後，永相和睦，皆不願得此田。乃命以田爲祭産，兄弟輪年收租備祭，子孫世世，永無争端。由是，兄弟妯娌皆親愛異常。

卞仲純折獄

儀徵卞仲純制軍寶第嘗於文宗朝爲大理寺少卿，以風節聞。肅順有御者之戚某，謀奪人妻，誘之而逃，事覺見執，人訟之於大理寺。某恃其戚，藐視卞，卞不與較，判而繫諸獄。御者爲訴之肅，肅曰：「此何足爲，天子且奈我何！令釋之可也。」明日，將判決矣，御者持肅名刺至寺投之，卞笑曰：「此處何用肅王？雖然，亦不得不狥其請。」乃使御者姑俟之。御者欣然，以爲卞果畏肅矣。卞判他事竟，顧謂左右曰：「速提大面子犯人某來。」至則語某曰：「既有肅王爲汝關白，直言之，無傷也。」於是某言之甚悉，吏人録其詞爲供狀，即令某畫押，乃曰：「此天子法堂，吾受天子命，不知有肅王也。」遂令左右杖之三百，見血，杖畢，笑謂之曰：「汝幸識肅王，否則今日死於杖下矣。」

咬舌案

某縣有秀才某，妻美而豔，秀才教讀於外，恆不家，妻獨處。村有一尼庵，婦與尼善，恆相過從。一日，尼從婦家出，婦送之門，同村某武孝廉與尼有染，豔婦色，詣尼求達意，欲通之。尼曰：「是難以言辭相強也。欲遂意，須誘之來庵，醉以酒，君願可償，彼醒已晚，再以言勸之，可長與往來，保無他虞也。」孝廉然之。又一日，尼誘婦至，設酒歡飲，婦醉，尼扶之卧旁室，孝廉出，潛就淫之，醒而尼又勸之，乃勉從。久而秀才知之，歸謂婦曰：「聞汝爲尼所誘，致遭某污，非汝罪也。今晚我故作赴館狀，匿家中，汝約孝廉來，咬去其舌，我不汝譴，不然，難汝容也。」妻從之。夕約孝廉至，婦抱之，以舌入口而相戲，乘不意，驟咬之，孝廉大號，失舌而去。秀才夜持刀逕往庵，殺尼，置舌於尼口，遂歸家。次日，里正報案，官詣驗，覩尼口中舌，使人捉無舌者。而孝廉以失舌故，痛極狂奔，爲人所覺，告之官，官以孝廉抵償。秀才自此薄其妻，納一妾，妻寵驟衰。

户部設官銀號案

湘中李篁仙工科舉學，由咸豐辛亥鄉舉，應丙辰殿試，卷在進呈十本中，翰林資也。及朝考，誤點注，乃置三等，用主事，分户部。以此侘傺，遂嬾散，不樂曹司趨走，然以才名見重於侍郎徐樹銘，因爲本部尚書肅順所激賞，部事輒咨之。

戶部方理財，設官銀號五。官吏因緣虧空，肅治之，設核對處，以篁仙會同郎中王正誼辦理銀號欠款，當繳銀錢。而輦當十錢抵償，主者不欲納，輦者委堂下徑去。篁仙日趨公，數數見之，漫問曰：「此錢胡爲露積庭下？」將破壞矣。」吏具言繳款不收故，則曰：「不收，可令吏將去。」吏輒應曰：「諾。」即呼輦者還其故號。及大治虧空，正誼以徇縱當送獄待訊，尚書趙光思救之，從容曰：「下獄太重，李主事亦當下獄耶？」意以肅善篁仙，必可寬也。肅驟見抵，因發怒曰：「皆奏交刑部！」而篁仙遂入獄。案未結，有英法見侵之變，又縱出之，戊午和，復因之。同治壬戌，不得赦。及誅肅，窮治其黨，大臣坐罪者相望，篁仙乃以爲肅所陷，赦復官。蓋在部五年，而在獄兩年矣。當時五店皆以「宇」字爲號，議者謂宇內方一統，今分爲五，迷信者謂爲四夷猾夏之兆也。

黄崖誣反案

山東肥城縣有黄崖山，素無居民，咸、同間江浙人以避粵寇之難，流寓其間者甚多。有周太谷弟子張積中字石琴者，江蘇儀徵人，殉難之山東臨清州知州積功弟也。聚徒講學，嘗告人謂黄崖可避亂，獨先移家往，從之而去者，漸積至八千餘家。築砦購守具，爲久居計，無異志也。徒以依附者衆，又詭祕相習，不知斂戢，至使當道疑爲山賊，同於靈運而遽罹浩刼，遂爲官吏邀功者所利用耳。吁！可慨也。

同治乙丑，濰縣民王小花亦盡室徙崖，濰令靳昱詑之，捕小花，詳上臺。閻文介公敬銘時方爲魯撫，委肥城令鄧馨詣崖，見積中鬚眉皓然，無反迹，事乃寢。丙寅九月，益都冀宗華等謀作亂，事洩，供同黨姓名，以積中爲首，約期陷濟南，再陷青州。兵仗已藏城中，搜之，果有守具。已而次第獲其黨，供俱同，遂報聞。

時丁文誠公寶楨方爲布政，檄唐文箴與長清令陳恩壽入崖，令積中至濟南自白，蓋念其老，且爲世家子，本無意殺之也。既入崖，告其大弟子吳某，吳以積中遊五峯對。言未已，一人持帖倉皇入，吳覽之，色變，趣文箴速行。文箴等上馬，絶塵而馳，尾追者殺傔從。聲及崖紳方入城，聞砲聲亦返，而馬竪被殺。時文介在東平，疑之，檄諭積中之子山東候補知縣紹陵，偕文誠所派員弁入崖，奉積中至濟南，而紹陵已先期乞回籍假，實已入崖矣。紹陵至，哭勸積中，積中曰：「吾反無據，若往，是實其言也，汝輩若懼？可自往。」妻子環跪請之，不許。文介遂繕諭，令吳示之，復出文告十數通張之砦門外。二十六日。遣道員潘駿文招之，終不出。

越四日，文誠至長清，令吳與候補令林某入崖，被阻，而恩壽已飛稟上聞。於是命參將姚紹修、游擊王正起、知府王成謙、副將王心安諸營並進，駿文率千總王莘騎兵勘入山路徑，相率進勦，且復令吳作書招之。越五日，而積中答書至，答書云：「來函責我不肯出山辯白，甚合我心。但近日苦衷，有急欲爲吾弟告者，兄平日淡於榮利，肆志讀書，以世亂未平，隱居求志，無如韜光未久，而處士虛聲，動人聞聽，相從執贄者不絶於門，其間雖多善良，亦有悍驁。兄既未能慎之於始，遂欲以德化之。使胥歸於正，此兄實有交不擇人之過也。然來東十載，何敢一事妄爲？乃去歲以濰縣之王小花，横加牽累，今年以冀宗華，妄被誣攀。然此事之來，若椒園、鄧馨號。伯平陳恩壽字。以一函見招，必挺身投案，絶無留難。兩君猝以兵來，幸適出游，未遭毒手，不然，已陷我縲絏久矣。伯平、雨亭唐文箴字。復貪夜進兵，示人莫測，以致莊衆格鬬，傷弁兵。兄自知大禍臨門，一身不免，亟欲束身司敗，不望雪我沉寃。奈及門桀驁之士，遂邀不逞之徒，劫我主盟，苟全性命，兄禁之不得，逆之不能。數日以來，躑躅山隅，悶損無似。及大兵臨境，兄欲出而剖白，無如伊等洶洶，不肯束手待斃。禍已至此，無可言說，本欲引劍自決，無如及門在外者甚多，聞予寃死，定不甘心。一旦逞彼之兇頑，則各處生靈，俱遭塗炭，兄亟思乘機解散，但人數衆多，虎豹豺狼之性不少，順寬我日期，請暫將大兵撤出山外，俾得反覆陳詞，婉言解散。若一面進攻，一面招納，則上憲不能示人以信，困獸猶鬬，兄又何辭能勸諭諸同人耶？」云云。自此五日，無一人出崖。文介怒，又出示招諭，謂凡居民投首者不誅，縛獻積中者重賞，而卒無一人至。火器與官軍相及，營勇時有傷，忿甚，文介恐玉石俱焚，命緩攻。是日，紹陵出謁，文介許以不死，命造官僚居民册。曛夕，積中書復來，言人心洶洶，造册宜從緩。

十月，崖之砦破，積中舉家自焚死，弟子韓芙堂等亦從之而燼焉，居民死者可萬餘。所得逸者，出西門之千餘人，蓋文誠命人植旗西門外，使人以令箭傳呼曰：「出西門者免。」又有婦孺四百餘人，則恩壽所救也。時登州守豫山至，恩壽欲救之，語以故，教之策。山乃於衆中大呼曰：「大人命勿妄淫殺，今奈何違令！長清令何在？」恩壽即出，半跪請示，山以令箭予之，使禁兵毋妄動，被難者由是稍得出，即婦孺也。兵卒復出積中尸於灰燼中，梟其首。文介入崖履勘，檄州縣查封逆産，則均於大兵未發之先，九月二十六日同時扃門而遁矣。

文介奏署有云，積中本無才名，祇以僞託詩書，乃縉紳爲之延譽，愚氓受其欺蒙。來東不過數載，遂能跨郡連鄉，連列市肆。自肥城之孝里鋪，濟南會城内外，東阿之滑口，利津之鐵門關，海豐之埕子口，安邱、濰縣諸處皆列市肆，取名泰運通泰來泰祥泰亨也。收集亡命之徒，從其教者傾産蕩家，挾資往赴，生爲傾家，死爲盡命，實不解所操何術。臣從前訪問。率稱爲讀書之士，臣自慚聾聵，實亦人心風俗之大憂也。

汪穰卿曰：是役也，殺人萬餘，而未得謀反實據，文介意亦不自安。嘗責正起、成謙、心安三人曰：「汝輩皆言謀反是實，今奈何無據？若三日不得，則殺汝。」三人急，命搜得戲衣一箱，使營中七縫工稍補治之，即以爲據。由是諸在事者，皆開保如剿匪例，七縫工後亦被殺以滅口。

鄧子久被戕案

江寧鄧子久中丞爾恆以翰林爲雲南道員，洊擢藩司，咸豐庚申擢貴州巡撫，未赴任，辛酉春調陝西巡撫。時徐之銘撫雲南，綱紀廢弛，回寇與營將勾通爲患，之銘庇之，浸遂爲所挾制。副將何有保者，始爲之銘私人，既而黨羽日衆，勢燄縱橫，作惡多端，之銘亦無如之何。凡滇中大小官員，以升調病休出境者，有保輒遣其黨追之境上，盡劫其宦囊以去，無敢與校，皆以得出虎穴爲倖。有保等恃此爲生者數年矣。

中丞之將赴黔也，行李馬馱，中途被劫，中丞聲稱俟到京參奏。適調陝撫，行至曲靖，借居府署。有保聞有參辦之言，密嗾其黨史榮、戴玉堂夜率練衆，擁入署中，戕害之，所攜衣物旅費，搜括無遺。

之銘以中丞久任雲南司道，知其陰事，恐一人都而其劣蹟盡聞於朝也，故密諷有保害之。之銘亦奏中丞被戕之事，大致稱「爾恆由滇赴陝，經臣派撥兵練護送，行抵曲靖，在府署偏院居住，署知府唐簡等素知府署不甚嚴密，欲派兵練巡查，爾恆自稱行李無多，不須防衛，僅留兩僕在內伺候。是夜竊賊李寶踰垣而入，爾恆聞院內有賊，親自堵門喊捕，寶素恨爾恆，聞其在內，遂與其夥黨一擁而入，遽將爾恆殺害。該府聞警，傳集兵役，拏獲各犯，即經就地正法」等語，並將曲靖文武原稟鈔呈。文宗諭云：「鄧爾恆在曲靖府署居住，知府唐簡等既欲派兵練巡查，何以輒復中止？竊盜拒捕傷人，固屬常有之事，惟鄧爾恆係屬大員，何以輕身堵門？即謂該犯李寶係因懷恨，故將該撫殺害，然昏夜之中，何以知堵門喊捉之人即係該撫？且知李寶之殺該撫，實爲挾仇起見，在場各犯既已就獲，該府等自應迅速解省聽候審辦，何以遽將各犯正法，以致無可質對？鄧爾恆既留兩僕在內，則被害情形，均應目擊，何以並未取有供辭。曲靖文武原稟種種，情節支離，徐之銘並未駁斥，輒行入奏。以大員被戕之案，並不澈底嚴究，草率了事，實堪詫異。新任總督劉源灝，已諭令趕緊前往雲南，著將鄧爾恆被害情形，密速訪查，據實具奏，務期水落石出，不准稍存徇隱消弭之見。欽此。」然源灝竟不敢赴滇，遷延半年，中途乞病歸。臺諫交章論列，前任總督張亮基亦疏劾之銘。奉穆宗諭旨云：「鄧爾恆被害之案，日久未予查辦，亦無以彰國憲。著張亮基迅速馳赴雲南督辦軍務，將徐之銘先行撤任，並將鄧爾恆被戕之案澈底根究，按律懲辦。何有保父子如此跋扈，必須設法翦除。又宜防其設計暗害。欽此。」於是復起江寧潘忠毅公鐸於家，命其馳往查辦。

先是，戴玉堂等既害中丞，掠其行裝，有保以其隱匿贓物，執縛玉堂，拷打甚酷。玉堂氣忿潛逃，嗣聞忠毅查辦之信，同治壬戌閏八月，糾黨夜攻有保，殺之。榮與玉堂皆被忠毅拏獲，研訊各情，供認不諱，卽予正法。忠毅據實覆奏，並稱訊據各犯，供稱之銘並無知情徇縱情事，但以疏於防範，請交部議處。有保仍戮尸梟示，以儆兇殘，遂由此結案。然謂之銘並不知情，世多疑之。

應敏齋決獄

咸豐時，蘇有某婦以避粤寇之難，攜其已嫁女至滬，寇退，女不歸，別從一人爲婦，卽俗所謂姘頭也，婦利其資而不之禁。壻在蘇，不知也。久之，其人資罄，女出傭於巨室以自給，及歸，則仍相處如故。久之，婦以其人漸貧乏，鄙厭之，揚言壻自蘇來索，將挈女去，乃席捲衣物以登舟。舟未發，婦適以故上岸，其人覓至，因攜女共逃。及歸失女，乃往詐巨室，謂女爲所匿，將訛索焉，無所獲，因服鴉片復往，毒發，遂斃。縣讞謂，婦死以壻索女故，女因姦致婦自盡，科以死罪，上獄於臬司。時應敏齋方伯寶時任臬司，以全案無壻家一詞，疑之，乃密飭吴縣令提其壻，至則茫然，不知有是事也。應以婦之死爲圖詐，乃僅科女以姦罪完案。

無錫嘗有盜案，贓據鑿確，中有衣，盜已承矣，而屢承屢翻。應心知其寃，親自研訊，則見事主之軀幹修偉而盜爲侏儒也，窮詰之，事主謂衣固在也。應乃取衣覆視再三，指馬褂以語事主曰：「此汝服耶？」曰：「然。」令服之，乃甚短小，復以衣盜，則適稱其體。盜曰：「今見青天矣，此固我之衣也。」蓋是年無錫多盜案，無所獲，捕懼比，因獲此人，強之承，復囑事主強之認，以冀自逭其責也。

李申甫清訟繫

李申甫名榕，嘗布政湖南，擻州縣，令以訟繫者悉具姓名以聞。有某縣繫因獨多，榕書絕句於册首云：「虎柙幾曾疏檻禁，蛛絲何必苦膠黏。相期夏籜朝朝解，莫似春潮夜夜添。」令慚懼，爲之發落而釋者日數人，半月皆盡。

東流獄

林福祚嘗令皖之東流縣，縣人有王三衖者，與建德黃孔英相友善，黃年視王倍長，王夙兄事之。粵寇亂後，王不知所往，其婦蕭氏尚少艾，失所天，則走建德，依黃以居。黃豔蕭色，欲鬻之而取其貲，則誑蕭曰：「王之全家已殲於賊矣，歸亦無所依，盍更嫁乎？」蕭不得已，因拜黃爲義父，而改適縣人陳某。然王時已歸東流，初不知其婦在黃家也。會陳以事往東流，蕭囑其訪求母家之人，至則得其弟於城外破寺，告之故，弟聞狀，卽奔報王。王遂挾陳同赴建德之張家鎭，面詰黃，黃慚懼無以對。乃令家人治酒食款王，而已則乘間入室，閉户飲藥死。

黃子憤其父之死也，則遷怒於王，謀所以報之。夜舁尸置山中，誣控爲王毆死，引路旁棄輿爲證，謂王毆其父致死，而以輿載尸棄諸此也。建德令孫某憚往驗，擻尉代往，尉得賄，徑以毆傷報。孫信之，輒以酷刑迫王，使誣服，獄成。東流民赴郡鳴王冤，郡守周某下其事於林，林以爲王既殺人，且以輿舁尸入山，必不棄其輿自召人之蹤跡之也。且輿夫未得，可以一輿定殺人罪耶！乃飭役先緝輿夫，竟得之於鎮。蓋輿夫本王之族兄弟，黄死之翼日，方在鎮觀劇，黄得之，謂卽載尸入山者。林謂輿夫雖未同謀殺人，然爲兇手載尸，卽不能無罪，乃不遠颺避緝，而尚在鎮觀劇，此非人情，輿必非載尸者。研訊之，則王有族父設肆於鎮，適有疾，家人以此輿來迎，輿至，而病已痊，不遽歸。輿夫無所事，偶出門觀劇，爲黄子所見，而因以誣之也。獄上，周大怒，駁使更鞫，林不可，乃摭他事以詳參脅之。林至省，謁大府，力請剖棺驗黄尸。開棺檢驗事大，皖省數十年無行之者。江督沈文肅公葆楨爲檄，召江右某名仵作來，年已八十餘矣。既開棺，黄尸果現服毒狀，身無毆痕，黄子始服誣告罪，而周、孫皆鐫職去，林復任東流。

周東興獄

同治庚午，總兵周東興被誅，咸謂其兵敗失機，左文襄公奏明得旨正法，而不知其中别有故，非失機罪也。蓋東興以軍功擢總兵，發甘肅差遣，時文襄方帥師攻寧夏，久未下而糧匱，乃檄東興赴中衛，設局採之。東興至中衛，按户派買，給半價，民無出，則價令全返，違則置重典。時中衛以孤城守數載，四境孑遺，民當此役，苦困不堪，乃相率走平涼，控之制府。文襄檄至對簿，贓巨萬，事聞於朝，奉旨以軍法從事，當大辟。

東興時繫平涼獄，出獄時談笑如常。文襄盛陳兵衛，高坐帳中，召東興跪墀下，諭以罪當死，東興始號哭，乞戍新疆効力贖罪。文襄曰：「旨下矣，何効力贖罪爲！」乃命引出。東興攀柱痛哭，堅不行，左右力曳之，擁出壁門。時壁門外北向設香案，監斬官肅立，案西三丈許鋪紅氍毹，劊子横刀立案右，大衆皆爲壁上觀。東興咨且不前，數左右顧，冀有親故至者，託身後事也。既出壁門，乃握監斬官手，且泣且語，監斬官促望闕謝恩，遂巡九頓首訖，仍起立，向監斬者泣語不休，監斬者復促之，始徐就氍毹，足方屈，頭落丈餘矣。當此獄起時，雖以中衛民聚控，其主使者，實其僚友縣丞劉藹如也。藹如之惡，不遜東興，而主使攻發者，則以分贓不均，而又妬姦爭妓也。及東興伏誅，藹如遂患心病，時作囈語，呼東興不休，不一月，嘔血卒。

張汶祥刺馬案

菏澤馬新貽，字穀山，謚端愍，世奉天方教，以進士即用知縣，需次安徽。咸豐時，粵、捻交訌於皖北一帶，權合肥，以失守褫職。巡撫唐某委辦廬郡各鄉團練，一日，與捻戰而敗，爲張汶祥所擒。汶祥久思投誠，因優禮端愍，且引其儕輩曹二虎、石錦標與相結爲異姓兄弟，縱端愍歸，令代請於大府，願納款。端愍言於唐，許之，於是端愍奉檄編選降衆爲山字二營，自統之，而汶祥、二虎、錦標皆爲營哨官。及同治乙丑，喬勤愨公撫皖，端愍已擢布政，兼營務處，裁山字營，汶祥、二虎、錦標雖仍在其左右有所事，而汶祥已微窺端愍之意漸薄。會二虎欲迎妻至皖，沮之，二虎不聽，其妻至，入居藩署。或以誣端愍，人言藉藉，爲汶祥所聞，久之，告二虎，二虎大怒，欲殺妻。汶祥止之曰：「殺姦須雙，僅殺妻，須抵償，不如因而贈之。」二虎乘間言於端愍，端愍内愧，痛斥之。出語汶祥，汶祥曰：「禍不遠矣，宜亟去。」一日，端愍檄二虎赴壽春鎮總兵徐鶚署領軍火，鶚字心泉，時方駐壽州南關外，爲勤愍總營務處也。汶祥心疑之，語錦標曰：「二虎此行，中途慮不測，吾輩當送之。」既至，投文，忽鎮轅中軍官持令箭，弁兵夾侍，命綁通捻者曹二虎。二虎大聲呼冤，鶚曰：「爾奉檄啓程，即有以爾欲以軍火濟捻上告者，已有牘至，令即處爾以軍法，尚何嘵嘵爲！」即出而斬之。汶祥語錦標曰：「如何？然此仇必報，吾二人當任之。」錦標不語。汶祥又曰：「爾非友，吾當獨任之可也。」於是二人收其尸，稾葬之，分道去。庚午，山西按察使李慶翶駐河津，統水陸各軍防河，錦標時以參將爲其先鋒官。一日，奉命稽查沿河水師各營，營官方公讌之，忽有慶翶檄文至，命錦標即歸。蓋以汶祥殺人案，而江督行文逮使對簿也。

時端愍方督兩江，署側有箭道，月課將弁以射。一日，端愍正閲課，甫離座，忽有遞呈呼冤者，汶祥乘間突刺之，中左脅，刀未出，傷口亦無血，惟深入胸中四寸。從者拔出之，刀已刓曲。方喧嚷間，端愍回首見汶祥，曰：「汝耶！」舁回署，遂死。汶祥植立不稍動。時巡捕方命人拷訊呼冤之人，汶祥大呼曰：「刺客即我，待罪於此，決不遁。」於是布政梅啓照命發上元縣鞫之，直供不少諱，問官愕眙，啓照曰：「須令改供爲浙江海盜，挾仇報復。」汶祥堅不允，且云：「二虎既被殺，我以精鋼製二匕首，淬以毒藥，輒疊牛皮四五層，以刃貫而洞穿。其撫浙時，曾一遇於吴山，不得間，今始如願耳。」啓照乃言於署督將軍魁玉，以海盗入告，朝命鄭敦謹爲查辦大臣，至江寧提審，汶祥供如前。敦謹無如何，乃仍以海盜挾仇定案，案既定，决汶祥於江寧城北之小營。端愍之第四弟方以縣令待次江寧，即命其監斬，斬時，命劊子以鈎鈎肉而碎割之，剖腹挖心以祭焉。時同治辛未二月十五日也。子一，閹割發黑龍江爲奴，錦標亦革職遣戍。端愍被刺之後數日，有一妾自縊，未棺斂，密埋後園，即二虎妻也。

或曰，汶祥初在粤寇軍中，從李侍賢，江寧破，侍賢竄閩廣，數敗於官軍，汶祥知事不可爲，圖反正。端愍之鄉人徐弁亦在侍賢部下，故與端愍相識，至是遂相結，未幾皆得脱。時端愍已撫浙，徐往，得留轅下効用。汶祥轉徙至甬，設押店，偶以事至杭，因訪徐，徐曰：「巡撫近得新疆回部某叛王僞詔，略云大兵已定新疆，不日東下，江浙一帶征討事宜，委卿便宜料理，巡撫即報以手疏，謂東南數省，悉臣一人之責。」汶祥大憤而詈之曰：「此等逆臣，吾必手刃之。」已而端愍下令禁私開押店，汶祥遂閉肆，益侘傺，欲殺端愍以洩憤矣。未幾，端愍擢江督，汶祥遂至江寧刺之。刺已被獲，藩臬會鞫之，據地坐，使跽，不肯，問：「上坐何官？」從者告曰：「藩臬也。」笑曰：「將軍來，我始言耳。」將軍至，訊以行刺之故，汶祥曰：「可先令總督家屬出署，圍以兵役，始可有所白。」將軍斥其讕言，則曰：「若是，則吾終不言。」將軍屏左右，窮詰之，乃吐實，且曰：「第搜其秘篋，不得僞詔，反坐不悔。」問官大駭，亟磔汶祥，而矯爲獄詞以完案。

或曰，汶祥在寧波以押當貿利自給，并與諸海盜通，食其糧者數年。值端愍撫浙，擒斬海盜頗衆，復禁歇押當，汶祥益貧無賴，乃時思爲海盜報讎。又以妻被人誘之以逃，汶祥追而執之，復以失物訴求追繳，端愍以此小事不宜煩瀆，格其訴不納。其後汶祥妻又謀逸，迫令自殺，既而怒曰：「巡撫不爲我追贓，使吾妻有輕我心，是殺吾妻者，巡撫也。」遂懷必報之志。會端愍督兩江，汶祥千里間關，伺之二年，而始遂其志焉。

同治癸酉科場案

同治癸酉順天鄉試，都下盛傳熒惑入文昌，科場有不利。是科中式第十九名徐景春以策内不識《公羊》爲何書，遂將公羊二字拆開，爲廣東梁伯器僧寶所磨勘。梁初籤出，禮部查則例，景春應罰停會試三科，主考官降二級留任，同考官革職留任，照此辦理。片咨吏部，詎吏部咨行禮部，必欲褫景春。禮部覆稱，如革景春，則主試官皆應降調。時潘文勤公祖蔭署吏部右侍郎，一日文勤入署，司官持稿回堂，文勤怒，投稿於地，曰：「吾知有人圖全小汀缺耳。」蓋其時全文定公慶爲協辦，而寶文靖公鋆官吏尚也，方齟齬間，文靖適至，問司官因何遺稿在地，司官以文勤語質言之，文靖默然。未幾，景春竟屏革，同考陸編修楙宗亦革職，景春出楙宗房，主考爲文定及胡小蘧總憲家玉、童侍郎華與文勤，皆降二級調用。適文勤管户部三庫，三庫印忽失，事覺，革職留任。至是又得降調處分，遂無任可留，因而革職，旋奉特旨賞編修，仍在南書房行走。小蘧降調後，又因與江西巡撫劉忠誠公坤一以田賦事互揭，部議忠誠革職，小蘧再降四級調用，遂終鴻臚寺少卿。

景春既因磨勘被褫，内簾各官降革有差。是科各直省試卷磨勘綦嚴，於是江南則革去舉人楊楫，以其《春秋》題集經爲文，語次聯貫，謂爲文理荒謬；而江西全榜中式墨卷，其第二開，首行之首，末行之末，皆各塗改一字，若人之名號拆開者然。若謂是筆誤，何以每卷皆同？以文理論，則又必無誤書此二字之理，情弊顯然，無可徇隱，因請旨暫行斥革，一面行文確查。實則士子與謄録生爲識別，屬其加意精寫，惟恐目迷五色故也。然此事頗難斡旋，兼值功令森嚴，幾無復保全之策。嗣監臨撫臣覆稱，該省試卷紙質最薄，其紅格兩面一式，而印卷官關防在卷後幅，士子入闈，匆遽之中，往往反寫，故領卷後，卽各於第二開寫此二字，以别正反，歷屆相沿，亦不自本科始，實屬無關弊竇云云。奏入，事乃得解。

李有恆寃獄

李有恆，新化人，以從田興恕治兵，積功至總兵。同治末，在蜀統防營，會東鄉縣民以縣令孫定揚加賦事，有圍城之變。時護川督者爲文格，不知蜀人之圍城與罷市等也，大驚，以爲東鄉民叛矣，遂令有恆率師往平之，檄有「督兵痛勦」字樣。有恆見檄，乃入謁，則期期以爲不可。格曰：「去耳，何喋喋爲！」有恆至東鄉，如格言，大肆殺戮，蜀人大憤。遂由御史劾之，旋有欽使出勘，格懼，咎有恆，有恆曰：「公之命也，有恆不能獨任其咎。」格以檄在有恆手，憂甚，恐爲所持，遂以屬華陽縣知縣田秀栗，使圖之。

秀栗素與有恆善，乃先爲僞文書一通，置之袖，且預約一友後時而往。秀栗晤有恆，慰問畢，詢所以自免之策，有恆曰：「吾有札在此，若死，則俱死耳。」秀栗曰：「文官多巧，其中有趨避語，宜出示我，當爲汝辨之。」有恆不疑有他，遂取出與觀。正指點間，忽外傳有客至，有恆出見客，秀栗匆促中急以僞文書易之。有恆送客出，入内，秀栗卽曰：「頃視文書，果如君言，當無他矣。」遂匆匆别去。有恆視札，則已易，「督兵」二字，改爲「相機」矣，始知爲所賣，大悔恨，由是見欽使，無可置詞。格既得札，三叩首謝秀栗。

其後讞定，有恆果論大辟，獨死矣。

獄囚利久繫得金

獄囚之久繫者，率與胥卒表裏爲奸，魚肉諸囚，頗有奇羨，此固所在皆是也。同治時，有山東人張某者，商於京師，以殺人論絞，繫獄垂十年，歲入幾千金，付其妻子，使營子母。光緒乙亥，大赦出獄，稽簿籍，則已贏數千金。既出而大恨，以諸治生事皆莫如囚之逸而豐也。

張家居歲餘，鬱鬱不樂，會坊中有夥毆人致死者，案送刑部。張喜得間，急以金賄部吏，使竄己名從犯中，遂復繫獄，所積益不貲。庚寅，德宗大婚，孝欽后歸政，又值大赦。獄故有他囚，欲效其所爲，而資望勢力皆不及，計非去張，不得專利。乃亦以重金賄吏，於張案獨聲明其久在輦下，恣爲姦利狀，請遞解回籍，以弭後患。堂司官可之，如所請行，張遂攜妻子橐萬金出都門矣。臨出獄門，愀然曰：「吾遂不得復居此耶。」

歐陽渙藏印帖案

歐陽渙，新野人，世業儒。早歲喪母，父於道光中爲鄰郡廣文，蓄一奴，季姓，忠於事，甚重之。奴有子曰黑兒，生十年矣，父察其沉靜無童心，貌亦端正，乃使伴渙讀。無何，父被督學使者薦，以縣令送部引見，而性恬退，不欲爲，遽引疾歸里，課渙及黑兒。家雖不豐，然居宅爲祖產，有池亭花木之盛，惜歲久剥落。渙臨《九成宫帖》，罔間寒暑。某歲，重陽風雨，渙與黑兒游荒園，登培塿折半開之菊，插缺唇瓶，插既滿，挈瓶回，忽踣於泥淖，黑兒趨視之，叢莽中拾一物作濃緑色，方徑寸而螭紐，重可五兩。渙審視之曰：「此印章也。」亟納諸懷。越日，爲父所見，父精賞鑒，問何來，具答之。反覆諦視，抉剔泥污，而曰：「此我家率更令印，千歲物也。」因爲述率更令德望，且指所臨《九成宫帖》示之，謂：「物歷千歲，展轉入吾家，吾祖吾父莫之能有，而汝得之，此中殆有天焉。或異日得追蹤先哲，當侍東宫，未可知也，汝其勉之。」渙時年十五，聞之大喜，買五色絲繫印，佩於身。益潛心習率更字體，日進不衰。

越二年，渙應童試而冠軍，謁宗師，宗師謂其所作得南豐曾氏神髓，無俗惡氣犯其筆端，又謂楷法直逼率更，傳示諸生，贊不容口。旋出初搨《九成宫》真本以爲賜，渙因出所得率更令印，吴宗師閲之，並縷陳得印狀。宗師益贊歎，且曰：「率更果有後身，非偶然也。」以八寶印泥鈐印於帖之左方，持帖示守令，謂此本不多覯，今以畀歐陽生，不負此物矣。乃援筆賦詩，命守令亦皆賦，並題於後，鄭重而授之。歸告父，父亦莞爾。以家藏《九成宫》較之，相去不可以道里計，掀髯大笑曰：「何物乳臭兒，希世之珍，得一爲幸，而又兼之，將何福以堪此！」親知故舊聞其獲古印受法帖，争請鑑賞，弁言跋語，積成卷軸，皆以清要爲渙期之矣。

初，渙得印而喜，黑兒方幼，即不悦，謂一踣幾傷體，此物不祥。渙笑曰：「童騃，何多忌諱？」及既青一衿，鄉試七戰七北，父旋卒，所娶婦亦相繼殞，兩營喪葬，家徒壁立，一印一帖之外，殆無長物。黑兒請售於骨董家，冀得金權子母，不許，即家授徒以餬口。又二年而禍作。蓋渙有父執某，爲新野令幕客，令考滿入都，賂權貴，求升轉，權貴不受，使人微諷令，欲得初搨《九成宮帖》真本率更令印章二物，美官可立致也。令夙聞涣家懷此異寶，意可以購，乃請約期報命。權貴之父，十餘年前嘗守南陽，親見宗師奬賜法帖，且與賦詩之列，知新野令必能得之以獻。既聞令約期之請，亦使人遥示意旨曰：「珍物朝至，爾階夕進。」令回新野，謀於客，客語涣，許畀重金，不應，許以代謀進身，亦不應。約期過，權貴怒令誑己，嗾臺諫劾豫省吏治窳敗，牽連及令，令摘印去。

新令下車之始，即出金爲闔邑生童膏火之資，月集縣署，試時藝及詩古文辭。涣頗有所獲，爲令所器重。令或過涣舍，謂園林荒落，命匠爲小修之，就其園爲會文之所。又時餽蒸豚醇酒，公暇輒就而小飲，如是幾一年。一日，從容語涣曰：「君家有率更印及《九成宮帖》真本，舊令尹之所以去官也，其爲寶也，果何如？能使我一擴眼界否？」涣囁嚅良久，令笑曰：「我爲一邑長，又與君善，寧能攫君之所愛耶？一觀耳，庸何傷！」涣不得已，出示之，令摩抄題詠，呼酒浮白，薄暮始去。又一日，以書來，謂有大賞鑑家能爲君辨印章之真贋，願假一觀，涣難之，黑兒曰：「寧售之，毋受奸人欺。」涣適中酒大恚，援筆作覆書，黑兒之父在側，取視，急就燭焚之。黑兒大驚，父曰：「第白主人，但道老奴以爲不可。」涣亦知書語太戇，乃婉辭以覆，而令之周旋往還餽遺酬酢也，乃一如平時。

是歲十月之望，令訪涣，論文燈下，忽報積薪上炎，頃刻穿墉。令督役撲滅，倏忽間，燬五楹，涣大呼曰：「休矣！」又探囊而頓足，面色灰敗。令問之，對曰：「公所不能忘情之法帖，今爲祝融氏攜去，不足，又益以印章。」令曰：「君子無故，玉不去身，印懸肘後，固當無恙。」涣曰：「倒屣迎公，適在更衣之後，置印床頭，同歸於盡矣。」令不之信，且疑其故縱火以絶望，微哂曰：「帖之存亡，固未可保，金石之堅，歷劫不毁，會當復出泥中，尋君幼年之盟，可毋恫也。」涣頓悟，待令去，使人持鋤钁，物色瓦礫中，不可得。呼黑兒，不知所之。涣疑宵小或胠篋獻於令，益恨，而黑兒竟不歸。其父念黑兒，又卧病，偃蹇遂死。

其明年，權貴以卿貳持節出鎮中州，前令因嬖倖進言，謝失約罪，且白涣倨傲狀。適涣之中表不慎於言，以非罪陷縲絏，涣爲具詞伸訴，令受前令囑，因事羅織之。又以往日之火，疑非天災，乃當以干預訟事罪，申大府，請革衣頂。權貴檄令械繫之，將按訟棍律擬罪，遷延囹圄中三載，而令去任。後來者慮囚至涣，亟出之署，涣無罪，中表事亦昭雪，而舊宅已易主，零丁孤苦，乃依中表以居。中表故業商，念涣爲己受折磨，挈之以出販，小有餘，輒分惠之，遂賴以存活。

某年歲暮，涣隨中表歸，門前有一丐，寒戰瑟縮，望涣而拜，哭且失聲。涣驚呼曰：「此黑兒也，胡爲乎來哉！」急取衣衣之，和薑桂以飲之，乃徐徐問比年蹤跡，及當日出亡之故。黑兒泫然曰：「奴負主矣！主以印章法帖爲至寶，奴不以爲寶，奴固以主人爲寶也。當日之火，奴以爲天佑主人，輒敢因火懷印與帖，避地而居，知主必以此二物賈禍，禍發恐不可救，將以此二物爲主人脱禍也。既而禍果作，奴不幸言而中，貨衣物，間關走京師，投某侍御家爲奴，獻二物請救主人。侍御之季父，主人之恩師也，覩物驚駭，幸馳函抵中丞，而前中丞與主有隙者幸已去，遂得檄邑令，出主人於獄。侍御聞報以告奴，又許奴爲忠義，賚百金並原璧使仍歸主人，令速以善價售之，勿重物而輕人。物則猶是也，而主人免於禍，奴以爲幸無罪矣。乃天禍未已，中途遇暴客，刼掠而去，無資裝，寸步不可行，行乞於市。酒家翁哀之，使爲傭，積微資辭酒家歸。又不幸病於逆旅，喪其資，仍行乞偃蹇數月。今始得見主人，而主人之寶終歸烏有，奴負主矣！」涣慘然，持之而泣。黑兒後隨涣偕中表至泰安旅舍，遇一人，自言隸旗藉，將赴南中補江寧府遺缺，病不能前，涣使黑兒佐其諸僕伺應之。未幾，疾勢不可爲，其僕皆散，涣使中表先首途，獨與黑兒留，守護旬日，客竟愈。感其厚誼，勸毋貨殖，挈與俱南。既而客守彭城，涣爲上客，黑兒亦得寵。一日，與諸奴沽飲於市，乘薄醉過鼓樓，游覽列肆，見《九成宫帖》題識宛然，北風披拂，末頁已稍剥蝕矣。黑兒愕然，急問價，曰：「錢二千。」大喜，購之歸，還於涣。喜出望外，走告居停，歷敘坎坷之狀，慨然曰：「墨寶幸而存，印章不可復得矣。」居停曰：「子毋然，曩者出都，有人以古銅章二求售，云得之拾遺者，僅索三金去，姑與子辨之。」及出印審視，涣撟舌不下，黑兒亦瞠目稱怪事。其一爲步兵校尉之章，其一則斑斕如舊，繫絲五色，不絶如縷，固太子率更令印也。

張某立寨被誣案

廣西自咸、同軍興以後，土著絶少，以十分計之，廣東居其三，湖南居其二，江西居其一焉。地本瘠薄，人尤游惰，客民開山墾地，勢頗强横，游手無賴，因之日多，其流入越南爲匪者，大率由此。人各習兵，家各置械，往往以口角細故，彼此争鬬，儼同戰陣。浸假而官事不平，亦往往聚衆與抗，或有圍城交鋒之舉。其官吏率皆久居桂林者，或由幕席，或由佐職，夤緣保擢，視以爲常。額兵而外，又設防營，文武將吏，結合爲姦，動稱某處搆逆，某處圍堡，羽檄飛馳，便宜行事，然未及旬月，報肅清，請保奬矣。光緒初，有張某立寨自保，爲仇家誣扳逆謀，至發重兵。寨首聞之，繞道赴省投首鳴冤，而兵已破寨，殺五百餘人。院司乃專案請奬，勢難平反，寨首投轅，亦遂斬決結案。

龐鍾焕控金菊如案

光緒初，鄞縣陳康祺令昭文，邑紳龐鍾焕有家塾，塾師爲金菊如。一日，歸而病，龐久待不至，疑與其姬人銀荷有染，畏罪而逃也。控之於縣署，陳訊得真情，判曰：「龐鍾焕控金菊如一案，研訊數堂，迄無確供。中冓不可言，何況事無實據，縲絏非其罪，肯教士也含冤？本縣觀金菊如章句書生，鄉村學究，適子之館，未及半年，招我由房，難通一面。縱使國風好色，豈忘君子懷刑。龐周氏貌尚端莊，年非韶綺，久已與龐公而偕伉，何至見金夫不有躬？龐鍾焕生長閥閲，身受崇封，到堂數言，亦知大體，決不因主賓失好，自污二人。大約别嫌明微者，名門之家範，争妍妬寵者，婦女之恆情。周氏附中婦大婦之班，久抱衾裯而怨命，金生少經師人師之化，惟憑夏楚以伸威。此豸娟娟，或偶具先生之饌，羣雌粥粥，遂疑踰東家之牆。偏聽人言，恐疏閫範，嫌疑原當自白，防閑不厭過嚴。投牒公堂，初非好訟，衆口雷同，兩心冰釋。炎涼異性，荷菊非並蒂之花，貴賤殊形，金銀豈一爐之汞？賓東未洽，别聘名師，婢妾無辜，仍還舊主。倘該封職專房有屬，無調象馴獅之術，何妨開閣放姬？爾童生就館不終，遇瓜田李下之嫌，益宜守身如玉。」

孫振齋控媳案

孫振齋，訟棍也，刀筆所獲，頗不貲。晚年輟業。一日，忽與寡媳啓釁，訴之縣。孫以爲女子易與，且分屬尊長，必不失敗。堂訊時，孫乃詳述媳之過失，媳不辯，惟嚶嚶啜泣。官異而詰之，則曰：「牆茨之醜，何能宣言於大庭廣衆乎？彼見我文君獨處耳。」官大怒，責孫無恥，斥之退。孫指其媳罵曰：「惡婦，我不料一世英名，乃敗於汝！」媳笑曰：「汝子已死，我傳汝衣鉢耳，何駡爲！」孫憤憤而出。

湯圓案

鄭裕國令歸安，人稱之爲鄭青天。一日，鄉人某以女將遣嫁，入城購奩物，過一點心肆，食湯圓，而囊無銅錢，告店主曰：「我因事入城，僅有銀耳，爾且記賬，稍緩卽來償。」店主曰：「我店資本甚小，且向不識爾，乃圖餔啜耶？」鄉人不得已，以銀幣一圓爲質而去。事竣，則持銅錢以贖銀幣，店主不認，曰：「湯圓值數十文耳，焉用銀？」

鄉人忿甚，商於訟師趙某，趙曰：「此地爲烏程所轄，訟必屈，若逢鄭青天，事乃濟。」鄉人哀求不已，趙曰：「爾願受笞數十乎？」語其故，鄉人大喜，静候於歸安署前，將伺鄭出而控之。俄鄭自府署歸，鄉人直衝其儀衛，鄭喝問，大呼曰：「小人籍烏程，官爲歸安令也，當送烏程，不當責我。」鄭曰：「天下官管天下百姓，事犯在我，不能免。」杖畢，鄉人乃以牘進，鄭曰：「此爲烏程界，汝應往該管衙門呈控，不得歧瀆。」鄉人曰：「天下官管天下百姓，官之言也。」鄭笑而言曰：「姑爲爾訊之。」卽簽傳店主，堅不承，乃潛使役向店主婦取贓，紿之曰：「爾夫已供認矣，速繳可免責。」婦曰：「我原勸其不可昧良，今何如！」遂以原銀幣給役持歸。

鄭獲贓，謂鄉人曰：「汝銀當於他處遺失，彼不承，我不能濫刑狥私，不如我償汝，免枉屈良民。」鄉人不受，鄭佯怒曰：「償汝不領，欲何爲耶？」擲銀二餅，中雜以原物一，聽自擇。鄉人見而訝之，指其一曰：「此爲小人故物，何得在此？」鄭問何所記，曰：「此銀乃小女聘金，上有雙喜硃字，故知爲原物也。」以示店主，店主不語，乃俯首伏罪，薄責而釋之，鄉人頓首致謝去。

曹桂山以大言寃死

光緒初，龐際雲護湘撫，署藩司爲孫某，禁城隍會，湘民忿之。而新任卞寶第至，龐移撫黔，暫僦宅居。湘民忽聚衆鬨藩司署，毁大門，又毁龐之宅。有積痞曹桂山者，次日始入城，恥不與其役，至一木匠店，大聲言曰：「我手甚痠痛。」木匠問故，曹曰：「昨與衆攻藩署大門甚堅，衆不能攻，獨我攻破，故至今尚作痛也。」時官捕滋事人甚急，諸無賴多避匿，或聞曹言，亟執送官，遽以首犯論斬。

沙河堡謀殺案

光緒初，京師有布客甲乙二人攜資歸，途遇一賣花者與同行，至沙河堡，夜矣，舍於逆旅之西偏屋中。賣花者僅一擔荷兩箱而已。而東偏屋中，則先有販沙壺客與一瞽者同宿。夜半，瞽者聞西屋斧聲，而呻吟聲窸窣聲繼之，大疑，潛呼販壺客醒，語之曰：「我姑碎君一壺，君卽起而與我争，佯爲喧擾者，以觀其變。」於是西屋中有三人出而勸其息争，店主亦往勸，請搜販壺客之槖，無所得。瞽者大哭曰：「我以赤貧賣卜，積得兩緡，大不易，今失之，安知非汝等所爲？凡居此者當悉搜其篋，不然，誓不出此門矣。」西屋三人曰：「吾儕以相勸至此，乃誣我耶？」瞽者曰：「汝不至，吾安得誣汝？今既入吾室，自必搜檢矣。」店主閔其無告，又慮有意外事，乃婉勸三人啓箱以釋其惑。三人固不可，衆益疑，謂錢必彼竊，羣起迫之，搜其篋，則有血漬殷然之油紙包各一，啓之，支解之二尸在其中，乃縛之送官，一訊而服，賞瞽者，置三人於法。

王樹汶爲頂兇案

王樹汶，鄧州人，幼以被掠爲鎮平盜魁胡體安執爨役，體安，鎮平胥也。河南多盜，州縣故廣置胥役以捕盜，有多至數千人者，實則大盜卽窟穴其中，時遣其徒黨出劫，捕之急，卽賄買貧民爲頂凶以銷案。體安尤凶猾，一日，使其徒劫某邑巨室，巨室廉知體安所爲，乃上控。時涂制軍宗瀛方撫汴，檄所司名捕之。鎮平令捕體安急，則賄役，以樹汶僞爲之，俾役執之去。樹汶初不承，役以非刑酷之，且謂卽定案必不死，始諾。樹汶年十五，尫羸弱小，人固知其非真盜也。縣令馬翥聞體安就獲，狂喜，不暇審真僞，遽稟大府，草草定案。

既定讞，當樹汶大辟，時體安已更姓名，充他邑總胥矣，樹汶未知也。刑之日，樹汶始知之，呼曰：「我鄧州王樹汶，非胡體安，若輩許我不死，今乃戮我乎！」監斬官白宗瀛，大駭，命停刑，下所司覆鞫，卒未得要領。樹汶自言父名季福，居鄧州，業農，乃檄鄧州牧朱杏簪刺史光第逮季福爲驗，未至而宗瀛督兩湖去。繼任者爲河督李鶴年。開歸陳許道任愷者，先守南陽，嘗讞是獄，又與鶴年有連，於是飛羽書，阻光第，令毋逮季福，且百端誘怵之。光第不爲動，慨然曰：「民命至重，吾安能顧惜此官以陷無辜耶！」竟以季福上，則樹汶果其子，愷乃大慼，鶴年以祖愷故，持初讞益堅，豫人之官科道者，遂交章論是獄。

鶴年恚言路之持之急也，遂力反宗瀛前議，而益傅會律文，謂樹汶雖非體安，亦從盜，在律盜不分首從，皆立斬，原讞者無罪。然樹汶初止爲體安司炊，亦有謂其爲孌童者，而實非盜，讞者必欲坐以把風接贓之律，樹汶至是遂爲正兇。而官吏之誤捕，體安之在逃，悉置不問。諫臣益大譁，劾鶴年庇愷，於是朝廷有派河督梅啓照覆訊之命。河工諸僚佐，率鶴年故吏，不敢違鶴年指，啓照亦不欲顯樹同異，竟以樹汶爲從盜，當立斬。獄成，言者爭益力。

時潘文勤公方長秋官，廉知其概，提部研鞫，而趙舒翹方以郎中總辦秋審，因以是獄屬之。閱數月，乃得實，將上奏矣，而鶴年使故爲文勤門生之某道員入都游説，文勤入其説，遽中變。舒翹方力爭，文勤忽以父喪去官，南皮張文達公之萬繼其任，文勤亦知爲某道員所賣，貽書文達，亟自引咎。疏上，奉旨釋樹汶歸，戍翥及知府馬承脩極邊，鶴年啓照及臬司以下並承審各官皆降革有差。而光第已先以他事劾罷，則愷嗾鶴年爲之也。有以持愷羽書直揭部科諷者，光第笑謝之，貧不能歸，竟卒於豫，年五十五。光第去官二十年，鄧人謀以其治狀上於朝，請祀名宦，以其子祖謀時官禮部侍郎，格於例，不果行。祖謀，字古微，以道德文章著稱於時，更名孝臧，學者稱漚尹先生者是也。

光第以咸豐末補授河南鄧州，值大祲後，比户流亡，而在官三年，多惠政，壹意休養，尤善治盜，民以安集。俗頗健訟，訟刑部都察院者，歲或數十事。故事，京控案付首府之讞局鞫之，鞫者覩了案之獎也，輒迫以和息，不欲甚辨曲直，而奸黠者愈得計，效尤滋益多。光第嘗從事讞局，諳其然，牒所司窮治之，其誣訴者必反坐，俗爲之革。旁州縣此風亦因之少殺。

楊乃武被誣殺人案

同治時，餘杭有葛品連者，早歲喪父，母健而勤，率品連設肆市豆腐。品連娶畢氏，有姿首，膚瑩潔，體輕盈，人因以小白菜呼之。邑令劉錫彤有子逾冠，聞其名，一日遇諸途，尾隨之，密以意示衙役，使謀之，久之通焉。邑有楊乃武，同治癸酉舉人也，丰采甚都，當爲諸生時，已與畢通，爲錫彤之子偵悉，妒之。已而乃武捷秋試，畢欲委身事之，謀既定，錫彤子知之，益憤，將謀所以陷乃武者。會品連暴卒，里人以畢多外遇，竊竊然疑有謀殺事，實則畢奴畜品連，品連不能堪，以吞鴉片死也。錫彤子聞之，唆葛母，餌以厚賄，使以乃武與畢二人斃品連訴於縣，品連之母遂以通姦謀殺罪控乃武，謂其中砒毒也。錫彤先入其子之言矣，信之，及驗尸，指甲有青色，謂爲受毒之證，收乃武與畢，嚴鞫之，迫以刑，謂其因姦同謀，遂誣服。錫彤詢以砒奚所購，乃武漫言購自某藥肆者，因逮肆主質之，肆主堅不承，於是案久不決。

刑幕某，與肆主同爲紹興人，承錫彤子意，婉商於肆主曰：「僅待子一言，卽可結案，何固執爲？」遂授肆主以辭意，乃供稱某日乃武至，言將以砒置食物中以殺鼠，故來購，乃武邑紳也，信而售之，不意其非殺鼠而竟殺人。錫彤録其辭，詳大吏，府司復審，以證確，故無異議，定爲謀殺親夫案，畢當淩遲，乃武當論斬。乃武婦某氏知乃武寃，具詞入都，訴之於都察院，而給事中王書瑞亦據以上聞。光緒乙亥四月，奉旨，命浙學胡侍郎瑞瀾提集全案人證卷宗，秉公嚴訊。胡檄寧波守邊葆誠鞫之，訊數次，卒照原議覆奏，謂乃武因姦起意，令畢將品連毒斃，供證僉同，案遂定。然乃武所畫親供之押，實爲屈打成招四字也。

至是，而乃武與畢均延頸待決矣。時上海已有《申報》，載之甚詳。既定案，報端復綴一聯云：「乃武歸天，斯文掃地。」爲其同年友所見，大憤，謂乃武雖武斷鄉曲，品連實非所害，思有以平反之。會春試，咸計偕入都，謁鄉人刑部侍郎夏子松少寇同善，訴乃武寃，謂品連實病死，非毒死。同善問寃證，衆言品連死日，乃武方在外舅家處理析産事，代書分單，其外舅居鄉，距城數十里，一日之中，不能在鄉理事，而復在城殺人，此寃證也。同善曰：「案乃若此，君等可控之都察院，僕備官秋曹，當相助也。」旋經汪樹屏等遣抱，控之於都察院。十二月，奉旨提交刑部審訊，案遂復活，全案人證由刑部提京復審。部牘至浙，錫彤自解品連尸棺入，及驗，則指無青色，檢驗者謂南方氣較熱，初驗時，死者指甲青色，當係發變，非服毒之證，實爲因病身死。繼訊某肆主，肆主直供刑幕教唆語不稍諱。

初，瑞瀾傳集人證之至省復審也，肆主不欲往，錫彤子給以資，始就道，然肆務因以衰敗，及牽連至京，肆遂閉，恨錫彤子及刑幕刺骨，故直言以發其覆。證人證物，既皆子虛，案遂平反。丁丑二月，奉嚴旨申飭，於是原審復審官，自浙撫楊石泉制府昌濬及瑞瀾以下，皆降革有差，錫彤發往黑龍江効力贖罪，不准收贖，錫彤子投海死。乃武雖釋，而足骨以受極刑故，遂不良於行。家計亦困，乃至滬賣文以自給，畢則披剃爲尼，宣統辛亥尚存。

或曰，翻案之原動力，乃某公使偶在總理衙門座次告王大臣曰：「貴國人斷案，大率如楊乃武之獄。」當道聞之，至跼蹐不安，遂翻案也。

閩中發塚開棺案

丁文誠公寶楨撫閩時，某縣有發塚開棺剥取尸身衣飾一案。縣幕故狡詐，以欲爲令規避處分，必欲避去發塚開棺字樣，其詳文有云「勘得某處有厝棺一具，棺材後壁鑿有一孔，圍圓一寸三分，據尸親某供稱，尸身頭上，失少金簪一支，顯係該賊由穴孔伸手入內，拔取金簪，得贓逃逸。除懸賞購緝外，理合勘明詳報」云云。文誠於牘尾批云：「以圍圓一寸三分之穴孔，竟能伸手入內，天下無此小手，棺後伸手，拔取尸身頭上金簪，天下無此長手。該令太不曉事，應卽撤任，候飭司遴員接署，另行勘詳。」

泉州林紳失女案

閩之漳泉，其民慓悍尚氣，往往以細故釀巨禍。仁和章某宰龍溪，有以失女案越境來控者，原告泉郡林紳，被告爲本邑王某，亦巨室也。閱其狀，則林女以三歲時養於乳母，一日挾之出遊，遂不返，失蹤十四年矣。林失女，即以人探乳母家，尚未歸，後時時偵之，十四年無迹。某歲社日，乳母雜衆中入廟祝神，舊僕林二識之，擒以歸，問女，言已賣，以郡施氏贅壻，購爲婢，隨嫁適王矣。章即坐堂皇，喚乳母入，則年四十餘，蠢然一村婦也。問拐女事，亦自承。章以乳母已招認，無別情，命羈之。問林曰：「爾女既媵於王，欲令歸乎，抑聽留王氏，但治乳母罪也？」林忿然曰：「吾縉紳裔，安能爲賤於人？非欲令歸者，吾泉郡官豈不能治以拐帶之罪，而必遠訴至此？」章頷之，允集訊。

林退，明日遣四役至王家，命傳施壻及林女來。役往半日返，復命不得一人，章怒，各笞四十，命復往。漳、泉俗，凡富室嫁女，媵以婢，名雖從嫁，實如妾。林女隨施嫁六月，二人情甚密，若姊妹，王尤愛之，與施同孕。至是已三月，役至家，王甚惑，及閱牒，知爲林女事，笑曰：「婦翁以此婢贈吾，吾憐其慧，已納爲妾，若有誘拐事，則賣者既獲，買者亦有人，可問施，吾生平不入公門，不能與林對簿也。」役見其貴倨，婉勸曰：「邑主傳君，非究君誘拐事，惟林女在此，或遣或留，必得君一言，案乃可定。今既納爲妾，竊意君必留，尤須與林言明，使林女事君，無異辭也。」王大笑曰：「吾妻之婢，吾納爲妾，妻既無言，誰能饒舌！」還其牒，立麾之出。

役去，王入告施，林女亦在，施笑謂王曰：「吾妹方以未識生身人，日夕抱憾，林家人至此，妹果所生，當往迎，令骨肉重逢，勿失戚誼也。」王曰：「彼果認女，當徑來吾家，今投縣，以牒來傳，其意不善，安可令見。」二人談久，林女獨默默無言。忽閽人入，言縣役復來，王大怒，厲色出，斥之曰：「可告爾長官，吾王氏名門也，吾妾方青年，不能涉足公堂，受萬人指摘，爾勿復來，不則吾卽欲饒爾，此拳不爾饒也！」言畢，以拳擬役面，作欲擊狀，役急退，王怒少解。命閽人入，取數金與之，疾驅出。

役復返，章以王累傳不至，林呈催急，知役雖再行，非作具文，卽得王氏金，不敢催。王與林女雖案中要人，然不能拘，非嚴比，傳集無日。時尚未退堂，卽命布練於地，令二役跪其上，二役往傳，限二小時返，不得人，則已跪者往，返者復跪。如是二日，役大窘，至王家，誓死不敢歸，捽之行，臥地不起。王見役膝盡腫，施亦勸令林女見林，一敍父女親，後相往來，聯戚誼。王患役擾，遂命施告林女，以常妝偕己入縣，且慰以此行得見父，少出卽歸，行無傷。輿至，林女色甚戚，快快出。

至縣，觀者如牆，女見父，似甚歡慰。林言失女後，其妻日涕泣，逾年遂亡，吾跋涉追尋，十四年如一日，今見女已成人，追念往時，能無悲戚。言已，泣，女亦泣，拜伏於地。王以晚輩見林，林急走避。少頃章出，傳呼兩造，衆同上。章周視已，謂林女曰：「爾幼被拐，爾父日搜覓，十餘年不少休，今既相逢，當體爾父愛女心，卽與同返。」女不應。章謂王曰：「此女在爾家，僅供役使，與林爲父女親，爾當勸歸，吾使林購婢以償，勿使失天倫義也。」王亦未答。章促之，林女忽趨近案前，毅然曰：「君官此地，寧不知此地之俗？女雖爲婢，身已屬王，且有孕在身，歸將復嫁乎？父如念我，後此可往來，必令歸，惟有死耳。」章不能屈，温語勸之，亦不聽。乃諭林曰：「爾女身已屬王，義無再返，況卽歸，其年已長，行當嫁人，亦難長聚。爾以愛女故，輾轉尋覓，得相逢復違其願，強使還，果有不虞，則因愛傷生，必後悔。」林聞女言，意已忤，又聞章諭，心大怫，憒憒答曰：「必令歸，他無可言，女果死者，吾亦無惜。」章知不能下，欲以人調停，合兩姓好，命且退，章亦入。

有李貴者，章之幹僕也，司稿案，素能言，急呼至，命留兩姓善勸之。李出，留林他所，挽王入己室，告之曰：「君欲留女，當備財禮，令暫歸，後迎娶之。吾奉主人命，以林惡女爲賤，故不肯留，若稍尊之，使彼有榮施，君所愛亦可保，無爲梗矣。」王諾。李肅之出，挽林入，曰：「君世家，必無再婚女，女歸不遣嫁，顯背人道，遣嫁而女戀王家，終必至死。且君之不聽爲媵者，爲其賤耳，今官意令王以納室禮重結婚，君女與施氏並尊，王世裔，亦不爲君辱。如是，則既遂兒女私情，且無他變，不甚美乎！」林怫然曰：「吾此來，爲歸女耳，吾族之人，於吾行，皆以必得爲賀。今留嫁於此，此中隱情，久必彰露。女果戀王，生死聽自便，吾保吾譽，不能爲女恤也。」李力勸之，卒不聽。

李亟入復命，章復升座，命兩姓入，謂林女曰：「爾父不聽留，爾欲不負王氏者，可自求爾父。」林女聞言趨林前，痛哭而拜，力懇之，林不允。章命王亦拜，林益怒，大呼曰：「吾女被誘拐，非自賣也，因拐至此，與王私，君必遂其情，吾生身父，蹤跡十四年，既得女，反不獲請。此憒憒判斷，不獨使女子喪守者無羞惡心，彼不法拐徒，陷人失節，反生效力矣。君必相逼，非死吾身，卽上至叩閽，必得女也。」章亦怒，痛罵其無良，判還之。林女見讞定，立收淚，趨與王爲別，刺刺語甚久，亦不復哭。言已，麾王返，王拭淚出。明日，林女隨父歸泉州，至晏海渡，既登舟，乘林不備，遽投水死，尸漂没無存，聞者惜之。

沈文肅縱琉球獄囚

光緒己卯，日本滅琉球，改沖繩縣。沈文肅公寶楨方任江督，有琉球國事犯三人，潛竄至江寧，廷旨以日有盟約，命執三人，歸之於日本。繫獄矣，忽逸其二，上元令惶恐無措，遂求江寧守挈以謁沈，白其故，慮罪且不測。沈默然良久，語守曰：「囚三人耶，已逸其二，餘可悉縱之。」守令均疑沈怒，莫知所對，沈復慰之曰：「汝但縱囚，有事，我自任之，汝無罪。」令乃出。沈退食，語幕賓梁某曰：「吾日日思歸鄉里，皆不得請，今其時矣。」遂上疏，以逸囚自劾。大意謂：「琉球吾藩屬，今被日本夷爲郡縣，逃人來依，我不能庇，復執而歸之於其敵，誼有不忍。今囚諸獄而逸去，此有司之責，請治臣以罪，貸其他。」時恭親王當國，夙器沈，疏上，事遂寢。

劉泖生欲解疑獄而死

江山劉履芬字彦清，以生於雲間，因號泖生，以同知直隸州充蘇州書局提調。光緒己卯江南鄉試，嘉定知縣程其珏調分校，往代之。受事之日，民先有逼嫁致死，督部檄一幹下縣決殺者，劉不懌此幹，笑侮之。因迹求民間數事，密聞諸臺，勾捕盡得。劉性慈恕，不忍文致，親送囚至行省，且陳其疑，此幹請必盡殺迺止。劉痛悔失圖，若懵危，遽不自勝，反嘉定疾作，滿有日矣。或詐告殺人，需詣驗，劉神明已傷，仰天言：「吾德薄，災殃及民，不如死也。」其日不食，夜分不寢，遲明，從者叩扃無聲，翹而入，僵於地，喉骨斷裂，血污被膺，右手有短翦，握固未脫，几燭將跋，《洗寃録》端展寃然。事上，撫部固始吴某重其所以死也，厚卹之。

獄囚囚縣令

郡縣獄中重囚，例皆鐐足桎手，鉗口鎖頸。其後獄規不肅，每一囚入獄，獄卒皆有例定規費，僅於州縣典史巡獄時，爲之上刑具，官去卽弛之，官亦知之，不深究也。廣東有某縣令，欲察獄弊，一日屏去儀從突入獄，獄卒未知也，因百餘人見之，曰：「汝來甚善。」羣起縛令，宣言曰：「官今欲出獄，須縱我輩百餘人與同出。如門外人有來前者，我輩先扼殺縣官以待死。均之一死耳，與其束手而死，不如與官同死。」復連縛獄卒數人。有餉令飲食者，因數人傳遞而入。囚口糧或不時給，則亦絶官餔餟以相抵，縣中幕吏皆無如之何。典史至門外遥呼獄囚，始而婉諭，繼而哀祈，囚皆不應。不得已，稟達郡守，郡守乃自赴縣，至獄外，諭囚曰：「縣令自到任後，曾未苛待若輩，若輩入獄，皆在前令手中。今如致令於死，則若輩罪名益重，豈得倖全？不如速釋令，有寃抑者，必爲伸理，其犯重辟者，亦當設法超拔，決不汝欺也。」囚皆曰：「今日我輩與縣官，出則同出，死則同死，不必多言。」郡守徘徊莫措，相持及旬日，恐令死於獄，不得已密稟大府，請發兵二營到縣，許赦囚罪，盡縱出獄。囚復言當擕官同行五十里，至某山，方能釋官，亦許之。獄門啓，羣囚擁令驩呼疾走，官吏尾之而行，行五十里，至某山頭，囚乃釋令。欲遂分道颺去，官兵伏隘以待，四面兜圍，百餘人皆就擒，惟逸三人而已。郡守縣令擕囚回城，盡法懲治，加以酷刑，死於杖下者二十餘人，餘皆從重擬罪，剋期處決。此光緒庚辰事也。

陳福來陳福得被殺案

江西鄱陽縣民葉佐恩，娶同縣徐姓寡婦陳氏爲妻，生一子曰福來，佐恩死，遺腹又生一子曰福得。陳不能守，贅同縣嚴磨生爲壻，磨生乃與陳同居葉氏者五年，始偕妻挈其前夫之二子以歸。佐恩所遺田二畝，歸磨生耕種，以養其二子，屢荒於水，衣食不贍，而福來亦已九歲矣。乃送至坑下村徐茂拐子家，使習裁縫，歲與錢三千四百。未幾，又送福得至坑下劉光裕家，爲之牧牛，其地距嚴氏所居曰車門湖者四十里。光緒丁丑十二月二十五日，磨生至坑下村接福來、福得回家度歲，二十六日晨起，蓐食而行，福來負藍布袋，内盛銀幣一銅錢千，福得負白布袋，盛米數升。行至坳上亭遇雨，而磨生又發痰病，乃於亭中少息。適有雷細毛者擔兩籮而至，細毛亦坑下劉氏之傭，自劉氏歸其家，其所居與嚴相近也。磨生曰：「我病，不能興，當使二子從君先行，我小愈卽至。」乃以錢米並置細毛之籮，細毛與二子俱行。至鴛鴦埼，語二子曰：「我與若至此分路，若可坐此，待爾翁偕歸，我去矣。」反其錢米於二子而歸。而磨生猶臥亭中，久之病愈，雨止，天亦薄暮，乃走間道，徑歸其家，已逮乙夜矣。問其妻，知二子未至。次日，使嚴復仂走問細毛，知在鴛鴦埼相失，求之鴛鴦埼左右，無有也。上灣林有歐陽六毛者，言於二十七日遇二稚子問途，約略指示之，然問途之後，亦不知所之。又有汪同興者，設布肆於路旁，言二十七日有二稚子以饑餓，索食於同興，飯之而去，問飯畢焉往，不知也。問有見者無，曰：「有歐陽發仂者適在肆，二子出，亦出，或當見之。」二十八日，乃始得二子之尸於陳公坂，福來傷於顋，傷於耳，傷於咽喉，福得並傷於腎，錢米俱在，無所失。陳公坂距車門湖二里而近，莫知爲誰所殺，或曰發仂也，或又曰歐陽六毛也。於是磨生乃以發仂、六毛殺其二子控於官，而葉氏之族則曰是磨生利其故父所遺之田而自殺之也，亦控於官，訟久不決。光緒戊寅，彭剛直公玉麟巡江至饒，嚴、葉皆具牒訴於行轅，發饒州府訊之。庚辰夏，剛直至江西省垣，中丞以下咸迎候於滕王閣，而磨生之妻陳氏又以前事訴，前馬者斥之，則自投於江。剛直亟命拯之起，受其牘，言於中丞。而豫章諸大吏久知其事，咸疑磨生實殺二子，謂二子年幼，必無讐殺者，若利其有，則何以錢米俱在，是其繼父殺之無疑也。故當剛直未至之先，已命移其獄至省中治之。而鄱陽令汪以誠字若卿者，賢令也，初下車，歎曰：「境有此獄，而卒不得殺人者主名，上爲大府憂，焉用縣令爲！」時案中人證咸羈管縣中，若卿密使偵者於諸人一舉一動一話一言隨時伺察。至是年五月，民間傳言彭大人巡江且至，將親臨郡城審斷寃獄，而發仂聞之即自疑，屢向丁役探消息，是月十六日剛直至。

先是，有浮梁沈可發者，私刻木印造執照，自稱曾在剛直營中，剛直提審，得實，卽以軍法斬之。而發仂愈懼，其夜夢中囈語，連稱不好者再。若卿得其狀，知殺人者必發仂矣。乃於密室供城隍神之位而禱焉，夜夢至一處，聞尸臭而不見尸，有一人以身覆之，視之，發仂也。及旦，躬率諸囚，詣神廟而訊之，謂發仂曰：「爾實殺人，神已告我矣。」發仂雖不卽承，而神色大變。越日，又訊於城隍廟，諸囚皆號哭，求神明昭雪，發仂無一言。夜將半，則大呼曰：「吾不敢欺神明，請吐實。」蓋鴛鴦玲距車門湖尚三十餘里，二十六日之夜，二子宿於鴛鴦玲之社廟，明日前行，遇歐陽六毛而問途焉，又前行，飯於同興布肆。發仂見其幼稚可欺，欲誘至他處而賣之，乃追及之而與其同行，且請爲導。導之已家，宿之牆外土室中，雖其家人無知者。二十八日平明，復招之偕行，行至陳公坂，則離車門湖近矣，福來已識之，登山而望，見其村，不欲與發仂偕，發仂強挽之，則大駡，乃痛毆其頭面，又扼其吭而死。福得走且呼曰：「殺吾兄矣！」蹴以足，傷其腎，亦殺之。發青白二布袋，見錢與米，棄之地，不取，蓋恐以此爲人所蹤跡也。若卿鞫得實，卽馳白剛直，剛直時在鎮江焦山自然庵，讀之狂喜，手批其牘，有云：「數年鬱結，爲之頓釋，望空遥拜，爲兩寃魂叩謝賢令君。天下多覆盆，而有司安得如此盡心歟！又不禁感慨係之。」

王祥雲殺徐二案

王氏者，葉成萬妻祥雲姊也，世居吉林省北之四臺子。光緒壬午大疫，父母兄嫂染疫死，王年十七，先已字成萬，成萬居大孤家子，至是倉卒迎娶，時祥雲方十二歲，隨姊依壻家。已遂鬻田宅，託葉權子母。越數載，祥雲漸長，以成萬薦，傭李高屯趙鵬家，又爲聘花氏，在春女也。在春經年出外貿易，其妻已前歿，屢以婚促，成萬不得已，治左廂，爲之涓吉成禮。花女少艾，以與姊同居恆戚戚，漸慫夫離析，久之，祥雲商諸姊，姊諾之。適西鄰有室三楹，中隔一巷，欲出典，成萬乃以平價得之，併力助王徙。既徙居，旦晚過從，亦相安無猜，仍傭工如平時。

是年四月初，祥雲自傭所歸，村口古刹旁，兒童六七，方席地嬉，遥見之，大呼曰：「烏龜來矣。」比近，祥雲方注視誰某，毛氏子福兒遽詢曰：「烏龜，汝歸乎？」祥雲乃箕踞而問曰：「子呼我烏龜，何意？」兒曰：「汝妻與徐二共枕衾，子安得非烏龜？」祥雲曰：「汝言確乎？」福兒曰：「村人皆知，安得弗確！」祥雲不語，徑赴姊所，曰：「姊知我爲烏龜否？」姊曰：「是何言？」祥雲曰：「弟婦與徐二共枕衾，村人皆知，吾安得非烏龜？」姊問：「此言何來？」曰：「福兒言之也。」姊曰：「子癡耶，頑童毒舌，謾罵何所不有？勿多疑。」祥雲俯首，踉蹌歸舍，凝想憂懼，坐起不寧。迨月西下，復貿貿然往謂姊曰：「姊乎，我真烏龜矣。」姊急究顛末，始得其瞷伺狀。蓋祥雲前此垂首無言時，展轉籌畫，已決定辦法也。

祥雲抵家後，花笑迎曰：「郎歸乎？憊乎？」曰：「倦甚。」既坐，長歎，花叩其故，祥雲曰：「王屯李五負東主巨債，責償屢不應，今遣我坐索，事不諧不歸，幸勿爲周老耀第二足矣。」周老耀者，會同當之外櫃，因索鋪債，爲欠債人朱萬倉所烹，爲吉林寃獄之一。花曰：「老耀之案，絶無僅有，郎勿爲此不祥語。」祥雲曰：「王屯距此十餘里，遲早以今日至，吾方憊甚，欲少睡，爲我具晚餐，炊成可呼我。」言畢就寢，及醒進食，且啖且語曰：「吾此行無事固佳，今且與卿約，以半月爲率，設逾期不返，記取李五姓名，在王屯東首第幾門，爲我偵察之，復仇與否，是在卿耳。」花隕涕曰：「妾雖命薄，當不至是，設有萬一，誓步鮑齊氏後塵。」鮑齊氏，吉林人，爲夫復仇，在東三省膾炙人口。祥雲曰：「吾無母，卿苦不知書，縱效齊氏，亦難得結果。且予亦不作此想，但得保全骸骨，歸瘞祖墓足矣。」言次已薄暮，投箸便行。花握手丁寧，涕淚俱下，祥雲已絶裾馳去，數十步外，偶一回首，花猶倚門目送也。

然祥雲實無所往，第斜行入密林，倚樹假寐，黄昏人静，始迤邐歸也。躡足牆外，屏息翹跂，吉林仕宦家始有甎牆，餘皆黄土三板牆爲多，故得以自外窺伺。遥見一人彳亍至，諦視，果徐二也。踰垣入，自屋背以指叩櫺，花啓後户納之。祥雲乃亟告之姊，姊曰：「將奈何？」曰：「殺之耳。」曰：「子知殺姦法乎？」曰：「知之，先殺男。」姊曰：「誠是，但恐殺一人而腕力已乏，婦又涕泣哀懇，欲殺不能耳。」祥雲曰：「無慮，弟懦不至此。」乃覓刀欲行，姊曰：「此時睡尚未熟，子隻身無助，脱有二人者，協力以拒，殆矣。」少焉，又欲往，姊復遏之，三捺三起，竟奪門出，姊隨之。祥雲小語曰：「姊在外瞭望，如我陷其計中，必大呼以爲信，姊力亦不敵，請速返，明日爲我雪仇。彼若有聲息，勿驚也。」

祥雲乃攀垣下，推窗撥了鳥。了鳥即窗間鉸鏈，見李義山詩。探身蛇行入，東三省皆上搘下摘之窗，必撥筦鍵乃得入。側耳静聽，惟聞鼾聲，循牀捫搎，忽得髮辮，急纏於左手，刃其項。其人夢中負痛欲起，以髮辮被掣，不得動，奮力劘之，頸斷，置頭枕間。疾取花，花杳，復啟窗出，隔垣詢姊曰：「姊曾離此否？」答曰：「未。」「見有人出否？」亦曰：「未。」詫曰：「何往乎？吾已殺其一。」姊曰：「子殆誤矣，恐某本未來，子眼光迷離，今誤殺花也。」祥雲曰：「吾捉其髮辮而殺之，烏得誤？」姊曰：「子姑立此。」乃歸家取火至，復持以入，先燭尸，確爲徐二，察視户牖，扃閉宛然，花之衣履亦具在。搜覓數四，復出而謀諸姊，姊曰：「大奇，我亦無法，無已，則走爲上策耳。子將刀抛擲煙筒中。」即竈突也，土俗於炕外砌一空埒，名曰煙筒，脖子上端築土爲方筒，大可合抱，高與簷齊，可階而升。祥雲乃猱升棄刀，同返姊家，姊以成萬衣易之，令盥手去血漬，薄贈路費，即時出亡。姊弟揮淚而别，姊亦闔門徑睡矣。

詰朝，姊急出外覘之，祥雲家門啓矣，試入之，花凝妝執炊，望見姊，遽起相迎，室中一切如舊，整潔逾平時。偏視，惟炕沿稍溼，似新拭者。乃詢婦曰：「吾弟昨歸，今已行乎？」花曰：「渠昨歸，以東主遣往王屯索債，過家時憊甚，囑具餐便睡，醒時已晏，食畢疾行，故未遑謁姊，姊何由知之？」姊曰：「吾兒在門外望見之，歸以語我，適欲託其略購什物耳。俟歸時過我，不急也。」言次遂行，花挽之曰：「姊勿遽歸，吾方製小荳腐，可共食之。」姊曰：「吾不歸，幼兒啼腸斷矣。」乃聯步以出，至院中四顧，纖悉無他異。歸言於成萬，而互疑之，嗣聞徐大覓弟不得，始確信爲祥雲所殺，益大惑，相戒祕之而已。

逾十數日，花忽泣詣姊處，述祥雲留囑言語，並李五地址，乞成萬往探消息。成萬返，謂遍詢王屯，無李五其人者，東首第幾門，亦非李姓。花復懇成萬轉詢鵬，未行，鵬適至，遇於成萬所。花以王屯索債事驟相質，鵬瞠目莫解，嗣知祥雲失蹤，乃稱祥雲曠役已久，下年以來，曾未上工，意以規避牽累，口角齟齬，兩不相下。鵬既去，花策衛獨行，逕赴榆樹縣，以夫祥雲於正月某日由家回李高屯趙鵬家上工，今數月未歸，詎鵬以年假回家久不到工之言轉相詰問，恐係被伊謀害，請提究伸雪等語。覓代書砌詞具呈，詣巡檢控告。巡檢拘鵬質訊，不得要領，暫繫候查，經村人聯名保釋，遂成懸案。

是年冬末，成萬之族叔榮春以賣花至阿什河，偶與祥雲遇，訝曰：「君今在何所？」祥雲邀至僻處，問之曰：「吾姊夫姊姊安否？」榮春曰：「無恙。」祥雲曰：「甥男甥女壯旺否？」榮春曰：「俱佳。」祥雲曰：「吾妻安穩度日否？」榮春曰：「近頗健矣。」祥雲曰：「病乎？」榮春曰：「自爾日夜間事。」祥雲聆至此，忐忑久之，期期問曰：「夜何事？」榮春曰：「子未之前聞耶？」祥雲強顏答曰：「未。」榮春以事不雅馴，驟難出口，乃先謂之曰：「必爲村中惡少所爲無疑，事屬横逆，冬夜苦寒，烏得不病？但來時，吾曾見之，漸已復元矣。」祥雲以其言不類，亟叩其詳。蓋花自徐二被殺後，斂迹守範，村中無賴託故調笑，皆峻拒，無賴輩銜之，十月，以硃墨塗面者二人，踰垣撬窗入，裸捉花至院中，按地絮塞口，加梯於背，拗捩手足，附梯反縛之，乃舁而榜諸門外，復入，搜釵釧數事而去。村人蚤起見之，奄奄垂斃，馳告王氏，呼鄰婦數人，共解之，置榻覆衾，灌以薑湯，半日方蘇，因患痁瘧，兼旬始愈。榮春爲敍述一過，祥雲曰：「無他事乎？」榮春曰：「此本無可究，尊閫既不加根問，尚有何事？」祥雲始知言出兩歧，徐二案固未發覺，亦不解徐二尸何以消滅，花何由出現也。大怪之，語榮春曰：「予有友呂某，向在金廠司簿記，今春由家旋廠，路遇余，曳與偕行，謂可暴富，匆匆未及語家人。詎呂友至此忽病，病而卒，予爲料理訖而資斧已罄，落拓不得歸。今在四平街全順棧服役餬口。予苦不知書，故將近一稔，曾未函告吾姊，君歸，煩傳語報平安也。」榮春諾之。適以索債艱澀，未即行而吉有匪亂，官軍馳剿，千里驛騷，祥雲、成萬之居，當兵匪之衝，隨衆倉皇奔避，榮春亦道梗不得歸。癸未二月，匪氛既息，居民始各歸其家，榮春亦自阿還，晤王，致祥雲言，王曰：「叔何時再往？渠家兵燹之後，什物盡毁，能爲我寄語，囑渠一歸來否？」榮春曰：「我往例以冬季，今非其時，且晚我赴寬城子，彼處多赴阿者，予當代作書也。」

是夏，祥雲得書，知已無事，遂辭役歸。先詣姊家，叩以故，姊曰：「予焉知，方將問汝。乃問我乎？然汝婦可謂善補過者。」因具道花年來改行狀。祥雲乃歸家，花款曲逾恆，祥雲意亦解。入夜闔户，始小語問曰：「西鄰徐二，是否被吾殺卻？」婦笑曰：「非子而誰？」祥雲曰：「時卿焉往？」花曰：「郎意妾當安坐引頸，候作刀頭鬼乎？」王笑曰：「究焉往？」花指室隅曰：「君憶否，此地豎立一木，妾知郎持刀來，無善意，即攀木而上，欲由山花外遁，（自横梁以上俗名山花子，內地屋壁，各有界限，關外地方寬敞，最不喜左右廂，數家同院亦絶少。故建屋爲一字式，或緜延數十間，隔以土壁，而空其上方，燈光人語，彼此可以見聞，習俗相沿，恬不爲怪，亦從無踰山花竊盜之事。故花鋌而走險，爲王所不及料。）方縋下，而足已及地，蓋鄰家之承塵板也。妾便箕踞其上，屏息以聽。聞郎殺渠後，覓妾不得，乃揭窗而去。少頃，秉火復來，窮搜苦覓，移時始啓窗出。妾知君不返，心稍寧帖，迨抛刀煙筒後，偕姊歸去。妾思尸在衾中，是真禍胎，恐君來窺，未敢舉火。正伏窗竊聽，惴惴計窮時，聞姊送郎出，歸室闔户聲，始急秉燭，思非以很毒出之，别無良策，乃支解之貯釜中，熾以烈柴，須臾爛熟，剔其骨，盛以箕，瘞諸東沙灘。又撮稗數升，和肉爲糜以飼豕，幸蓄有浸豆，堆水磨上，疾研之，研訖，入室料理，匿血衾於篋，指炕沿以水。迹既滅，即梳妝，妝竟，啓街門，更熾火爲早爨，而姊始至。心知其特來檢查，奈無迹可尋，亦即無詞可置，諒姊亦至今悶悶也。」祥雲曰：「卿言知予持刀來，奚所據？」花曰：「郎撥鍵，先置刀窗穴間，鏗然有聲，郎自不察，幸妾早知之，不然，此頭斷已週年矣。」祥雲曰：「黠哉卿乎，然忍心亦至極矣。」花曰：「郎亦思誰先忍者。」語罷而寢。

北鄰有史大者，名鳳書，亦村中無賴之尤。一年前徙居於此，與祥雲僅隔一牆，曾託故調笑，受花擯斥者。匪亂時，牆崩數尺，編薪爲籬以補之。祥雲屋之窗在籬南，鳳書之廁在籬北，夜深人靜，聲息相聞，聽之了無隔閡。是夕，鳳書適登廁，故悉聞之，大喜曰：「淫婦搆此大罪，猶拒我輩，欲以媚夫乎！」遲明，急踵徐秉信門，（秉信即徐大，亦無賴而入匪黨者，後三年始就戮，當時尚無恙。）問之曰：「兄亦知君家仲氏焉往乎？」秉信曰：「予尋訪殆遍，迄無蹤跡，烏知其流落何所？」鳳書曰：「遠矣，吾知其永不還矣。」秉信曰：「君既知之，盍以告？」鳳書曰：「被祥雲之妻飼豬矣。」曰：「人可飼豬乎？」曰：「渠既飼之，奚論可不可？祥雲昨已歸，夜詢其妻，吾適起如厠，故聞之。」因縷述一過，秉信奮起曰：「君與吾弟素莫逆，彼遭此奇慘，君斷不至袖手。予即往起訴，煩君爲證。」鳳書慨然自任，獄遂成。

越日，祥雲夫婦正安居，而拘牒已至，役入室，即械繫祥雲。花驚問：「犯何案？」役怒目曰：「汝等自作孽，佯爲不知乎？」花乃温語以請曰：「君等來此，大不易，請容我具餐，飽食以行，可乎？」役曰：「可。」花即詣村中貰貸，先設酒饌，復緩捏水角子，俗稱餃子，又曰扁食。乃絮絮道温涼，花因問：「此案誰所發？」役曰：「寧非徐秉信乎？」問：「必有證人。」役曰：「票上有史鳳書名，殆其人歟。」問：「票上有我否？」役曰：「無。」蓋巡檢爲扎拉芬，初任之鹵莽少年也，故牒未及花，花曰：「我同往，可否？」役曰：「大佳。新官糊塗，此其漏筆，汝能偕往，免我輩再來矣。」花乃隅座共食，慇懃款曲，漸益譎熟。食畢，過姊家，託理門户，遂與祥雲偕役行。中途，牽祥雲耳語，役亦不禁。

比抵署，繫祥雲，花未在牒，役姑寄之穩婆家。至晚，扎坐堂皇，訊祥雲以何故殺徐二，祥雲曰：「小人不敢殺人。」扎曰：「汝不殺，誰殺者？」祥雲曰：「徐二何時彼殺？」扎閱秉信呈，謂在四月某日，祥雲曰：「小人於去年正月赴阿什河，距家可千里，豈能於四月回家殺人？」扎曰：「爾明係狡展。」呼役用刑，祥雲曰：「小人妻花氏今在堂下，可提訊，如有謬，用刑未遲。」扎視牒，爽然若失，問：「汝妻來乎？」曰：「來矣。」乃命押祥雲別院。呼花，訊曰：「爾夫何故殺徐二？」花曰：「夫以去年正月赴阿什河，徐二非渠殺也。」扎曰：「汝兩人殆串供矣。」花曰：「非也，吾夫向在趙鵬家傭工，前歲歲杪，請假數日，去年正月回李高屯，途遇呂某曳赴金廠，夫貪獲大利，未與氏言，即時登程。四月望後，趙來問訊，言吾夫下年以來，曾未上工。氏因其語言支離，恐被謀害，一時痛夫情急，曾在案下呈控。氏夫前夕歸來，驚喜詳詢，始知顛末，正擬日内呈請銷案，不料遽被逮捕，可請調查前卷也。」扎以前案非己任内，立飭吊閲，情節屬實。默思鵬供，下年數月，曾未上工，彼既爲人傭役，數載無異，似屬安分一流，即因事殺人，亦無半年前預匿之理。且以秉信呈時日印證，甫在其弟被殺之後，婦即來案控追，如謂巧設機牙爲異日發覺之地，鄉村婦女，無此深心妙想，況動機又先發自鵬，於花益無可致疑。展牘躊躇，已有認花所供有效之意。因曰：「汝言誠辯，奈徐二失蹤何？汝亦知徐二果被殺否乎？」曰：「殺矣。」問：「誰殺之？」曰：「鳳書也。」扎訝而覆究，婦曰：「事至今日，豈復能恤廉耻，請吐其實。氏未嫁時，吾父恆不在家，先與鳳書有染，嫁後路遠，蹤跡頓疏。既而吾夫傭工出外，西鄰徐二財誘勢脅，遂與成姦。前歲鳳書復移家來，近在比鄰，往還續舊。渠二人本同遊交好，惟以氏而妬，氏每悚惕。自吾夫走失後，二人足迹忽日益密，氏夙慮其相遇。某夕鳳書適在室，徐二驟入，鳳書一見，即變色，互誶數語，鳳書入廚取刀，出不意斫徐二，踣於外室，復剁之，轉瞬遂斃。氏慴伏座隅，肉顫齒擊，鳳書曰：『是非支解煑化，不足以滅迹。』強我爲之舉火。氏聞言，益駭，步不能咫。揭簾覘尸，復仰而顛。鳳書曳我曰：『汝不速起，即棄屍於此，吾去矣。』急諾之。奈兩足酥輭，行則振掉，（即腿輭兩膝相撞也，四字出《素問》。）捉我置竈下，復抱薪注水。氏不得已，觳觫執炊，彼析骸震震響，氏俯首瑟縮不敢睨，但聞其每析一塊，即砰然擲釜中。少頃，剔其骨，以簸箕送之。」扎問：「送何所？」花曰：「彼時恐怖欲死，何敢詰？彼還，視氏戰慄，猶揶揄曰：『汝何膽小如鼠？』彼烏知婦女心腸，豈能如彼之豺狼肺肝耶？旋又撮稗滿釜，和肉爲糜以飼豕，復洗滌地上血污，形跡都滅，更搜氏所蓄鷄卵，煮食果腹，始挾氏登榻，偎傍得意。氏惟覺魂失膽裂，此身非我所有，幸彼夜夜伴我，未至驚嚇成病。而當時之慘劇，至今言之猶悸也。」

扎得供，覺情節近理，形景逼肖。即呼鳳書對質，花神色悽變，滔滔汩汩，歷敍與其姦好年月及是日因妒殺徐二之始末，口講指畫，情景如繪。又曰：「子前夜語我，近聞吾夫有耗，彼若歸來，當用前法死之，與我爲長久夫妻。我不允，子忿恚反目，立逼我還汝衣飾，此又誣汝耶？」鳳書雖狡獪，不意花爲此言，急匍匐呼冤，即又爲花辯鋒所折，且花言圓轉鋭利，具有本末，辨駁一二語，仍無以自明，心亂氣涌，體戰汗流。扎見其形神喪沮，立用刑訊，不承。逾日，乃刑鞫花，花無言，惟哀號宛轉。弛刑訊之，則曰：「頭可斷，骨可粉，夫終不可誣。」扎疑其情實，仍提鳳書刑求，至再三，鳳書不堪其虐，竟誣伏。問：「兇刀安在？」曰：「王姓煙筒中。」遣役毀筒，果得刀，蓋登廁所聞也。復究徐二之骨，曰：「昏夜所爲，那復記憶？」乃畫招定案。

及解省翻異，駁回覆訊，一鞫之後，認回原供，頂詳核准，遂成信讞，釋祥雲。花雖未同謀，因姦釀命，判決官賣。祥雲乃措京錢六十千，倩成萬覓人，展轉贖之以歸。鳳書臨刑語人曰：「吾不料狸貓被鼠噬死也。」

案既結，祥雲與花仍爲夫婦如初。姊以其晚蓋而忠事其弟，甘赴急難，益愛憐之，然心不能不怖其陰鷙。後一年，花疽發股間，潰爛宛轉，喃喃與鬼語，忽大呼曰：「鳳書來矣。」乃自捋其肉置窗間，曰：「我祀汝。」少頃又曰：「渠甫去，汝又來耶？」更捋其肉曰：「吾亦祀汝。」如是數日，肉盡脱，遂死。

凡人將死，則平日所爲，事無遠近，皆湧現眼前，如温理舊書然。此見於中西記載者不一而足，故曾子言將死言善。耶教於彌留時，則牧師爲之懺悔，花垂死見鬼，宜也。

江寧三牌樓枉殺二命案

光緒辛巳，沈文肅公葆楨督兩江，江寧有三牌樓在儀鳳門內。命案，輕率定讞，枉殺無辜，世多寃之。時陳伯潛閣學寶琛方爲翰林院侍講學士，以參將胡金傳承緝謀殺朱彪之命盜，妄拿教供，刑逼定案，業將曲學如、僧紹宗處決。雖已由繼任總督劉忠誠公坤一另獲凶犯周步眕、沈鮑洪供認殺彪，並訊出金傳嚇賄眼線教串各節，旋奉旨令忠誠嚴行刑訊，以成信讞，而疑竇孔多，猶待澈究，遂具疏以上聞。

此案真相，實爲步眕挾仇起意殺彪，商同鮑洪潛攜篾刀遇彪，以糾邀行竊爲名，至三牌樓竹園旁，將彪砍斃，二人同逃，固未移尸，嗣經地保報縣驗詳。文肅遂飭會辦營務處洪汝奎懸賞購線，並派金傳密訪。蓋金傳時爲緝捕委員也，先後拿獲學如、紹宗及張克友三人，並賄教方小庚作證，金傳與問官候補縣嚴堃同訊，喝令用刑，威逼成招。初供殺死謝某，旋供爲薛泳洤，繼復稱爲薛春芳。金傳輾轉誘令改供，汝奎於覆審後，以案情重大，稟請派員覆訊。文肅以爲此乃會匪之自相殘殺也，即批飭將學如、紹宗正法。及辛巳拿獲竊犯李大瀰，供出步眕、鮑洪殺彪，與辦結前案地方時日相符。當將步眕、鮑洪訊供，不稍諱。

壬午，德宗以實琛具疏上聞，遂派麟相國書、薛尚書允升前往查辦，時麟爲刑部尚書，薛爲刑部侍郎也。既至江寧，反覆推鞫，步晗、鮑洪均各供認商同殺彪不諱，金傳亦以刑訊教供各情，據實供吐，小庚、克友等供俱各脗合，於是步晗、金傳皆論斬，鮑洪論絞，汝奎、堃均革職，發往軍臺效力贖罪，文肅以已薨免議。

季氏姑太太被殺案

季廣文，江寧縣訓導也，有妹遠嫁，一日來訪，廣文居以別室，家人呼之曰姑太太。越三日，時近卓午，姑太太猶未起，命傭婦往請，至則房門洞開，姑太太卧血泊中，已被人刺死矣，箱篋均被竊，臂上金鐲亦不見。傭婦駭甚，奔告廣文，廣文令將署門緊閉，毋許闔署人出入，乃向各處搜查。及索至廚房，覩膳夫衣有血跡，遂誤認膳夫爲凶手。不知膳夫近因姑太太在署，恆購鷄鴨殺之，以供朝夕餐也。廣文漫不察，卽將膳夫私行拷問，復送至上元縣署究治。上元縣某大令故與廣文有隙，審訊之際，默示意於膳夫，令其藉事傾陷。膳夫喻其旨，且自分終無生理，不如同歸於盡，於是直向大令供曰：「姑太太被刺，小人作幫凶是實，主其謀者爲公子三人，因貪姑太太財，命小人爲之，小人曾分得一股。」大令得供，僞作怒形，拍案駡曰：「胡説。」將用刑，膳夫曰：「小人之言，確係實情，求恩鑒。」大令乃命膳夫具結。

大令旋率幹役親詣廣文署，面謁廣文，言次故詢廣文有幾子，廣文答以三子。大令曰：「盍命同來一見？」廣文咸呼之出，至則大令告退，向廣文曰：「請少君同往敝署，與膳夫質對。」廣文方欲置辯，而大令已揮幹役執之以行，俄傳與膳夫同下獄矣。時廣文年八十餘，既傷妹之死於非命，復痛三子之入獄，遂自縊於署。而大令仍以酷刑取供，申詳論抵有差。越數年，有持贓至皖省出售者，詢之，知其人爲姑太太之族姪，以借錢不遂，乃行此下策也。

冀州盜墓案

李鑑堂制軍秉衡，由直隸州縣起家。牧冀州時，馮家莊出盜墓案，李詣勘，觀者如堵。勘畢，忽於人叢中指一人，命拘至，笑問曰：「汝何故盜發人墓？」其人力辯，李作色曰：「盜墓罪當死，汝若實供，即作自首論，可減等，否則不汝貸。」遂吐實服罪。蓋其人綽號六大辮子，素有陰謀，墓實彼所盜，聞官詣勘，故從衆往觀，使人不疑，而不料李卽識破其奸也。

方某讞獄

光緒時，直隸棗強縣有孀艾而美，夫弟瞰其有千金遺產也，迫其再醮，拒之。乃訟之於令，謂其不貞。令爲桐城方某，孀至，語之曰：「爾夫弟控爾不貞誠謬，然與之同居，亦非計也，今又年少無子女，可再醮。」孀曰：「醮則如產何？」方曰：「毋慮，彼不得奪爾產也。」孀稱謝。方卽傳一縫工至，命面孀而告之曰：「爾二人可相配。」皆首肯，因令當堂成禮，二人叩頭去。方卽遣隸取婿奩物至署，千金之契亦在焉，則飾辭言宜入官也。

又有富室某獲偷兒，送縣乞懲治，方語某曰：「彼迫於饑寒始爲此，爾可攜之去，飲食教誨，俟其成人，予將以旬日驗其能感格否。」某唯唯。偷兒至某家，頓以上客自居，富室無如何，懼官來驗也，又不敢縱使去。乃輾轉賄以重金，始不問，然衆人自是無敢以竊案報縣者。

李虎娃殺彭某案

恩施樊雲門方伯增祥，初爲縣令於陝，判治各獄，發奸摘伏，有神明之稱。渭南縣李氏佃工彭某被殺身死，兇手爲佃主之姪虎娃，到縣侃侃自承，謂向與彭同炕宿，肇釁之夕，彭欲圖鷄姦，憤不可遏，故以刃斃之，願論抵。言時，伉爽若無所飾。樊詳察獄情，以虎娃年僅十八，姦污未成，何致下此毒手？且狂斫多傷，從容移尸，亦斷非一人所爲。因屏人密詰，反復開導，虎娃始涕泣吐實。

先是，虎娃之父年老久病，其母李楊氏夙與彭通，虎娃微知之，未目擊也。一夕，虎娃父忽思食紅糖，工人多他去，彭亦飼畜無暇，虎娃母乃命虎娃赴市購之，時已暮夜，並令攜刀自衞。及虎娃歸，重門多洞開，母房燈燦然，虎娃自外窺之，則大駭恚，蓋彭方赤身與其母行姦也。彭粗碩如牛，筋肉墳起，面內嚮。虎娃卽舉刀連斫之，彭亟轉身，爲虎娃母所持，乃不得反搏虎娃，虎娃刀又下，彭用掌夾其刀，刀往外掣，掌幾中斷。是時彭狂吼，虎娃怯而外奔，彭爭脫虎娃母，力追虎娃，及院，彭爲糞堆所絆仆地。

虎娃卽反身，亂下其刀，多中要害，彭遂斃。前之飾詞圖雞姦者，懼傷母名也。樊乃爲平反上達，免虎娃於罪。其詳文中有警句云：「李虎娃弱齡殺姦，挺身認罪，其始激於義憤，不愧丈夫，其後曲全母名，可稱孝子。」

霍邱殺壻案

高某以久充刑部書吏，循資選皖省某府通判。初至，謁撫軍，撫軍熟視之，曰：「子亦來作通判乎？」高莫測意旨，唯唯而已。既出，大惑，亟謁首府探意旨。首府藉稟白他事之便，詢新選通判高某卽令就任否，撫軍曰：「高某非佐貳才，可留省。」未幾，派充發審局委員。各縣申寃案，高能於幾微處辨之，爲之平反，一時稱神明焉。

光緒某年春，霍邱縣有謀殺親夫案，申臬司，爲高所復訊，詗其寃。先是，霍邱東鄉某村嫗老而無子，僅一女，鍾愛特甚，因贅壻於家。壻性剛，與女不洽，時詬誶，嫗大不樂，乃繼族姪爲子。會新歲，女復以微事相勃谿，繼子力爲排解，邀壻至鄰村觀燈以娛之。既至，則男女雜沓中忽失壻所在，初不爲異，燈既闌，子獨歸待壻，至明日而猶不至，遍跡之，無耗。鄰人以壻女時齟齬，疑有生死不明事，竊竊相告語。壻父聞之，遽訟於縣，謂女與繼子通奸，慮壻發其隱，因共謀殺之。時邑令入省賀新歲，縣丞某代理其事，意爲確，收嫗及子女，嚴鞫之不承，遽以三木從事。嫗老女弱，不勝苦，因誣服焉。子獨自伸辯，嫗泣謂子曰：「此前世寃，不承亦無生理，勿徒自苦也。」子遂承。未幾令歸，就原供研訊之，無異辭，惟詢壻尸所在，咸枝梧莫應。令疑其狡，復刑之，卽供各異辭，案久不定。嫗及子女已以受刑傷欲死矣，因私議以殺壻煮爛飼豬狗爲辭，再訊，供辭乃出於一，令遂疊案申上臺。

臬司乃屬高及令會審，已則於屏後竊聽之，審既畢，僉供無異辭。臬司曰：「此案有疑竇否？」令謂供辭如一，確無可疑。高默不語，臬司疑之，屏從人密詢，高曰：「此案出入殊巨，未可卽定也。」臬司請其說，高曰：「供辭如一，宜若可信矣，然可疑者正在此。且據供夜至鄰村觀燈，後始合謀殺壻，鄰村往返若干里，燈場游觀若干時，度其行凶時，最早亦逾夜三鼓矣。煑尸熟爛飼豬狗畢，豈是夜所能蕆事哉！矧豬狗非虎狼比，以一壯男子之筋肉骨骼，殆有百斤，豬狗有幾，能旦夕啖盡，絶無遺骸可尋乎？均非事實也。且殺人非鄉人所素習，縱因憤恨而爲之，當時必有驚駭亡魂如入迷境者，今三人供辭均歷歷如繪，而絲毫無差異，豈果情之真歟？故不能無疑。設不審慎從事，一旦壻復出者，殆矣。」臬司深韙其言，復命高專訊。高乃分置三人，一一訊之，無他辭，惟曰：「尸既飼豬狗，其頭是否切下？曾否置他處？」至是，三人所供無一同。因白於臬司曰：「案情非實，已見端倪矣。」臬司因白撫軍，暫繫三人於獄，而懸重賞以求壻。

霍邱與河南接壤，有貨郎某在霍邱，閱賞格，初不置意，行賈至河南，息於道左，與土人語，甚歡，既而曰：「欲作富家翁，亦大易事，前見某縣懸賞格，訪一鄉人，知而羅致之，巨金可立致也。」衆問爲誰，貨郎言年貌名籍甚晰，一老農瞿然曰：「某村今春有新至之傭，自言爲霍邱人，惟姓名不及憶，殆是也。」貨郎就詢之，良是，因告以各情，壻大驚，急偕貨郎返里，自投縣。縣不敢隱，解至省，庭訊之日，嫗及子女見壻忽至，各異其狀，嫗曰：「爾人耶鬼耶？」子傻笑不已，曰：「不圖姊夫乃有相見之日也。」女則大啼不能成語。高詢壻出奔之故，壻曰：「曩爲妻所鄙，方擬力田積多金以塞譏笑者之口，因潛詣河南工作，不圖家中人乃蒙冤至此也。」

案既白，霍邱令謫戍遼陽，高被密薦，擢蘇州府知府。會歲闌，省垣官吏悉詣撫署辭歲，蓋循例虛文，撫軍向不接見也。是歲撫軍獨置酒，大會賓客，飲既酣，指高謂衆曰：「非此君在省者，吾儕將於風雪中就窮邊荒塞聽戍笳矣，尚能在此安然度歲耶？今日之樂，不可忘也，其各誌之。」

徐次舟治獄

光緒初，烏程徐次舟觀察賡陛爲粤東陸豐縣，以折獄稱。有嫗來告其子媳忤逆者，訊之，嫗備言媳之不孝：「今值我生日，故以惡草具進，而自於房中噉酒肉，我不能復忍矣。」訊媳，則涕泣不作一語。徐疑之，語嫗曰：「媳不孝，可惡，本縣爲民父母，而不能教之，殊自恧。今爲汝上壽，和爾姑媳，何如？」嫗叩謝。徐乃令人設長案於堂，使姑媳就坐，各予麪一碗，麪中有他物也。食畢，徐故問他案，不即發落，俄而姑媳皆大吐，衆視之，則嫗所吐皆魚肉，媳所吐爲青菜也。徐乃責嫗曰：「今何如？汝敢於公庭爲讕言，則平日可知。姑念今爲汝生日，且控媳無反坐理，姑去，幸勿謂本官易欺也。」嫗大慚而退。

次舟移南海，有店夥某索欠，得銀幣一百圓，歸途大風雨，天又昏黑，倉皇觸石而踣，昏不知人，醒則銀失，亟訴縣。徐以其無證人，且無劫者之姓名，斥不理。某涕泣以求，徐乃詢其石之所在，令歸。

明日，某詣署聽審，則中途已聞人言將審石，於是觀審者甚多。少選，徐出坐堂皇，指石而責之曰：「汝橫卧於通衢大道，有礙行人，罪一；風雨昏黑，行人易失足，而不知避讓，罪二；人既傾跌，爾又不知照顧，致令所持之銀，爲人所竊，罪三。」責畢，即喝杖八十，觀者大笑，聲振堂宇。徐忽拍案呵斥曰：「汝輩喧笑於法堂，於律爲有罪，今願受責乎，受罰乎？」衆曰：「願罰。」徐乃硃書人罰銀一元，其現有者即時繳堂，未有者記其姓名居址，亦限即日交到。計所得，乃適如某店夥所失數，遂以畀之。

次舟官某縣時，頗著政聲。一日，詣寺拈香，有士人攔輿，上牘控一僧。徐閱狀訖，納之袖，慰以温語，且囑其姑歸俟命。祀事畢，投刺謁方丈，僧出迓，徐遽握其手，僧以病疽謝，徐笑曰：「余有奇藥，藏之久矣。」立遣侍者歸取之。臨行，諄言：「在某處者是，勿誤。」僧感謝。少頃，侍者返，以不獲報，佯怒，斥侍者顢頇，邀僧就診，僧力辭不獲，徐遂屏輿從，與僧徒步歸。甫抵署，即坐堂皇，命拘僧伏階下，擲狀於地，僧知有異，面如土，叩頭無語。徐令活埋之，事後以擅殺自劾焉。蓋士人妻少艾，入寺進香，僧誘於密室，將加非禮，妻大忿，咬僧指將斷，僧負痛奪門出，始得免焉。徐既得其情，復證僧手，知無枉，又慮稍縱即逝，故悍然出此也。

蔣少由有斷獄才

上元蔣師轍字少由，性廉介，尤有斷獄才。光緒時，以知縣分皖，歷知皖北諸縣事，俱有聲。有某貢生素倚天主教，逞其惡，鄉人憚之。蔣下車，某怙勢如故，未幾，以豪奪民産爲鄉民所訟，蔣亟簽傳某，某盛衣冠詣公庭，見蔣，長揖而已。蔣陰惡之，詰其故，某抗言曰：「某固教民也，知天主而已，他非所聞。」蔣察其狀，愈惡之，惟故和其色，佯若不知所謂天主者，遂舉筆書天主字於手掌以質之曰：「是即若所尊奉者耶？」某曰：「唯。」蔣於是以手附耳，狀類與天主接談者，既而微頷其首，呼某語曰：「天主謂汝既奉教，不宜服中國之制服，命汝速免冠。」某即免冠。頃之，蔣作前狀，語某曰：「天主又謂汝籍隸中國，不得違中國之禮法，命汝速跪。」某即跪。又頃之，蔣如前狀畢，忽色然驚異曰：「天主勃然怒矣，謂汝行爲横暴，違悖教旨，律應笞責，特念汝稍讀孔孟書，且知奉天主之命唯謹，姑減等，責汝掌以示儆。」某是時面紅耳赤，知難免於法，益惶懼失措，欲强詞以辨，而蔣已叱皂役執行矣，凡責四十下。

力矯命案羅織

粤東命案，無不藉命居奇，任意羅織，所控正幫各兇，有十數人或數十人者，其首二三名，必家有巨資者，正兇轉列於後。某佐幕核稿時，必將首二三名勾去，以免差役騷擾。兩造控案，無理取鬧者，決不批准，即有批准差傳，亦將無干之人删去，以省拖累。俟兩造集訊後，必需其人到堂者，始再添傳。

松年平反疑獄

光緒中葉，李秉衡巡撫山左時，有候補知縣松年者明於事理，有疑獄，思平反，李堅持己見，漠然不動。松再三譬喻，李終不懌，後以莫須有劾之去。

徐福孫殺嬸案

光緒中葉，常熟徐福孫殺嬸案，盛傳一時，獄久不決，福孫不勝榜掠，遂死。福孫本書生，不幸以殺嬸案被逮，縣令朱文川，酷吏也，謂證據确鑿，當以逆倫論抵，不承，則遽施三木。福孫不得已，姑如縣令恉，妄供焉，既供，解省覆訊，福孫輒呼寃不置。故事，罪犯翻供，當發交原審官再訊。文川怒福孫之狡黠也，乃益施酷刑，福孫又誣服，比解省，則又翻供如初，一省又卻還縣，縣又鍛鍊成供，旋供旋翻，如是者三年，而福孫死獄中矣。瀕死時，涕泣語人曰：「供固死也，卽不供，亦不得生，顧供而死，死且蒙殺嬸名，吾初未殺嬸，且被殺者果吾嬸乎哉，吾曷爲有此嬸也！」聞者悲之。顧欲有以明福孫之寃，不可得也。

福孫居常熟之某村，村故僻，居民僅十數家，泰半操農業。而福孫獨青一衿，家又殷實，合村首屈一指。顧村人咸弗悦福孫，謂若人眼高於頂，遇人不肯平面視，且性吝嗇，覷鵝眼錢如輪軸然，鄰有緩急，未嘗拔一毛，直守財虜耳。

福孫有叔某，夙操懋遷業，粤寇之變，爲所掠，累年不得耗。迨官軍收復蘇郡，某忽挈一少婦自寇中脱歸，蓋少婦者，酋妻也，與某有情愫，乘間偕遁，遂得返里。某有婦已前歿，乃以少婦爲之妻，而福孫心焉鄙之，語人曰：「叔固吾叔，嬸非吾嬸也，吾清白丈夫，誓不與寇婦交一語。」某亦微聞之，因與福孫同居而異爨，分一宅爲二，中隔以牆，各闢門户，分界如鴻溝，相安無事者二十餘年。一日，某緣事宿於外，慮婦岑寂，則立召其女巧珠歸以伴之。巧珠者，前妻所出，嫁前村田舍子有年矣。瀕行，某絮絮語妻女，以謹門户慎炊爨爲屬。詰朝某歸，日高春矣，而門猶未闢，力撾之，迄無應者。破扉入，則婦折項死於牀，血淋漓枕席間，覓巧珠，倉卒不可得。聞室後隱隱有呻痛聲，趨視之，巧珠也，肩受刃，創盈寸，血溢弗止。詢之，則云昨夕睡夢中，忽庭間墮瓦作響，驚而寤，訶曰：「誰也？」語甫出口，而白刃已壓肩而下，痛極，遂暈。比甦，恍惚聞母呼曰：「吾何負於汝，汝乃殺我？」旋牀上格拒聲甚劇，久之乃寂，知母遇害矣。顧創甚，不能起視，迄不知殺人者誰也。

某聞女言，已稍稍疑其姪，比勘蹤跡，則篋中失銀一百，衣飾若干件，室隅遺血刃一，爲皮匠劃皮之刀，而是夕，福孫適雇皮匠製履，則凶器固確有其主；牆下有碎瓦數片，知賊必踰牆而入，牆外即福孫院落，附牆之梯猶未撤，則行凶者必非外賊；且婦有何負於汝一語，脱非素識者，婦必不作此言；而福孫家傭婦又言，今晨爲其主洗衣，斑斑者皆血痕也。有此四證，某遂堅指福孫殺人，遽控諸縣，令捕福孫至，則自陳無罪，語侃侃不少挫。復捕皮匠至，匠云，是夕確爲福孫製履，匆促間遺刃其家。擲血刃視之，則立認爲己物。令不容福孫置辨，刑逼成供，惟原贓迄不可得。

時撫吴者爲趙展如尚書舒翹，福孫既屢屢翻供，舒翹之幕僚某疑之，謂福孫與其嬸初未有大隙，數十年相安無事，一旦遽加刃，於情理殊不合。福孫家本殷實，必不覬覦數百金，且不得原贓，終不可以入福孫罪，因力勸平反此獄。舒翹意不謂然，曰：「福孫能熬刑至二三年之久，謂非大奸慝，誰其信之！」

而於是福孫竟死，死之日，脛折腕絶，徧體無完膚也。

後二年，某及巧珠相繼殁，村之人雖與福孫不相睦，顧皆知其冤死，特畏株累，不敢挺身作證耳。村人之言曰：「婦死數年前，有一操粵音之男子，瞷某外出，輒來覓婦，婦出囊金與之乃去，去不半載輒復來，婦輒贈金如前狀。往來既數，婦厭之，則加以詬誶，其人亦反唇相稽，悻悻而去。惟晤時，彼此都作粵語，故村人弗識其用意。以意度之，其人爲婦之前夫無疑也。婦死之夕，村人見徐氏牆下，蜷伏一黑影，逼視之，遽逸去，疾如飛隼，有鋭於目力者，猶識爲索金之男子也。而翌晨婦以被殺聞，村人相戒弗饒舌，不則捉將官裏去，勢必無幸。矧四證鑿鑿，即有好事者爲福孫訟冤，訟亦弗直。而粵音之男子，咸不識其姓氏居址，鴻飛冥冥，於何索之？則莫如弗言便。」或詢村人曰：「福孫果冤死，曷爲有此鑿鑿之四證？」村人曰：「是不難辨，賊初意在攫財，未萌殺人念。黑夜踰垣時，度必誤入福孫之院，見地有遺刃，姑拾之，藉以示威。又借附牆之梯，踰垣入隔舍，不幸墮瓦庭中，爲巧珠所呵，乃殺之以滅口。賊爲婦前夫，又屢受婦金，婦臨死而曰何負於汝，爲前夫言，非爲福孫言也。」或曰：「然則清晨濯血衣，將何辭以解？」曰：「是更不足爲證，福孫夙有鼻衄疾，發則淋漓衣袂間，吾儕固習見之，方對簿時，福孫固言鼻衄所致，而官乃不之信也。」

大同府啞三殺人案

大同府西城外有道士夜行，就一村求宿焉，主人弗納，道士求暫宿於門外車棚中，許之。次日，主人家失一婦及珠寶，大駭，急覓道士不見，遍搜之，乃於數里外得一智井，井有血跡，使人探之，得道士於穴中，所失之婦死道士側，身首駢斷。捕道士，鳴之官，不堪掠，遂自承，獄成，意謂無疑議矣。會邑宰新易，以贓物弗獲，疑非道士，詰問再四，道士但言前生負彼命，無可言者。固問之，乃以實對，謂「曩日就宿後，寂坐不成寐，見主人牆角出一長漢，左手攜婦人，並囊括珍寶，就大道而出，頗疑畏，念不爲主人所留，而陰求宿，明日事發，必人疑我所爲，不如逃去。乃趁夜行叢草中，不辨路，墮入智井，而已有人在內，察之，則前踰牆人，婦已爲人所殺，不幸乃爲主人詰得。命也，夫何言？有死而已。」

邑令乃遣幹吏訪賊於村店，有媪聞其自城中來，不知其爲吏也，問曰：「道士獄如何？」吏給之曰：「昨已笞死於市矣。」媪失聲歎曰：「寃哉！」吏知有隱，乃詰媪，媪曰：「今若獲賊，如何？」吏曰：「官已讞決，雖獲賊，亦不敢問也。」媪曰：「然則言之無妨，彼婦人乃某兒亞三所殺也。」吏得其情，乃捕媪兒，並獲贓物，案白，釋道士。

遊僧利金殺婦案

儀徵某氏婦美，商人子見而悅之，使媪導之往，婦許諾，期以某夜，報之金，曰：「爲我具酒食。」及期，夫避焉，婦啟扉，明燭而俟，不至。憩於牀，贏金置燭旁，褱破，金遂顯。有僧夜擊鐸於路者而過之，怪扉之啓也，入望，見金心動，窺其廚，無人焉，蔬果殽酒皆具，入廚獲刀，遂拾之，殺婦於牀，撲燭攫金，提其元以出。商人子繼至，登牀而撫之，血淋淋然，及肩，乃大駭。趨歸，門闔矣，再三叩，始入。

先是，商人以勾稽督其子，夜分不獲罷，以故遲婦約。翌晨其夫歸，大愕曰：「悅之而得，何又殺之？盍訊旃。」遂往，門未闢，見門有血掌焉，號曰：「殺吾婦者，商人子也。」鳴諸官，官拘而繫之獄。商人愛憐其子，密問之，子以實告。商人曰：「是獨不獲婦人元耳，獲則汝釋矣。」偏訪捕役，賄之，厚懸賞格，募得賊者。居久之，漁人獻元，元鮮，其妹也，漁人殺妹以應募，官廉得其情，立杖殺之。有間，或告商曰：「賊得矣，某寺僧殺人，投其元眢井中，余知其處。」卽擒僧至，於眢井縋健者下索之，得男婦首凡五六，召某氏視，曰：「不類。」官聞之，抵僧法死，商人子繫自若也。

鄉有僧，新徒，莫知所自來，與鄉中人相狎也。其人自城歸，爲言某僧事，僧失色，既而唏曰：「若多殺人，天不若宥，余平生所殺，一人耳。」其人詰之，曰：「婦人也，吾利其金殺之，而投其元於眢井。」鄉人告商，商擒僧至，於眢井去某氏居僅尋丈之地，一索獲元，刀在側，並獲之。某氏熟視而啼曰：「是矣。」官牽僧過市，送諸官。市人猶識之，皆曰：「此曩時苦行募緣僧也，固每夜擊鐸狥於路而寒暑不輟者。」官具論如例，斬僧，釋商人子。

龍南吳小姑被殺案

江西之龍南縣，隸贛州府，距城三里許，有市集，集中何氏族較繁，與城中吳氏世爲姻婭。吳有女，襁褓中締姻何氏子，江都高氏女者，隨吳女傭於何。何翁有田數十畝，兼作小經紀，家稱小康。生二子一女，長子不慧，不能治生人產，次子卽吳之壻，薄乃翁貨殖，而醉心科舉，翁乃歲糜十金，令附村學究讀。年十七就傅，至二十七，猶未畢《四子書》，父迫令改業，從己出門販葛布宜黃黃載間，於是父子皆服賈，酌盈劑虛，歲有所獲，家計日益裕。吴女及笄，諏吉入門成婚禮，婚逾年，夫婦靜好，姑婦亦相安。小姑年十八，已字而未嫁，與嫂敘中表誼，相得甚歡。又一年，小姑嫁有日矣，何氏子從父運奩具歸自城，其明日昧爽，翁方披衣起，忽女舍有聲，洶洶如鼎沸，妻踉蹌慟哭，子亦狂呼至，蓋女已不知何時被戕僵於榻矣。急走視，則嫂方披髮枕尸，淚湧氣咽。須臾，里正造門，壻翁閧於室，隣人扶老攜幼，嘖嘖稱怪事。何子疾聲呼衆，謂勿移動室中物，待官檢驗。壻之翁則語里正，雖父母兄弟之室，下至庖湢，及傭工所居室，一切雜物，皆不得動。何子曰：「事在吾妹室，父母兄弟豈相害者？」何顧慮曰：「不然，嫂獨非外人乎？傭工亦骨肉乎？」

方搶攘間，邑令趙某至，驗尸，尸身和衣，面仰，半掩衾，刃傷一處在喉，氣食管俱斷，委係被戕身死。驗畢，檢視室中及門户屋頂井竈諸處，既無嫌疑之物證，亦不得匪人出入蹤迹。又入嫂室中冥搜，亦無他，從壻翁請也。復及僕人，竟於高婢褥得一函，上署「昭姐」，下署一「于」字而無名，略言：「耳目太衆，存姑之言，宜緩須臾，姐早晚留神，他日我與存姑當不負姐，小小前尤勿輕洩。」存姑者，吴女小字，昭爲高名，小小即小姑也，小姑生而纖小，故名。官得函，以示衆，衆失色。高雖驚異，以不識字，不知函中云何，第稱函來不知何途之從，而在我室。官以函中語意剖析指示，因問于何人，存姑何言，高大駭，不知所對。然此函實於己之枕邊出，極口呼寃，他無一語。吴女亦昏暈倒地，良久乃甦，壻翁攘臂直前，曰：「是案已明，嫂有姦人，惡小姑密邇，多障礙，囑奸人致小姑於死地耳。」何子謂婦素貞靜，不宜有此。

官呵之，責其庇婦忘仇，以刑擬吴女及高，皆呼冤，願死杖下。官填格，命殮尸，粘函於卷，拘吴女及高去。

吴女之父聞獄起，念女雖蒙冤，高婢竟受于私函，于不出，則覆盆永戴矣。偵騎乃四出，訪于，卒不得。而趙已具詞通詳，坐吴女以戀姦謀斃小姑滅口罪論死，高知情同謀，減一等，擬爲從犯。吴父大號慟，乞刀筆吏具詞，將上控。江西按察某善折獄，得獄詞，大怒，多所駁斥，謂其草菅人命，撤趙任，遴員受代，命重理是獄，勒令留趙聽審。所斥之點，其要者，爲既有姦夫，何以不勒緝到案？又通信人既認爲姦夫，姦夫逍遥法外，而婦獨繯首，非法。且據小姑之翁供稱，嫁已有日，有何急迫，不能耐此數日，而必殺之以滅口？駁牘既下，吴氏一門，高氏母女，皆額手頌按察爲生佛。而孰知疑幕重重，直至再易令，閱兩年而罪人斯得之。

先是，新令捧檄至，承按察意指，簽差勒限緝于姓，果得之，一鞫而伏。于名有成，乃何氏子幼時塾師之子也，平日往來何氏，見高修潔，時時瞰何氏子不在，託傳語，與高相周旋。何氏子曾一遇之，知其於高有遐想，及逮案，乃出函指證，喝令供殺人狀。于本心虚，且受威逼，倉皇失措，不能置辭。何氏子傳案備質，亦稱果斯人也，向祇知挑我侍婢，今乃知包藏禍心，謀我妻，戕我手足，皆爾所爲。于大呼曰：「殺人罪我已承之，當無變更。惟信函是爾命我致高者，何可遂忘？」官怒其狡，置不理，笞臀千，鞭背三百，遂供受吴女叮囑，謀斃小姑，以小姑嫁有日，欲緩須臾，故以函相聞。惟高實不知情，函亦非面授，惟平時與吴女約，有函當潛塞高之枕邊也。讞再定，高脱知情罪，而死囚則又增一于某矣。

獄上，舊按察已擢閩藩去，新按察以函在高之枕邊褥下，高必知情，飭再審，案遂遷延。會邑令奉母諱，代者蒞任二十日以疾卒。某大令，名進士也，以即用知縣攝龍南，下車慮囚，至此案，察于不類殺人者，授以筆，令依前函式書一過，驚曰：「筆跡不同至此乎！」傳何氏子質訊，使亦如式書一過，何氏子色驟變，謂：「此函明明爲于姓書，奈何使我臨摹，我豈自污妻室名耶！」令曰：「于曾供函由爾所授，爾一臨摹，即可折服于之心矣。」不得已，如式繕寫，雖故意矯飾，筆鋒自不可掩。令笑曰：「函爲爾筆跡，尚何言！」復呼于，使直供何氏子授函狀。對曰：「何自結褵後，常與我言，新婦木訥非嘉耦。一日授函於我，云將隨父出門爲妹備奩具，囑乘無人時致高。我視之，語皆嫁禍，堅不從。渠謂本無他意，第欲借以爲休妻之證耳，必不累我，我庋之巾箱中。計日，何將返，乃走何家，高適在吴女處，急藏函於高之褥底，疾趨而出，將待何歸告之，俾自檢得。不圖歸一宿，而何之妹被戕，冤遂莫白。如不信，何家一老嫗執炊爨者，親見我入高室，塞函枕底，可覆問也。」令傳嫗研訊，果然，再質何氏子，亦無辭。顧殺小姑者爲誰，終莫明。何氏子與妻繫外監，高與于繫内監，案仍不結。

小姑之翁姑，别爲子締姻某氏，親迎之日，綵輿至庭，喜嬪啓帘扶掖，已僵死輿中，舉家大譁，幸母有兩弟隨以來，不能問罪於壻鄉。而壻翁轉使人監守兩弟，訴之官。官驗係中毒死，問兩弟，兩弟不知，問父母，父母不能答，力求昭雪而已。

因傳新婦家所有人，問：「是日登輿前曾否進食飲？」父母忽駭然曰：「女有一義姊賀氏，是日來，與女絮絮語，不知有無他故。」一傭人曰：「是矣，是曾進棗糕於新人，强而後食者。」賀居不遠，立拘之，謂：「汝東窗事發矣，汝奈何殺人？」賀倉猝間遽對曰：「彼自被家中戕死，於我何有？」官詫其語不倫，故紿之曰：「我已盡悉，不速言，將加慘酷之刑。」乃一一盡吐其實。蓋小姑之壻與賀有嚙臂盟，雅不欲別娶婦。賀聞情人合巹有日，亦袖鴆至，期共死。壻曰：「何癡也，移鴆鴆新婦，一舉兩得，何必自填恨海？」賀然之，懷鴆至何氏，不得便。以賀僅以售絲帶一至，無因進何女飲食，吉期已迫，走壻家告不能，且迫壻偕赴水死。壻被酒，約明日，乃乘酒夤夜入岳家，戕未婚妻而出。官既問一而得二，怒曰：「一之爲甚，而又再乎！」賀曰：「既戕一人，而欲終不得遂，豈能坐視薄倖人又燃花燭耶！彼既喪妻而復聘，我亦不再強以死，故蓄謀與其續聘妻結苔岑誼，待其臨嫁而鴆之也。」於是兩案皆破，高得釋。高嘗曰：「夫婦之道至此，不已苦乎！」因誓不字人，以處子終。

珠環入絮案

海寧硤石有富紳許氏，召老尼至家翻絮，以絲綿裝衣，而俗訛綿爲棉，故曰絮。其女助之。翻畢，尼歸，女忽失珠環。羣疑爲尼所竊，紳乃送尼至州鞫之，尼不承。而女所蓄之鸜鵒，忽飛入州廨，鳴於公案，宛然人語也。州牧諦聽之，乃「小姐小姐，珠環入絮，勿冤老尼」十二字。捕之，則翔而復集者再。乃令以翻絮之衣被送署，並召紳至，拆而驗之，環果在被中，尼冤始雪。

上海三姓娶女案

光緒時，陸春江中丞元鼎嘗知上海縣事。鄉民杜某有女及笄，許字趙子矣。有某者慣作冰人，未知其已許於人也，請於杜妻，爲之作伐。杜妻固悍婦，惡其夫以女女人而不謀也，又許之。女之舅氏不知其事，又復以女許婚某姓子焉。無何，三姓之子，婚各有日矣，月老相將持聘禮至，杜爭持之，久不決，相與訴於縣。

陸悉召三姓之子若父與杜夫婦而聚訊焉，迺質女以所願。女泣曰：「從其一，則負其二矣，吾寧死也。」陸故迫之曰：「願乎？」曰：「願也。」曰：「死則不能復生，爾無悔！」女曰：「死則死耳，不悔也。」言次，令胥吏取鴉片至，令飮，女無言，立取仰之，須臾殭矣。杜夫婦覩狀大慟，而三姓之子亦慘沮不聲。陸言曰：「有欲收其尸者乎？」趙氏子挺身曰：「願。」遂以尸歸趙氏，且以兩姓之聘儀爲賻，而囑其厚葬焉。既而女復活，羣始悟所飮非鴉片，乃陸之所以委曲成全之也。

忠若虛判案

忠若虛大令滿，爲英果敏公翰之猶子，治餘姚，有政聲。一日坐堂，有互扭而來控者，則米店人控麵店人吞没其笸斗也。麵店人曰：「是固我物，彼強來誣我者。」米店人曰：「彼初來借用，詎久假不歸，意圖吞没耳。」忠笑曰：「是笸斗之罪也。」命覆笸斗階下，呼役扑之，躬自離座監視，扑至數百，忽升座，叱麵店人曰：「是米店物，若何得吞沒之？」麵店人呼寃，則指覆斗處令自視，曰：「初扑之，取出者麵麩，麩至再三，則糠粃見矣，是非初爲米店物而爲汝借用者乎？復烏乎賴！」兩造皆服，遵斷去。

又一日，有父控其子不孝，粱肉自肥而不以甘旨相奉者，問其子，飲泣而已。若虛乃曰：「然則汝等已午膳乎？」曰：「膳矣。」忠曰：「吾此時無暇，汝等可坐此候判，然老年人飲食不甘，良苦，吾將賜汝一餐也。」遂書一紙，令侍者去。有頃，持數盞至，令子亦與食，已判他事。食未畢，均大嘔，父所吐者粱肉，而子則非也。忠向老人微笑，復謂子曰：「汝當益盡其孝。」

鳴聲九爲樵者釋訟

滿州鳴泰，字聲九，以翰林散館，分發雲南，權昆明縣，聽斷明敏。一日，據案理事，有孝廉扭一樵者至，控其誤碎眼鏡，索賠八金。蓋樵者值孝廉於途，市人擁擠，猝不及避，柴枝拂眼鏡而墜地，片片捽碎，索償而樵不允，故來控也。鳴曉之曰：「一樵夫耳，能出多金相償乎？」孝廉堅不允。鳴怒，飭杖樵者三十板，標數字於其掌，諭之曰：「可以此爲憑，速至某錢肆取錢十千來，代若償之。」並緊握若拳，到時，始准開視。」樵者如言而去。至錢肆，默視之，則掌中硃書四字，乃「火速走避」也。樵者大喜，飛奔而逸。日昃，鳴慰孝廉曰：「子姑待，想當來矣。」與談書史，娓娓不倦。及候至二鼓，終不至，飭役往尋，回言樵已遁去。鳴笑曰：「村夫狡黠如是，子姑回，俟緝獲後，當重懲之。」孝廉無如何，悻悻去。

倪子和妻虐婢案

四川候補知縣倪子和以續娶李有恆妾某氏，藉其資，加捐大花樣，得補缺。後以事罣吏議去職，遂流寓成都。時劉幼丹太守心源自夔州調首郡，聞蜀中官吏虐待妾婢，時有以私刑至死者，乃出示嚴禁，且懸賞招告焉。

時倪家有一婢，爲某氏所淩虐，光緒戊戌正月間，竟被榜掠致命。其家屬因往訴於劉，劉飭人訪之，知其瘞棺所在，乃遣役發之。及起驗，則徧體傷痕凡十七，而前陰有烙痕，乃火箸插入所致，皆某氏所爲也。惟靴尖一傷，爲倪之幫凶。劉稟之藩司，拘之至，並傳某氏，某氏方產，未到案。劉乃發倪於發審局，勒令交某氏，且曰：「俟其至，當以其殺婢之法治之。」倪懼妻到案蒙大辱，力認爲己所殺。未幾而某氏投入天主教，挽教士出函抵劉，劉置不究，而倪亦被釋矣。或曰，氏既免身，劉坐堂皇訊之，摑二十，令倪領歸管束。

戊戌六君子寃獄

光緒戊戌八月初八日，康廣仁等六人奉旨被逮時，由步軍統領衙門兵役牽挽髮辮以行。譚嗣同曰：「我輩皆文人，且有官職，逃將焉往？」兵役曰：「提督衙門拿人，向例如此。」次日解刑部，十三日有派御前大臣會審之說，刑部大堂增設公案，部署一切，而剛毅忽至，揮手囑從緩，且聽後命。旨下，將六人上堂點名，即令登車。劉光第詢承審官爲誰，謂：「我至今未識康有爲，尚可容伸辨否？」衆曰：「不必言矣。」乃逕解赴菜市口，由提督衙門兵役二百人護行。六人被殺之次第，先康廣仁，次譚嗣同，次林旭，次楊深秀，次楊鋭，次劉光第。正法訖，薄暮矣。林著補服未掛珠，餘均便衣。死後，均由林聯生太守爲之成殮。

深秀以喪兄故，早欲出都，以其子得拔貢，俟朝考留京，遽罹於難。光第既死，妻女欲以身殉，遇救得不死。菜市口距廣東會館最近，廣仁死後，粵人竟莫敢過問。嗣同死未瞑目，李鐵船京卿徵庸慰之曰：「復生，頭上有天耳。」始瞑目。十四日早，降諭暴其罪狀。

沈北山寃獄

常熟沈北山太史鵬幼孤，賴其嫂撫養成立。既舉孝廉，入都，名動公卿。朝貴爭欲壻之，袁忠節公昶方遣使爲媒介矣，而武進費屺懷太史念慈亦欲妻以女。北山知費女才美，又以翁叔平相國之慫恿，遂聘焉。費婦爲嘉定徐頌閣相國郙女，悍而驕，聞北山貧窶，已心惡之。及成進士，入翰林，始乞假歸娶，拮据成婚，終爲外姑所鄙。既結褵，伉儷亦不相得，北山乃怫然入都。

會李蓮英、榮禄、剛毅方以黷貨聞於時，大憤，一日忽草一疏，斥其爲三凶，將請重治其罪。疏成，懷之以謁掌院徐相國桐，乞代遞。徐大怒，詈爲喪心病狂，逐之出。乃謁翁，翁閲其疏，亦撟舌，謂勿以鹵莽賈禍。北山伏地痛哭，翁之孫弢夫觀察強掖之登車，且迫其南旋。而所謂三凶者，已知其事，授意院長，摭他事褫其職，復咨蘇撫拘之。蘇撫遂檄常熟令提解至省，既至，發按察司獄，獄官朱雲龍令與衆囚伍，居穢溼之地。蘇紳知之，白署臬司朱之榛，乃稍稍安適。詣獄慰問且餽物者日必數起，費氏則從無往探者，僅贈銀幣二枚，使爲買瓜之需。光緒庚子，拳亂起，美人李佳白、李提摩太爲言於孝欽后，始釋歸。

庚子五忠寃獄

光緒庚子有拳禍，被難諸臣之邂逅而及於難者，爲海鹽徐用儀。用儀由户部小京官考取軍機章京，洊至正卿，官京師四十餘年，一生謹慎，竟遘奇禍，蓋爲徐桐所深惡，必欲殺之而後快也。甲午之役，用儀以少宰爲軍機大臣，而桐以大學士管吏部。一日忽入内，出至吏部，用儀迎謂曰：「今日有封事乎？」桐拈髯微笑曰：「竊附《春秋》之義，責備賢者耳。」蓋即劾孫毓汶及用儀也，用儀出軍機，此疏有力焉。用儀字小雲，死時年逾七十矣。

侍郎許景澄下獄之日，日晡飯罷，將赴總署，令從者駕車。閽人忽持一名刺入，景澄審其名，非素識，令辭以即赴總署。閽出，須臾入，謂其人自稱爲總署某弁，奉慶王命，以有要公待商，請大人即入署，其實來者爲步軍統領衙門之弁也。景澄驅車出胡同口，則番役數人，從某弁指揮，遽擁景澄車而北駛。俄至步軍統領衙門，弁斥從者使還，引至一小室，即反扃其門而去。旁室有叱咤聲，即太常寺卿袁昶也，時亦被收，夜皆送刑部，翌晨，斬於市。監刑者爲侍郎徐承煜，桐之子也。景澄字竹篔，秀水人，昶字爽秋，桐廬人。

學士聯元，時將上封事請停攻使館，出遇崇綺，崇曰：「何今日未明入直耶？」元告以故，崇勃然曰，「君自忘爲旗人乎？乃效彼漢奸所爲。」元拂衣出。綺怒，未數日，赴菜市矣。元字荇仙，漢軍人。

尚書立山之赴西市也，大師兄實送之。大師兄紅衣冠，騎而馳，馬蹄繫一人，縛手足，面目毀敗，不可復辨，卽山也。山字豫甫，漢軍人。或曰，朝廷信任拳匪，圍攻使館，山力阻之，致觸端王載漪、剛毅之怒，與景澄、昶同時被戮。先是，山嘗爲內務府總管數年，積資無算，號鉅富，漪、毅等素涎之。禍將作，漪以其爲旗人也，猶欲稍從寬假，毅密謂漪曰：「殺彼，璧將焉往？此機不可失也。」漪大悟，意乃決，遂誣山於家中戲檯下掘地道，與使館通，密將政府內情洩於各使，目爲漢奸，寘於極刑，而沒收其資產。元、山既死，漪、毅諸人將以次盡殺異議諸臣，而尚書廖壽恆爲之首，蓋壽恆以翁同龢引入樞垣，尤爲漪、毅所惡故也。壽恆時寓東華門外一小寺，聞耗大懼，屬其戚某哀於榮祿。翌日，祿答之曰：「今日入對，百計爲仲山壽恆字。乞恩，而慈意不可回，奈何？可令及早自裁矣。」會先期一日八國聯軍入城，乃得脫。

五忠既正法，載瀾疏言攻使館事，而附片奏稱：「諸臣通敵者，已盡寘典刑，獨王文韶在耳，請並誅之」。疏至，祿先閱，閱畢，急納附片於袖，以搢授文韶。文韶閱竟，詢左右曰：「尚有一附片，安在耶？」祿徐應曰：「想留中未下耳。」有頃，同入見，奏事畢，祿出瀾片曰：「載瀾此奏，荒謬絕倫，請太后傳旨申斥。」孝欽后厲色曰：「汝能保無異志乎？」祿曰：「朝臣卽盡有異志，此人決不爾，敢以百口保之。」孝欽沉吟久之始曰：「果爾，卽以此人交汝，倘有變，汝當與同罪。」祿乃頓首謝恩出。文韶耳故重聽，又所跽處去御座較遠，竟未知孝欽與祿所言爲何事也。

奸殺贅壻案

粤東某生聘某氏女，國色也，偶出，爲里豪所見，重賄其母，私與往來甚密。豪甚富，恐被人掩執，乃於女牀下穿一地道，通後院密室，慮有惡秏爲潛避之地也。未幾，某入泮，遣人訂婚期，豪與母女謀，使入贅而斃之，母女諾，謂媒曰：「吾無子，壻亦失怙恃，倘入贅，兩得其便，否則緩。」媒復壻，壻諾。及婚期，親朋俱集，無不嘖嘖稱新婦美。合巹時，某暢飲，婦執爵勸之盡醉。俄而外客聞內有慘呼聲，方疑駭，則見新郎衣履如故，散髮覆面，狂躍而出。羣欲詢之，已疾奔出，從之行里許，遇大河，卽躍入而没，呼舟人撈救，不得尸之所在，客歎而返。女及母皆惶急，候於堂，客告以故，婦曰：「方筵宴時，忽狂呼衝門出，知外室必有人阻之使返，何任其投河而没？是客戕壻也。」遂執客送之官。客皆曰：「吾等豈有見死不救者？實猝不及防耳。」訊母女，則哀求還尸。

未幾，令他調，代之者有明察聲，見前案，反復推求，大悟曰：「壻投河，反誣客，實欲客證壻之死以實之耳。」乃變服爲星相，訪其鄰。鄰曰：「有某富豪與某女往來甚密，吾儕亦疑有故，然新郎投河，衆所共見。」令曰：「汝見新郎作何狀？」曰：「髮覆不及見。」令曰：「然則富豪安在？」曰：「今日猶見其入婦家。」令急返，易服，率健役百餘圍搜之，不得，將入女房，婦横阻不得前。令見陳設無可疑者，瞥見牀下有男子履，婦失色，命移牀，則地板有新者，舉之，露地道，乃挈役入密室，有鮮衣少年伏焉，富豪也。推門至他院，見地新挖狀，啓之，尸在，經年不變，喉間扼痕顯然。出聚案中人證之，一訊伏辜。蓋投水者，乃富豪以重價購善泅者爲之也。

黄某以勸學編得釋獄

光緒庚子七月唐才常之獄，湖北學生拘繫者十餘人，有黄某者與焉。黄入獄，日手《勸學編》而讀之，勸學編者，張文襄所自製也。初，文襄疏薦康有爲、梁啓超，及戊戌政變，文襄欲自別之，乃以是進呈於朝，故當時大臣多得罪去者，而文襄以是竟無恙。黄知其然，故讀之，冀其聞之而釋己也。適當道有爲諸生緩頰者，文襄果使人入獄覘諸生，使者以黄所爲告，遂得釋。

沈克誠寃獄

湘人沈克誠踔厲饒幹略，以小吏需次湖北，譚嗣同特愛重之，言於其父繼洵，時繼洵方撫鄂也，使任撫轅文巡捕。光緒戊戌，嗣同狥國死，克誠與唐才常計畫復仇，漢口難作，才常死，克誠脱走，庚子拳亂，來往京津間任日本大坂《朝日新聞》訪事。時䦨傳中俄結密約，苦不得真相，克誠探得密約草稿，寄《朝日新聞》披露焉。密約條文既披露，中日人士大譁，日俄戰機愈緊，俄使大恨，言於孝欽后，必殺克誠。内務府郎中慶寬、革職檢討吴式釗賺克誠，縛交刑部，杖殺之。時兩宫甫回鑾，忽有此不經廷訊杖斃士人之舉，輿論大激昂矣。

汪氏媳誣翁姦案

蘇鄉木瀆鎮多富室，鎮西陸翁者，其一也。翁設醬園，掌園務者爲其子，子年不及三十而死，乃以園務委之媳。媳汪氏，亦鎮人也，粗解書算，理園務亦能稱。顧年少守寡，私於鄰生，夜或至，匿之於室中。久而姑漸知之，然不知其所私者果爲誰也，欲乘間襲獲之，而以愛之故，不欲彰其惡，乃微詞諷之，使自絶。

汪夙以貞潔自詡者也，聞其言，慚甚，乃誣翁與之通。蓋翁年雖老，而好狎邪遊，無日不涉足於娼家，家人盡知之也。姑聞汪言，頗信之，因詈曰：「老蠢污我賢媳，敗家聲，辱祖先，何以爲人？余誓必使之無地而後已。」是夜翁歸，姑大聲斥之，翁力辨其誣，曰：「余雖好色，何能敗倫常？」姑終不之信。翁恚甚，無以自白，欲獲得奸人以自解也，遂日夜守之。而汪逆知事將敗，預爲防範，翁不能得。積半年，事漸寢矣，而汪腹有孕，百計求墮之不得，期年而產。姑大驚，堅叩之，汪泣而言曰：「翁累我也。」姑忿甚，喚翁前，大罵之，翁力辨，而汪言之益堅，不數日，聲播全鎮，自好者咸不齒翁，或更譏笑之。翁大憤，遂作書記其顛末，自經死。越日，家人始知之，救之不及，檢其衣，得書，始知其自死之由也。姑亦知爲汪愚，搜汪室中，得男子小影，視之，鄰生也。使人往執之，而生適以事他去，遂縛婦而報之官，官捕生不可得，定讞，汪論絞。

庫倫監獄

庫倫之監獄，誠爲黑暗世界，基址狹小，内有獄舍五六所，四周環之鐵栅。有内地數人，政治犯也，科終身禁錮罪，居於形似棺之籠，外加鐵鎖，不能直立，亦不能平卧，其得稍見日光者，則每日二十四小時中，遞食二次之數分時而已。囚徒反以就死爲樂，將赴刑場，前導有馬隊，執最新來福槍，而囚徒則載以牛車，押赴距庫倫五六里之行刑場。蓋蒙古有神人，居巴克圖諾爾山，山在庫倫南面，以圖拉河界之，與人境隔絶。其行刑場之設於遠處者，亦以防犯觸神怒耳。蒙古人視死刑甚輕，有射擊巴克圖諾爾山之鳥獸者卽死，至終身禁錮，則其罪至重，特以處外籍人之違犯法律者耳。

開化訟事

開化民情強悍，殺人案件，層見疊出。苦主輒向兇手索費，自四五六百金以至千金，兇手破産不能償，則其族黨親戚，必多方爲之彌補，恆有因之傾家者。蓋其時雖已有新刑律，而若輩尚不知新律無連坐之條文也，議償不洽，乃控於官。官蒞止檢驗，則主於兇手之家，而兇手及家屬悉已遠颺，由其鄰里戚黨出爲招待。有某令下鄉驗尸時，曾於途中接有桂圓湯一碗，既抵其家，則人參、燕窩等湯數見不鮮。而苦主是時亦必率其族黨親戚就食於兇手家，膳宿之費，日非數十金不辦，苦主爲報復計，乃以此困兇手。官既來，則亦相持不驗，常有滯留四五日而始回署者。

黟縣誤殺男女案

黟縣某既娶婦，父母俱亡，弟幼，兄嫂育之。兄嘗商於外，及弟年長，兄自外歸，嫂爲置酒呼叔共飲，席間先敬叔，後敬其夫，兄惑焉。次日，淩晨即起，語妻曰：「我貯貨他處，須往發，必半月始歸。」言已而去。嫂謂叔曰：「爾兄向日還，温言絮語，家人契闊，固應爾爾，昨歸而神氣索然，至可疑。今我還家，視我父母，必爾兄歸而後歸也。箱篋皆封鍵，叔爲我謹守房户可矣。」叔諾之。至夜而卧，聞叩門聲急，啓門，則裸婦也，忽欲閉户，而婦涕泣跪檻前曰：「有急難，非君嫂莫救。」曰：「嫂已歸寧，家僅我一男子，不可留也。」婦緊持户，乞憐不已。無奈，解衣擲之，令衣而入，宿於嫂房。已乃喟然曰：「我一男子，而深夜納婦人，何以自解？且渠無衣，天明，又將何以遣之？」於是反闔門而出。嫂之母家不遠，夤夜往告之，使歸與之衣而遣之，嫂曰：「夜已半，我不可歸。」時嫂之父在堂，曰：「若然，叔亦暫留吾家，晨當同歸，善遣之。」叔遂歸鑰於嫂，而自寢別室。

嫂之弟聞而生心焉，遂竊其鑰而往，張皇入户，不及鍵，與共卧。適兄夜歸，推門，已啓，側身潛進，歷重門，伏房外，聞男女共語聲。怒甚，操刀而入，盡殺之，而奔告妻家，曰：「爾女與叔通，我皆殺之矣。」其外舅曰：「爾何言？女與叔咸在是。」悉呼至，兄愕然曰：「然則婦何人？」嫂與叔同述夜間事，兄憬然曰：「誤矣，然則男何人？」嫂環顧一家，不見弟，急索鑰，不可得，曰：「是必弟不肖，已爲刀下鬼矣。」於是羣往驗之，果然，而不知婦所從來。無何，有殺姦而逸其妻者，喧傳徧索，導之使驗，曰：「嘻，是也，幸代殲之矣。」乃共聞於官，令各掩埋而釋之。

楊東村鞫府署竊案

楊東村名景濂，陝西人。令福建南平，時府署失竊，報到往勘，外無迹，太守出，其卧室爲人砍破窗户，失千餘金，命詳勘之，見刀痕有油葷，嗅之，味膩，知爲廚下人所竊，而未明言也。但云廚下幾人，須由我帶去，衆亦莫解其故。回署，即坐堂皇，問：「汝等皆宿廚下否？」曰：「宿廚下。」問：「汝等於夜間有起者否？」曰：「無。」問：「别有聲響否？」曰：「無。」問：「曾有他人行動否？」曰：「管廚者某爺夜曾取刀。」問：「何用？」曰：「砍竹。」問：「某爺者舊用乎，新來乎？」曰：「主人自都攜以至，所親信者。」問：「平日作何舉動？」曰：「其人嗜賭，新負數百金。」

令至是乃命將衆人嚴押，帶健役復詣府署，專索某爺。其人出，衣履華潔，令知爲太守所寵者，不可威嚇，但云：「有供牽涉汝，可往質。」其人猶倔强，衆僕且爲之緩頰，令命健役押之行。入内衙，婉言喻之，不承，令怒，褫之，小衣皆綌，曰：「荒淫可知矣。」拍案曰：「汝夜取刀砍竹，竹何在？」猶不承，令押衆人至，面質，其人語塞，加以刑，始吐實。言銀爲昨夜所盜，用未罄。問：「餘銀在何處？」曰：「在卧室油缸下，餘藏廁中。」時已五鼓，令命嚴禁之。天明，敂府署門，直入廚下，至其人卧室中，果有油缸，移開，下有甎，去甎而銀在焉，如言復至廁，餘銀亦得之矣。

大庚毒翁案

長沙周克開官江西吉南贛寧道時，大庚陳氏婦與其姑之前夫子同居，前夫子謀陷婦而逐其夫，爲吞産計，乘翁死，以毒誣之，婦不能自明，獄成矣，轉至道，周審其冤，視所餘藥，色黑，而質則雄黃也。又取相驗時銀針拭之，垢隨手去，因窮治，得其實，婦冤始雪。

滑稽判案

易州有富室子私某孀婦，其夫弟訟之官。官訊之，則對曰：「吾與其兄相友善，兄既死，彼不能養其嫂，吾時時周卹之。彼因愧生忿，且與吾有夙嫌，故以是相誣耳。」官乃叱訟者曰：「汝以小嫌誣及汝嫂，俾爾兄蒙羞地下，誠莠民也，其歸善視爾嫂，敢再訟者當重笞。」訟者懼而退。乃顧謂富室子曰：「汝誠善人也，且跪案側，視我折他獄。」

官至是，令吏以他案進，則有以欠債訟者，訊其數，對曰：「渠欠我錢六十千，三年矣，子母猶未償，吾今亦苦貧，故不得已而訟之。」訊被告者，則頓首曰：「吾非不欲償，奈力不足何！」官沈吟曰：「一欲緩償而不能待，一欲速償而無所出，將何以處此耶？」既而矍然曰：「是無足慮，有善人在。」乃顧謂富室子曰：「彼兩人如此艱窘，亦爲善者之所哀憐也，爲代償此債可乎？」某不敢辭，亟應曰：「諾。」欲起，則止之曰：「且少留，尚有一案未審，曷盡此然後歸？」又提第二案至，乃一被控其子忤逆者，問子安在，則先逃矣。官徐慰之曰：「爾子不孝若此，當爲爾責懲，以期改行，顧已逃去，安從覓之？老年人氣憤無所洩，將鬱而生疾，可若何？」有頃，曰：「得之矣。」又顧謂富室子曰：「汝既力行善事，今代彼子受笞如何？」某頓首曰：「此事烏可代者！」曰：「何不可？此亦善舉也。」遂笞之三十。笞已，笑問曰：「尚欲行善否？吾案牘山積，盍一一爲吾了之？」則泥首謝曰：「不敢矣。」乃釋之去。

高嘯桐讞訟

長樂高嘯桐都轉鳳岐嘗權梧州守，州之舉人某武斷鄉曲，爲人所控，臨質，抗辯不屈，高語之曰：

「幸與君同登賢書，今吾坐堂皇，使君對簿，君辱亦吾恥矣。」因開陳以義利至再三，某感服，訟遂息。

伍子衡冤獄

遵義伍子衡家貧，授徒爲活，父瞽，母又衰老，乃娶鄉之孤女以主中饋。女性慈善，克守婦道，勤紡織，里稱賢婦焉。

伍有同學某，隨宦掌書札，知伍困，作書招之去。後數年無耗，家益窘，而女奉翁姑一如疇昔，恃紡織以供養，日不足，繼之以夜，數年不少怠。某歲大疫，翁染之而死，姑繼之，女家無宿糧，伍親族多窮困，惟叔某略有資而嗇甚，不可通緩急。女百思不得計，守尸痛哭。鄰人某生知其故，乃集四鄰而詢之，女泣曰：「二老骨未入土，余心何安？不然，早隨二老於地下。」鄰生知其有叔也，勸往貸，女曰：「叔素吝，徒費唇舌耳。」鄰人僉曰：「豈有一家人而坐視其斃，不一爲援手耶！」女請與俱往，俾可代訴也，鄰生從之。及見叔，略不顧，鄰生爲之陳說，責以大義，叔怒詈，言多褻。鄰生大怒，與之爭，衆力勸而息，乃俱退，及女家，鄰生謂衆曰：「君等慷慨好義，能不急人之急耶？我當爲首倡，醵資以殮之。」衆諾，乃成殮。其叔聞之，大怒，誣女與鄰生通，不然，何出資殮二尸？登女門辱之。衆皆不平，羣起將毆之，叔狼狽去。

又數年伍歸，及家，女告以父母之喪，且白鄰人之義，伍甚感，自詣四鄰而謝之。鄰生見伍，具言其叔之無禮，伍慰謝之。旋遇其叔，叔言女不貞，伍知其故，唯唯而已。越數日，有偷兒入伍家，伍覺而追之，爲所殺，女號呼，衆鄰咸集，乃爲之鳴於官，緝兇。其叔亦呈訴於官，謂伍爲鄰生之姦殺，並舉前事爲證。官爲所惑，捕女及鄰生訊之，不服，刑逼之，不勝其苦，遂鍛鍊成獄，論大辟。及女與鄰生死之期年，忽有得伍所常佩之玉扇墜於張某家者，大疑之，檢其室，得贓物甚多，間有伍物。遂大譁，聚衆赴縣署，訊之，固殺伍者也。事上聞，旨下，磔其叔與張。

鄭州蜥蜴斃人案

鄭州民某娶婦數年，伉儷頗篤。婦以母喪寧家，三月不歸，屢遣人促之，而婦之弟終以故辭。又月餘，自往速之，不得已，遂偕行焉。臨行，婦與弟切切私語，若甚依戀者，大疑，既抵家，以婦與其弟私語事告家人。逾時，而其弟遣人饋羹來，某啜之，越日而斃，家人大愕，疑婦私於其弟而殺之也，鳴之官。

拘婦及其弟問之，堅不承，迫以刑乃服，論斬。

刑有日矣，會官瓜代，新牧覩此案，以無據，復鞫之，叩婦曰：「汝家有他異乎？」曰：「無。」又問：「饔來即食乎，抑移置他處而後食乎？」則曰：「饔嘗一置廚下。」又問：「廚下有毒物乎？」婦頓悟，乃涕泣而言曰：「廚下固多蜥蜴也，夫中其毒矣。」官遂臨其家勘視，復開棺驗尸，則二小蜥蜴在其腹。因上聞，得釋。

紹興張世昌妻案

紹興昌安門外，有販舊衣爲業之張世昌，每出必數月，家惟母妻二人。某年春出，至夏而未歸，一日姑病，思食鷄，婦念姑年老齒落，其鷄未知煑爛與否，因取一臠嘗之。適姑於房中喚媳，婦欲應，而鷄方入喉，不能出聲，氣塞而蹶。姑屢喚不應，匍匐出，視之，則已死矣。以母家相隔百餘里，若俟告而殮，恐天炎尸潰，以桐棺殮而厝之。薄暮婦甦，力破棺蓋出，坐棺側而泣。

時有遠村菩提菴僧獨修與其傭馬四回子提燈歸，聞啜泣聲，問之，婦以實告。獨修舉燈照之，見婦少艾，欲攜歸。以隱語商之馬，馬以爲然，遂告婦曰：「吾引汝歸乎？」婦喜諾。同行里許，至一村，則馬之兄曰二回子者之家在焉。時已夜半，二之眷，以祝壽盡室偕行，門方扃，去其鎖而入。四囑獨修先於竈下燒薪，入內取米淘之，米入鍋，遽拾斧擊獨修之頭，連斫之而斃。乃持斧低語婦曰：「汝從我乎？否則亦請試斧！」婦懼而從之。飯畢，席捲二之所有，挾婦遁。

翌晨，鄰人見二之外門落於地，喚之，無應者，疑被竊，與衆同入察之，一見僧被殺於竈下，入内，則衣服皆空，亟往二之妻家以告，邀之報官。官既驗尸，訊鄰右及二之妻家，僉言是夜二實全家未歸，獨修之徒知師被殺，四不返，疑四圖財害命，亦控之官，官緝四，不獲。

世昌之外舅魏某，聞女死，馳至，赴厝所哭之，棺空矣，聞於官。官細察之，則薄棺薄殮，似非有人盜墳者，而尸又不見，遂成疑案，惟飭差緝訪而已。未幾，世昌歸，見妻死而無尸，再四尋求，終無影響。至秋，其夥伴李茂元復來，邀與同出，世昌以母老身單，不能他往辭之。至翌年春，茂元獨自賣衣至寧海城外，見一家門傍河干，有婦方淅米，提籃而入，酷類世昌妻，茂元疑之。次日，潛身僻處以覘之，確也。詢之人，曰：「此本縣捕役許保賢家也。」茂元歸，告之世昌，世昌赴縣，求一自緝牌，偕茂元及外舅往。伺其妻出，遽擁至縣，控之，並呈緝牌爲據。官訊婦，婦直言上年夏間事，並爲四所脅逃至天台，投親不遇，轉至寧海而貲盡，皆投身於捕快許家爲傭，保賢屢欲私婦，婦不從。一日，四從保賢出緝賊，數日，保賢獨歸，謂婦曰：「四死於水，我已殮之。」婦心疑而不敢詰也。是午，縛婦強姦，謂否則殺，懼而從之，數月矣。訊之保賢，供亦同。及問四死狀，初猶不承，嚴刑鞫之，實供四爲異鄉之人，知無親人根究，誘與外出，乘間擊以斧，又倒斫斃之，而佔其婦。官往驗，四尸傷痕宛然，遂問保賢以大辟。以婦既不知情，屢遭迫脅，情殊可憫，乃贖杖解回。

上海蘇報案

自光緒戊戌政變以後，監謗益嚴，國中志士知非從根本改革不可救國，於是有昌言革命者，而《蘇報》實爲之先聲。時主筆政者爲山陰蔡元培、武進吴敬恆、陽湖汪文溥、衡山陳彝範，而華陽鄒容、餘杭章炳麟方著《革命軍》及《訄書》，載之《蘇報》以鼓吹之。一日，報之論説有「載湉小醜」四字，大吏遂商之上海領事，列名逮捕。仁和葉瀚知其事，告之四人，蔡、吴、汪、陳遂皆逸，章不行，乃被捕。既而以書誘鄒至，同受審訊，侃侃自承，不稍諱。外人以鄒、章爲國事犯，地方官雖索之急，不與，以妨礙租界治安律，判禁西獄三年。

鄒體羸，瘐死，章談笑如平時，期滿得釋。汪既脱於難，旋爲湖南醴陵知縣，會醴陵黨獄起，争之急，多賴以保全。事後被告密，謂汪故《蘇報》案中人，遂去職。

睢寧張氏殺夫案

睢寧有王二者設車廠，年六十餘，娶水寨張氏女，年二十餘，頗具姿色，以是不安於室。王有弟曰三，素無賴，喜漁色，與張氏通。既而廠業敗，餘利又爲弟所據。邑胥某訶知之，一日將掩執之，三奮與鬭，破其額，張得乘間逸去，自是無復敢訛索者。

王偶病痢，張與三謀，俟其睡，灑汾酒於衣被而焚之，尋呼鄰人灌救，灰塵中僅得其鞋。隣人素稔三淫惡，不平，訴之官，訊無端倪。官疑鄰人涎其富，受嗾攀誣，將用刑訊，忽胥扶王至，備述原委，舉衣呈案，則衣袖間猶帶酒氣也，三乃俯服科罪。蓋胥自被擊後，日伺之，聞王病，伺益急，當張在外縱火時，胥自屋頂躍下，負王至家，王固未死也，及家，始投案。

睢寧弑父案

張小三者，睢寧糧差，性悍逆，好食人肉，嘗遣人拾野外棄兒，蒸之和醋以食，或買乞丐以充庖。父牽車爲業，伺小三如奴，偶不稱意，便叱詈，鞭撻隨之。一日，小三赴鄉催科，父御以往，歸至中途，父以飢乏力，車緩行，小三叱使速行，不應，則已倒卧路側，大怒，舉棍力擊其胸，立斃，置車上，覆以席，推之歸。道南關，有路捕某，見而疑之，問：「車上何物？」小三坦然曰：「是野豕，將載歸以佐肴耳。」捕益疑，戲言：「可分嘗一臠否？」小三拒之。捕揭席，則尸也，扭至署，一訊而服，後瘐死獄中。

訟師有三不管

訟師之性質，與律師略同，然在專制時代，大干例禁，故業是者十九失敗。光緒時，某邑有宿守仁者，訟師也，善刀筆，一生無躓蹶，嘗語人曰：「刀筆可爲，但須有三不管耳。一，無理不管。理者，訟之元氣，理不勝而訟終吉者未之前聞；二，命案不管。命案之理由，多隱祕繁賾，恆在常情推測之外，死者果寃，理無不報，死者不屈，而我使生者抵償，此結怨之道也；三，積年健訟者爲訟油子，訟油子不管。彼既久稱健訟，不得直而乞援於我，其無理可知，我貪得而助無理，是自取敗也。」

訟師伎倆

光緒乙亥，江右有所謂破鞋黨者，訟師咸師事之，壞法亂紀，此其極也。有父送其子忤逆者，子大恐，持重金投訟師。師曰：「子無訴父理，奚以救爲！」子出金跽請，師曰：「汝有妻乎？」子曰：「甚少艾。」師曰：「能書乎？」子曰：「予曾應童子試，亦能書。」師受其金，曰：「得之矣，汝試作數字。」子書以示之，師熟視之曰：「汝轉背反手向予，試書符，汝手握之見官，則無患矣，第不得私視，否則符洩不靈，且致大患，慎之慎之。」子諾，聽其書畢，亟握而去，自投公堂。官果詰問，子痛哭不對，官怒呼杖，子如師教，膝行而前，舒掌向官，官視其左手曰：「妻有刁蟬之貌。」其右手曰：「父生董卓之心。」官擲筆與之，曰：「書來！」子書以獻，官對其掌，字跡同，遂叱其父曰：「老而無恥，何訟子爲！其速退，勿干責也。」

湖南廖某者，著名訟棍也，每爲人起訴或辯護，罔弗勝。某孀婦，年少欲再醮，慮夫弟之掯阻也，商之廖，廖要以多金，諾之。廖爲之撰訴詞，略云：「爲守節失節改節全節事：翁無姑，年不老，叔無妻，年不小。」縣官受詞，聽之。又有某姓子者素以不孝聞里中，一日毆父，落父齒，父訴之官。官將懲之，子乃使廖爲之設法，廖云：「爾今晚來此，以手伸入吾之窗洞而接呈詞，不然，訟將不勝。」應之。及晚，果如所言，以手伸入窗洞，廖猛噬其一指，出而告之曰：「訊時，爾言爾父噬爾指，爾因自衛，欲出指，故父齒爲之落，如是，無有弗勝者。」及訊，官果不究。

蘇州有訟師曰陳社甫，其鄉人王某富而懦，嘗以金貸一孀，久不償，遣人召孀至，薄責之，孀愧憤，夜半縊於王門。時適大雷雨，故不聞聲，比曉始覺，懼而謀諸陳，陳曰：「是須酬五百金，乃可爲若謀。」王曰：「諾。」陳曰：「速爲之易履。」王謹受教。陳振筆作狀，頃刻千餘言，中有警句云：「八尺門高，一女焉能獨縊？三更雨甚，兩足何以無泥？」官爲所動，以移尸圖害論，判王具棺了案。

楊某，逸其名，崇明人也，而居於吳門。陰險而多謀，凡訟事，他人所不能勝者，必出奇以勝之。吳人某吝而多財，微時曾貸某孀婦金，後某富而婦轉貧，屢挾券索償，某不與，婦窘甚，乘暮縊於其門。某知之，急遣人邀楊。楊至，則與其僕從作摴蒱戲，意殊閒暇，某固求計，楊曰：「若畏之乎？盍解之下。」某如其言。久之，楊逸興遄飛，若無事者，某又促之，楊曰：「若果膽怯，無寧仍懸之。」某復從之。楊囑其閉門，勿復啓。強某與共戲，且曰：「事易爲耳，毋以忐忑敗清興。」天明，里正過其門，見之大駭，叩扉而入，詢某以故，某如楊所教，答以不知，即偕里正往，首於官。未幾，吏役至，而婦之家人亦來，以索逋不償宛憤屈死求昭雪。官驗婦頸有兩縊痕，疑爲移尸謀陷，遂釋某而反坐，蓋皆楊有以致之也。楊既業是致富，飽食暖衣，逸居無事者久，乃返里作終老計。隣村某甲，鄉農也，妻某氏有外遇，甲亦聽之。一日甲他出，所歡復來，值甲醉歸，與之遇，忿甚，操刃將殺之，少年驚逸。甲怒猶未已，遂殺其妻，醒而悔之，曰：「我未獲登徒子，殺妻無證，不將按律以償命乎！」懊恨無及，求援於楊。楊曰：「事已至此，可速歸，今晚勿掩扉，擎孤燈於室中，操刃伺門後，苟有人至，急殺之，李代桃僵，罪可逭也。」蓋舊律凡姦案男女同時並獲者，本夫可以格殺勿論。甲如所言，返家静候之。其地風俗，凡人夜行困乏，途經廬舍，無論其居停是否相識，苟未闔户而有光，皆可入内休息。二更向盡，果有人攜燈冉冉而至，入室少憩，甲大喜，乘其坐尚未定，出不意，突自後戕之。天未明，即叩門往告楊，邀共議事。楊甫至，急視尸，細審之，不禁大慟，蓋所殺者爲楊之子也。楊子久客經商，與甲素不相識，值省親歸，遂爲甲所誤殺矣。楊僅此一子，哀號而絶。甲不得已，詣縣自陳。縣宰廉其情，知楊咎由自取，乃更逮某少年，科以罪，笞甲而釋之，令爲楊子厚葬焉。

某生者，與同村之富室某中表也，爲之司會計。某夭亡，僅遺少婦而無子，族人意其必不安於室，將乘隙圖之。未幾，婦果與生通，始猶朝至暮歸，繼則與同寢處。族人得確耗，約僕婢啓闥，羣闖入寢室，生與婦皆裸卧，不及遁，連卧具卷而縛之，送城。生妻聞之大恐，亟叩周訟師門而求救焉，則曰：「姦已雙獲，從何置辯？能從我計，尚可爲也。」妻曰：「生死惟命。」乃囑其披髮毁妝，喚健婦扶而去之。其時漏三下，晚衙已閉，巡役見執姦者至，令姑置班館，俟明日早衙呈報。於是安置生妻於密室，而羣坐外室以待旦。訟師偕生妻飲泣而來，役識之，僉曰：「先生何爲暮夜至此？」訟師指生妻曰：「是爲予外妹，所執之男子，其夫也，妹誤爲殺姦，其夫已死，痛不欲生。予曰，執者爲族人，焉敢殺？妹不信，必欲一睹夫面，予故偕之來。」語次，以金授役，役笑曰：「既爲先生妹，請至密室觀之，無恙也。」健婦扶生妻入。未幾天曙，傳呼放衙，訟師亟喚之出，仍披髮掩面，喚輿送歸。無何，官升座，訟者入告，命役將生與婦人幃而給衣，生出，詰之曰：「儒者作姦犯科，可乎？」生曰：「夫妻居室，人之大倫，何爲不可？」官曰：「被執者爲汝妻乎？」生曰：「然。」官曰：「烏得同宿某家？」生曰：「戚某死，其婦少寡，生欲别嫌，是以偕婦同往，不意爲族人所誤執也。」遂喚生妻出，衆見非婦，氣餒不敢辯，官杖族人而釋生。夫婦二人歸，厚酬訟師。

王振齋與李子仙善，旬日必相見，振齋好武藝，善舞刀，子仙欲就學之。一日，訪振齋，留飯，餐畢，振齋出新購倭刀與觀，刃犀利，蓋新出於硎者，相與摩抄玩賞。振齋樂甚，持而舞之，旋轉如意，寒芒逼人。子仙欣羡不已，自其手奪之而效顰焉，用力過猛，偶不慎，及振齋之頸，殊焉。振齋之家屬以子仙用刀殺人控於官，將論抵，子仙知之，謀於訟師，訟師爲改用爲甩，獄上，遂減等免死。蓋用刀爲有心故殺，甩刀爲無心誤殺也，甩者，手不經意而滑，以致傷人也。

袁寶光者，訟師也，一日爲某家作訟詞，事畢，夜已闌，急返家。半途，適州牧巡夜至，喝止之，問爲誰，袁答曰：「監生袁寶光。」問：「深夜何往？」曰：「作文會方回。」牧久耳其善訟之名，追問曰：「何題？」曰：「君子以文會友。」曰：「稿何在？」曰：「在此。」乃將訟詞稿呈上。牧遂令卒提燈照閱，袁睨其方展開時，直前攫之，團於口中，曰：「監生文章不通，閱之可笑。」牧無如何，釋之去。

一日，袁往富家弔喪，欲詐其財，乃將禮帽之項繩不繫於頸，面靈禮拜，帽無繩，俯首而墜地，孝子竊笑。袁見之，怒曰：「汝身居血喪，竟敢竊笑，其罪一；吾來弔喪，汝笑，非敬客之道，其罪二。有此二罪，我必訟之，以正澆風。」富家懼其善訟，出數百金謝之。又有富家子好獵色，一夕爲人所獲，詐其財，富家子謂須取之家，捕之者不信，遂剪其辮之半以爲誌。富家子歸，懼詐之者有所挾要求不已，乃商之於袁，袁以爲難，富家子乃賂以多金。袁告之曰：「明日西門外演劇，汝可挾剪往，於人叢中多剪數人之辮與汝同者。既剪後，將剪及髮棄遠，復擁入人叢中，僞作摸索者，呼曰辮爲人所剪，則人皆摸辮，被汝剪者必同。汝尋人某家，不敢以汝無辮詐汝矣。」富家子如其言，果無事。

皖南何某以善訟名於時，時皖北大旱，燕關道禁止皖南米穀出口。有米商私運米數千石，爲關吏所拘，將議重罰，商賂何求計，何爲撰稟，中有句云：「昔惠王乃小國之諸侯，猶能移河內之民，以就河東之粟，今皇上爲天下之共主，豈忍閉皖南之糶，以乘皖北之饑？」道見之，以所持甚正，因免其罰。

知縣某需次浙江，受知於巡撫而積忤於將軍，將軍思以中傷之，則非其屬，屢諷於巡撫，輒左袒。某年元旦，行朝賀禮歸，將軍即具章劾知縣朝賀失儀，當大不敬，以爲巡撫且負失察之咎，不敢迴護矣。事聞，朝旨果以讓巡撫，巡撫憤懣而無可奈何。其從者偶語於酒肆中，爲某訟師所聞，即大言曰：「了此，八字足矣。」從者驚詢之，則曰：「何易言耶！予我三千金我即傳汝。」從者陰以白巡撫，巡撫喜，諾之。訟師曰：「試於奏牘中加『參列前班，不遑後顧』八字，則巡撫無事矣。」巡撫思之良然，遂入奏牘，而朝旨果又轉詰將軍。蓋巡撫、將軍朝賀皆前列，不能顧及末吏，若將軍親見此令失儀，則將軍亦自失儀矣，將軍遂以此失職，而巡撫與知縣皆無事。

訟師龔某多譎計，有以醉誤殺其妻者，蓋酒後持刀切肉，妻來與之戲，戲擬其脰，殊矣，大驚，問計於龔，龔曰：「汝鄰人王大奎者，狂且也，可誘之至家刃之，與若妻尸同置於地，提二人之頭顱而詣官自首，則以殺姦而斃妻，無大罪也。」

周某唆趙某訴訟

周屠，初非屠也，少時爲貴公子，後敗，於是爲屠。其父嘗爲某省太守，恃其戚某爲京都權要，因恣爲不法，民不堪命，訟之省者屢矣。大吏不能庇，以告周，諷令辭職。既歸，則包攬詞訟，武斷鄉曲，所入與作吏時略等。周喜曰：「吾今而後知紳之足以致富也，何必官？」

先是，鄉人趙某者以小康聞，有田與周接壤，經界不清，恆起糾葛。周怒，糾衆拔界而據之，召人佃焉。趙本愿，又懼周勢，弗敢抗，則以券歸周，曰：「吾弗欲結怨，且田已歸彼，不如因而結之。」周以爲誚己，且以趙長厚可欺，亦佯與交歡。

趙之鄰沈某素無賴，嘗醉忤趙，趙避之，沈追抶趙，趙子亦虎而冠者，見而怒，推沈墮之河，趙急救得不死，以是相忤。里有文昌會，每歲首，輒羣聚而飲宴，會中人按年輪值，有田十頃，爲會產，趙、沈皆與焉。於是值趙爲主，以產事與沈有違言，沈以宿忿，復毆辱趙。周聞之，大喜，謂沈弗讓，而唆趙訟之官，曰：「吾爲子助。」趙信之，因訟焉。頃之，周語趙，事大棘手，官索酬重，必與之。趙計酬，與所損略相等，欲弗訟。周曰：「不可，官事非兒戲，訟之作輟，寧由爾邪？」又故激之，趙不得已，忍痛與如數。未幾，周又曰：「事難矣，官已准爾，而沈訟之省，卽官亦弗能庇，奈何？」趙大懼，屬周爲之謀，周曰：「省中大吏皆余舊友，救爾不難，顧非千金不可。」趙曰：「吾安所得此？」周沈吟曰：「今官中非賄不行，非可以一紙訟詞爭曲直者。且吾聞某要人爲沈借箸，不速了，子必無幸，無已，子以券來，吾貸爾可耳。」趙懾其言，又不解官事，以爲事良危，則勉措半數而貸其半於周，署券約償。已而聞沈實未訟，皆周爲之，則怒不可遏，往與拚，周則縛而送之官，以訛詐罪之。趙老，又憤怒苦痛，死於獄。趙子商於外，聞之則亟歸，糾諸無賴，夜塗面持火炬利刃，破周户入，擒周，縛之柱，徧淫其婦女，迺盡殺之。復以火燒殺周，刼其財，縱火焚屋而遁。是役也，周氏殲焉。

周子有妾王氏方在母家，以故得免，有子即屠，時年十三，英慧有志氣，助母訟，而官以周冒己名得賄，已實無分，故大怒周。又以周死莫爲毒，乃爲廣捕延案，久之未得犯，王又改嫁去。屠流爲丐，走京師，訪其戚某者，則同時犯案，謫戍新疆，流蕩數年，輾轉至江漢，乞於市。趙之鄰人沈某者，時亦爲乞，遇之，沈言一月前見趙子在此甚豪，尾之，下江輪去。屠約沈共往覓之，沈不可，屠曰：「彼産悉余家所刼，苟璧返，必與爾分。」沈喜，從之。往來蘇皖間，卒不得，沈意漸怠，而屠志益堅。一日，至蕪湖某廟，天雨，有數人避入廟，操鄉音，出見，則趙子也。大喜，告沈，沈曰：「不可，彼死，吾弗知其居，産何可得也？不如尾之。」屠從之。雨霽，趙子出，二人尾至一處，趙子匆匆入。誌其里居，返而謀之，議定，夜半撬門入，聞鼾聲起，沈往叩門。趙子起啓户，叱問誰何，屠舉刃劈其首，裂爲二。有婦人出，大呼，亦殺之。因聚火焚屋，二人佯爲救火者，盡掠所有返。分訖，屠乃歸里，購小屋居之。未幾，所得貲漸罄，大懼，有屠某，見而收爲徒。屠死，無子，肆屬周屠，周屠善營生，鄉之市肉者，必之周屠。屠後又富矣，然較其父産，弗逮千之一耳。

上海教民占田廬案

李超瓊字紫璈，四川人，光緒時以名翰林出宦江蘇。機變有吏才，其折獄也，不規規於繩尺，常奇妙出人意表。令上海時，天主教民横甚，前令卽以教案去者也，李至，卽與神甫法人某極意交歡，抵任一月，案無留牘，獨教案悉置不問，邑人争怪之。一日，有鄉民投狀，稱田廬爲教民某甲所佔，李諳甲惡，立擒而嚴鞫之。甫坐堂皇，一人投書公座，李受書，拍案大怒曰：「我何人？此何地？強佔人田廬何事？敢以書來關說耶！」取書碎裂之，令役以亂棍逐投書人出，置甲於獄，不復問。

少選，神甫至，李執禮甚恭，而神甫殊負氣，卒然問李曰：「我二人交情何如？」李曰：「善也。」曰：「然則何爲見辱？」曰：「不敢。」曰：「君自辱我，何復掩飾？」李佯爲惶恐狀，曰：「實未開罪，小人之讒，君毋疑焉。」神甫作色曰：「誑言，大罪惡也，君奈何故蹈之？君更不承者，余二人之交且絶。」李曰：「不知君意旨所在，明以告我何如？」曰：「頃君擒甲，將治以罪，有諸？」曰：「然。」曰：「甲非作奸犯科者，余有書請釋，君見之否？」曰：「書固見之，人亦將釋矣。」曰：「然則何爲辱余使？」李訝曰：「乃有此謠諑耶？君殊誤信。」神甫大忿曰：「君猶欲欺人耶？余書且爲君所碎，茲事安可假！」李瞿然，探袖出原書曰：「幸有此語，書固完好，謠諑可明矣。」蓋李知神甫必有請托，平日往來之函悉同式，故預置一枚於公座，所碎者非原書也。至是，神甫默然無語，李揶揄之曰：「君不云乎，誑言，大罪惡也，尊使敢欺君，教中亦有罰條否？」神甫恧然曰：「余爲此輩所給，今歸，當盡除其名，甲聽君辦，不復乞情矣。」李曰：「謹如命。」

神甫既去，李復升座，提某甲出，笞一千，荷校一月，田廬悉判歸原主。更檢前此所延擱關涉教民之案，按名擒治之，神甫亦終不過問焉。

京師中興旅館案

京師正陽門外西河沿有中興旅館者，地當繁會，密邇東西兩車站，蓋從政者流謁選朝覲之所萃也。光緒乙巳春，一日有客至，操近畿音，而資裝殊少，館人以常客遇之。客居二十四號房，寡來往，日無所營，惟寂處，踰數月，未言去。旅館通例，客戒行，則給茶酒之資於侍者，常住者苟非聚博或他遊戲事，則侍者無所得，故侍者每喜新客，客居久則厭之，呼茶呼飯不時至，其慣習也。

某日晨，二十四號之房門不啓，侍者問掌櫃，則門鑰未交，掌櫃以其積欠房膳金也，疑其遁，穴窗窺之，見衾筵未動，人橫於地。時流行疫方盛，意必猝病致斃，然何又白鎖其門？顧已見死人，則羣駭而呼，俄頃間，旅客亦麕至，有詢者，有詰者，有疑掌櫃挾嫌者，有責侍者不謹者，咸張口眵目，環集室外，百聲雜叱，喧囂不可止。

於時掌櫃排衆發言，謂：「寃有頭，債有主，人死於店，爲店主之責，無多言，決不爲諸公累。但客何以死，何以鎖門而死，事非驗不明。以吾之意，其開門，乞諸公爲之證，如可者，則令侍者開門。」客相視無言，顧亦無他策，則羣從掌櫃呼侍者，伐鎖而啓門。

門啓，羣鬨而入，見赫然陳於地者，其旁有血跡，則又羣駭而呼，掌櫃曰：「毋躁，姑視之。」則羣卻立以觀。時則值此號之侍者膽頗豪，且知無所逃其責，從掌櫃之指，迫而觀之，瞿然曰：「非客也，此德恆玉器鋪夥也。」掌櫃從而察之，曰：「噫，是矣，客何往？此德恆玉器鋪夥也，胡爲死於此？且有傷。」客言：「事至此，宜鳴官，非然者，余輩且不敢居此。」掌櫃亦曰：「事至此，宜鳴官。」乃令侍者守其室，至外城巡警總廳報之。

京城地面刑名事向屬城坊，是年九月裁城坊，初置巡警部，設內外城巡警廳丞僉事各官，粗舉大綱，調用人員，半年少氣盛，常喜事，有案報，則隨往。時勘案者爲行走僉事某，先行正式之勘驗。當據勘驗得，中興旅館房屋一所，坐落外城右一區西河沿中間路北地方，計共平屋四層，西跨院平屋兩層，二十四號房在中間第二層正房東首，隔牆小院，北屋一間，向東向南均不通別處。南窗兩扇，窗紙有穿孔，窗西邊朝南房門，門上布帘，門屈戍已毀。房內靠窗土炕，枕席未動，西牆方桌一張，上置茶壺煙袋零件，東牆櫈閣軟包筐子零件。房內單靠二，方杌一。尸卧炕前桌旁，仰面右側，頭西足東，左足微曲，地有血跡，旁遺小刀一柄。又命移尸向光處，檢驗尸體，當據檢驗得，死者李玉昌，年一十七歲，身穿藍夏布長衫，白布坎肩褲，鞋襪全。尸身量長四尺三寸五分，仰面，面色白，致命左乳下尖刀傷一處，斜長七分，寬三分，深入內。合面，穀道污穢，餘無故。委係生前受傷身死，兇器小尖刀一柄，比較傷痕相符。

僉事勘驗畢，命將尸身掩蓋，行就地之研訊。於是傳訊店主，問姓，答：「周。」問名，答：「祥美。」問：

「何處人？」答：「山東登州府福山縣。」問年，答：「四十八歲。」問：「此店爾親開否？」答：「是。」問：「若干年？」答：「二十餘年。」問：「店事何人經理？」答：「掌櫃王小侯經理，小人往來店中。」問：「家住何處？」答：「順治門外廣積寺後身。」問：「今晨出事時，爾是否在店？」答：「不在，聞報前來。」問：「二十四號住客何名？是否認識？」答：「住客陳興法，素不認識，住店後，曾經見過。」問：「死者何人？曾否認識？」答：「死者李玉昌，門框胡同德恆玉器鋪夥計，常攜玉器包到店，認識。」問：「與住客從前有無買賣口角等事？」答：「小人不常在店，不知細情，要問掌櫃。」問：「爾店敢有窩藏匪徒及容留來歷不明之人？」答：「不敢。」又傳訊掌櫃，問：「汝是王小侯？」答：「是。」問：「年幾歲？」答：「四十五歲。」問：「掌櫃幾年？」答：「前年到店，今三年了。」問：「何處人？」答：「寶坻。」問：「與店主如何相識？」答：「買賣相識。」問：「前作何買賣？」答：「天興樓南菜館管賬。」問：「因何到此店掌櫃？」答：「在菜館時，與此間店主常有來往，後因天興樓菜館歇業，本店需人襄理，遂由舊東保薦到店。」問：「有無家屬在京？」答：「小人家住寶坻原籍。」問：「在城在鄉？」答：「城東小池後。」問：「時回家否？」答：「到店後尚未回家。」問：「二十四號住客，果相識否？」答：「小人認得。」問：「何處人？」答：「京東。」問：「到京何幹？」答：「據説謀作洋貨鋪買賣。」問：「何時來店？」答：「今年正月二十四日。」問：「住店是否半年？」答：「五個多月了。」問：「平日何人來往？」答：「客甚寒且土，有前門東義興成洋貨鋪夥計張姓，大柵欄豫祥南貨鋪夥計不知姓等，與他認識。」問：「時常來往？」答：「不常來往。」問：「平日如何情形？」答：「長日寂處時多。」問：「向來出門，鑰匙有無交櫃？」答：「向來出門，鑰匙一定交櫃。」問：「與店中夥計相處如何？」答：「買賣生意，一樣招呼，惟久住不去，謀事無成，房膳錢並且短少，夥計們不甚瞧得起有之。」問：「有無口角情事？」答：「飯店生理，來往卸載，接送招呼，小店客人不少，夥計們知道規矩，不敢有口角情事。」問：「李玉昌攜包串店，櫃上自然相熟。」答：「櫃上夥計們，人人認得。」問：「與此陳客人有無買賣交易？」答：「未有。」問：「向不大叫進否？」答：「有時叫進，夥計們知道。」問：「何時犯事？爾是否在店？」答：「櫃上鄭重，向不離店，但二十四號房是個死院子，小人前後招呼，不能時常到彼，有時招料不周。今日早飯時，夥計們來問鑰匙，大家去看，方纔知得。」問：「欠房飯錢多少？」答：「三月有餘，約六百多串。」問：「然則欠店太多，必然迫脅索取。」答：「長年買賣，不在幾百串錢，夥計們不敢。」又傳訊侍者，問：「爾何名？」答：「小人叫老王。」問：「在店幾年？」答：「兩年多了。」問：「二十四號房，爾所值否？」答：「小人與李三、朱五同值第二層房，小人值東邊一帶，朱五值西邊一帶，李三承接往來。」問：「出事時，爾定知悉。」答：「小人當時不知，今早開飯，房門不開，始報掌櫃，一同入看。」問：「爾既專值此房，豈有住客房内出此大事爾竟聲息不聞之理？定係知情畏罪，圖賴胡說。」答：「小人不敢，小人疏忽是實。」問：「有此理乎？」答：「小人委實不知。」問：「爾偕掌櫃入，是今晨何時事？」答：「約晌午，店中開飯之時。」問：「今晨尚聞此號住客聲喚否？」答：「不曾聽得，小人只當他睡眠。」問：「昨日何時之後汝不曾到此號房？」答：「昨晚飯後，小人到房拾掇家伙，泡茶掌燈，客人尚是好的。」問：「此後便不聞聲息？」答：「八點鐘時候，有山東孟老爺下店，官客堂客五位，僕從行李不少，正住二層正房，小人偕同李三、朱五幫同照料，人聲嘈雜，是不曾留心得。」問：「然則死者李玉昌，是爾認識？」答：「小人與彼極熟。」問：「昨日何時到店？」答：「昨日來店，不止一次，小人們晚飯時，他尚看喫談笑。」問：「此後如何？」答：「此後小人有事，便顧不得了。」又傳訊玉器店主，問：「德恆玉器鋪爾所開否？」答：「是小人親開。」問姓，答：「張。」問名，答：「冠成。」問：「幾歲？」答：「六十二歲。」問：「何處人？」答：「保定。」問：「在京開店幾年？」答：「三十來年。」問：「家住何處？」答：「取燈兒胡同。」問：「店中夥計若干？」答：「小人親自照料，並無夥計，僅有學徒三人。」問：「如此，死者是學徒否？」答：「是。」問：「到店幾年？」答：「十四歲到店，今年十七，有三年了。」問：「此人平素如何？」答：「老成小心，在店甚是得力。」問：「可惜了，昨日何時離店？」答：「是，甚是可惜，昨日是早晨離店。」問：「有無攜帶貨包？」答：「攜帶貨包。」問：「內有何物，爾自當有賬。」答：「是，小人親手交與，小人記得。」當呈貨單一紙，內計漢玉鐲三隻，翡翠玉鐲二對，漢玉搬指一隻，翡翠搬指三隻，白玉皮翎管二個，白玉翎管一個，翡翠煙嘴五個，翡翠朝珠全串，珊瑚紀念四副，翡翠佛頭二副，碧霞佛頭一副，翡翠押髮三根，翡翠如意簪一根，白玉匾簪一根，玉皮大簪一根，各項煙壺四個，各項手串五副，翡翠耳挖簪籤零件十六件，白玉帶頭一個，翡翠帶頭二個，白玉皮帶頭一個，各項戒指等零件十九件，蜜蠟朝珠全副，金珀朝珠全副，桃核朝珠全副。以上約估值銀一千二百兩。僉事閱畢，問：「有無銷售？」答：「此是早晨攜出之物，在外一日，不知有無銷售？」問：「向來店中何時檢貨？」答：「晚歸報賬檢貨。」問：「如此，攜貨出店，當晚必需回店歸賬。」答：「有時亦不一定，緣李玉昌家住西河沿西頭，尚有孀母，只此一男，有時便住家中，到次日一併歸算。」問：「何以昨晚不歸？爾不曾查問？」答：「小人過十點鐘回家過夜，當時未曾查問得，今晨到店，以爲是彼住在家中，亦未詫異。晌午，此問店夥報信，小人趕忙前來，得知店主已經報案請驗了，留此聽傳。」

尸母李張氏喊訴孤苦，求伸雪，傳令候諭。因諭店主曰：「事出汝店，店主莫可辭責，著先繳銀八兩，給尸母領尸自行棺殮，店夥老王帶廳，聽候緝兇質訊，餘人保釋。」諭畢，僉事歸，署中人已散值矣。

檢察某者，以巡警部衞生司主事兼巡警檢察事，值夜班，留廳署。僉事與談，告以適所檢驗事，相與研究之，檢察曰：「從來江湖無善士，店家窩匪爲匪事常有，不可信。死者之爲玉器夥，無確證，貨包已失，可揑造，住客爲誰，我輩未之見。使我爲政，今日必帶店主掌櫃歸。」僉事曰：「不然，店客固不一，此號客，曾有見之者，有與往來談笑者，玉器夥，更有曾與交易者，店主縱爲惡，不能盡掩諸客口。以我所見，此號客不獲，終難水落石出也。」檢察曰：「不然，君之意，以爲房屬此客住，有死者，縱非手所殺，必有關涉事。以我見，如所語，此號住客，在店已半載，欲爲姦亂，何不早措手？且欠房膳金，境蓋迫，彼能殺人，何若是之窘？」僉事曰：「不然，客殺人，非我所敢臆，特與此案不能無所涉。使非然者，胡爲事起而人逸？以我見，參子語，店事誠不敢盡信，或知其隱而故縱。所謂房膳金者，乃以自卸責，以明客之遁，於店爲無益，斯可以免詰。我今悔不帶店主或掌櫃，得與君共訊之。」檢察曰：「是亦毋須，如君語，此客必有其人，得其人，案自了。我輩今且思之，客之遁，出何道乎？將走漢，將走津？」僉事曰：「不能，客無篋。」檢察曰：「將匿於他店乎？」僉事曰：「不能，貨包所到，必有識之者。」檢察曰：「妓寮乎？」僉事曰：「亦不能，宵尚可，不易爲終日計。」檢察曰：「其荒野乎？小窪之南乎？天壇之間乎？」「或有之，寺刹之中，貧民之家，殆不易有消息也。」檢察則轉念曰：「是亦不能，彼攜玉器，適荒野，誰用之者？」僉事曰：「迂哉，彼攜玉器而必如常法以求售者？今日一日，我輩早獲之矣。」語次，鐘十鳴，檢察曰：「吾今且巡班，而暇與子參悶謎，行矣，明日談。」則易其制衣革鞾，橐橐而自去。

僉事者，家於晉，孑身留京，宿逆旅。時既晚，則亦無歸意，躑躅室中，輾轉所檢事。倦而坐，復起行，旋又倚榻而假寐，自語曰：「遁乎？必遁，無留京理。何往乎？近畿一帶。騾車乎？步行乎？不能，是將遁，必謀速。何物最速？汽車乎？南走漢，東走津，則離京矣，吾何從而弋之者！屈指計之，其離店已一日矣，遁津乎？匪特津也，登舟矣。遁漢乎？宿彰德矣，吾何從而弋之者。」瞿然曰：「此予至部第一件承辦案也，萬不可使遁，萬不可使遁。雖然，遁矣，遁矣！」轉念曰：「速乎，或猶留京，徐一日以定所向乎？」自解曰：「亦不然，玉器一包，縱如罩所開，不足以供大策畫，仍易錢耳。賣之乎？果客也，彼無售處。質之乎？於理爲近。雖然，所攜又太多，將啟質庫疑，非也，非也。」躍然起，坐於榻曰：「我愚矣，彼離京而售，誰識之？」憮然曰：「漢口乎？大商場也，雖然，太遠。亦不然，沿鐵道而數，隨處皆可售也。彰德乎？果南走，今日必售之彰德，今吾何術以遮之者？聽之而已。或東走乎？得之矣，有電話在，雖不在津，盍一訊？」急起行，向牆而立，傳電話至津。

僉事方傳電話，檢察躍而入，曰：「事乃大快。」僉事曰：「何如？」檢察曰：「適所言者，吾已得之矣。」僉事曰：「何如？」檢察曰：「適出門，吾順道南轉，過天壇，則有至可疑之跡，發於道旁茶棚。」僉事曰：「何如？」檢察曰：「夜深矣，乃有坐而啜茗者，審視之，則其人所攜者玉器包也，吾乃執以俱來。」僉事曰：「有是乎？人何在？待吾訊之。」

僉事出訊所獲者，供爲琉璃廠大升玉器鋪夥，京東人楊立三，晨攜包出店，在果子巷口，值其戚永定門外王某，告以要事待商，因偕至其家，則以新生子三朝作湯餅，堅留晚酌。及歸，已日暮，路長行倦，在天壇旁茶棚啜茗，突蒙巡班老爺拏案。僉事方遲疑，欲提旅館侍者質訊，檢所攜玉器包，見所攜玉器，有與德恆號開單相符者。反覆閱，忽覩包裹角上有戳記，審之，則大升玉器鋪也。乃責之曰：「巡警新章，十鐘後，店鋪均掩門，不得有串客人等攜包出外行走，汝爲店夥，豈不知？乃猶攜包啜茗乎？是宜懲，不汝貸。」於是值役執黑索，擁立三以去。

僉事退，面檢察，檢察愕然曰：「君何不一訊之？」僉事曰：「訊之矣。」檢察曰：「否，予所謂者，旅館事也。」僉事曰：「此非德恆鋪貨包，攜貨包者，遍內外城皆是，何能一一訊以旅館事？」檢察曰：「拙哉，君之承審也，罪人肯持明證以示君乎？有店夥在，胡不質之？」僉事曰：「然，罪人斷無持明證以示吾者。君盍思攜貨包者，遍城內外，所攜貨包，決不假他人手？人殺德恆店夥，何處得大升店包？縱已彌縫，曷不取他袱易之？尚留此玉器之包，藏其殊別之點以示君，而待予之反覆詳審也。」檢察曰：「雖然，人情鬼蜮，安知不與旅館通，竊人袱以爲嫁禍計乎？」僉事曰：「然如君言，人皆莫我拙，我作旅館侍者，將證我店主與殺人賊謀耳？」檢察曰：「審判事，毋寧信人爲惡。」僉事曰：「人猶在所，明日任君爲之，何如？」

明日，僉事奉堂官命赴天津查此事，既登車，則見別一車之裏門角坐一人，左手貫翠玉鐲，色燦然，攜黃布包，面左向，不可覩。至津，方下車，則遇天津警長，僉事握其手而勞之曰：「在此不可談，試觀彼。」警長順其指，急釋僉事手，奔而前，突阻一客之路。客何人，即僉事車中所遇之人也。客惶然顧曰：「胡爲者？」警長曰：「無他，談話耳，汝不觀我衣警服乎？汝何爲者？自何來？」客期期曰：「通州。」警長曰：「通州乎？然則客昨宿京矣，亦聞京城有事乎？」客曰：「未聞，我未宿京，徑來耳。」警長曰：「徑來乎？則吾將問汝，汝何時登汽車？」客曰：「今晨。」警長曰：「經何處？」客曰：「不經何處。」警長曰：「至津始下車乎？」客曰：「然。」警長曰：「來津何事？」客曰：「將訪戚友。」警長曰：「何人？」客曰：「姓王。」警長曰：「止，通州抵京有鐵道，通州抵津無鐵道，此爲京城東來第一次車，在京七時三十分開行，京通車尚未到，汝由通州來，安得今晨上車？安得不宿京？」客曰：「否否，我固宿京，適語訛耳。」警長曰：「然，汝亦宿京矣。吾問汝，汝何處人？」客曰：「異哉，我不云通州乎？」警長曰：「通州矣，然則鄉乎，城乎？」客曰：「我耕者耳，惡得在城！」警長則疾指其腕曰：「汝耕者乎？是胡爲者？」客立變色曰：「是，是固非我有。」警長曰：「非汝有乎？顧是物乃至有關係，吾料必有二，汝無恐，吾將搜汝衣。」客曰：「不能。」警長曰：「不能乎？試觀吾身，吾今以警權禁汝，不容汝不能。」少選，巡警麕至，觀者如堵牆。巡警驅人，人略退，圍立成環形，各引其領張其目。巡警褫客衣，於懷中得同式之鐲三，若手串，若煙壺，凡玉之類若干具。警長則攫其黃色之包以授僉事，乃以所搜得，布之地，指以問客曰：「鐲有三，胡爲貫其一？凡此零星物，汝之耕，豈種玉者？」客顫其聲曰：「冤哉，是吾舅氏屬我攜津者，我惡得有是！」警長曰：「汝舅何業乎？」客曰：「玉耳。」警長曰：「設肆於何處？」客曰：「通州西門大街萬利。」紛擾間，僉事已展包，尋其角，則固門框胡同德恆字號也。乃止警長曰：「得之矣，字號已符，復何遁？」且舉包以示客曰：「京城門框胡同德恆玉器鋪夥計李玉昌爲人所殺，失其玉器包，吾方奉文捕汝，汝不信，盍觀此！」則啓其襟，出文書，露一角曰：「汝萬利，今不利矣。」顧警長曰：「請子令，且寄所。」於是巡警四人趨而前，執其人，挈其贓，而羈之於車站巡警派出所。

警長語僉事曰：「君爲此來耶？」僉事曰：「子車何在？能同乘否？」警長曰：「可。」出站，則有馬車在，二人同升，御者請所之，僉事謂警長曰：「今且詣貴署。」御者諾而行。僉事乃出所懷之文書，展以示之，曰：「是固非爲彼也。」警長取閲，覼然曰：「乃爲此耶，此早具而待。」俄頃，車及門，相將下，入辦事室。少頃，進午餐，餐已，僉事别警長登車，警長則派巡警二人挈人與贓從之。

閲三時，僉事乘車至京師前門矣，天津巡警二，車站巡警四，或挈黄布包，或持翡翠鐲，縶一人，從車後，經大街，折而西，以至於外城總廳之公署。

入門，則聞詰責聲，蓋方訊事也。僉事問同署中人曰：「有案耶？」則答曰：「昨事耳，君不知耶？檢察公以子爲懦不任事，昨夜已詣宅，特遣君至津，今日彼爲政矣。」曰：「咄，彼傖父乃以我爲懦，試觀懦者之所爲。」語未畢，檢察已退，突見僉事，道勞苦。僉事曰：「有少事，幸恕我，容後談。」則出訊所獲，提店夥老王質之，一鞫而伏。

疊供，立詣部，回堂，堂官曰：「君曾詣津乎？」僉事曰：「歸矣。」堂官曰：「何速？」僉事曰：「今晨接知會，即乘早車往，不敢遲。」堂官曰：「昨午一區案，須速訊。」僉事曰：「已破獲。」堂官曰：「某所訊耶？吾固遣助子。」僉事曰：「否，僉事昨勘歸，已略得端緒，即傳電話問津局，屬在車站留意。今晨出，乃適與逭犯同車，當會津警執之歸，頃已取供，謹呈閲。」

堂官受而讀之，其詞曰：「外城巡警總廳呈，所有右一區呈報中與旅館住客殺人刼物兇犯脱逃案一件，相應據敍勘訊情形，摘録供詞，開具清單，呈部核明奏咨辦理可也。謹呈。」至其清單之所開具者，則曰：「一中與旅館住客陳與法殺死德恆玉器鋪夥李玉昌刼去貨包乘閒脱逃一案，僉事上行走分省知縣某某據勘得，中空解廳研訊。據兇犯陳興法供，年四十七歲，通州人，父母雙亡，兄弟俱無，妻子已故。向在通州西門大街德成洋貨店生理，去年臘底，該店折本閉歇，在通無處謀生。今春正月，由通來京，住居西河沿中與旅館二十四號房内。這幾個月來，旅費告竭，在京尋人不著，告貸無門，正在進退爲難，這死者李玉昌，與小人素無仇隙，禍緣當日店中到有大批客人，聲勢煊赫，行李衆多，店中招呼不開。這李玉昌在院中站不住，便到小人房内閒談，取笑小人鄉下人，没中用的材料。小人羞憤成怒，不合與之口角，順手取切白肉小刀，作勢威嚇，一時失手，刺中左胸，登時倒地斃命。小人見勢不佳，見財起意，取得這李玉昌所攜玉器貨包，思量逃走，恐怕被人看破，將房門仍舊鎖上，溜出店門，店中人雜，無人留意。小人出店後，冒充賣貨，在小李紗帽胡同喜順下處混過一夜，次早，明知有人查問，不敢露面，卽至南小窪龍泉寺一帶藏身。第二夜，聞得廳上已經獲人，希圖脱走，當到東車站搭逭州車，情急慌忙，誤購天津車票上車，意圖到津再走。後見有人上車，認是廳上老爺，情知不妙。車到楊村，等候交車，心想走下，適車門被老爺攔阻，不敢闖過。到津後，卽蒙盤詰獲住的。玆蒙提訊，小人不敢虚揑，總求恩典就是。所供是實。」

堂官閱畢，交僉事曰：「辦事殊迅速。昨者某某言，方以子爲懦。」僉事曰：「仗大人訓誨，幸獲耳。」堂官曰：「是宜補店主諸人供。」僉事曰：「是，特先請示，尚容敍稿。」堂官頷首。僉事出，乃面檢察曰：「何如？」檢察拱手曰：「讓君一籌，幸恕唐突。」僉事曰：「豈敢，是亦幸耳。雖然，奇情異想，余終讓子。特天下奇事少而常事多，客則客耳，殺人則殺人耳，必求特異之情，非常之謀，以推其事之真相，而真相乃愈遠。如斯案者，吾不敢謂不得力於余之拙也。」檢察唯唯謝過。於是備文呈部，如例辦結。

懷寧斃倪玉貞案

安徽懷寧縣之五道街王某官京師，物故久矣，有子曰樹屏，未受室，坐擁資產。姊曰麗芙，長樹屏一齡，樹屏幼讀書，麗芙隨母習女紅。母年邁多病，因吸鴉片，麗芙司其事，久之，而麗芙亦隸名於黑籍。樹屏體素弱，不能多讀，師恆放任之，暇輒隨姊吸煙以爲樂。麗芙時年十九，情竇漸闢，而曖昧之事，遂鬨傳於外，所憒憒者，其母而已。

麗芙夫家梁姓，亦宦族，梁氏子就學於某校。麗芙既嫁，樹屏日益憔悴，母不察，急思爲之擇婦。有舊戚倪氏者，世業鹺，家亦富厚，女曰玉貞，年與樹屏相若，遂論婚焉。問名納采，諸禮咸備，母乃使人迓麗芙返皖，襄內政，壻以就學，不能偕來。麗芙歸，往樹屏室，責之曰：「今而後，但見新人笑，那聞舊人哭？茲與汝約，苟與新婦諧伉儷者，吾將以白綾繫頸，畢命汝前，吾魂必蜿蜒於汝夫婦之床第。」樹屏聞之，俯首不語。

花燭之夕，麗芙引樹屏至祕室，誡以勿與玉貞綢繆，樹屏曰：「我可從命，然亦安足使姊之不疑？」曰：「我自有術。」於是出紅線數縷，爲樹屏縫其私作小結束，曰：「汝自去休，晨來，我將驗汝。」樹屏不得已，謹如約。天明，樹屏急往就麗芙，袒衣使驗之，麗芙大樂，自是麗芙實代玉貞之職。久之，玉貞察樹屏舉動而大悟，言語間，遂不能不謗及麗芙，而殺機於是伏矣。

光緒丙戌五月六日，凡爲父母者，例接其既嫁女以歸寧。及暮，玉貞歸，微有酒意。樹屏忽與麗芙計議，將死玉貞，麗芙曰：「計安出？」樹屏曰：「彼嗜飲，若再以酒促之，俟其大醉，我扼其吭，姊以羅帶縊殺之，以暴疾告其家，大事畢矣。」麗芙允之。樹屏乃含笑入玉貞房，備極親暱，復命婢令庖人進饌備酒。未幾，夫婦相對，觥盞交錯，樹屏累以大杯相勸，玉貞連進數觥，而玉山頹矣。樹屏令婢去，曰：「將就寢。」少頃，麗芙來，樹屏急起相迓，詢之曰：「攜繩未？」麗芙曰：「否。」言未已，覺窗外忽有窸窣聲，麗芙命樹屏出視之，良久，笑語麗芙曰：「外有蛇，蜿蜒蕉葉爾。」麗芙忽遥語樹屏曰：「試捉之。」樹屏如言，馳入室，麗芙手已握剪，使樹屏以蛇持近玉貞口，已則以剪斷其尾，蛇負痛，奔入玉貞腹，玉貞遂騰撲於床，不三五擲，死矣。時已破曉，樹屏令麗芙遁，呼侍婢，告以暴死狀，訃聞於倪。玉貞母率其媳齊氏來奔喪，察玉貞死狀，憤不能平，鳴之官。懷寧令往勘，時腹已脹，乃盡褫上下衣，反復詳視，無傷痕，口齒亦無毒質。官將訶責倪，其媳注視死者下體，忽大呼曰：「結褵近一年，而小姑身猶處子，何也？」時樹屏色頓變，一訊而服，乃械之回署，繫於獄。樹屏百計請託，有爲之致書於令者，樹屏又重賄倪，倪以案無佐證，亦不苛求，而樹屏遂出獄，與麗芙相狎如初矣。

秋瑾冤死案

山陰秋女士瑾之死，爲紹興守貴福所殺也，桐城吴芝瑛女士經紀其喪，芝瑛確訪其事，而知爲冤。蓋秋自被逮後，卽入山陰獄，次日夜深，正商明禁婆爲解刑具，具紙筆作書，忽聞叩門聲急，禁婆隔門與語，答以覆審之事，趣禁婆速啓門。門闢，燈光燭天，兵士列隊，如臨大敵。禁婆入見秋，戰慄不能出一言，秋曰：「汝勿怖，待我出門往觀。」及獄門，知有變，語兵士曰：「汝暫息燈，容我凝神片刻，有語問縣官。」及見令，詢以：「予犯何罪至此？欲一見貴福，死無憾。」令曰：「吾極知汝冤，無回天力，奈何？且事已至此，見貴福胡爲者？」秋迺與令約三事，一請作書别親友，一臨刑不能脱衣帶，一不得梟首示衆。令許以後二事，秋謝之，卽有兵士前後掖之行，秋斥曰：「吾固能行，何掖爲？」及至軒亭口，秋從容語刑人曰：「且住，容我一望，有無親友來别我。」乃張目四顧，復閉目曰：「可矣。」遂就義。時光緒丁未六月下旬也。秋爲貴之義女，嫁湘人某。

色旺落爾布桑保被殺案

光緒時，蒙古科爾沁圖什業圖親王色旺落爾布桑保者，爲哲里木盟盟長，奢淫貪虐，役使蒙民，土木繁興，備極壯麗。廣購珍玩服御，花木奇石，遠者求之閩粤，近亦輦自京師。蒙民皆自備資斧以供役，偶損失，必責賠，或處死刑。嘗以小過笞人至死，需索不遂，縛其人，置闇室，令瘐斃以爲快。好漁色，多內寵，其嫡福晉拉什曼都克久失寵，三福晉擅專房，多預外事，拉什曼都克以是尤怨色旺落爾布桑保矣。

光緒庚子八月，扎薩克圖旗就撫匪首王洛虎、剛保、森保等復叛，殺掠各盟旗，色旺落爾布桑保大懼，急募壯丁自衞。辛丑三月，以欠餉久不給，衞兵譁變。台吉額力登烏卓勒等久蓄異志，至是，遂招集散兵，作亂於貝勒海畢。色旺落爾布桑保與近侍夜走鄂遜鄂爾圖廟，亂黨追及之，色旺落爾布桑保不得已，誓改過自新，書手諭，令近侍西郎阿持示亂黨。亂黨裂其書，大呼曰：「此時悔過，無及矣，宜速自決。」色旺落爾布桑保遂引帶自決。護印協理台吉以色旺落爾布桑保暴薨，告帮辦盟務札賚特王，且上盟長印信。五月，札賚特王呈理藩部代奏，得旨權補盟長。而色旺落爾布桑保無後，以喇嘛業西巴丹承繼，議定尚未行也。時已革副盟長扎薩克圖王烏泰方避亂黑龍江省城，聞變，思復得盟長，且嫉札賚特王之倉卒出己上也。卽疏陳亂狀，並擅以己意推舉盟長奏事之權。疏入，德宗始知色旺落爾布桑保非考終，十二月，派兵部尚書裕德馳驛前往查辦，哲盟盟長由達爾漢王暫署。

壬寅二月，裕德至奉天，以亂黨花里亞蓀等實逼其自縊，罪有主名，分條具奏。事下刑部理藩部速議，磔花里亞蓀，斬花連、托克托、呼約木加卜三人，從犯論罪有差，福晉協理台吉及扎賚特王均原情免議。十二月，奉天將軍復奏，以業喜海順承襲王爵圖旗，事略定。未幾，而丹贊尼瑪争襲之案又起。丹贊尼瑪爲色旺落爾布桑保之從父，業喜海順雖於色旺落爾布桑保爲從子，而服屬已疏，徒以諂事福晉，得越次承襲。丹贊尼瑪心弗平，欲以其子代之。獄事結後之三年爲乙巳，丹贊尼瑪以協理台吉等實主持弑逆，蒙蔽内外，愬於肅親王隆懃，時隆懃方奉命赴蒙古查辦事件也。初，花里亞蓀等之誅也，伏法者僅四人，諸從逆者多逍遥法外，或且迎福晉意旨，擢顯秩，握重權，蒙民益不平。隆懃以案已奏結，不容更有變，而蒙民勢衆，又不可容其紛擾，乃屬其事於盟長札賚特王，札賚特王以强力制之，衆愈怨。協理台吉又嗾使福晉擕業海喜順至京，訴於理藩院，復籍没與丹贊尼瑪連名呈控者數人之家，民怒愈甚，遂糾衆醵財，資丹贊尼瑪入都控告。丙午十二月，奉天將軍奏革丹贊尼瑪台吉。丁未正月，丹贊尼瑪與其台吉十人皆爲步軍統領捕獲，奏交理藩部審訊，而丹贊尼瑪之子婦噶吉瑪復爲其翁訟冤。同時復有人奏參丹贊尼瑪威逼親藩，遂奉旨一併交奉天將軍訊辦。丹贊尼瑪既被捕，其家屬遂與俄人多必索夫訂借款項爲訟費，訂明攤派牲畜一千匹以償，然牲畜籍没者既不可得，其未籍没者亦被禁不得出境。乃謀聚衆强取，怨毒相尋，俶擾日甚。協理台吉等既聲稱丹贊尼瑪連結俄人謀寇蒙境，俄人復照會官府追索牲畜，於是盗賊交涉，逆案争繼，乃混合而爲一。俄人至奉天防營拿獲丹贊尼瑪長子必利圖及從人七，搜其身，僅土槍七支，鉛彈三十六粒，而翼長某徇部下邀功之請，遽指爲逆匪，請予駢誅。東三省總督以爲此皆奉旨飭拿之犯，不應含混就地正法，批交奉天府訊辦。久之，始訊明丹贊尼瑪争襲妄控及强取牲畜擅縳蒙員情事，惟謀叛事實無佐證，判決丹贊尼瑪與必利圖均監禁十五年。其俄人交涉，别由交涉司議結。奏聞，如議。

鹿文端查辦貽穀案

光緒丁未、戊申間，領軍機者慶王奕劻、張之洞、袁世凱外，尚有鹿傳霖。鹿謹厚而性倔強，雖委蛇樞府，無所建白，查辦貽穀案，頗見頭角。貽爲理藩院尚書銜綏遠城將軍兼墾務大臣，嘗責令蒙旗報效地畝，又設公司，以賤值購買，及出售，則往往得善價，家本饒裕，至是益富。尋與副都統文哲琿不協，文遽以婪贓劾貽，孝欽后命鹿查辦，貳之者爲紹英。鹿乃奏調故吏樊增祥隨行，樊參謀帷幄，其一切查辦狀況，具見奏摺。然貽獨能再接再厲，終得脱身，蓋金錢之魔力爲之也。鹿謚文端，直隸定興人。

寧德斃羽士案

楊紹煊，寧德人，家殷實，所居去縣數十里，宅後有園，極曠奥。紹煊性恬穆，吟嘯其間，翛然也。園之左有塘，人以楊氏塘呼之。

某歲夏，有一羽士丐於其門，索無厭，紹煊叱之出，羽士詬之，家人忿，鞭焉，羽士遂佯死，卧隴畔，久之，踉蹌去。翌日，塘中得一尸，服羽士裝，邨人莫能隱，白之里正。里正固嘗與紹煊涉訟不敵，欲報之者屢矣，且微聞其鞭羽士事，遂報之縣，謂紹煊斃羽士於塘。縣宰得牒，逮紹煊，責楚無虛日，爲之訟寃者並治之。紹煊不勝苦，將誣服矣。

定讞之日，適羽士復來寧德，里正悉之，懼事且敗，乃賄以金趣之去，人固莫之知也。無何，縣聞之郡，郡守鄭某以清介聞，見而疑焉，發尸重勘之，背現傷痕，大如盆，蓋椎擊者。時里正亦在，見狀色陡變，且強辯不已。蓋紹煊鞭羽士，固不得有椎痕也。守知有别情，且疑里正所爲，詰之，不少承，掠之，不承如故。鄭乃使人夜抵其家，作鬼語，里正素神鬼神者，遂吐實。蓋死者爲其友，里正嘗貸其家，至是索償，里正無以應，乃以椎斃之，且爲之服羽士服而墮於塘中也。乃釋紹煊，置里正於典，縣宰及詭爲證者咸論罪，而羽士亦渺矣。

鄭贊園審私種鶯粟案

鄭贊園令連江時，以清静爲政，務與民休息。摘奸無遺，尤具折獄才。一日有呼於堂者曰：「吾罪人也，以無子故，誤繼族姪，有飯不得食，有衣不得衣，訟四官，不能直。今且以違禁訐吾於禁煙長官，將豬字出《禮記》，謂毀壞也。吾廬矣。」視其人，則白髮皤然，鄉中一老叟也。問姓名居里，則王姓義名，世居瑄江，其地爲由福州入連之往來孔道也。

時煙禁嚴，私種鶯粟者，多下種暗陬，有密報者，驗得實，没其田入官，即徵價於鄉之富室，以十分之二賞報者。種户逃避，則撤其廬焚之，以餘椽斷瓦列道旁，爲故犯之戒。鄭與道委禁煙員林某方出巡，以要公先歸，林取道瑄江，將巡視諸鄉，清近城毒卉。聞老人言，知王義所居地，即林所巡處也，急命輿出，命義後隨，沿途問其姪何名，以質對，且行且語，不二時，至矣。鄉中聚父老甚衆，見先驅至，皆譁曰：「縣官來矣，今日不死質，吾屬不得安枕也。」

鄭輿行近王氏祠，見鄉民集者愈衆，圍繞祠門，輿擠不得前。隨行者吆讓道，鄭急止之，步行入，見林與質俱在，林色甚怒，坐定，告鄭曰：「質報其叔私種，吾欲往視，鄉民擁塞祠門，不聽出，非嚴治其首，後此諸鄉皆不得往矣。」言畢欲起，鄭笑止之，謂質曰：「爾叔在是，爾何不將其私種地及種畝若干，明證吾前，有吾在，爾叔不敢仇，吾且厚賞爾，使得賞返。」質曰：「吾叔剛愎，吾累諫不從，今懼累來言，非爲賞也。」鄭曰：「爾能導吾往視乎？」質曰：「吾叔黨盛，門外皆助叔者，吾出，必爲所困。」鄭乃謂義曰：「爾無犯禁，何以衆阻官，不令散歸？吾先以違抗治爾矣。」質聞言大悅。義怏怏出，鄭命警兵隨之，使私慰義，義至門外，呼曰：「諸鄉鄰且歸，聽縣官出，縣官明察，且爲吾昭雪也。」衆未信，義乃就其中年長者，耳語良久，年長者復告衆，乃散。

方義出時，鄭復問質曰：「爾叔富乎？」曰：「富。」「爾繼爲子幾年矣？」曰：「九年。」曰：「相待如何？」曰：「始甚佳，後復娶妻，欲自生子，乃置我不問。」曰：「今尚同居乎？」曰：「雖同居，而緩急不相通，我自爲計，叔不加恤也。」鄭頷之。適義入，問曰：「衆散乎？」義曰：「散矣。」乃顧曰：「爾二人可與我同行。」

既至，見田在大道旁，以新秧未布，舊歲遺藁尚寸寸留地上。質指田之後塍，有小畦二，土纍纍然。遠視，無所見，近察之，果有煙種。義欲有言，鄭禁之。適林至，鄭與之指點村莊，言他事。良久，忽指一巨室，問義曰：「此爲爾居乎？」義曰：「是。」鄭曰：「吾適行疲，爾所居較祠近，吾欲小憩，爾可爲導。」義諾，鄭命質同行。時鄉民觀者甚衆，見鄭欲至義家，皆從之。

至門，見閈閎甚峻，入其庭，兩旁皆積粟倉，倉側小屋數椽，廳事雕漆甚麗，惟無陳設。入坐定，四顧甚久，忽問質曰：「爾屋何在？」質色變，不即言，大聲促之，乃指倉旁小屋。鄭立起，招林同入，見一婦色倉皇，方以手探竈下，逼視之，則鶯粟種一束，有未破者，有已破取其子，但存外殼枯榦者，牀下煙盤一，煙膏及煙具皆備。鄭命人持出，質見事敗，色甚慘沮，然尚欲狡辯。鄭復命搜其身，得一小包，尚餘鶯粟子無數，乃指質笑曰：「爾尚何言？爾言叔富，彼非窮無復之，豈肯鋌而走險？且私種者多在荒僻，孰肯於官道旁？明知必没收，以廣沃良田，輕擲爲此者？況他處苗已徑寸，彼所種者獨未發芽，當此春雨纏綿，豈有歷時既多，而煙畦土尚塊塊鋤痕久不溶解者？爾煙容滿面，蕩産破家，爾叔難滿所求，積嫌已久，聞禁煙員蒞臨，故臨時爲之，欲以是爲邀賞資，且陷爾叔。今奸謀盡露，罪無可逭，爾縱欲不承，能爲爾恕乎？」質面色慘白，不敢復言，乃命護勇縶之，先押歸。少頃，亦至署，檢舊案，則義告質吸煙蕩産事，卷盈尺。明日，瑄江人聞質被收，來訴其盜牛偷菜者又數十家，提質出，判如律，置之於獄，命義别擇賢嗣。案既結，一邑稱神明焉。

霍三明四串騙案

霍三者，正紅旗漢軍副都統霍倫泰，明四者，法部主事明安太也。宣統己酉，冀州有寇李氏者，以其夫恆禮病瘋，爲族人合謀霸産，曾起訴於冀州保定各審判廳，案雖結，李不甘也。乃入京謀上訴，爲傭婦王張氏所知，告以倫泰、安太至有權力，若相助，事必濟。李乃乞爲介紹，先後與倫泰、安太相見，二人利其多金，乃串騙之，未幾而李悟。

倫泰之姪錫恆謂，若發覺，禍且連及，因唆恆禮誣告李有戀姦圖害情事，倫泰又謀刼李，鬨於大理院門前，爲院所知，乃將倫泰、安太奏革歸案。前後所騙凡八次，贓銀萬餘金，乃判決倫泰、安太各除本身旗檔，發巴塘效力贖罪，餘定爲二年半徒刑。

林王祖塋案

浙東有林、王二姓者，聚族而居，林族大而貧，王丁少而富，其祖塋皆在村北，阡陌相連，每春秋佳日，則二姓男女，羣聚致祭焉。忽村中來一堪輿家，自言能相陰陽二宅，爲人決禍福，林族有神其說者，告衆，令至祖塋視之。相其前，嘖嘖贊不絕，登其隴，忽大驚，環顧久之，指其後一塋曰：「此誰氏墳也？」衆以王對，點首至再，曰：「且歸言之。」既至村，衆爭請其說，堪輿家曰：「貴塋，吉穴也，主十世大富貴。惟壓於王氏，故族雖盛而無大貴顯，十年之後，王將衰，能以此時夷之，貴族其興乎？」林族厚謝之，遂與王族漸不相能。有佃王氏田者，相戒不納租穀，祭之日，王後至，則林氏男女據其墳，先至，則撤其祭品擲之。王亦憤不相避，於是每祭必鬬，每鬬必訟。然林貧，訟不得直，王丁薄，鬬則每敗，肇釁非一日矣。

宣統辛亥秋祭，有田翁者，欲聯二氏之好，令各異時日而祭，以息釁，王許之。而林欲佔先，且命王於致祭之前，必告林，代定時日。田返，傳述，王之衆大憤，與議者皆曰：「是欲滅吾族也。彼得先祭，吾已示弱於人，復聽定時日，彼故擇凶辰，吾族必受其害，畏敵自禍，祖宗將不血食矣。」議久之，卒相持不下。王之族衆，告於先靈，誓以死抗，乃謝田，仍期以同日致祭焉。至期，各戒備，以壯丁上墳，老弱皆不與。林衆至盛，男子皆嚴裝執械，如臨大敵，王氏怯不敢前，欲待其既祭後至，以示退讓。忽見林衆大集，聚議久之，草草致祭，令撤具者先回，餘衆揚械直前，徑突王村，王衆大驚，王村夙以防盜故，徧樹木栅，乃急令壯丁居前，閉栅守之。林衆至，不得入，縱火焚其栅，栅燼，林衆大呼，潮湧而入。王氏不支，守者皆奔。林衆復焚其廬，追亡逐北，男子死者十餘人，乘勢姦淫，掠牲畜財物無算，滿載而返。行經村北，鋤王氏之墓，立平之。王村火猶未熄，會鄰人奔救，力滅之。

王氏奔逃者亦稍集，乘夜告於邑，邑令大駭，檄召營兵，肅伍往。王氏檢男女，死二十六人，廬舍焚三十家，財物牲畜被掠，值十餘萬。令報省，撫命窮治，以林氏族衆，恐譁變，議以大兵駐其村。令未下，有先告林者，林大恐，閤族聚謀，欲縛獻首事十餘人，繳還所奪，求免深究。請於令，令將許之，召王氏族長告焉，族長大哭曰：「吾族被此慘禍，其釁實肇於祖塋，今祖宗骸骨無存，縱死者得償，生者復業，於事何補？」令再三勸諭，令姑商於族衆。族長出復入，堅執前説，王氏男女數百人環跪前門，哭聲震天，請爲先靈昭雪，令慰遣之。密報撫，以兩姓村居密邇，恐嚴治之仇益結，且詳敍林氏所請，求暫緩兵。復密諭林族，檢拾王塋殘骸，備修築用，然骸既無存，首事者十餘人聞縛獻之説，皆乘夜遁，令大窘。撫以巨案久懸，下檄嚴催，繼知首犯盡逃，以辦理不善褫令職。復委專員，以兵往，追繳所刼贓物。王氏宅有被焚者，令照數賠築，復於鄰邑獲首事十餘人，立斬之。案既定，諭兩姓勿再修怨焉。

清稗類鈔

吏治類

朱之錫督河

朱之錫，字梅麓。順治中，督河道時，運河夏淺，而黄河秋決，馳視南北，自爲短歌，俾道人循行諭之，無不踴躍趨事。卒於官，瀕河多立廟祀之。

李贊元捕段世昌

順治中，鄂有大猾段世昌，稔惡萬端，會李贊元以兵部侍郎出按楚，佯置不問。一日，餞客江干，已微醉，從一尉一僮，夜往叩門。世昌倉皇趨出，徑前，手縶之，命尉牽其頸，踏月還署，卽置之獄。遠近顯要爲之求解，李立杖殺之。當世昌人獄時，語其家人曰：「曾見一道人，能知未來事。詢以終身，道人曰：『他日所遇，非桃非杏，非坐非行，卽禄盡時也。』」李初名立，字望石，山東海陽人。

李敏達治盜

李敏達公衞長於治盜，所轄地方，不逐娼妓，不禁樗蒲，不擾茶坊酒肆。曰：「此盜綫也，絶之，則盜難蹤迹矣。」

鮑鈖賦詩不廢吏事

鮑鈖知長興，癖好詩。總督李敏達公衛嘗謂湖州守曰：「長興令日賦詩，吾將劾之。」後徐察其不廢吏事，百務修舉，部民頌之，乃喜。

楊雍建高要治績

楊少司馬雍建，以高要令行取入臺。作令一載，卽就徵，蓋治行尤異也。

高要當廣右之衝，制府駐節焉。於是師行絡驛，供億甚煩，每羽書至，徵民夫累百，縶若犬羊，置隙地。時下車未久，值歲除，飲椒酒，忽起立曰：「民夫亦人子，何忍使之露宿。」命徙廊廡，徹酒食給之。夫泥首謝，有泣下者。平南、靖南二藩同鎮南海，鹽、穀、絲、麻，輸官價百倍，而縣境羚羊峽産硯，遣其掾采石，日役夫匠無算，篝火入巖穴，多失氣死。楊力減浮費，掾以硯奉，力卻不受。軍中索榕樹條爲綯繩，以燃礮火，風雨不熄。有百夫長持兵符下縣徵解，語不遜，坐而撻之，泣告其帥。帥愬之制府王國光，王曰：「書生彊直，廉吏方剛，是不可犯。」乃杖百夫長而薦楊於朝。

王國安摘伏如神

漢軍王侍郎國安，康熙初撫浙，勤斂彊記，所部吏民，賢不肖及姦宄姓名，各有記籍，摘伏如神。嘗晨坐聽事，屬吏以次晉謁，復延見鄉里耆老，問疾苦。甫闔扉，遽微服行闤闠間，或單騎出入山谷，訪諸不逞者，立擒之。遠近駭服，浙人稱爲王閻羅。

于清端問民疾苦

于清端公成龍，字北溟，山西永寧人。順治丙申，以副貢知羅城縣，年四十有五矣。臨行，與友書曰：「此行絕不以溫飽爲念，所自信者，天理良心四字而已。」羅城煙瘴地，官廨在叢箐間，插棘爲門，虎白晝行庭中。于累土爲几，案旁置爨釜一，盂一，召百姓從容問疾苦。皆感其至誠，益樂就之。初，鄰瑤歲率三四至，殺掠人畜，乃嚴保伍，勒鄉兵，將搗其巢。瑤懼，自投，不敢復犯界，數遣子女問安。春時，命兩瑤舁竹輿，行田野中，見力耕者，輒呼與語，相勞苦，民率婦子羅拜。或坐樹下，與飲食笑語，獎勤扶惰，民大勸。

于清端捕盜

于清端知黃州時，聞盜魁張某所居之屋，崇閎高垣，捕役多取食焉。慮少遼緩，奸不得，乃半途微服，傭於其家，詭名楊二，司洒掃惟謹，張愛之，使爲羣盜先。居無幾何，盡悉盜之伴侶窩藏，暨機密綽號，乃遁去，鳴鉦到官。一日，集健步約曰：「從吾擒盜。」具儀仗兵械，稱娖前行，至張所，排衙於庭，大呼盜出。張錯愕迎拜，猶抵攔，于曰：「勿承，可仰面視，我楊二也。」張驚，伏地請死。于袖出大案數十擲與之，曰：「爲辦此，足以贖矣。」張唯唯。留健役助之，不數日，羣盜盡獲。

于襄勤善政皆實

于襄勤公與清端同名，宦蹟亦與清端相追逐，人稱清端爲老于成龍，襄勤爲小于成龍。襄勤初以樂亭令權知灤州，緣罪囚脱逃，應降調，樂亭民列其善政，叩閽籲留。部議以保留違禁，械爲首者繫於獄。逾年，縣民再叩閽，巡撫金世德察奏所列善政皆實，始復襄勤官。嗣清端撫直，識其賢，清端遷兩江總督，疏薦其可大用。尋以江寧府闕員，請敕廷推清操久著與于成龍相類者，上果以襄勤任之。

吳興祚歷官治蹟

山陰吳留村，名興祚，中順治戊子進士，時年十七。明年，選江西萍鄉縣知縣。改山西大寧縣知縣，陞山東沂州府知府，以事鐫級，左補江南無錫縣知縣。時忽有奸人持制府札，立取庫金三千兩，吳疑之，詰數語，其人伏罪。乃告之曰：「爾等是極聰明人，故能作此伎倆，若落他人手，立斬矣。雖然，看汝狀貌，尚有出息。」乃畀以百金，縱之去。後數年，閩寇日熾，吳解餉由海道至廈門，中途忽逢盜刼，已而盡還之。盜過船，叩頭謝罪，曰：「公，大恩人也。」詢之，卽向所持札取庫金者。由是，其人獻密計爲內應，將以報之。時閩浙總督爲姚啓聖，與吳同鄉也，商所以滅寇之法。康熙丙辰冬，八閩既復，姚以吴功績上聞，特擢福建按察使，旋擢兩廣總督。

吴在無錫時，前官虧帑金罷不得歸者三人，役之在獄者三十餘人。吴慨然，力爲補苴請豁，官得歸，役得出獄，僉曰：「吴公生我。」縣田久不清丈，飛詭隱匿，弊百出，輸役者至破家，吴以入官田千餘畝賣爲役費，民害遂除。康熙己酉、庚戌，水旱洊臻，爲分鄉賑粥之法，全活無算。蘇州駐防兵回旗，吴請令箭於都統，單騎彈壓，有取民一雞者，立笞之，以故兵過而民不知。既膺殊遇，夙駕將行，錫之父老士庶被澤蒙庥者，自縣治以至河干，直達於省城之金閶門，八九十里，號泣攀留，不下數萬人。其搢紳及受知之士，則操舟祖道，肆筵設席，鼓吹喧闐，或有執巵酒以獻於道路者，亦連檣數十里，依依不舍。

李文襄活民一百二十餘萬

武定李文襄公之芳爲言官，侃侃謇謇，聖祖呼爲真御史。出任封疆，勳績尤著。當康親王統師入閩時，方督閩浙，移鎮衢州，遣師平江西諸賊。民有陷賊來歸者，爲茅屋二千餘間，别男女居之，給其食，有田者予以耕具。又命屬官於入閩通衢設粥廠，食饑民，凡五年，活民至一百二十餘萬。

陸清獻待完糧之民

平湖陸清獻公隴其宰嘉定時，民有逋糧者，將責之，哀祈俟下限，及期，果盡完。清獻怒曰：「若必作賊矣！向累比不應，知汝窮，無親戚援也，今何以得此？」民大慟，曰：「公爲宰，焉敢盜？某恐累公考成，賣女與鄰家，以完公事耳！」呼鄰父子詢之，確，並令民女偕來。視女相莊雅，鄰子粗識文字，即令女拜清獻爲父，夫人授以簪珥，鼓吹合卺焉。

葉燮寶應治績

嘉善葉燮知寶應縣，修決隄，出誣服殺人者，政聲大起。而不容於上官，不二年，落職。欣然曰：「吾與廉吏並登白簡，榮於遷除矣。」時嘉定令陸清獻公亦被劾也。

繆燧宰定海二十二年

定海北門外普慈寺旁有繆燧衣冠墓。燧，江陰人，康熙乙亥至定海，實國朝第一任之知縣也。宰定二十二年，惠政不勝枚舉。時值兵燹之後，瘡痍滿目，繆拊循綏集，俾遺民得漸謀生聚。没後，居民爭留骸骨，至與繆子弟涉訟經年，不勝，乃留葬衣冠，歲時祭掃不絶。

董訥做好官

平原董近堂總督訥督兩江，惠政及民，以事去官。康熙己卯，聖祖南巡，父老迎駕者千萬人，咸籲懇還總督任，上許之。謂董曰：「汝做好官，江南人爲汝建一小廟矣。」

王濡扁舟出巡

睢州王脊夫廉訪濡，爲江南糧儲道，扁舟出巡。宜興僻處萬山中，一夕忽至，百姓訝曰：「吾儕不見糧道久矣，今乃飛至耶？」因號曰「飛糧道」。聖祖南巡，力疾迎覲。上顧蘇撫宋犖曰：「朕聞王濡督糧儲時，甚好。」

沈端恪籌臺

仁和沈端恪公近思作《遠慮論》四篇，皆爲臺灣作。一謂臺地宜分爲八縣，地方官易於約束人民。二謂宜收桀驁之徒爲兵。三謂宜令渡臺之民搬取家屬，團圞保聚。四謂宜各設義學於鄉村，以化強暴之風。

張連登捕王爾銀

張中丞連登，咸陽人，康熙庚寅，授湖北按察使。四月初三日爲誕辰。先四日，觴客於署。日昳，酒三巡，門者入，耳語移時。張無言，起如廁，俄而侍者傳言張腹痛，命七郎主席。少選，又傳言疾稍可，行即出，請坐客盡歡，毋遽散。旋命閉門犒從者。良久，復白曰：「疾良已，方理文書，竣畢，當出與諸公痛飲耳。」客如命待之。忽聞鼓聲，則已坐堂皇矣。驚問侍者，乃曰：「曩疾，僞也。適有僧自卓刀泉來上變，屏人問之，有陶工王爾銀者，潛居漢口，庀器械，私署文武，將以其生日爲變。以僧有能力，遣其徒李五等十六人入寺，脅之曰：『從我當貴，不然，死刃下。』僧陽喜，飲之酒，餂得其實，即來報，云：『今皆醉卧，速往，可擒也。』張頷之，密遣員渡江，跡至寺中。羣賊方酣醉，命衆卒圍寺外，大呼而入。羣賊驚起，曰：「呀，水發矣。」水發者，賊中廋詞，謂消息漏洩也。遂械以歸，靡得脱者，今至矣。」客始錯愕罷酒。張驗問諸囚反狀，下之獄。旋出示曰：「反者某某，於衆人無與。所得誓書，愚民罣名其間，皆由逼脅，非本心，已焚之矣。其各安業，毋惑浮言。」反側者轉相告語，一夕盡散。

時總督額倫特適赴湘，清丈田畝，巡撫劉殿衡以萬壽節，方祝釐於武當山。先後聞警報，額曰：「張臬司自能辦此。」旬餘，額、劉旋省，勞之曰：「君不動聲色，了此大事，入告後，行得褂賞矣。」張曰：「不可，此案上聞，必下廷議，往返咨報，動經旬月。且更必嚴治脅從，反側者無以自安，慮復有變。本司昔官青州，饑民攻城掠食，惟擒一二元兇置之法，餘悉不問，後卒無事。況公等重臣，得專制閫外乎？不如勿上聞，令反側自安。倘遭吏議，某不愛一官以紓楚難，敢過望耶？」額、劉皆歎服曰：「此真人所難能，君非惟有定變才，德量亦過人遠矣。然此中有姚道人者，故大兇也，未獲，奈何？」張曰：「已名捕矣，度七日可獲。」曰：「何速也？」曰：「茲訊諸囚，知其人肥而多鬚，黑子著面成塊，可寸許，毛叢生，年五十餘。景陵西鄉，其舊游處，已檄縣令繪圖往捕，計日可至。」已而果然。獄既成，止杖殺首亂者七人於黄龍山下閲馬廠，餘區别處分，或直遣歸其鄉，蓋中多贛皖人也。後卒以此變獲上知，超授刑部侍郎，旋出撫湖北。

徐文敬撫汴治績

錢塘徐文敬公潮，嘗於康熙庚辰以刑部侍郎出撫河南，潔己奉公。前此通省火耗，州縣官意爲輕重，文敬下令無過一分。南陽黑鉛，衛輝漕米，向皆假手胥吏，恣爲侵漁，文敬洞悉情弊，責成州縣官自辦，吏遂不敢舞弊。並汰庶人之隸名於官者，以均徭賦，教民開溝洫。開封五府洊饑，疏請漕糧暫徵改折，出常平義倉米以平市價，復作糜粥以食饑者。

施世綸所至民懷

施世綸居官，廉强恤下。初知江蘇泰州，值淮安下河被水，詔遣兩大臣蒞州督隄工，從者驛騷閭里，白其不法者治之。湖廣兵變，援勦，官兵過境，沿途攘奪，具芻糧以應，而令人各持一梃，列而待，有犯者治之，兵皆斂手去。守揚州江寧，所至民懷，以父靖海侯琅憂去，乞留者萬人。不得請，乃人投錢一文，建雙亭於府署前，名一文亭。累遷督漕運。奉命勘陝西災。全陝積儲多虛耗，而西安、鳳翔爲甚。將具疏，總督鄂海以施子知會寧也，微詞要挾。笑曰：「吾自入官，身且不顧，何有子？」卒劾之，鄂以失察罷官。

楊馝爲固安一好官

光禄寺少卿楊馝静山，康熙時知固安，預修永定河。時永定河道黄某賦役錢不均，遲延及冬，朝涉者股戰，楊憐之，許日出後下鑊。黄巡工，遲民之來，欲笞之，楊力争不得，乃直前牽馬至凍處，曰：「公能往，民亦能往。此時日高春，公重裘，尚瑟縮，乃責此赤脛者戴星來耶？」黄大恚，將繕牒劾之。會巡撫李文貞過柳家口，聞其事，召謂曰：「汝年少能然，古之任延也。」勞以酒，解裘衣之，事得釋。及調宛平，聖祖巡畿南，固安老幼争乞留之。聖祖曰：「別與汝固安一好官，何如？」一女子對曰：「何不別以一好官與宛平耶？」聖祖大笑，以爲誠，許食知州俸，仍令固安。尋遷雲南麗江府。麗江故苗地，新歸版籍，乃召土官爲典史，諸里魁以頭目充。令人樹榆一本，畝蓄水一溝，建文廟，定婚喪之制，期年歲熟，俗爲一變。民飾廟以祀，號第一太守祠。

陸琦深得士心

康熙間，嘉興陸太常琦任廣西學政，深得士心。謝侍御濟世有祭陸太常文，略曰：「先生之督學吾粵也，問何餬口？曰：『有學租，朝粥暮飯。』人曰窮宗師。其閲卷也，手定甲乙，廢寢食，人曰勞宗師。征鞍初卸，請業請益，紛來前，人曰老教書宗師。及其去也，十二郡士子，無不黯然悲者。」

太常有遺言一紙，述其先人儒素固窮，以及生平遭際，辭氣間皆抑然自下。末乃道其所得力處，以示子孫，曰：「不妄交一人，不妄爲一事，不妄取一錢。」

趙恭毅問政得失

趙恭毅公申喬撫楚時，嘗微服偕藩臬之市肆中，問政得失，市人盛稱趙而詆兩人，兩人愧汗不敢出一語，乃偕藩臬去。頃復還，呼其人，謂之曰：「若言兩司過，兩司必怒若，然有我在，無恐。」因以所攜扇貽之，曰：「持此謁藩司，則無事矣。」明日，藩司以扇還趙，趙徐語曰：「人言可畏也。」其後，藩臬亦奉法。屬縣水災，與一僕操小舟抵城下，晨興，坐縣堂，令驚起伏謁，惟索米飲一甌，啜已，即去。

陳汝咸爲好官

鄞陳莘學，名汝咸，隨父講學證人社中，專力於慎獨之旨。康熙辛未成進士，散館，改知縣。宰漳浦十三年，循績惠政，不可殫紀。調南靖，浦人相率赴會城籲留，不可，歸，收田器，塞縣門，晝夜環守。去之日，民扶老攜幼，環跪街巷，泣曰：「公毋去，活我百姓。」擁肩輿，不得行。陳下輿，步入李太學家，夜半，假城守二騎，作巡邏者，間道從北門逸去。民追思不已，即於北門構月湖書院塑像瞻拜，世稱月湖先生。在南靖，善治盜，頌聲大作。内召，由主事擢御史。疏言閩海掛號之弊，聖祖嘉納，賞賚食物。時海賊陳尚義乞降，自請入海撫之。陛辭，温諭曰：「汝乃近御之臣，風濤不測，不必親下海。」後隨行之千總果遇颶風。事竣，復命，聖祖又諭曰：「汝若同入海，不受驚耶？」癸巳，奉使至湖廣，祭告諸陵，兼賚駐防士卒。出入紅苗界，默籌久遠之策，瑶洞長官有出迎者，歌其土音，乃爲竹枝詞，宣布太平威德之盛，使習之。明年，甘肅報荒，復奉使出撫。臨行，聖祖諭曰：「窮邊恐不得食，彼所出肉蓯容土蓯，朕亦嘗之，頗美，可啖也。」頓首謝。入境，見野有餓莩，即不復御酒肉，撫慰饑民，嘗步行一日踰九嶺，至平涼，發貯穀，並移鎮原倉米賑之。以勞卒於固原，有司檢視其囊，僅衣一襲，錢一緡而已。訃聞，聖祖憫悼，稱好官可惜者再。

鄂文端治盜

鄂文端公爾泰自浙撫遷桂撫時，道出湘江，將入零陵，有中使馳令受詔。時世宗尚束濕之治，中外受命者莫不震懼。文端奉詔欲啓，中使曰：「上旨令公抵任後發。」文端如命。及至桂，發詔，乃命捕某劇盜，限三日解入都也。文端爲之悚息。密召幹吏授以方略，果即就獲，如命解都。

郭廷翥爲郭青天

郭廷翥，即墨人，總督琇子。以舉人入官，乾隆丁巳，知嘉興府。蒞任日，挈二子以隨，日惟布衣蔬食，見之者不知其爲太守也。明於斷獄，多善政。嘉善奸民富大等以採生折割爲事，嘗誘孩提殘損之，密訪寘之法，人稱之曰「郭青天」。

乾隆初旗籍督撫得人

高宗初政，擢用旗籍諸臣爲疆吏，若餡儀親王德沛、尹文端公、黃文襄公是也。他如那蘇圖以武臣起家，歷任七省制軍，薨日，家無擔石。其撫苗一疏，豫知紅苗之亂，尤有卓見。吳春麓侍御讀其疏，嘗曰:「那公初無赫赫名,乃能深慮至此,勝黔督名將多矣。」時黔督爲張廣泗,固以知兵著稱於時也。馬爾泰爲費直義後裔,任兩江、閩浙諸省總督,亦以廉謹稱職。策楞爲果毅公裔,性剛毅,爲僚屬所怨,而識見明敏,卒爲世重。雅爾圖明醫理,嘗侍孝聖后醫藥,爲上所倚重。撫河南時,亦以廉潔著。請罷田文鏡一疏,世多稱之。傅德清貞剛介,講程朱之學,爲徐文定、楊文定所賞。任豫撫時,前撫王士俊以苛酷爲民所怨,甫下車,立更其制,歡聲徧野,有「三月魯治」之稱。

簡儀親王重民事

甘肅地瘠,歲常歉,有司視爲固然,無報災成例。簡儀親王外任之始,即出撫甘肅,會兩月不雨,旱甚,立馳奏賑之。高宗即位,遷湖廣總督,調閩浙,再移江南,所至,黜陟至公,尤重民事。乾隆壬戌,淮揚大水,王慮漕粟往,民不及炊,乃實麥餅千艘,蔽運河兩岸,復命府縣官放米開倉以賑。是役也,動用地丁關稅鹽課銀一千萬兩。奏銷時,屬吏皆以爲危,高宗弗問,蓋信之有素矣。

陳文勤爲百姓哭

陳文勤公世倌,相高宗十七年,每敷奏,及民間水旱疾苦,必反覆具陳,或繼以泣。上輒霽顏聽之,曰:「汝又來爲百姓哭矣。」

楊蓉裳治饑民

楊蓉裳員外芳燦，初令甘肅，屢膺煩劇。知靈州時，嘗單騎諭散奪米饑民，請借口糧設粥廠以安衆。平日坐堂皇判事罷，卽手一編就几讀，人以爲書癡。而臨變敏決若是，故阿文成諸人極器之。嗣入貲爲户部郎，旋丁内艱，貧不能治喪，鬻書辦裝以歸，遂不復出。

伊勒圖以至誠撫番

將軍伊勒圖，少貧窶，不能舉餐，官侍衛，代人持豹尾槍以食，人咸賤之。從征西域，有功。阿文成公嘗與論伊犂疆域，所言悉中險要，文成異之，歸卽薦伊代其任。伊撫絶域二十餘年，駕馭得宜，撫番夷以至誠。番夷感激用命，如安集延、哈薩克等，皆畏威懷德，至呼爲父。性廉潔，饋羊至十卽不納，而賞賚優渥。又定開屯田、練士卒、犒夷衆諸制，高宗喜其守邊安謐，嘗賜詩比之趙充國、班定遠。卒於任，番夷悲慟，至有以此務面文身者。上悼惜，封其子爲一等伯。

阿里袞不苛求細故

襄壯公阿里袞管理步軍統領時，番役報單，無不收閲，然隨卽廢匿，從不示人。既諗知法和尚之奸，擒斃杖下，此外細故，絶不苛求，京城帖然。

陳文恭化民鞫吏

乾隆間，陳文恭公開府吳中。郡有北禪寺僧，爲壇九成，置佛於顛，號於衆曰：「佛升天。」衆施金錢亡算。積薪將焚之，陳聞之，微服詣壇視佛，乃陰敕有司，收寺僧，而自語吳民曰：「吾欲奉養佛。」以已輿輿歸。數日，始能言，則吳江人，爲僧所閉，絶其飲食，豢以豨膏，使不能言，而狀貌肥白瑰異，如佛像然也。論僧極刑，火其居。

石將軍者，吳人以鎮不祥，云古人石敢當也。人禱焉，或應，士女坌集，奸盜並作。陳至，謂吳民曰：「吾聞石之靈者，入水不沈。果爾，吾當爲立廟，盍從我試之乎？」衆忻然從之。乃命武夫乘高，投諸淵，弗起也。陳曰：「嘻，是弗靈也已。」衆乃爽然散。

撫吳日，每鞫吏之舞文者，得其實，則集羣吏於庭曰：「是不獨一人一事矣。某月日，某人舞某弊，吾以事小，且不忍發也。今發矣，後有若此者，誅無赦。」由是吏人屏息。其於民之作奸犯科者，亦然。

沈廷芳禮賢愛民

仁和沈廷芳，乾隆鴻博科人物也。拜登萊青道之命，以萊州老儒高鳳起法坤厚毛贄，晦名樂道，有加禮焉。暇則屏騶從，入村舍，巡視稼穡，問民疾苦。人識其所乘白馬，見其馬來，曰：「我使君也。」還河南按察使，入覲，奏言母年九十，乞歸養。高宗俞其請，賜御書旌之。服除，陳臬山東，仍乞歸老。其歸也，數千人送至崮山驛，皆曰：「使君前者去，不數歲復來，今當以何時至邪？」慰之曰：「父老意良厚，其各訓子弟，勉爲善良，毋爲繫念矣。」流涕别去。

尹文端辦賑條告

尹文端公繼善督兩江時，撰辦賑條告，有云：「倘不肖有司尅賑肥家，一有見聞，斷不能倖逃法網。卽本部堂稽察有所不到，吾知天理難容，子孫將求爲餓殍而不可得。」

莊亨陽巡沭陽

錢唐袁枚令沭陽，淮徐海道莊亨陽來巡。適館，餽殽烝，受之，止袁共飲。問沭水原委、簿領利病甚悉，旁及山經、地志、星象、樂律甚辨。翼日，會諸生於學，講《中庸》卒章，款款盡意，聞者色動。翼日，校丁壯發矢，矢旁決，爇火器，器閉。諸丁伏地請罪，袁亦起謝。亨陽乃弛外衣，手弓而前，教如法。矢發，十八人無不當鵠者，火器亦如之。畢，就坐，笑謂袁曰：「而奚慊慊耶，專心治民。吾職在巡，年年來，爲子教之可也。」從蒼頭二人，僮一人，皆自飲其馬，臨去，犒以金，堅不受。後卒於官，民爲罷市，號哭，賻以錢，一日至六千緡。

周有聲以理諭吏民

長沙周有聲，字希甫，號雲樵。乾隆中，以揀發赴黔，借補清江通判。黄平州吏聽訟失民心，羣情洶洶，將爲亂，上官檄往攝，命以兵從。周曰：「吏民交惡，當以理諭，不可以兵激之。」兼程至州，置爲首者於法，笞其附和者，人情帖然。

思南俗，往往以病死親屬移尸户外，指爲謀斃，得賂，乃請和，至有戕其子弟以爲利者。周廉得其情，置重枷於門，有誣人者枷之，朱書其誣狀，驅赴場肆貿易處以辱之，藉儆其餘。半年後，惡俗胥革。

徐士林歷官治績

徐中丞士林，山東文登人，嘗官福建汀漳道。俗械鬬殺人，捕之，輒糾衆據山。或請用兵，曰：「無庸。」命壯士分扼要隘，三日，度其食盡，遣人入，誘以好語，曰：「出山者免。」果逐隊出。乃伏其仇於旁，仇呼曰：「爲首者，某也。」立擒以徇，衆驚散，自是捕犯無據山者。擢江蘇布政使，丁父憂，詔奪情，不起。服闋，入都，高宗問：「山東、直隸麥何如？」奏曰：「旱且萎。」問：「得雨如何？」曰：「雖雨無益。」問：「何以用人？」曰：「工獻納者，雖敏非才；昧是非者，雖廉實蠹。」上深然之。

徐擢江蘇巡撫，守令來謁，輒命判試其才，教之曰：「深文傷和，姑息養奸，戒之。夫律例，猶醫書本草也，不善用者輒殺人。」

王峨園政聲卓著

王峨園，名師，山西太原人，爲匿災冒賑正法之甘撫亶望之父。其外家爲蘇州顧氏，故生於蘇。乾隆丁卯，爲蘇藩，政聲卓著，而撫軍安某劾之去。庚午，撫吳，至則禁止加派夫船，按籍給值，胥吏不得需索。辛未夏，少雨，步禱赤日中，日行數里。復以米值騰貴，積憂成病，遂不起。彌留時，笑曰：「生於蘇，死於蘇，命也。」

景福陳饑民疾苦

乾隆戊子秋，江陰旱，鄉民相率鬨縣堂。江蘇學使景福方受曹秀先之代，甫下車，出而撫慰，衆即解散。越日，巡撫彰保統兵至，欲痛勦之，景與議不合，歸即草疏，陳饑民疾苦。懸賞募急足，約七日至京師。彰摺至，則以民亂聞，上不直其言，召秀先問故。秀先具述災狀，蓋旱時亦曾率屬禱雨者也。遂奉特旨，置起事鬨堂者一二人於法，餘皆罔治。

李夢登得民心

李夢登，福建人。乾隆庚寅除孝豐知縣，不攜家室，與同志三數人，惘惘到縣。始謁巡撫，門者索金不應，因持刺不許入。夢登則繩牀坐軍門，竟日不去，曰：「予以吏事見，非有私謁。」俟公他出，即輿前白事，奚以門者爲？」門者勉爲通謁。巡撫察其狀，戒之曰：「君悃愊無華飾，甚善，然未嫻吏事。宜亟求通律令能治文書者致幕下，庶幾佐君不逮。」夢登前曰：「孝豐俸入，歲不過三十金，不能供幕客食。且夢登與偕來者，三數孝廉，皆讀書服古，朝夕講求，宜若可恃。」巡撫哂之。無何，卒用公式劾免，歷官纔三閱月也。

夢登居官，出無儀衞，門不設監奴，有質訟者，直詣廳事。夢登便爲剖析，因而勸諭之，兩造皆歡然以解。比出縣門，終不見一胥吏。胥吏或請事，則曰：「安有子女白事父母，轉用奴隸勾檢者？若輩必欲謀食，盍罷爲農，否則請俟我去耳。」縣庭無事，輒獨行阡陌間，與父老商搉利病，或遇俊秀子弟，執手論文，娓娓竟日，縣人安之。間或以公事道出鄰縣，遇閧鬭者，輒爲停輿，言訟庭毋詣，一朝之忿，他日終悔之，徒飽胥吏橐，甚無謂。鬭者非部民，往往投拜輿下，即時散去。

夢登之罷官也，代者至門，交印訖，長揖而去。問庫廪官物，猶前官封識也。稽文案簿籍，曰：「自有主者。」察獄訟，曰：「悉勸平之。」後官或訪焉，則綈袍把故書，見人呐呐無他語，終竟亦不報訪也。然不自省得譴所由，以書徧抵同官曰：「夢登爲縣僅三月，未嘗得罪百姓，有事未嘗不盡心，然竟坐免，何故？」因乞爲偵狀，蓋終不知獄詞之非格也，聞者憫焉。

夢登罷官，窶甚，不能歸，百姓争食之。負販小民，侵曉，各以所羡果蔬粟米，雜沓投門外，比門啓，取給饔飧，亦不辨所從來。無，則閉闗槁卧。然閒居周一歲，未嘗有大匱乏。最後，縣人醵金爲治歸計，并製青蓋爲贈，題名至萬人，榮其行。

初，夢登在官，獨行邨落間，聞老婦哭而哀，詢之，云夫死子貧，不能養。夢登惻然，召其子，賜錢二緡，俾市易，逐什一，其子後稍裕。至是，糾嘗受惠於夢登者，凡數輩，徒步負擔，送夢登抵其家。

吳嗣爵治老壩工

嘉謨任總漕時，延郭大昌爲上客。淮陽道以河方多故，就嘉乞郭以襄事。郭既客河道署，忤南河總督吳嗣爵，遂僦居清江浦之五聖廟，時乾隆甲午七月也。是年八月望後，消溜切，灘南卧決，老壩口一夕塌寬至百二十五丈，跌塘深五丈，全黄入運。版閘關署被衝，濱運之淮、陽、高、寶四城官民皆乘屋，而山東逆匪王倫方滋事，相距才數百里。吳恇懼無所措，昧爽至五聖廟，排闥敦延，且再三謝罪。郭詢所以維持之策，吳曰：「嗣爵有成見，即不煩先生。然嗣爵意，此役必速舉錢糧五十萬，限期五十日，何如？」郭曰：「如此，則公自爲之，大昌不敢聞命。」吳曰：「決口雖鉅，然五十萬不爲少，五十日不爲速。過此，恐干聖怒，罪且不測。」郭曰：「山東匪勢狓猖，與江南接壤，塞決稍遲，恐災民惶惑生他變。且聖上見兵水交至，未審虛實，必發重使，公固欲以堵合事煩使者耶？必欲大昌任此役者，期不得過廿日，帑不得過十萬。」吳再拜，請受事。郭曰：「有一言不能從，不敢任也。調文武汛官各一，使得以冠蓋刑杖在工彈壓。此外如有員弁到工者，大昌即辭事。且蕩料皆在淇福莊，距工咫尺，宜聽調取。」倉猝辦文稿不可得，公出圖章一，付大昌，飭庫道，見片紙即發帑。吳皆如約。至期，遂合龍，其用料土作支，并現帑，合計十萬二千兩有奇。吳繕摺入告。又三日，欽使乃至浦。郭故善河事，至是益知名。然終以省工費拙言語觸衆怒。

嘉慶初，舉豐工，工員欲請帑百二十萬，河督議減其半，商於郭，郭曰：「再半之足矣。」河督有難色，郭曰：「以十五萬辦工，十五萬與衆工員共之，尚以爲少耶？」河督怫然。郭自此遂絶意不復與南河事。

鄭板橋居官治績

興化鄭板橋，名燮，乾隆間，知山東濰縣。值歲連歉，斗粟直錢千，板橋乃大興工役，招遠近饑民，修城鑿池，以工代賑。復勸邑中大户，開廠煮粥，輪飼之。盡封積粟之家，責其平糶，訟事，則右窶子而左富商。監生以事上謁，輒坐大堂，召之入，瞋目大駡曰：「駝錢驟有何陳乞？」或命皂卒脱其帽，足踏之，或捽頭黥面，逐之出。一時豪富咸嚴憚之，而貧民賴以存活者則無算。

其宰范時，有富家欲逐一貧壻，以千金爲壽。板橋收其女爲義女，復潛蓄其壻在署中。及女入，拜見，因出金合巹，令其挽車同歸，時稱盛德。後以報災事忤大吏，罷歸鄉里。

吴菘圃饒經濟

吴菘圃協揆璥，以奏賦受知高宗，由編修超擢學士。屢持衡尺，朝士多推重其文章，阿文成公獨薦吴某饒經濟，可大任。奉旨分巡河南兼理河務，遂以精練水事稱。前後任東南河督，歲奏安瀾，未嘗有失。而它處潰防，奉命塞決者，罔不如期底績。

楊景素精敏

乾隆朝，揚州楊景素起家縣丞，洊躋開府，總督兩廣、浙閩、直隸。初投効直隸河工，以精敏爲河道忌嫉，將笞之，躍馬馳去。投河帥，愬曰：「景素爲功臣敏壯公撻後，有罪宜殺，不可辱。」且陳河渠利病，帥奇之，遂洊保至大用。

巡臺灣時，值漢民與熟番搆釁，生番亦乘間焚殺漢民。乃案界掘深溝，築土牛，以爲之限。請令熟番薙髮留辮，以別於生番，永杜假冒。

吳達善治盜

吳制府達善歷任陝甘、兩湖、雲貴總督。其督陝甘時，繼黄文襄公辦理軍需，率循舊章，累邀高宗聖眷。及督楚，繼愛必達寬縱之後，吏治玩弊，盜賊充斥，乃嚴加整飭。命營員搆線，擒獲江湖大盜數百名，立加誅戮，懸首江干，纍纍相望，一時盜賊戢跡，商賈便之。

唐鏡海感化瑶民

唐鏡海方伯守平樂時，值楚瑶不靖，奉檄防守富川。富川十三源之瑶，以耕作世其業，且有隸民籍入庠序者。而宋塘、三輩、龍窩、平市、倒水五源稍麄獷，不改蠻夷故習。方伯授以團練之方，教以坐作進退長幼尊卑之禮，咸欣欣然。於是五源各建義學，擇其子弟之秀者予以四子書，村設蒙師而教授之。方伯一至，瑶童輒繞膝而嬉，捧書而誦，如子弟焉。

蔣礪堂整理運銅事

乾末嘉初，滇省運銅爲最苦之差。全滇屬員，有虧短公帑者，有才具短絀者，有年邁者，本管道府卽具報。委令運銅，於承領運脚時，將所短各數扣留藩庫，以至委員赤手動身，止有賣銅一法，所短過多，或報沈失，或交不足數，至參革而止，此數十年弊政也。及蔣礪堂相國攸銛任滇藩，查知銅廠有提拉水洩一項，每年應發銀二十萬兩，八成給發，扣存二成，得四萬兩，於四正運每船津貼銀八千兩，副運減半，於起運時給發一半，船至湖北，全給之。保舉運員，須本管府道加考，以並無虧空年力正強爲合格。此法行至道光年，尚無更變，人不以爲畏途矣。

嘉慶初督撫得人

仁宗親政之始，政治一新，督撫如岳中丞輩，罔非正人。長麟撫吳，嘗私行街市，察下吏賢否。首清漕政，屬吏抗之，乃斥其最貪者，餘皆服。仁宗召入，命爲陝甘總督。陳大文撫魯，至日，清釐漕務，首劾貪吏三十餘員。性深嚴，見下屬，皆温顔以對，談論良久，然後正色申之曰：「汝某事貪賄若干，余皆悉知。若不速改，彈章已定草矣。」故下屬咸畏之。覺羅吉慶撫齊越諸邦，無所施爲，去後，民輒思之。每於署中構屋三間，不采不琢，僅避風雨。室設長几一，椅十，宋儒書數册，判事、見客、起居、飲食皆在焉，他屋皆封鎖。書麟撫皖，有善政，及督雲貴，劾罷前督富綱，汪志伊起家縣令，累任至福建巡撫。嘗陛見熱河，惟乘一敝車，束襆被其中，後隨三奚奴而已。往來都邑數十處，皆不知其爲封疆大吏也。請客惟二簋。疾世人廢宋學，刊幼學儀節之書。以某制府性情不適，引疾去。台布初任户部銀庫郎中，時和珅專權，補者皆以賄進，故任意貪縱，侵盗官項，又勒索運餉外吏，經年累月，不時兑納。台至，卽與員外郎和德盟諸庫神，積弊一清。後任廣西巡撫，粤西儲糧虧缺甚多，台調任數年，倉庾充牣。初彭齡撫滇，嘗劾罷前撫江蘭。踰年，以親老陳情改補京職。後任爲伊桑阿，任黔撫時，卽以貪著，又冒銅仁苗洞功，入境後，勒索沿路供用，滋擾下屬。初已去任，聞之歎曰：「均爲天子大臣，豈可以去官故，目覩下民受害而不顧？」又露章劾之。上震怒，以手書奬慰，賜伊自盡，滇民大悦。吴熊光初任軍機章京，以才能著，特擢卿貳。仁宗親政，首擢河南巡撫。時豫省遭景安、倭什布之虐，盗賊遍野，民不聊生。吴至，定保甲，聚鄉勇，堵禦盧氏東境，不容一賊犯邊，數載，豫省安堵。後遷兩湖總督。王秉韜初守潁州，嘉慶丁巳春，教匪突至光州，去潁州甚近，大吏皆畏葸閉關，任寇飽颺去。吴慨然曰：「均爲天子守臣，豈可以疆圉故，致遺害？」與提督定柱團結鄉勇數千，戰於境上。定故知兵，吴復勵以忠義，助以糧餉，破賊壘，賊踉蹌去，豫省以安。朱石臣司農時撫皖，甚器之。仁宗親政，首薦爲奉天府尹，後任南河河道總督。性方正，不好名。荆道乾初爲縣令時，嘗著敝衣，步行衙參，敗絮應手，人笑之，不顧也。以朱石君薦，代爲安徽巡撫。無所更張，而下屬畏之，不敢干以非道。請客惟五簋，飯脱粟而已。

後以疾去官。阮元撫浙江，爲政廉平。温、台盜賊充斥，與提督李長庚設法捕之，風稍戢。性和藹，守正不阿。上待之甚厚，每批其摺，嘗卿之而不名。

姚祖同約束奴僕

姚中丞祖同，錢塘人。貌岐嶷，多智略。嘉慶中直樞庭，草諭旨輒萬言，皆當上意。任直隸藩司，慎筦庫，工會計。不多蓄奴僕，約束甚嚴，曰：「滋弊者，盡若輩也。」籤押皆親視鈐印。

岳保約束侍從

嘉慶朝，岳保爲江蘇巡撫，署中僅用數僕，雖馭下甚寬，而不假以事權。嘗與客會話，指其侍從曰：「若輩祇可供灑埽趨走而已。政事，乃天子付我輩者，安可使之與聞？向來大臣之不令終，皆坐倚若輩爲心腹耳。」

吴熊光對仁宗語

吴槐江督部熊光由楚督調粵督，引對時，仁宗曰：「教匪淨盡，天下自此太平矣！」吴奏曰：「督撫率郡縣加意撫循，提鎮率將弁加意訓練，使百姓有恩可懷，有威可畏，太平自不難致。若稍形鬆懈，則戎伏於莽，吴起所謂舟中皆敵國也。」仁宗大韙之。

李申耆治盜

武進李兆洛，字申耆，嘗官安徽鳳臺縣。鳳臺稱難治，其地貧瘠而俗悍，以故民多流爲盜，橫刀拍張，出入淮、泗間。豪桀者，鄉居而攘其利，官吏捕之急，即走匿其家，事稍解，則又聚合無賴，殺人越貨，官其地者，往往以捕盜不力得罪去。李既至，於民之良懦者撫輯之，治已大行。乃時策騎挾健役，周視鄉墟，以察田稼，廉知豪桀有不法者，至其家，縛其魁以去。審其有材能者，貸其罰，署爲縣役，責以捕賊，於是鳳臺之盜漸戢。

時百齡督兩江，治盜極嚴。會儀徵有巨紳被盜，且戕其全家以逸，百震怒，檄下所屬，一月不得盜，皆劾罷之。緹騎四出，盜杳然，各州縣知盜不能獲，必褫職也。李偵知盜爲蒙城人，既刦，實伏匿於鳳，又知翼蔽此盜者有巨猾，若名捕，或計誘之，必不得。乃夜密招前所撫用之健役，置酒於署中內室而命之飲。酒數行，李曰：「吾不日去官矣！今置酒，與若輩別耳。」羣役驚相顧，有泣下者。李復徐曰：「儀徵之盜案，若曹所知也，一月不獲，則吾必同被劾。然盜匿吾境，吾夙知之，他人亦有知之者，吾去官，繼來者或得盜，則吾獲罪尤重矣。吾本欲遣若曹縛此盜，慮有不能，則不如吾一人任其咎。」語竟，羣役進曰：「公，好官也。甘自得罪去官，不以難事屬役輩，公，好官也。役輩之有今日，惟公生之，今請以死相報。請公收役妻子下於獄，而以捕盜事責役，如往三日不歸，則役死矣。役輩妻子，惟公相哀。」李慨歎，亦泣下，拊其背，許而遣之。

盜所匿巨猾家去縣城四十餘里，役輩乃以夜往。至時，巨猾方宴盜，室中燃巨燭如椽大，酣呼之聲達户外。役突入，至其庭曰：「故人别來相念否？今敢爲不速之客。」巨猾睨役輩而笑曰：「君輩久已在官中，此來，豈以儀徵一案耶？」役乃言李以此案將去官，且告其妻子已下獄事。巨猾指上座一客曰：「此即某也。君以李公命來，吾不忍相負，否則君不生還矣。至某之詣獄與否，君自商之。」盜某大聲曰：「去去，我從汝行。李公固好官，雖罪我，當也。我豈忍以自全軀命，累李公及汝輩？」遂相將入城，巨猾送至半道而反。

李知役去必得盜，預置檻車，並集壯丁百餘人以待。及役偕盜至，即略詰獄情，盜亦直供不諱，即檻送蒙城，而親督其行。鳳臺距蒙城八十里，中有巨鎮，爲鳳、蒙交界地，亦往來所必經之要道也。李至鎮，命舁檻車入旅店，自踞坐胡牀於店門外。鎮人聞獲巨盜，觀者環集，李笑謂衆曰：「此盜武技高，非我不能捕治。」口講指畫，如演故事。久之，復顧衆曰：「我今立此大功，不日將擢職，來觀者應爲我賀」。遂命酒，自引巨觥，且以飲觀者。踰數時，登輿去。

方初發鳳臺時，知巨猾已約期於此鎮來刦盜，既至鎮，即踞坐店外，與觀者語刺刺不休，而潛使壯丁在店中飽食後，即隨檻車破後牆先行，疾馳至蒙。行時，巨猾率徒追於後，然已後檻車十餘里矣。追刦既不得，始散去。

李既械盜入蒙城獄，一日夜，具獄詞以上，云儀徵盜已獲，今由鳳臺解蒙城，不日可歸案。百得牒，大喜。明日，又得蒙城縣文書，則解盜至中途，終以宵遁，百亦無如之何，但治失盜者以逸犯之罪而已。

伊里布不戮無辜

覺羅伊里布，顯祖第五子，其五世祖拜音圖，以附睿忠王故，黜宗室，改隸旗籍。中乾隆辛酉進士，就國子監典簿，選雲南通判。順寧之役，逆首高羅衣既就擒，武弁貪功，多所株連，伯玉亭相國麟命伊訊之，皆釋其囚。武弁譖之，伯大怒，召伊曰：「老夫竭力擒捕巨盜，乃皆縱之，使老夫以何面目對衆？」伊艴然曰：「某官雖卑，爲天子宗人，豈肯戮無辜以媚上司？如所縱再有叛者，某甘以命殉之。職之遷黜，惟命是視，若殺人以遷官，雖立擢制府，吾不願也。」伯悚然歎曰：「奇男子也。」立擢騰越同知。入朝，復薦於上，不四載，遷至雲南巡撫。

伊任浙江藩司，嘉興有水手鬧漕者，道員李宗傅馳稟，請兵彈壓。巡撫黃鳴傑曰：「今河道壅滯，皇上盼漕甚殷，豈可阻其行期，以干重譴？」伊進曰：「今調兵鎮撫，即可無事，縱激變之，所誤不過嘉興一幫，其他故無害。否則縱兇殃民，所關甚大。」黃不聽，反令護送之，致有劫囚殺官事，黃因之罷職。

康基田治河

康基田，山西興縣人。久官江南，由縣令至方伯，未出本省。於河道最熟。任河道時，督率將卒守堤，動以軍法從事，稽時日者，立枷杖，故人皆嗟怨，然河汛賴以無虞。睢、宿河潰，康立埽上，指揮士卒，狂瀾大作，埽爲之欹，衆咸畏，而康聲色愈厲，漫口因之堵塞。李香林河督告人曰：「康君真天人也。」著有《河防籌略》，洞悉歷代水利如指掌。嘉慶己未，總南河，積弊山積，官吏恐爲所揭，陰縱火焚積料以掩其跡，康因之罷官。後上復賜太僕寺卿銜督辦河務，而爲要路掣肘，不能有所設施，因告病歸。素服海參丸，故老年體輕健，步履如飛，年九十餘始卒。

徐端治河

乾隆中，和珅秉政，河防日懈，任河督者皆出其門，先納賄，然後許之任，故皆利水患，藉蝕國帑。如嘉慶戊辰、己巳，開濬海口，改易河道，糜帑金至八百萬，而庚午、辛未，高家堰、李家樓諸決口患尤倍於昔，良可歎也。河督徐端，起家河工微員，以廉能著。受仁宗特知，擢河東副總河，尋卽真。久於河防，習知其弊，嘗以國家有用貲財濫爲糜費，每欲見上瀝陳。同事者恐積弊揭出，株連者衆，故尼其行，致抑鬱而死。貧無以殮，所積賠項至十餘萬，妻子且無以存活焉。

劉慕陔築城保民

綿州爲蜀省衝要地，嘉慶庚申，白蓮教匪劉之協叛亂，潛渡嘉陵江，漸逼潼、綿。毘陵劉慕陔適牧是州，特捐米五百石，錢千緡，爲士民倡，民亦踴躍樂捐，不數日，得白金六萬兩。鳩工庀材，未匝月，工成。屹城崇墉，士民扶老攜幼入城，皆得庇，無一被戕者。

鄂山治劉松黨

鄂山官甘肅某縣令，爲邪匪劉松起逆地，前令莫敢詰。鄂訪知之，命捕役暗録諸姓名，榜諸城門，然後登堂，召耆黎，告之曰：「某某等，皆王法所必誅。然予初蒞任，應施寬法，暫弛其死。今與衆約，如有再干禁例者，必殺無赦，莫謂言之不豫也。」其黨魁漫曰：「藐書生能若是强耶？」故犯其禁。鄂立斃五人於杖下，遂皆懼，邑大治。擢鄜州牧，盧中丞坤見而悦之，薦於朝。仁宗召見，曰：「奇才也。」累遷至陝西巡撫，去鄜州甫四載耳。

吴堦行保甲法

嘉慶癸酉，吴堦令山東之金鄉，行保甲法，令十户編爲一牌，各書姓名，互相糾察。彙造煙户總册，莊長按户詳紀姓氏。各户皆有門牌，牌書男女姓氏，以木板懸門。十牌爲一甲，甲有長，十甲爲一保，保有正。其有不法者，牌長告之甲長，甲長告之保正，保正以聞於官。又招募官丁，訓練義勇，開操演技，一日拳脚，二日長槍，三日雜技，卽鳥槍刀棍之類也。

長麟訪察民隱

牧菴相公長麟，性廉明。撫蘇時，擒獲强暴，禁止奢侈，嘗私行市井間，訪察民隱，每就食於麪館。

或語以大員出行爲小民所識，恐無濟於事，長曰：「吳俗多詐，欲其知吾私行以警之也。」

阮文達使倮倮屯種

阮文達公元總督滇黔時，騰越邊境有野人，時入內地刦掠爲患。而保山等處，又別有邊夷，曰倮倮，本土司所轄，以墾田射獵爲生，精於桑弩毒矢，野人畏之。文達乃籌邊費萬金，招倮倮三百餘户，駐騰越邊界，給地屯種，以禦野人。

汪如淵報國

秀水汪如淵官順天府尹時，方在林清變後，事如蝟集。不延幕客，危坐堂上，燃燭觀文書，四鼓乃寢，暇獨處陋室，足不踰閾。尚書劉鐶之過訪，歎曰：「此去枯寂禪師有幾？爲官如此，有何樂境！」笑曰：「此汪某報國之始念也。」劉笑謝之。京兆爲之大治。宣宗卽位，簡廣東布政，清惠如昔。與制府某不合，遇事裁抑，憤鬱抱疾終，抵任未兩月也。貧無以葬，粤人助賻襚焉。

羅含章愛民

羅含章，雲南景東廳人。官廣東縣令，以廉直稱。道光初，膺首薦，升肇羅道。調山東兗沂曹道，未期年，擢粤撫。愛民潔己，蒞官時，召父老至，諄諄教誨，至涕下沾膺。故百姓感之如父母，號爲「羅青天」。

黎襄勤治河

黎襄勤公世序，河南羅城人。以進士起家縣令，洊至鎮江太守，百菊溪制府齡知其才，薦於朝。會河督陳鳳翔失事，仁宗即命黎代之，其去太守未期歲也。黎建議用碎石護禦河隄，巨河洶涌，不能沖決，南河賴以安瀾者十有二載，仁宗屢寵賚之。道光癸未春，以勞瘵薨於位，宣宗震悼，至有「披淚批覽」之諭，命入賢良祠，賚贈有差。卒未數月，南河即以阻漕圮堰見告，故黎之功益彰，世以爲靳文襄後所僅見也。

張茂蘭爲政簡易

張茂蘭，字德馨，章邱人。令鉅鹿，爲政簡易。服闋，起知任邱。時兵荒洊臻，乃上救荒四事，多見施行。官柳爲饑民翦伐，或以爲言，張曰：「孟氏有言：『先仁民而後愛物。』歲饑，窮民無所得食，不得已，析木作薪，採葉充食，以緩須臾之死，乃厲禁乎？」又多市書籍，以勸學者，兵荒之餘，人不廢業。

羅玘過縣，張慕其文行，北面稱弟子。御史以紀功至，張不出迎，被詰，張仰視曰：「公此來，何爲者耶？」御史怒曰：「勦賊紀功，獨不聞乎？」曰：「賊去此幾何？」御史曰：「八百里。」曰：「公以紀功爲名，今相距八百里，脱有冒功者，何從知之？不責己去賊之遠，而責令奉迎之遲，誠所未喻。」御史怒，亟驅車去。亡何，御史以事就逮，張迎數十里外，廪餼甚腆，方嚴冬，製衣裘以進。御史歎曰：「令，古人也。煖不增衣，寒不減葉，吾見其人矣。」

張兩爲令，衣布飯脱粟，不名一錢，不以妻孥自隨。棄官，卜築長山之陰，老焉。每天雨，農夫樵牧，簑笠耰鋤滿舍中，張與雜坐，談農事，竟日無忤色，山中人亦忘其嘗爲大夫也。生平邃於經傳，授徒山中，經其指授者，率有所成就，如袁軒冕、陳德安輩皆是也。道光乙未十月初三日病亟，起坐命酒，索陶詩、周子《通書》，置袖中而瞑，鄉人稱曰「東谷先生」。

戴羡門捕亡命

丹徒戴羡門尚書以知縣起家，其知卬州時，州民黄子賢等嘯聚亡命，約以州試日爲亂。偵之確，屆期試士如平時，而密遣民壯潛赴聚謀處捕獲，無漏網者，人咸服其鎮静之度焉。

裕泰鋤强去暴

道光間，裕泰久任督撫，敭歷大圻六七行省。鋤强去暴，匪醜必禽，所捕邪徒梟販姦宄重囚，歲以數百計。崇陽鍾人杰，新寧李沅發，卽督湖廣時所勦平者也。

吴文節革淫祀

楚人好鬼，越人好機，自古而然。雲貴僻處天西，其崇信鬼神，乃復不亞中土。省城舊有華光寺，城内外與之同名者凡數十處，俗稱某天子廟，又曰某天壇，某天臺，住持僧道，椒設無稽神像，詐言禍福，惑民漁利。道光間，督部吴文節公文鎔深惡之，檄屬親督兵役，將各州縣所供奉不經之土木偶像，投之濁流，並將廟宇分别毁拆，或改爲善堂義塾，或改祀正神，淫祀遂革。

栗恭勤治河

河工之築壩護隄，以塼代石，自栗恭勤公毓美始。自後每有大役，碎石稭掃，工用大減，數年省官銀百三四十萬兩，而工益堅。自奏爲定例，省費更不可訾算矣。

林文忠治河

道光辛卯，林文忠公則徐擢東河總督，奏言稭料乃河工第一弊端，其門垛灘垛併垛諸名目，非抽拔拆視，難知底裏。遂將南北十五廳各垛逐查，有弊者察治，所屬懍然，歲省度支無算。得旨，謂向來河臣從未有如此精核者。

林文忠許貧民挑賣官鹽

林文忠公督兩湖日，整飭淮綱，許挑賣私鹽之窮民改悔充肩販，由各處官鹽子店給票，挑赴四鄉，賣完繳價。

林文忠曾文正重視牧令

林文忠公撫蘇日，嘗謂僚屬曰：「吾恨不從牧令出身，事事由實踐。」曾文正督兩江日，亦嘗曰：「作官當從州縣作起，纔立得脚住。」

吴和甫視學政績

吴和甫，名存義，官至吏部侍郎，公正廉明，愛才如命。督學滇南，前後八年，士民愛戴。當回匪逆命時，滇省大小官署及縉紳巨室，悉罹屠毒淫掠甚慘，獨相戒不犯學使署。時鹽巡道署中貨財衣物，攘刼一空，並將插架書籍，以刀截爲兩段。案有吴之詩集四本，一賊方加刃，一賊急止之，曰：「此吴學使詩也，愼勿損壞。」所藏書數萬卷，惟吴集獨存。嘗按臨永昌，試竣出城，甫數里，回視城内，火光燭天。沿途回匪白布纏頭，戈甲森列，見吴至，皆跪拜道左。乃式輿訓之曰：「汝曹皆天朝好百姓，幸各自愛。」衆唯唯嗷應，稽顙有聲。蓋漢、回誓不兩立，必俟吴出城，乃敢互相格鬬，居民多詭稱爲吴傔從，幸免於難。及按臨迤西，舉人李某訴稱麗江縣屬鹽井有横天都御史者謀叛，聚衆數十萬，剋日舉事。吴以事關重大，密檄麗江太守偵之，復自易服潛訪，乃知李前曾以首告謀逆，得賜舉人，兹欲襲故智。所臚列爲首者，皆本地富家巨族，所稱聚衆，即井旁燒鹽竈丁，所謂横天都御史，則彼處供奉之神，時降巫者之身，鄉民遂稱巫爲横天都御史。遂據實咨督撫，惟懲巫，斥革李某，士民感頌，皆稱之曰「吴青天」。

其督學浙江也，按臨嘉興。時海鹽某生以非罪繫獄，受刑甚酷，廉知其誣，點名至生，問提調官某生何在，提調官以繫獄對。吴叱曰：「秀才有罪，應詳準學使褫革，今未詳革而擅下於獄，何例也？某生不來，老夫當停試奏辦。」提調大恐，亟諭邑令出生於獄。比生至，髮蓬面垢，形同重犯。吴太息，撫慰之曰：「汝髮如此種種，皆老夫教令不行所致也。」提調、邑令相視忸怩，噤不敢語。及榜發，某生以優等食餼焉。又試杭州，有商籍童生陳某卷甚佳，越日，面試二題，頃刻而成，斐然可誦。益疑非童生所能辦，密使人訪之，果新昌秀才俞某頂冒捉刀。後試新昌，點名至俞，乃訓之曰：「凡爲秀才者，有學尤貴有品。汝前次爲陳某捉刀，吾憐汝才而姑貸之，若遇他人，則汝殆矣。是所得者少，而失者甚鉅，智者不爲也。汝其戒之。」榜發，俞以優等食餼，自是改行，不敢再蹈前轍矣。

吴性儉約，官至卿貳，在京蓄二僕，典學時倍之。嚴戒僕夫，毋許悉索供億，自廉俸外，一切陋規，絲毫不取。

江忠烈賑飢

道光己酉，江忠烈公忠源令秀水，維時米價騰貴，飢民搶掠，江甫履任，即有控搶二十餘案，弋犯不下百餘名。訪有某甲者，平日最爲地方害，以站籠暴烈日中斃之，餘悉置之囹圄不問。旋至賑局，邀衆紳謁城隍神，袖中出誓神文，問諸君肯自署名否，衆唯唯。因爇香，鳴鐘鼓，同跪神前，朗聲誦誓文一遍。製兩匾，書捐數，卽賚花紅鼓吹，以「樂善好施」四字褒之，否則大書「爲富不仁某某」額於門首，責令地保巡視，毋使藏匿，惟不許敲詐虐待，違則反坐，一時歡聲雷動。於多捐者，給予禁搶告示一紙，犯者，照某甲一律處死。數日之間，捐銀十餘萬兩，蓋均欲得此告示作護符耳。江乃乘船親查飢民户口人數，分段彙册，交出捐之人，自行按給，五日一報縣查核，並不繳官繳局，内而丁役，外而紳董，遂無乾没之弊。

鄭洛書驗尸

鄭洛書爲上海縣知縣，值歲初，謁郡守歸，舟泊海口，有沉屍壓以石磨，歎曰：「此殆客死，故莫余告。」遣人偵近村民家，有石磨失其牡，輦以來，果相脗合，一訊卽服。乃江西賣卜人，歲暮將歸，房主利其財而殺之也。

張九鉞賑災

張九鉞，字度西。宰南豐時，歲歉，請平糶。部例，大縣存七糶三，張驟半之，上官嚴檄切責，幕僚以爲病。張曰：「積貯，民命也。吾能墨守舊制，坐視民餓死耶？」倉米绌，則勸邑紳捐助，牒買鄰境，米靨至，全活者多。南昌西北濱彭蠡湖，秋潦爲災，力請賑，親履勘散給，晝夜駐墟上，凡六閱月，動帑十二萬有奇。

羅壯節著名績

羅壯節公遵殿由牧令擢封圻，所至大著名績。官湖北時，佐胡文忠公整飭吏治，籌畫儲胥，文忠倚爲心腹。外任三十年，身後，止薄田四十畝，土屋十餘間而已。

夏廷松稱職

新建夏廷松，字蔭堂，以縣尉仕江左，制府陶文毅公澍深器之。平日矜恤獄囚，禁獄卒凌虐，夏施藥，冬給棉，十餘年如一日。而治盜賊不少寬，閭閻安堵。嘗曰：「官無大小，期稱職耳，吾不以卑官自卑也。」

駱文忠設踮篇

咸、同間，駱文忠公秉章任封疆，當寒暑冗忙時，每便衣見客，設踮篇，收匿名揭帖，貼四柱清册於照牆，欲不蔽耳目也。

張兆棟用人

歷城中丞張兆棟，性嚴毅，風度端凝。所至無赫赫功，而上交不諂，下交不瀆，以義制事，屹然若泰山之不可動。同治己巳、庚午間，開藩吴下，一意以澄清吏治爲務。時丁日昌方撫吴，爲政苛細，舉止輕率，用人尤喜怒不常，純任意氣，加膝墜淵，變幻生於俄頃，張以鎮定處之，多所補救。且以朝廷既開捐例，勢不能拒使不來，而旅進旅退之中，又不暇一一考覈，辨其優劣。乃核其需次之先後，別其入仕之資格，分班輪轉，以次任用；需次以後，有績可敍者，別爲一班，予以特拔；而特拔之中，又論敍績之先後，無倖無濫，布置井井。丁好以己意進退人，每遇缺員，輒欲亂次委任，張不爲動。丁或謂其人恐無才，不能勝此任，則對曰：「明試之謂何？果用之而不堪，今日能予，明日詎不能奪，若先事示疑，人將有詞，亦非政體。」丁亦無如之何。及所用果誤，亦彈治不護短，故屬吏服其公而憚其嚴。

張凱嵩駕馭屬吏

江夏張中丞凱嵩以郎用知縣洊至巡撫，未嘗一日離廣西也。有政聲，於屬吏善駕使，胥樂爲用。道員李鈞由供事揀發至省，知其才，與籌軍需，極得其力，廣西鹺務，條目鉅細，皆李裁定。桂人言三倉積穀，李所創辦，其推陳出新，立法最善。值春末，招商人碾米運東，議價較市爲減；及秋成，由原商買米交倉，議價較市爲昂。由是倉穀論石則日盈，論色則日新，轉運無迹，公私皆便，商人亦深感信，無欺隱侵蝕等弊。廣西積苦於兵，張始終其間，浸至全境肅清。雖出湘中援軍之力，而收集流氓，次第興復，亦未易才也。

張勤果使民避水患

黄河多水患，張勤果公曜撫山東，甫下車，即於沿河一帶列置多船，船備大囊，實以熟麪，殆足月餘之食。河決時，則令河丁鳴鑼，促民登船，水至舟浮，任其所之，至水落，不致飢莩，全活者甚衆。旋薨於位，闔柩哀弔者以千萬計也。

鹿文端歷官治績

鹿文端公傳霖，起家州縣，荐陟封疆，尋擢卿貳，入樞垣而膺大拜，以勤能廉潔著稱於世。其尤嘖嘖人口者，一爲督蜀時，創處置瞻對改土歸流之議，惜爲將軍所尼，事不果行。一爲在兩江劾治海州分司徐某。一爲任户部尚書時，大内將興某項工程，獨上疏抗議，以國用不足不能供給爲對。孝欽后納其言，卒發内帑修之。一爲查辦綏遠城將軍貽穀案，主者初欲寬縱，以其堅持久，未定議。

夏獻雲訓農

新建夏獻雲，字芝岑。其祖家瑜嘗守寶慶，以卻富民石再書十萬金事，著稱於世者也。嘗官湖南糧道，著《訓農八則》：曰崇本務，曰守恆業，曰惜耕牛，曰勿争水利，曰勿私溝渠，曰毋遏糴，曰毋好訟，曰亟正供，皆曲中地方情弊。光緒乙酉，湘城大水，既退，民欲賽神以禳之。方伯某臨期示禁，且持之甚力，於是羣情洶洶，刁民聚衆數千，火焚藩署，幾成大變。夏出，曉以利害，謂首禍者法必懲，解散脅從，民心以定，自是湘人有「大畏民志，功兼明弼」之頌。子敬覲，字劍丞，嘗以道員需次江左，權江寧提學使。儒吏也，工詩詞。

善廣爲令政績

光緒丙戌，知西安縣事者，爲蒙古善子居明府廣。有博徒設花會於山中，聚衆數千，歷任邑宰不敢捕，以其備有槍械爲衛也，亦惟以文告申禁而已。善下車，卽令隸人先入其會以偵之，旋協同防營武弁，以深夜率兵役往，圍其山，戒勿開槍，慮聞聲而逸也。天辨色，先遣兵役之半叩關入，博徒發槍以禦，其魁破後垣遁，兵役之伏垣外者，遽前擒之，遂就縛。乃撫慰其衆，諭以利害，而驅之出，火其廬，自是花會之害遂除。是年夏秋之交，霪雨爲災，民詣縣求貸公款以資種植者將萬人，允之。及冬，移浦江。浦江向無積穀，歲饑，輒仰給於鄰邑，善憂之。乃捐廉倡辦，並令紳耆量爲捐助，紳百計沮撓，蓋誤以爲善將藉此染指也。善反覆開導，資大集，穀倉遂成，某年六月旱，邑大饑，遂出穀賑之。

善勤政愛民，不畏强禦。顧以性戇直，爲金衢嚴道聯綬所忌而中傷之，遂移浦江，其在西安固未及期也。子二，長桂森，官江西；次桂榮，官浙江。

張文襄從政有宗旨

張文襄嘗語黄紹箕云：「我從政有一定之宗旨，即啟沃君心，恪守臣節，力行新政，不背舊章十六字。終身持之，無敢差異也。」

張文襄整飭鹽綱

光緒壬寅年，張文襄署江督，整飭鹽綱，奏派蒯光典總辦儀棧，資以兵輪，實力緝私，親赴十二圩相度形勢。自集一聯懸之，以配曾文正聯。先得上聯，命蒯及黄紹箕對之。文爲「積雪中春飛霜暑路」，此張融《海賦》語。蒯退，以屬某，某對以郭璞《江賦》之「總括漢泗兼包淮湘。」蒯稱善，言於張，張自以「洗兵海島，刷馬江洲」易之。

王步雲有循聲

光緒癸卯，王步雲以揀選知縣至廣西，歷宰劇邑，有循聲。其在永淳時，每躬自出巡，訪問閭閻疾苦，嘗以兼旬周歷十四村，由化龍而甘棠，而古拉，而鹿盧，而零竹，且紆道古城、平木、六吉、長運、梧李、黄平、路韋等處。遇有崎嶇山嶺，亦不辭勞瘁，徒步登陟，所至，輒殷殷垂詢，爲之計畫一切。又以永淳幅員遼闊，山林叢雜，上接宣、靈，下連賓、橫，實爲羣盜出没之所，因出示勸諭各村，行聯團互衛之策，並建築閘闌以禦盜，於是闔境肅然，咸得安枕。宣統辛亥補富川，所屬龍窩村人與接壤湖南江華之甕水村人以山界糾葛之世仇，肇釁械鬭，致傷多命。步雲乃請於兩省上官，由富江兩邑價購山地，作爲甌脱，永禁兩造樵牧耕葬以杜後患，民皆德之。步雲名甲榮，浙江嘉興人。久於幕，善屬文，其子銘遠中翰邁常能世其學。

增子固治浙海塘

浙之海塘，關係七郡民命，康、乾時嘗兩屆大修，特頒内帑，欽派專使駐工督辦，聖祖、高宗南巡親臨指示。其後歲撥經費，動逾百萬，編設管塘同知暨營汛專缺，畫分東西中三防，專司搶護，直轄於杭嘉湖道，而受成於巡撫。每遇伏秋兩汛，例有出巡之舉，分投勘察，詳明奏報，奉爲考成，罔敢欺蔽。同、光以後，虚應故事，久之，則上下相蒙，所定歲費，亦皆移作别用，自此年短一年，而工程益不可問。迨宣統己酉，官紳昌言變法，時撫浙者爲滿洲增子固中丞韞，本主改革，討論結果，乃將原有文武員缺一律裁免，特設塘工總局，遴委道員主之，嚴定處分，優與事權。其下並設塘工諮議會，分舉士紳爲諮議員，逐案建議，以多數取決之。執行意思兩大機關，亦於是時組織成立。

清稗類鈔

爵秩類

爵秩全函

京外大小文武百官之職掌、姓名、出身、籍貫、字號，有記載之專書，曰《爵秩全函》，一曰《搢紳全函》，又曰《搢紳録》，略同於明之《同官録》，日本之《職員録》。蓋京師琉璃廠南紙鋪中人，就吏、兵二部之胥吏，詳查檔册，彙而成編者也。有爵者亦記之。别有專載武職之單行本，曰《中樞備覽》，歲出四版，分春夏秋冬四季。其書以紅紙爲面，黄紙爲籤，綈錦爲帙。官吏之入都也，輒買之，歸以遺戚友。此書版權，初爲吏部書吏某所專有，蓋在乾隆末造和珅當國時，某以數千金賄珅，始禁止他人發行。久之而爲各南紙鋪所效尤，其最初者爲榮禄齋，旋以榮禄二字嫌於僭，乃改禄爲録。

同姓封爵及世職

太祖肇基，以滿語定爵號，最尊者曰貝勒。太宗崇德改元，始定王公等爵，以封顯祖子孫。及定鼎燕京，列爵十等，至於六祖子孫有德善勳勞者，量其等而錫之爵，王貝勒僅屬追封。其及身受爵者，在國初則授昂邦章京、梅勒章京，繼改精奇尼哈番、阿思哈尼哈番。

公侯伯之下，別有五等世職，蓋八等也。乾隆丙辰，從舒文襄公赫德議，始改漢銜，視其品秩以定之。定一二三等精奇尼哈番舊世職爲昂邦章京。爲一二三等子，一二三等阿思哈尼哈番舊世職爲梅勒章京。爲一二三等男，一二三等阿達哈哈番舊甲喇。爲一二三等輕車都尉，拜他喇布勒哈番舊爲牛彔。爲騎都尉，他沙勒哈番舊爲半箇前程。爲雲騎尉。

宗室爵十四等

宗室爵凡十四等，一，和碩親王。二，世子。即親王之長子。三，多羅郡王。四，長子。即郡王之長子。五，多羅貝勒。六，固山貝子。七，鎮國公。八，輔國公。九，不入八分鎮國公，十，不入八分輔國公。十一，鎮國將軍，秩視一品。十二，輔國將軍，秩視二品。十三，奉國將軍，秩視三品。十四，奉恩將軍，秩視四品。其下爲閒散宗室，亦視四品，得服四開衩袍，束黃色腰帶，俗稱黃帶子。崇德丙子，定親王，郡王，貝勒，貝子，鎮國、輔國二公，皆冠寶石頂，以補服翎眼爲差次，統名曰入八分王公，蓋即九錫意也。或曰天命間立八和碩貝勒共議國政，各置官屬，朝會、燕饗皆異其禮，是爲八分。其不入八分公以及鎮國、輔國將軍，皆冠珊瑚頂，奉國將軍視武正三品，奉恩將軍視武正四品，秩皆與品官同。舊例，親王嫡子封郡王，後襲親王，或曰先封世子。郡王以下嫡子，皆遞降一等受封。親王衆子封輔國公，親王庶子封輔國將軍，郡王以下遞降同。故安王諸子皆封僖勤諸郡王也。

康熙時，以俸糈繁費，改定：親王無論嫡子衆子，皆封不入八分輔國公，郡王以下遞爲減等而考試之，繙譯，馬、步射三藝皆優者，然後授以本職，否則遞相降等授爵。其親、郡王皆世襲罔替，貝勒以下皆降襲，至輔國公然後世襲，而輔國公又無復降襲之例。其不入八分輔國公以下，皆降至奉恩將軍，世襲罔替，無論軍功、恩封，皆一例。故杜度、彰泰諸貝勒有開創大功者，亦皆一體降襲。高宗篤念宗親，乃特定軍功、恩封之例：其有勳勞者，無論王、貝勒，皆世襲罔替；其恩封者，親王遞降至鎮國公，郡王遞降至輔國公，貝勒遞降至不入八分鎮國公，貝子遞降至不入八分輔國公，鎮國公遞降至鎮國將軍，輔國公遞降至輔國將軍，皆世襲罔替。

復還親王始封爵號

睿親王多爾袞以元勳懿戚，橫被流言，乾隆朝，始特旨昭雪，復爵予謚。並以禮烈親王後人改封巽親王，又改封康親王；鄭獻親王後人改封簡親王；豫通親王後人改封信郡王；肅裕親王後人改封顯親王；克勤郡王後人改封衍禧郡王，又改封平郡王：均非初封之名，不足昭示後世，悉命復還始封爵號。

異姓封爵及世職

異姓爵凡二十五等：一，一等公。襲二十六次。二，二等公。襲二十五次。三，三等公。襲二十四次。四，一等侯兼一雲騎尉。襲二十三次。五，一等侯。襲二十二次。六，二等侯。襲二十一次。七，三等侯。襲二十次。

八，一等伯兼一雲騎尉。襲十九次。九，一等伯，襲十八次。十，二等伯。襲十七次。十一，三等伯。襲十六次。十二，一等子兼一雲騎尉。襲十五次。十三，一等子。襲十四次。十四，二等子。襲十三次。十五，三等子。襲十二次。十六，一等男兼一雲騎尉。襲十一次。十七，一等男。襲十次。十八，二等男。襲九次。十九，三等男。襲八次。二十，一等輕車都尉。二十一，二等輕車都尉。二十二，三等輕車都尉。二十三，騎都尉。二十四，雲騎尉。自一等輕車都尉至雲騎尉，各襲三次，襲次完時，以恩騎尉世襲罔替。二十五，恩騎尉。

異姓者，自皇族外，統滿洲、蒙古、漢軍、漢人而言之也。國初以從龍英傑，皆爲開國元臣，故凡拜勳爵受勳職者，咸得世襲罔替。若錫封於順治壬辰以後，則即以次爲沿革，間有特命視開國元臣世襲罔替者，蓋異數也。乾隆時，高宗追念陣殁殉難諸臣，賜後裔官一人曰恩騎尉，視正七品，世襲罔替。

世禄品級禄米

公之位視三公，冠珊瑚，服斗牛，禄米六百石。侯、伯服與公同，禄米四百石。子位視正一品，服麒麟，禄米三百石。男位視子，禄米一百五十石。輕車都尉正三品，禄米一百石。騎都尉正四品，禄米六十四石五斗。雲騎尉，正五品，禄米四十石五斗。

異姓王

故事，罕有異姓封王者。國初孔有德、尚可喜、耿仲明以泛海來歸，封孔爲定南王，耿爲靖南王，尚爲平南王。吴三桂以請兵功封平西王，揚古利以世臣追贈武勳王，孫可望以來歸封義王，黄芳度以殉節封忠勇王。惟福康安以征苗薨於軍，贈嘉勇郡王，子德麟襲貝勒，蓋曠典也。

衍聖公

自宋仁宗改孔子後裔文宣公封爵爲衍聖公，歷元、明不替，國朝亦因之。有采田。世居曲阜，歲時入朝，建邸於京師。

聖祖賜鄭克塽公銜

康熙癸亥，閩海平，王師由澎湖入鹿耳，直抵臺灣。鄭克塽黨羽攜貳，險要盡失，始率屬薙髮迎降。聖祖特降明詔，授克塽公銜，其大將劉國軒、馮錫范伯銜，俱隸上三旗。

高宗諭文臣爵不承襲

乾隆壬戌十二月，高宗諭：「我朝文臣無封公、侯、伯之例，大學士張廷玉伯爵係格外加恩，其奏請與其子張若靄承襲之處不合。今著帶於本身，伊子張若靄不必承襲。」

漢爵之世襲罔替

海澄公黄梧，本鄭成功將，順治丙申歸順。其子芳度，康熙初，拒耿精忠之招，困守漳州，城陷殉難。事聞，贈王爵，謚忠勇。陝西提督王進寶以平吴三桂功，授三等子，賜彤弓駿馬，卒謚忠勇。至乾隆丁亥，詔以黄芳度子孫於襲次完時，照八旗例給恩騎尉世襲罔替；王進寶以三等子爵世襲罔替。趙良棟授一等子爵，卒謚襄忠，詔以一等子爵世襲罔替。同時如將軍張勇，提督孫思克、陳福、豆斌，總兵高天喜等，皆緣此推恩。又殉節陣亡之張國彦等十七員，軍功較著之惠應詔等十四員，亦一體加恩。自是，漢人始有世襲罔替之例。

漢文臣得爵

漢文臣得五等勳爵者：康熙朝，桐城張廷玉三等勤宣伯；乾隆朝，錢塘孫士毅一等伯；道光朝，河南徐廣縉一等子，漢陽葉名琛一等男。而廷玉之得配享太廟，尤異數。粤寇之據金陵也，文宗顧命，深引爲憾，謂有能克復金陵者，可封郡王。及曾國藩克金陵，廷議以文臣封王，似嫌太驟，且舊制所無，因析而爲四，封侯、伯、子、男各一。於是國藩封一等毅勇侯，世襲罔替，其弟國荃封一等毅威伯，提督李臣典封一等子，提督蕭孚泗封一等男。左宗棠之肅清新疆也，廷議援長齡平張格爾封公之例，擬封一等公爵。孝貞后、孝欽后謂前曾國藩克復金陵，僅獲封侯，左宗棠係曾國藩所薦，其所用得力之老湘營，亦係曾所遺，將領劉松山等又曾所舉也，若左宗棠封公，則前賞曾國藩爲太薄矣。乃議左以一等恪靖伯晉二等恪靖侯，所以不獲一等者，稍遜於曾也。其他則有陝甘總督楊遇春封一等昭陽侯；文華殿大學士、直隸總督李鴻章封一等肅毅伯，薨後晉封一等侯；新疆巡撫劉錦棠封一等男，臺灣巡撫劉銘傳封一等男；兩江總督劉坤一薨後封三等男；内閣總理大臣袁世凱封一等侯，未受。

世職可併爵

得兩世職之較大者，可併爲一爵，如一等輕車都尉兼一雲騎尉是也。惟及身而止，不再襲。

世職可併爲一

得兩世職之較小者，可併爲一大世職，如騎都尉兼一雲騎尉可併爲三等輕車都尉是也。亦及身而止，不再襲。

漢人世職始於雍正

漢文臣無世職，雍正間，以大學士朱軾、張廷玉、蔣廷錫勤勞輔弼，特擴成例，給予一等阿達哈哈番世襲，卽輕車都尉也。漢世職蓋自此始。又八旗世職襲次完時，有賞恩騎尉承襲罔替之例，漢世職則否，然其後亦准世襲，與八旗同。

漢臣世職與滿臣同

國初，八旗官員陣亡，賜雲騎尉世襲，緑營則仍沿明制，例與難廕，非特旨者不予焉。乾隆甲辰，上諭兵部云：「國家滿、漢視爲一體，同爲殉節之士，豈可功賞之間有所異也？」乃命文臣自大學士至典史，武臣自提督至把總，皆以次賞給世襲，與滿臣同。

奏給白英子孫世職

汶上老人白英，明之有功黄河者也，立祠於戴村，子孫蔭襲頂帶。自入國朝，未奉明旨。康熙間，河東河道總督漢軍李宏奏請仍給八品世職，奉旨允行。

外藩封爵

外藩爵凡七等，一，汗。二，和碩親王。長子先賞給公品級。三，多羅郡王。四，多羅貝勒。郡王、貝勒之長子先賞給頭等台吉。五，固山貝子。六，鎮國公。七，輔國公。貝子、公之長子先賞給二等台吉。將來長子各襲封原爵，亦間有減一等承襲者。

劃一文武階級

乾隆丙子七月，高宗諭：「三通館進呈《皇朝通志·職官略》一門，文職自正一品至從九品共十八階，武職自從一品至正七品衹十二階，宜改爲劃一。又文官降一級者，俱以正從計算，止於正降爲從；

武則降一級卽降一品，未免偏枯，此後武職處分，亦宜照文員之例。」

國初文武同官不迴避

雍正甲寅，福建巡撫趙國麟與藩司劉藩長聯姻，係先具奏允行。又魏經國爲湖廣提督，特旨以其子瓆爲提標中軍守備。及爲松江提督，以其次子琨補泰州營遊擊，其時同官固不拘迴避之説也。洎乾隆時，立法始密，部例日繁，同官皆須迴避。咸、同以來，復有捐免迴避之例。

文武旗官前後異名

八旗文武職官，前後異稱，滿語稱札爾固齊者，後改佐理五大臣。滿語稱某部承政者，後改尚書。滿語稱某部參政者，後改侍郎。滿語稱左右承政者，後改左右都御史。滿語稱左右參政者，後改左右副都御史。滿語稱噶喇昂邦者，後改左右翼前鋒統領。滿語稱固山額真、固山昂邦者，後改都統。滿語稱梅勒額真、梅勒章京者，後改副都統。滿語稱纛章京者，後改護軍統領。滿語稱甲喇額真、甲喇章京者，後改參領。滿語稱牛彔額真、牛彔章京者，後改佐領。滿語稱盛京八門總管昂邦者，後改盛京將軍。滿語稱駐防昂邦者，後改駐防將軍。滿語稱壘爾根蝦者，後改蒙古侍衛。

成都將軍轄文武

各省將軍專轄旗兵，惟成都將軍一缺，管轄松、建文武。建昌道各屬遇有特别事件，須分稟將軍請示，通省牧令之奉委赴任者，皆須赴軍院稟辭。門敬小費等等，視缺之高下爲斷，約數十金或百餘金不等，接見與否，弗論也。其有吝惜小費不辭而别者，輒遭嚴譴。某歲將軍缺出，暫由某督兼署，督吏治素著，頗不以將軍分權爲然，奏請將成都將軍管轄松、建文武舊制取消，奉旨允准。

熱河都統轄文武

駐防在外之都統，專轄軍隊，惟熱河都統則兼管吏治，地方現任文武及需次者皆屬之。

文武互改

漢臣文武不相移易，然亦有以文改武、以武改文者。如徐湛恩以侍衞改郎中，姚儀以知府改總兵，朱衣客以道員改總兵，劉清以鹽運使改總兵，黄廷桂及楊忠武公遇春以提督改總督，劉襄勤公錦棠、劉壯肅公銘傳皆以提督改巡撫。又如彭剛直公玉麟、蔣果敏公益澧之始爲武員，張勤果公曜之始爲文員，而仍以武改文。至楊勇慤公岳斌由湘鄉把總起家，官至陝甘總督，且適與嘉慶間楊忠武同姓，同起行伍，同任兼圻，同督陝甘，先後若出一轍，則爲咸、同軍興後一人而已。其後又有光緒末葉之劉永慶、田文烈、言敦源三人。劉，字延年，汴人。初至朝鮮，以直隸州知州充領事，洊至道員，尋被簡爲江北提督，加侍郎銜。田字焕庭，鄂人。初以廣濟縣訓導投新建陸軍，積功保至道員，曾任宣化鎮總兵。言，字仲遠，蘇人。初以道員需次直隸，署大名鎮總兵，未幾，而改任直隸巡警道。

徐湛恩以武改文

武臣鮮以詞賦受知者。徐侍郎湛恩，明功臣中山王達後也。明季以關外都指揮家遼陽，入國朝，隸正藍旗漢軍。由貢生應武科，中康熙乙酉武進士。授侍衞，執戟殿下，賦詩稱旨，特改兵部郎中。後官至閣學，兩出治河，以廉幹稱。

田興恕以武兼文

田興恕於咸、同諸將中年最少。咸豐乙卯，從王葆生軍，充領哨，勦粵寇，破之於郴州，時年裁十六耳。葆生奇其勇，命獨將五百人，名虎威軍。及援黔，增募至二萬，選敢死士五百，號曰死勇，後改名長勝軍。己未，以副將擢貴州提督，授督師。辛酉，兼巡撫，年甫二十四也。援黔軍之餉，夙仰給於湘，同治壬戌，田督餉湖南，以事忤湖南巡撫毛鴻賓，毛怒，奏停其餉；又以其起家勇目，年少佩大臣關防，陰劾之。遂繳大臣關防，解巡撫印，仍以提督領軍事。興恕，字忠普，湖南鎮筸廳人。

張勤果敭歷文武

張勤果爲咸、同中興之名將。其祖嘗爲知州，家貧，識字不多，嘗爲米肆司會計。後游河南，依其姑夫蒯士薌廉訪於固始縣任所。時捻寇起，民多結團自保，蒯檄爲團長。及捻圍固始，迺以壯士三百伏城外，夜三鼓，突起，潛襲捻營，城上鳴鼓角應之，呼聲震天地，捻大驚潰，終夜洶洶不絶。時忠親王僧格林沁方帥大軍來援，未至數里，遥見火光中有人往來搏戰甚力，驚曰：「是何壯士？」及至，勞問，乃勤果也。大歎異之，因立畀以五品翎頂，奏署縣事。尋娶婦，即士薌之女公子也。

其後，勤果洊擢布政使，開藩河南。御史劉毓楠劾其目不識丁，奉旨改南陽鎮總兵。憤甚，乃就夫人學，自是遂通知文史。然自改官後，數偃蹇朝命，左文襄公督師勦回，奏請勤果領兵，不應。時降旨趣之，夫人乃曰：「君以功自負，數逆上命，將謂朝廷不能殺君耶？」勤果聞言，咋曰：「夫人言可畏！夫人言可畏！」即往從文襄。文襄復奏，復改文職。未幾，巡撫山東，輒與屬吏言其夫人之能，且曰：「君等畏妻否？」或答以不畏者，則正色曰：「汝好大膽，妻乃不畏耶？」

楊愷出入文武

康熙朝，儀徵武進士楊愷受知聖祖，召入南書房，與何義門、蔣南沙等同校書史。後提督兩浙，頗著勳績。

總督封將軍

康熙己未，雲貴總督蔡毓榮封綏遠將軍，賜以勅，總統緑旗兵，異數也。毓榮爲漢軍旗人。

尹文端歷兼文武九印

尹文端公繼善久督兩江，境内將軍、提督、巡撫、河督、漕督、監政、上下兩江學政九職，皆嘗兼攝之。

文武官員不准挈眷赴任

臺灣初爲荷蘭人所據，鄭成功逐荷人而有之，垂三世，及康熙癸亥，施琅破臺灣，始入版圖。時聖祖慮漢官至其地，結鄭氏餘孽爲亂，故不許挈眷前往。乾隆丙申，高宗諭云：「文武官員知縣以上年過四十其無子者，方准挈眷前往。此例未知始自何時，殊不可必。王道本乎人情，舊例未爲允洽，嗣後俱准其攜帶。」自是文武官員，無論大小，遂無不攜眷矣。

漢尚書任步軍統領

漢人例不任步軍統領，惟嘉慶朝常德楊超曾曾兼領，時楊本任吏部尚書也。

文升武降

嘉慶戊辰，庶吉士散館，崇綬改三等侍衛，同時有步軍統領文寧者，忽爲侍郎廣興所劾，降翰林院編修。都人有一聯云：「翰林充侍衛，提督作編修。」時謂之文升武降。蓋庶吉士從七品，三等侍衛正五品，步軍統領從一品，編修正七品也。

湘淮軍人爲督撫提鎮

自定鼎以來，至咸豐初，滿人爲督撫者十之六七，粵寇倡亂，滿督撫有殉節者，然無敢與抗。文宗崩，孝貞、孝欽二后垂簾，恭親王輔政，乃汰滿用漢。同治初，官文恭公文總督湖廣，自官罷，而滿人絶迹者三年，僅英翰擢至安徽巡撫耳。當同治己巳、庚午間，各省督撫提鎮，爲湘、淮軍功臣占其大半。及恭王去位，滿人勢復盛。光緒甲午後，滿督撫又遍各省，遂迄於宣統遜位。

齊蘇勒任官不拘資格

勤恪公齊蘇勒，初以内府主事出任永定河分司，既遷翰林院侍講、國子監祭酒，仍管永定河分司事，時康熙壬午以後也。

鄭其儲遷轉之奇

石首鄭太常其儲以康熙壬辰通籍，癸巳授檢討。世宗初元，改授户部山東司郎中；乙巳擢工科給事中；庚戌授四川松茂道參議。乾隆戊午，擢太常寺少卿，遷左僉都御史。己未改順天府府丞；丁卯又轉常少。蓋以檢討改郎中，以郎中不階御史，逕擢給諫，既外任參議矣，忽擢常少。既由少卿遷僉都，再轉而仍居故官。其間迴翔遷轉，皆不甚循尋常階級，又非有被議降謫之事，實罕有也。

梁文莊兼領清要

內閣、吏部、翰林院，皆京僚極清要地。梁文莊公詩正嘗兼領數年，王尚書際華戲謂之曰：「公可謂三清居士矣！」裘文達公曰修聞之，笑曰：「若兼以上書房、南書房，則五清也。」

數年躋京官顯秩

仕宦之速，如阮文達公元，中式後，未三年即擢少詹事。桂香東侍郎芳中式五年，擢內閣學士。董鄂少司馬恩寧中式七年，至亞卿。盧少司農蔭溥居郎官最久，其擢鴻臚寺少卿至兵部侍郎，未期年。蓋皆宦途之最速者也。

朱朵山終於六品京官

海鹽朱朵山殿撰昌頤平生六易官階，終於六品。初以選拔充小京官，升用主事，一也。道光丙戌，成進士，一甲一名，授翰林院修撰，二也。嗣升贊善，三也。緣事降謫，適得光祿寺署正，四也。由署正捐主事，五也。升員外得御史矣，復干吏議鐫級，歸，咸豐朝起廢員，仍賞主事，命來京，六也。

生前加太傅

大臣生前加太傅者，自金文通、洪文襄、范文肅、鄂文端、曹文正、長文襄、阮文達外，惟潘文恭公世恩而已。

議政王大臣

國初定制，設議政王大臣數員，皆以滿人充之，軍國重務，不由内閣票發者，皆交議政大臣。每朝期，坐中左門外會議，如坐朝。雍正中，設立軍機處，議政之權遂微，然猶存其名，爲滿大臣兼銜。乾隆壬子，高宗特諭裁之。

議政王

定制，親王、皇子等不得干預政事。咸豐辛亥，文宗崩，穆宗沖齡，國内不靖，孝貞后謙謹，不敢負重任，孝欽后位卑，恐不孚人望，思得一重望之親貴佐理之。於是廷議推恭忠親王奕訢爲議政王，總理軍機大臣，此本爲權宜之計，非永遠定制也。同治乙丑，詔罷恭之軍機處議政權，並撤去一切差使，然自此以後，屢有親貴執政矣。

至親王秉政時之稱謂，向例，親王、皇子與大學士相見，行半跪禮，稱老先生，如兼師傅者，或稱老師，自稱或門生或晚生。恭既議政，於是向之以老先生、老師稱大學士者，遂一變而爲官稱，如稱李文忠爲李中堂，左文襄爲左中堂，而大學士之對於議政王，則自稱晚生矣。及光緒時，醇親王載灃又呼李文忠曰少荃，是尤非尊重大臣之意矣。

監國攝政王

監國攝政王有二：一在順治朝，卽睿忠親王多爾衮也；一在宣統朝，卽醇親王載灃也。

軍機處

國初自内三院外，其軍國政事，皆交議政王大臣，其人皆貴胄世爵，不諳世務。雍正己酉，青海用兵，世宗以内閣在太和門外，傒直者多，慮泄漏事機，議設軍需房於隆宗門内，爲承旨出政之總匯。庚戌，改名軍機處，擇内閣大學士兼任之，鄂爾泰、張廷玉是也，曰軍機大臣。職在擬旨，内外臣工所奏，皆面取進止，明發上諭，其有旨勅議者，定可否以聞。明發諭旨先下内閣，以次及於部院，若指示兵略，告誡臣工，及查核刑政之失當者，爲廷寄，密封交兵部馳遞。内而部院、九卿、步軍統領、内務府，外而各省督、撫、將軍、學政、提督、總兵、鹽政、榷使、各參贊辦事大臣，迄四裔各屬國，無事不綜核。逐日召對，巡幸必從。四方章奏，皆改題爲奏，以摺代本，逕達軍機處，内閣本章，則依例題達而已。甚而内閣翰林院撰擬不當，亦下軍機處。故軍機大臣之任，至爲煩重。旋以軍務煩勞，擇閣臣及六部卿貳熟諳政體者兼攝其事，並選部曹內閣侍讀中書等爲僚屬，曰軍機章京。每日寅初，在奏事處上摺匣，帝秉燭批覽，既畢，發軍機處録入檔册。所掌銀印龜紐，初藏内府，有應用印者，皆立時請印出，大臣監視用畢，隨卽繳還。其僕役皆選内務府童子，司灑掃。舊例至二十歲卽更出，後因循日久，有久供役而大臣喜其熟練者，非立法本意也。

乾隆丙辰，改軍機處爲總理處，旋又復舊。時張廷玉欲樹黨，以汪由敦長於文學，薦入代勞。丁卯，金川用兵，所下廷諭，均汪所撰。初惟滿大學士訥親一人承旨，既出，令汪在直廬撰擬。訥惟恐不合上意，輒令更易，有屢易而仍初稿者，一稿甫削，又傳一稿，改易亦如之，汪頗以爲苦，然不敢較也。己巳，金川平，汪自陳不能多記，恐有遺忘，乞令軍機大臣同進見，遂沿爲例。然秉筆之任，率推汪。其後滿司員欲借爲見才地，大學士傅恆稍假借之，令代擬。汪見滿司員如此，而漢文猶必己出，近於攬權，乃亦聽司員代擬，日久遂成爲章京專職。

嘉慶己未，御史何元烺奏請酌改軍機處名目一摺，内稱：「軍機處承辦一切事務，與兵部之司戎政者不同，現在軍務久經告蕆，似應更改名目，以見偃武之隆。奉旨：「軍機處名目，自雍正年間創設以來，沿用已久，一切承旨書諭及辦理各件，皆關機要，此與前代所稱平章軍國重事相仿，並非專指運籌決勝而言。目今三省邪匪，久已肅清，大功告蕆，薄海内外，共慶昇平，不必改易軍機二字，始爲偃武。何元烺摺着擲還。」

宣統辛亥四月，改軍機處稱内閣，然與昔之内閣異。設總理大臣一，協理大臣二。九月，純采外國制，置總理大臣一，廢協理大臣。自四月改稱內閣至十二月，而宣統帝遜位，其間僅九閱月耳。

軍機處員名任期

自雍正至宣統，二百餘年，出政皆於軍機處。自雍正庚戌至光緒丙午，軍機大臣非實職也。是年改官制，始專設軍機大臣，其原官各部者，命專管部務，開去軍機大臣差。軍機大臣員數，最少時二人，最多時八人，乾隆間，恆七人或五六人，嘉、道間，恆四五六人，後恆四五人，光緒時，恆六人，要之，乾隆以後，蓋無有至七人者矣。在職時之最久者爲董誥，凡三十八年，在職時之最短者，爲哈元生，僅一月。全體更易者，光緒甲申，以法、越之戰，恭親王奕訢、寶鋆、李鴻藻、景廉、翁同龢五人同時罷黜，而代以額勒和布、閻敬銘、張之萬、許庚身、孫毓汶五人，增左宗棠一人是也。以親郡王入直者，始於嘉慶己未之成親王永瑆，自是而有咸豐癸丑之恭親王奕訢，光緒甲申之禮親王世鐸，庚子之端郡王載漪，癸卯之慶親王奕劻，癸卯之醇親王載灃。以貝勒入直者，爲宣統間之毓朗。以武官入直者，爲貴州提督哈元生。以軍機大臣降軍機章京再充軍機大臣者，爲乾隆間之索琳。兄弟同時入直者，爲乾隆壬辰之福隆安、福康安，乾隆庚子、辛丑、壬寅之福隆安、福長安，乾隆癸卯、甲辰之福隆安、福康安、福長安。以軍機大臣外放藩司者，爲嘉慶丁巳之吳熊光，蓋以通政司參議爲章京，擢大臣，旋授直隸布政使也。以京堂入直者，爲嘉慶辛未之光祿寺少卿盧蔭溥，爲道光庚子之大理寺少卿何汝霖，爲咸豐辛亥之候補五品京堂穆蔭，爲咸豐辛酉之鴻臚寺少卿曹毓瑛。無罷免明文者，爲光緒庚子之禮親王世鐸，以未隨扈兩宮至西安行在，别建政府也。至乾隆時之和珅，道光時之穆彰阿，則皆以權相赫然於時，然視明之權相若嚴嵩，若張居正，則遠遜矣。

軍機處行走

乾隆朝，大臣之入軍機者，曰軍機處行走，後則章京曰軍機處行走，大臣曰軍機大臣上行走。其初入者，加學習二字。乾隆癸亥，傅文忠公恆由户部侍郎入樞垣，當時詔旨，尚曰軍機處行走也。

乾隆以前，别有議政處行走，文忠於丁卯擢户部尚書，在議政處行走。嘉慶辛未，盧文肅公蔭溥時爲光禄寺少卿，特旨令在軍機大臣上學習行走，以五品卿超拜大樞，前此未有也。

軍機處有科道稽察

嘉慶初，以軍機辦理樞務之地，宜嚴密，時部員多以回事、稟達公事曰回事。畫稿堂官例於牘稿之尾書一行字曰畫稿。爲名，擁擠窗外探聽，乃派科道一人，輪至隆宗門内北首内務府值房監視，軍機大臣散後，方得退直。王、貝勒、子、公，文武滿、漢大臣，俱不得至軍機處與軍機大臣有所談論。軍機之有科道稽察，自庚申十一月十八日始也，庚辰十月初十日裁之。

軍機處寄信

軍機處寄信各省將軍督撫，向例於恭録諭旨前一行，用滿、漢居首大臣掛銜。嘉慶丁巳，阿文成公桂薨，九月，太上皇召見樞臣於萬壽山，諭和珅曰：「阿桂宣力年久，且有功，汝隨同列銜，事尚可行。今阿桂身故，僅掛汝銜，外省無知，必疑事皆由汝，甚至稱汝爲師相，汝自揣稱否？」詞色甚厲。嗣後遂止寫軍機大臣字寄，不列姓名，著爲例。

每月，兵部將所寄信之封數，及寄外任何人姓名，彙奏一次，亦杜大臣徇私請託之弊也。

軍機章奏

軍機章奏，於人名、地名、數目字，均不得迴行寫，然多用水筆，墨亦不精良，取其速而不求工也。繕寫偶誤，輒以紙貼之，雖經御覽，未嘗以草率見責。

李文正守孝百日仍赴弘德殿及軍機處行走

高陽李文正公鴻藻，咸豐朝以編修視學河南，按試未周，奉特旨召還，授穆宗讀。穆宗登極後，弘德殿師傅之任，雖廣延耆宿，而以文正爲甘盤舊學，兩宮眦倚尤專，並已令參機務矣。同治丙寅，丁太夫人艱，懿旨開户部侍郎缺，守孝百日，仍赴弘德殿及軍機處行走。文正累疏陳情，乞歸終制，吏部尚書文文忠公慶爲之代奏，同時授讀諸臣大學士倭文端公仁、徐桐、翁同龢亦代爲乞恩，卒邀俞允。

軍機章京

軍機章京初無定額，和珅在朝時，其挑補俱由軍機大臣自主之，不帶領引見。嘉慶己未正月，定爲滿、漢章京各十六缺，由内閣、六部、理藩院堂官於司員中書、筆帖式内，選擇品方年富、字畫端楷者，送軍機帶領引見。二月三十日，軍機以保送人員引見，長齡等十五人充章京，富綿等二十人記名按次補用。其奉旨記名按次挨補，卽自是年始。

軍機挑取章京，舊時内閣保送中書，繼而有六部之司員，工部雖保送，而司員邀用者獨少，蓋以衙門次序在後故也。丙寅，始奏請考試，挑取若干員，帶領引見，奉旨用者挨補，若帶領十人，用者不過六七也。至道光辛巳，願送者日多，各堂官無如何，始有本衙門自試之例，試取者，方得送内閣。及是日試時，更限以三刻交卷，字須三百，遲者不閲，而例愈嚴矣。

軍機章京分滿、漢，滿章京不擬旨，惟司繙繹滿文。乾隆以前，廷寄之字，以滿文爲多，故滿章京事繁，自改用漢文，而滿章京成閒曹矣。

軍機大臣皆兼方略館總裁，章京皆兼纂修。每日散值後，輪派章京一人在館住班。是日章奏，亦歸方略館收庋，擇要入方略。

軍機達拉密

軍機章京有定額，滿、漢分班，非若軍機大臣之不限滿、漢也。每班八人，額外者不計。滿、漢各有頭二班，其領班者曰達拉密，即領袖也。有所白於大臣，例由達拉密發言。領班之外，有幫領班，且間有在領班章京上行走者。

大臣子弟充軍機章京

軍機章京，大臣子弟本須迴避，嘉慶庚辰十月二十八日，始有一體保送之例。

翰林充軍機章京

翰林無充軍機章京者，若由舉人中書充章京，一改庶常，即出軍機。戴文端公衢亨以舉人應天津召試，由中書充章京，及改修撰，出典湖北試，奉高宗特旨仍留章京。至侍講學士時，始特賞三品卿，在軍機大臣上行走。翰林之充軍機章京者，乾隆以前，惟文端一人而已。

軍機章京回直

軍機章京外放後，無入都仍充章京者。乾隆朝，新建裘恭勤公行簡初以舉人中書入直，守寧武、平陽數年，以母老請内用，補户部員外郎，仍直軍機。

吴熊光以軍機章京召見

高宗訓政時，三省教匪方熾，每日視朝，較平時恆早數時。一日，召樞臣，俱未至，獨章京吴熊光入直，遂蒙召對。是日，即降旨以熊光爲軍機大臣，嗣後無召見章京者。

三院改内閣

内閣之制，唐之中書省也。明代不設宰相，遂不設中書省，改爲内閣，以翰林學士贊襄庶政，至中葉，乃有大學士之名，其權固猶宰相也。太宗踐祚之初，改内閣爲三院，曰弘文院，曰祕書院，曰内院，皆置大學士、學士等官，蓋仿宋昭文、集賢之制。入關後，仍沿其制，至順治戊戌，復從明制，改設中和殿、保和殿、武英殿大學士。乾隆戊辰，裁中和殿大學士，增設體仁閣，以配三殿三閣之名。又有以大學士節制行省及欽差至各省專辦重務者。保和殿大學士不常置，惟張文和、傅文忠拜焉。體仁閣大學士，楊廷璋、楊應琚先後充之，然皆不終位，劉墉、曹振鏞遞任之。

内閣規制

内閣在午門内東南隅，門西向，滿語名多爾吉衙門。入門，西爲滿本堂，掌校寫滿字本祝板印篆及皇史宬大庫之收藏。東爲漢本堂，掌繙譯清文，收發通本。各省督撫提鎮學院之題本由通政司達於閣曰通本。兩堂之間北有一門，入門，有堂三間，爲大學士直舍，堂上懸「調和元氣」四字額，乃乾隆甲子十月初一日高宗御書以賜内閣者。楣懸癸酉六月初六日及嘉慶庚申十一月十八日，道光壬寅三月十二日、庚戌十二月十二日仁宗、宣宗上諭凡四道。又嘉慶癸酉七月仁宗御製《勤政殿記》墨刻，乙亥四月二十七日仁宗御製《内閣箴》，滿、漢書。堂外懸扁，其上揭「機密重地，一應官員不許擅入，違者治罪不饒」字樣，亦滿、漢書，刻金字，乃順治甲午五月二十四日世祖所頒之旨也。其屋皆覆黄瓦。

堂垣之東西向者，爲漢票簽處，校閲各部院本，票擬、繕寫，簽記絲綸簿，擬撰進奉文字，收存軍機處發交事件。後南向者爲滿票簽處，又後小屋，爲滿檔房，校閲滿字本，繕寫滿字簽與其檔案，傳知各衙門鈔録事件。事件自軍機處領出，有奏摺奉旨者，漢中書司之；奏摺未發交或特降旨者，滿中書司之。值園班者同。園班者，滿中書每值五日，漢中書每值二日，以次遞換也。滿票簽處西垣外曰稽察房，員無定額。凡諭旨，既由票簽處傳鈔，按日記檔，月終彙奏，票簽處每日進本簽經欽定旨下，滿、漢學士照簽批紅本面，假稽察房爲批本之地。大學士標示諭，僅用墨筆，所以避尊也。又北東向之屋曰飯銀庫，南向之屋曰典籍廳。定例，部院及各職司皆有鑄印，大學士無印，惟廳有關防，掌文移，統屬吏役。有大典禮，請用御寶，滿侍讀兼攝其事。廳分南北爲二，廳之北覆黄瓦者，曰蒙古堂，繙譯外藩諸部文字，並課俄羅斯學生。此閣以内之規制與其職掌也。

由滿票簽處而北，爲閣之後門。後門之東，紅牆迤邐，爲大庫門二，典籍廳、滿本堂分掌其鎖鑰。存貯歷聖實録、批紅副本、歷代帝王功臣畫像書籍。誥勅房在午門内之東廊，管理者無定員，滿、漢本堂侍讀二人充提調官。初，各官請封典，漢中書撰文擬進寫軸頒發。乾隆時，彭元瑞奏請撰定滿、漢京外文武各官誥敕文，不必隨時具草，後遂爲例。

内閣衙門，大學士總之，侍讀以下常見列揆，惟長揖，無堂屬禮。乾隆朝，和珅當國，勢張甚，欲令閣曹長跪白事，一如部曹，諸人執故事不從，和恚恨。

内閣大堂，以有諭旨，故不設正座，六堂分左右六位。若遇大挑之年，則欽派王大臣皆面北而坐，應挑者皆南面跪。

徐文穆十六年入閣

錢塘徐文穆公本爲珂之高高伯祖，康熙戊戌，入翰林。以桐城張文端公英薦，督黔學，以鄂文端公爾泰薦，授黔臬。由是而擢楚藩，簡皖撫，内遷總憲，晉大司空，乾隆丙辰入閣，距康熙辛丑散館授職，僅十六年耳。自康熙至道光，翰詹諸臣素流平進，大率遠者三四十年，近亦二十餘年，始得入政事堂，蓋以漢人言，固未有若文穆之速者也。文穆父，即文敬公潮，仕至吏部尚書。

大學士出爲巡撫

以大學士出爲總督者頗多，世稱爲使相者是也。然無爲巡撫者。乾、嘉間，嵇文恭公撫浙江，朱文正公撫安徽，其時皆已入相矣。

大學士非翰林出身

滿、蒙、漢軍大學士，不必盡由翰林出身。國初，漢大學士亦皆特簡，嗣由吏部進本，惟翰林出身者始開列。亦有以資勞入閣不由翰林者，如趙國麟爲康熙己丑進士，乾隆己未，授文華殿大學士。孫文靖公士毅爲乾隆辛巳進士，壬子，授文淵閣大學士。費文恪公淳爲乾隆癸未進士，嘉慶壬辰，授體仁閣大學士。章文簡公煦爲乾隆壬辰進士，嘉慶壬寅，授文淵閣大學士。彭蘊章爲道光乙未進士，咸豐丙辰，亦授大學士。皆不由翰林出身。光緒初，左文襄公宗棠以舉人起家，官至兼圻而入贊黃閣，海内驚爲異數，實則亦非破格也。

彭蘊章爲門外漢

彭詠莪相國蘊章未由館選，初被協揆命，謝恩摺云：「登揆席而未經詞館，計本朝不過數人，由部曹而洊陟綸扉，在微臣甫逾廿載。」舊制，大學士蒞任，皆詣翰林院署，入登瀛門，降輿，諸後輩長揖迎之。先是，有某者亦未經館選而大拜，將至院署，諸太史序立門内以待。而某於門外降輿拱手，自稱曰門外漢，彭與之同。

設立内閣總理

宣統辛亥冬，釐訂官制，設立内閣。凡各部之尚書、侍郎、左右丞參各缺，均卽裁撤，改設大臣、副大臣各一員，而受轄於内閣總理大臣，與昔者内閣之組織不同。

孔繼汾特授内閣中書

乾隆壬午，高宗東巡，釋菜於孔林，諭：「引駕官孔繼汾，朕看其人，尚可造就，著加恩以内閣中書用。」

汪孟鋗到内閣口號

汪厚石吏部孟鋗爲乾隆丙戌進士，先以壬午獻《龍井聞見録》，召試，賜中書，後擢典籍。其《初到内閣口號》云：「陳人久歎積薪餘，乍許清班學士趨。獵獵西風敞裘帽，東華門外唤車驅。靜聽閣老馬蹄聲，侍讀諸公白事迎。我自田間來幾日，慎教輕易上階行。六科書吏立如麻，齊下三單卅點加。埽筆紛紛忙注本，日輪眼急下東華。遇啓鑾封印日則三日本齊下。乾清門側檔初交，匣硯看人唤打包。枯坐今朝拚守晚，領歸諭摺件傳抄。領上諭奏摺日，直中例派一人候夜直交代，爲守晚。御門闥道特除官，硃筆題名敬奉觀。別有改簽更式樣，傳宣票擬細尋端。御筆親書爲硃簽，特旨改標爲改簽。輸班辰入退過申，來是空言兩隸人。莫怪此間無灑掃，禁城清絶不生塵。」又《典籍廳任事八首》云：「六年歷俸八年資，又向西廳坐褥移。一轉成仙人共笑，邅迴不去待何時。」「寂寞茶房淡泊廚，喧然吏役日高初。各堂上任誇誰似，一飽豬羊祭庫餘。典籍到任，例以豬羊祭庫。」「畫行事細粗能曉，點卯人多猝未詳。夜直若非連兩夜，軍機須去面中堂。供事皁隸、紙匠、蘇拉朔望日赴廳唱名，漢典籍無園直，夜直連兩日。」「印單印簿縫鈐存，啓鑰開箱晝繼昏。始識相公多攝事，十幾一二本衙門。中堂有兼管上諭處、國史館、三通館、俄羅斯館，行部院衙門，文俱用廳印，以印單爲憑。」「掌印幫班等樣官，平湖滿漢一廳攢。考勤簿子親書押，要送兼廳侍讀看。滿、漢典籍各二缺，餘皆別堂來兼理者。滿侍讀學士、侍讀兼廳則爲廳官之長。」「北廳章奏南廳案，大庫文書小庫銀。承發散班齊了事，瓣香酹酒祭科神。廳供事南北各十四人，五月十三日釀錢祀科神，云是蕭、曹也。」「寶箱例引赴乾清，肅駕年年典據徵。接送預行交泰殿，奉盈一念警宵興。旃檀香寶，交泰殿二十五寶之一，駕出，内閣學士、典籍各一員赴乾清宮請寶，駕旋送寶亦如之。」「辦事銜名不自由，背推踵接此勾留。莫將五日輕京兆，尚許答人喚皁頭。吏部選例中書帶辦事銜者，題管典籍，撰文則否。」

端木國瑚兩得中書

處州之青田故有鶴，而山以鶴名。端木舍人國瑚產是邑，生而神貌肖之，其大父取《易·乾·中孚》兩「九二」之義，字之曰鶴田，及晚歲，乃自號太鶴山人，海内外知者多稱之曰太鶴先生。當阮文達督學兩浙時，得舍人，以誇示同朝曰：「吾得青田一鶴矣！」由是聲聞天下。

嘉慶戊午，舍人登賢書。明年，文達佐朱文正典會試，闈中相期以得鶴爲至幸，鶴竟不翔。後三十餘年，舍人已官於朝，文達適自滇黔覲京師，遇於郊外，與之酹酒文正墓，猶言疇昔闈後，文正以失鶴爲嗛，惘惘者至數月也。癸巳三月，文達方陛辭，宣宗留之。入會闈，録異才三數人，舍人始在選，朝士驚咤曰：「襹褷老鶴，尚能高飛耶！」

道光庚寅，宣宗改卜萬年壽陵，那彦成、禧恩得舍人所著《地理元文注》以獻。上問近臣：「知此人乎？」曹振鏞對曰：「此浙江名士，臣久聞其名。」遂詔浙江巡撫劉彬士召之。時舍人方倚隱囊，注《周易》，聞命，頹出坐後，左右扶之起，乃曰：「吾竟以方技名乎？」壽陵既定，將以知縣用，原薦者爲奏曰：「國瑚大挑一等，不願爲縣令，故改授教官。」上乃特授内閣中書，加六品頂帶，人以是益高之。癸巳成進士，仍以知縣請改歸中書。

中書至軍機處領事

軍機直房門簾，非軍機處人員，擅揭者罪。内閣早班中書，每日至軍機處領事，行抵簾次，必先聲明職務，乃始揭簾而入。直日章京起立，彼此一揖，章京出黃綾匣，當面啓封，諭旨共若干件，一一點交。旋出簿册，俾領事中書簽名畫押畢，然後捧持而出，中書與章京雖同鄉戚友，在軍機直房亦不得交談。回内閣直房，上軍機檔。少遲，六科筆帖式至内閣領事，亦有簿册，簽名畫押。

翰詹兩衙門

國初，設文館，置榜式，官名，一作巴克什。旋改翰林院。自掌院以迄庶吉士，有大小教習，而不分堂屬。詹事向爲東宫官屬，本朝不建儲，第留以備詞臣遷轉之階。且國子監祭酒、司業，亦由翰、詹兩衙門升轉。

翰林院

翰林院爲儲才地，大學士、尚書、侍郎出焉，督、撫、藩、臬出焉，大臣非翰林不得謚文，蓋重視之也。嘉、道以前，名臣多出於翰林，咸、同中興之手定大難者，胡文忠公林翼、駱文忠公秉章、曾文正公國藩、李文忠公鴻章，皆翰林也。然以大位可坐致，翰林習憊惡而安固陋，求通博宏重之選，又極罕覯。光緒末葉，翰林院亦廢矣。

翰林掌院

翰林掌院，舊皆以學士兼禮部侍郎，滿、漢皆然。自崑山徐立齋相國元文以文華殿大學士兼掌，桐城張文和公廷玉以禮部尚書兼掌，與往例不同，凡啓奏講書等事，滿前漢後，不論所居之本官也。長洲韓文懿公菼以禮部尚書兼掌院時亦然。

翰林院辦事

翰林院例於編、檢中奏派四人辦理院事，修撰亦與其選。謂之辦事翰林，遇京察，皆保列一等，此簡放道府之基礎也。每議派既定，掌院使人以名柬延請，使者曰：「請赴清祕堂。」不以公牘，尊而重之也。清祕堂辦事處，有高尚其志不屑外任者，則先事辭之。道、咸以前，翰林傳補御史，亦薄爲小就。其志趣高邁者，雖掌院保送，往往考試屆期，謁假弗與。

庶常支廩餼

各省儒學廩膳生員，歲支廩餼，翰林院庶常館月之所支，亦曰廩餼。雍正壬子，張文和公議奏庶吉士廩餼銀每人每月四兩五錢。蓋庶常未經散館，官未真除，其隸翰林院，亦猶夫肄業生也。

翰林須留心詔敕

乾隆初，高宗諭：「古來制誥多出詞臣之手，必學問淹雅，識見明通，始稱華國之選，有裨於政事。今翰、詹官員甚多，於詩賦外，當留心詔敕。掌院學士以下，編檢以上，可各以己意擬寫上諭一道，陸續封呈朕覽。儻有切於吏治民生者，朕亦即頒發，見諸施行，則詞曹非徒章句之虛文，而國家亦收文章之實用矣。庶吉士散館後，即照此例行。」

洗馬得與講讀一體較俸

坊局官僚升轉，定例，洗馬之名次講讀後。長沙劉文恪公權之官洗馬，十六年而後遷，時稱老馬。嘉慶初，戴尚書聯奎擢此官，召對，垂問資俸，戴以實告，始奉與講讀諸臣一體較俸之諭。由是洗馬無久淹者。

姜西溟得編修之遲

慈谿姜西溟，名宸英，年七十，以康熙丁丑一甲第三授編修。詞臣珥筆，殆無遲於此者。

翰林部曹之出入

庶常改部曹，滿員或有重入翰林者，漢員則回首玉堂，居然天上矣。雍正朝，新淦王太守泰甡捷甲辰會試，讀書中祕，用才能轉户曹。既躋正郎，復歸庶常，散館列一等，授職編修。其由庶常改户部詩云：「豈解度支籌國賦，但能清儉懔官常。」授編修詩云：「三載户曹居下考，一時翰苑忝頭班。」

聖祖休致乞假詞臣

康熙癸巳，凡詞臣乞假者，部彙疏上，特旨概予休致。時聖祖聞翰林不共官次干謁滋擾者甚多，故有此嚴譴也。比世宗嗣位，始悉予起用。

吴自高以布衣授翰林院待詔

桐城吴自高若山少嬰足疾，鍵户博通。其鄉袁張文和公在官，以章奏繁劇，不能手自繕寫，延若山入都，悉以任之。世宗嘗垂問姓名。高宗在青宫時，因亦諗悉其才品，洎登大寶，遂蒙温旨，謂：「吴自高爲人慎密，可授翰林院待詔。」異數也。若山益感激自奮，仍爲文和效筆墨之役，稍暇，即丹黄點竄，手不停批，《善卷堂四六注》，其一也。

王白田以教授入上書房

寳應王白田年五十始通籍，上書乞教職。雍正癸卯，由安慶教授薦入京師，特旨直上書房，改編修，同直者大學士福敏，尚書徐元夢、朱軾，侍郎蔡世遠，皆公卿大臣也。

科道行走上書房

上書房、南書房無以科道行走者，雍正朝，鄞縣邵學壯中丞嘗以給事中直上書房。

程氏父子入上書房

程春海侍郎爲蘭翹學士昌期晚年愛子。乾隆朝，學士嘗值上書房，比道光辛巳，侍郎亦以編修奉命在南書房行走。召見，諭之曰：「汝父蘭翹先生品學，朕昔年最敬，汝之聲名，朕亦皆知。宜更守素行。」侍郎後於壬辰十二月，復被命入上書房，課惠親王學，蓋父子相繼入上齋也。

周系英直上書房之特簡

嘉慶戊辰，湘潭周侍郎系英以侍讀學士奉命直南書房，保薦時，仁宗諭掌院曰：「朕意中止一周系英，可將其名列入薦牘。」未幾，上書房出缺，例由掌院擬正陪，而入侍南齋者不列，侍郎復膺特簡，且命之曰：「不但授讀作詩文，須教阿哥爲人居心以忠厚爲要。」因奏：「書房例課八韻詩，臣愚以爲宜令阿哥加讀《資治通鑑》，以知今古治亂興衰之故，悉民間之疾苦。」上是之。

南書房供奉

聖祖舊御讀書處曰南書房，在乾清宫南廊下之西，最爲清要之地。凡供奉諸員之飲食，皆給於大官，而紙筆之屬出自御府，珍果之屬撤自御饌者，亦日數至焉。既御乾清門聽政，即召諸翰林至懋勤殿，辰巳前講經書，午後講史，或代擬諭旨，或咨詢庶政，或訪問民隱，或講求學業，或賞花釣魚，剖析經義，雖爲君臣，無異師友，如張文和、蔣文肅、厲廷儀、魏廷珍等，皆出其間。此南書房供奉之始也。

南書房之始設也，實在康熙丁巳。供奉諸人，不論官職崇卑，皆稱南書房翰林，內廷供奉，惟南書房翰林稱之，上書房行走者不得有此稱也。

供奉諸員，亦非專以翰林充之，査初白、李復堂則以舉人入，梅文穆、高江村、何屺瞻則以諸生入，方苞以白衣入。其優禮亦非他臣所敢望，賜賚與王公軍機大臣同。若上書房，雖亦在内廷，而禮不逮矣。

方望溪以白衣入南書房

桐城方望溪侍郎苞以《南山集》事繫獄。在獄日，著《禮記析疑》及《喪禮或問》，金壇王編修澍間入獄視之，至則解衣磅礴，諳經諏史，旁若無人。同繫者或諷曰：「君縱忘此地爲圜土，身負死刑，奈旁觀姍笑何？」爰書上，同繫者皆恟懼，方閲《禮經》自若。或厭之，投其書於地，曰：「命在須臾矣！」方曰：「朝聞道，夕死可也。」獄詞五上，李文貞公光地力救，聖祖遂宥之。

康熙癸巳，方出獄，隸漢軍。聖祖硃諭武英殿總管曰：「戴名世案内，方苞學問，天下莫不聞，可召入南書房。」遂命撰湖南峒苗歸化碑文。越日，命作《黄鍾爲萬事根本論》及賦一，每奏御，輒嘉賞曰：「此即翰林中老輩兼旬就之，不能過也。」命以白衣入直南書房，尋移蒙養齋，編校樂律曆算書，乃與徐文定公元夢承修樂律。上命與諸皇子遊，自誠親王以下，皆呼之曰先生。時誠親王爲監修官，性嚴，承事者多被譙呵。方遇事持正，王敬之，延爲王子師，則南面坐，移王子坐東嚮，始就講。

南書房翰林編書

乾清宫之東廊爲端凝殿，西廊爲懋勤殿，天府圖書皆庋于此。乾、嘉兩代，命翰林編録爲《石渠寶笈》、《天禄琳琅》、《閟殿珠林》、《西清古鑑》等書，入值者，皆南書房翰林也。

編修供奉内廷

康熙癸丑春，聖祖御講筵，從容謂學士曰：「朕欲得文學之臣，朝夕置左右，惟職經史講誦，給内廬以居之，不令與外事，其慎擇醇謹通達者以聞。」時舉編修桐城張英，召入對，上心識之。自是再四咨詢，對者無異辭，遂有内廷供奉之命。賜邸舍於瀛臺之西，及辰而入，終戌而退。

上諭館職掌

列聖家法相承，諭旨須自樞府，或每諭萬言，或日須數旨。積累繁富，恐有遺漏，乃特立上諭館，設主事二人，筆帖式若干人，專司恭録滿、漢諭旨。每數月後彙奏一次，交起居注收藏，特簡閣臣二人，綜理其事。

批本處

國初，鑑明季秉筆太監之弊，特簡滿翰林官一員，滿内閣侍讀一員，滿中書六員在内廷行走，專司批發。凡本章，大學士票擬以上，經御覽畢，即交該處，用滿字批示，然後交付内閣學士，恭録聖旨發鈔。故機宜慎密，無敢遲滯，俗謂之「紅本」。其行走人員，皆許挂珠用紅雨襜帽，每遇歲時，内廷賞賜，咸預其列，以示榮寵。

奏事人員

自明太祖立通政司，凡内外章奏，皆於司掛號始入。故權相多以私人主之，上言者，非壅則泄。雍正朝，世宗命諸臣有緊密事，改用摺奏，專設奏事人員，以通喉舌，自是，無不立達御前，通政司惟掌文書而已。

奏蒙古事侍衛

舊制，選六班蒙古侍衛中之熟諳蒙古語者，與奏事官同事。凡外藩王公呈奏事件到京，爲之呈遞，滿語謂之卓親轄。以其語言氣習與之相近，易通曉其意指也。

國史館職掌

國初沿明制，惟修列聖實録附載諸臣勳績、履歷、官階。康熙朝，聖祖欽定功臣傳一百六十餘人，名曰《三朝功臣傳》，藏於内府。雍正朝，修《八旗通志》，諸王公大臣傳始備。然惟載豐沛世家，其他中州士族勳業懋著者，仍缺如也。所取皆本家乘，秉筆詞臣，又復視其好惡，任意褒貶。如開國名臣何温順公和理、費直義公英東等諸傳，寥寥數則，而蔡綏遠毓榮、蘇侍郎拜幾至萬言，皆剽竊碑版中語。高宗知其弊，乾隆庚辰，特命開國史館於東華門内，簡儒臣之通掌故者司之。將舊傳悉行删薙，惟遵實録、檔册所載，詳録其生平功罪，案而不斷，以待千古公論。後又重修《王公功績表傳》、《恩封王公表傳》、《蒙古回部王公表傳》等書，一如其例。嘉慶庚申，仁宗復命補修列聖本紀及天文、地理諸志乘，儒林、烈女等傳附之。其續録者，以十年爲則，陸續修之。

提學道改用翰林

國初提學道多以郎中任之。康熙朝，江浙兩省始改用翰林官，以吉水李振裕視學江南，太倉王掞視學浙江。王時爲贊善，取士公明，浙人有「窮通翁」之謡，謂所奬拔，皆寒士之宿學而能文者也。

國初學政不差翰林

康熙庚辰七月，内閣奉上諭：「各省學道，原不差遣翰林官員。嗣後各省學道，宜將翰林官員一併差遣，爾等與翰林院會議具奏。」時長洲韓文懿公菼方掌院事，議上，略云：「翰林官朝夕講習文章，樹立品誼，猶不足以補報萬一。今奉學道一併差遣之旨，此固不次之鴻恩。然諸臣中有志有守者，固不乏人，儻有一之未稱，不特一己之面目所關，深恐負我皇上格外擢用之意，臣愚，不敢輕議差遣。」

陸清獻殁後放江南學政

陸清獻公以康熙壬申十月歸道山。癸酉冬，會推直隸江南學使，廷臣咸擬翰詹大僚，聖祖皆不允，特旨：「直隸著李光地去，江南著陸隴其去。」相國王文靖公熙奏稱陸某已身故，上曰：「何不啓奏？」對曰：「七品官在籍身故，無啓奏例。」上嗟歎久之，曰：「本朝如此人者，不可多得矣！」

部曹視學

同、光兩朝，部曹無得學政者。乾、嘉以前之以部郎視學者，不可指數，風氣變遷，未解何繇。

學政不得監臨鄉試

嘉慶戊辰恩科，浙江學政劉鳳誥代辦鄉試監臨，闈後，人言藉藉，有「監臨打監軍，小題大作；文宗代文字，矮屋長鎗」之對語。密旨查詢，經巡撫阮文達公元以對語達天聽，仁宗復遣侍郎託津等三人赴浙按問。劉獲重譴，阮亦以徇庇奪官。諭旨中有云：「鄉試士子，係由學政録送入闈，劉鳳誥本當避嫌，何以輒將監臨之事，交伊代辦？」然以學政代監臨，必在巡撫適有要公之時，終科舉時代，未嘗改其例也。

考官不皆甲科出身

國初掌文衡者，間用舉人出身人員，不必皆甲科也。康熙癸卯，兵部主事蔡騶充雲南鄉試正主考，丙午，户部主事曹首望充廣西鄉試正主考，皆以拔貢典試。首望之兄鼎望，是科以刑部員外郎典試湖廣。

廷推考官

查查浦翰林嗣瑮奉命典試粵東，有《午門宣旨恭紀》詩，詩云：「敢謂九重親試用，尚煩諸老更廷推。」蓋是日命下，復令九卿公核賢否，此康熙朝之故制也。

前科狀元充順天鄉試正考官

國朝承明例，順天鄉試正考官多以前一科一甲一名充之，康熙初年，幾若定制。如壬子則以庚戌狀元蔡啓僔主考，乙卯則以癸丑狀元韓菼主考，丁巳則以丙辰狀元彭定求主考，辛酉則以己未狀元歸允肅主考。一時奔走聲氣者，遂先期輻輳於其門，場屋中多倖進者。及歸入闈，關節不通，且撰文以自誓，榜發，下第者譁然，冀興大獄。時魏敏果公象樞爲大司寇，以朝端碩望，步行隨一僕，擕紅褐墊，至歸所居宅門外，行四拜禮，曰：「我爲國家慶得人也。」復賦詩紀事，徧示朝列，外議始息。朱竹垞檢討典江南試歸回，敏果亦朝服造門再拜，謂檢討曰：「非拜君也，慶朝使之得人也。」然此後北闈試事，遂不復令新殿撰持衡矣。

詞臣不願作考官

康熙乙酉五月，聖祖駕幸西苑時，開列試差各員，適赴行在候御試，直廬請詞臣同奏：「臣等蒙恩點派扈從，不願作主考官，求免試。」得旨：「汝等所見極是。向來主考難得好聲名，汝等既不願出差，今年各省鄉試，俱不必開列，傳與掌院知道。」

直隸人不充順天鄉試考官

順天鄉試考官，凡籍隸畿輔者，例不開列。乾隆癸卯，翁覃谿閣學方綱以洗馬奉命充副考官，尤爲異數。洗馬亦例不充順天主考。嗣後紀文達公昀亦曾主京兆闈。

屢主文衡

鄉試主考，會試總裁，皆硃筆親除。硃簽款式，如請簡江南主考，閣臣票擬云：「江南正考官著某去，副考官著某去。」兩「去」字上各留空白三字許，備硃筆填寫。乾隆末，有滿洲京卿名八十者，每科必膺簡命，時高宗耄期倦勤，取其名僅四畫，便於宸翰也。

五典禮部試

五典禮部試者，孝感熊文端公賜履，長白德文莊公保，韓城王文端公杰，歙縣曹文正公振鏞，此外又有穆彰阿。

進士舉人充鄉試同考

雍正丁未，世宗諭將本省知縣入簾之例，概行停止。議將鄰省在籍候選之進士、舉人，確訪文行素優者，縣府保送督撫，親加驗看，俟鄰省調用，仍每人給路費銀三十兩。己酉、壬子兩科皆然。

鄉會同考無定額

國初，鄉會試房考無定額。順治己亥會試，庶吉士爲同考者九人，皆戊戌進士也。辛丑會試，庶吉士爲同考者十六人，内丙戌進士五人，己亥進士十一人。雍正癸卯順天鄉試，庶吉士爲同考者八人。乾隆甲子順天鄉試，庶吉士爲同考者十人，皆後所無也。其同考人數最多者，則康熙乙未會試至三十二人，内翰林二十一人，部曹十一人。戊戌、辛丑二科亦三十二人。丁酉鄉試，同考至三十六人，内翰林三十一人，給事中二人，部曹三人。而最所鮮遇者，惟乾隆甲午順天鄉試十八房中，彼此官階，迥相懸絶。如宗丞竇光鼐，太常吴玉綸，光禄吴綬詔，理少周於理，僕少曹學閔，通參趙佑，皆九列也。中允査鳳三，編修管榦禎，則翰詹也。司業朱棻元，則國子監也。御史戈源，則都察院也。户部許寶善、善聰，禮部施學濂、鄭源璹，則部屬也。而此外又有助教吴省蘭，學正徐立綱、汪如藻，皆舉人，大理丞朱衣點，貢生。此四人皆例所不預開列者，是蓋採選清望，不限階資也。

簾官

州縣官之充鄉試同考官者曰簾官，以貢院中分內簾外簾，同考官在內簾也。歲八月初二日，考簾官集於官廳，巡捕官延入別院，巡撫款曲數言而入，從者設筆硯，進茗碗，從容就坐，巡捕官揭題紙於楹。須臾午膳，午後完卷，俟同試者偕出。

初六日，赴藩署賓興宴，宴畢，進貢院，入龍門。少頃，巡撫至，吏唱內簾官名，曰某某縣某而不名。唱畢，入內簾門，則至公堂在焉。堂五楹，正面設兩主試座，簷前設內監試、內收掌座，兩旁設各同考官座。正副兩主試登堂，傳同考官見。見則三揖，無跪拜禮，其時次序未分，任意而坐。正主試於筩內拈一籤，吏曰第幾房，副主試於筩內拈一籤，吏曰某縣，則是縣歸其座，而坐其座者，坐其所離之座。唱畢，各房坐次皆定，起而對兩主試三揖，各散。

初八日，刊題紙，四簾官監之，內監試主政，四隅封鎖嚴密，乃請主試官命題，飭匠人刊刷，聞礮聲，即開場也。每一礮，一府點畢也，俄而又聞之，則封門也。

十一日，兩主試傳同考官登堂閱卷，三揖如初。卷分若干束，內收掌主政，兩主試拈籤，左吏曰第幾束，右吏曰第幾房，則將兩籤並約於束中，由內監試加蓋第幾房戳，送其房官展閱。分派之卷，總視外收掌所進之數，而內收掌分之。各於堂上閱卷，寂不聞聲，見有佳者，即時呈薦，薦則由內監試加蓋某房官閱薦戳，進於主試。兩主試亦各於座上閱卷，其取中者，黜落者，僅在此俄頃間耳。而場中士子，此時方進二場，猶逢人道其得意文字，不知已落孫山外也。明日又然。始時進卷少，各分四五十本，終日而畢。至十三四日以後，各分一二百本，則堂上所未閱者，攜歸夜閱之。約十八九日，卷皆閱定，至二十日前後，則二三場卷各按頭場紅號分派，各房官第取已薦者品評之，餘則點注而已。果二三場有佳者補薦頭場，然亦僅矣。

向例，鄉試簾官以甲乙科第中人選充，然老州縣強有力者，皆不樂就，有持京信求免者，有預爲關說，藉口地方重要不能檄調者。蓋州縣入闈，必須暫行離任，而後任庖代之員，誅求無厭，既索包費，又事事掣肘，所用家人幕友，恆思於此數月間多方婪索，舊令尹之政，有必敗於新令尹之手中者。

故事，外州縣官入闈，必攜幕友同入，請其閱卷。幕友須飾爲家丁，蓋簾官 人，僅許挈二僕人、一庖人也。

當初八日入闈時，主考坐顯轎，簾官坐四人轎，轎前加以監臨封條二紙，如十字架之式，又封之。入闈後封門，監臨端坐於至公堂，先點內簾十二人。十二日，方開始閱卷，每閱卷，必須先薦雙數，或二本，或四本，作一次薦，蓋以備分呈兩主試也。

房官初入闈，例用手版，以謁兩主司、內監試。手版以藍字寫之，不録官銜，其自稱曰房官，不稱卑職，然見主試，亦稱以大人，與監臨例不相見，無所謂堂屬也。每晨傳點，鐺鐺聲盈耳，則進菜盤。菜盤上有黃紙條，標以第幾房字樣。公膳日雙鷄，爲外供給易之以鶩。每索竹紙一刀作評語用者，則以半刀進，索洋燭一封，則以燭三支進，其他類此。闈中有藥肆，如有病，可任意開藥方取藥，雖有官醫，而醫皆傖楚，不能活人也，故又謂之曰房中藥。在闈時，如忽聞大礮開門，則有廷寄到也，有電旨上諭至也。迨九月初，則房官卷已薦畢，放榜日，黎明起，衣冠至大堂，蓋監臨入謁主試，房官例須站班。主試偕監臨升堂，在事百執司文武官俱集，監臨亦自外入。自第六名拆彌封，以至榜末，每拆一卷，先送本房官，房官照舉子卷面姓名，以藍筆書兩長條，交監試主試閱過，始發省事吏，省事吏交寫榜吏書之。自朝至夕畢，別自第五名倒寫至解元，每寫一名，易滿堂燈燭一次。至是時而人聲嘈雜，如鼎沸，如火警，如亂兵之入城，如夕鴉之歸林，蹌踉擾亂，不可嚮邇，監臨與主試皆出貢院矣。

部院值日

部院值日，八日一周，咸有定序。從省文呼之，曰吏翰，吏部、翰林院也。曰户通詹，户部、通政司、詹事府也。曰禮宗欽，禮部、宗人府、欽天監也。曰兵常僕，兵部、太常寺、太僕寺也。曰刑都大，刑部、都察院、大理寺也。曰工鴻，工部、鴻臚寺也。曰理鑾光，理藩院、鑾儀衛、光禄寺也。曰内國，内務府、國子監也。其後增設外務部、郵傳部、民政部、農工商部，定序改矣。

各部京察

各部京察，率由尚書或筦部大學士主政，侍郎參與末議而已，非尚書、筦部意所屬，侍郎不能争也。先内定，然後堂議。堂議之日，七堂或六堂皆南面坐，郎中以下皆堂外立，部胥持吏册，一一呼名入，一

見即退出，謂之過堂。過堂既畢，尚書或筦部執筆，故躊躕良久，顧諸堂曰：「一等與某某，何如？」皆贊曰：「善。」則標名畫諾，付部胥繕奏，相揖而散。

六部

六部官仍明之舊，添滿缺而用漢名，司官初名理事官，後改郎中、員外郎，惟宗人府未改。六部實缺官有尚書、侍郎、郎中、員外郎、主事、司務，此滿、漢所同者也。至堂主事、七八九品筆帖式，惟宗室、滿、蒙、漢八旗有之，此皆額設之員也。

每部分若干司，司有掌印，有主稿，有幫掌印，有幫主稿，又或有掌印上行走，幫掌印上行走，主稿上行走，幫主稿上行走，然任事者，掌印、主稿而已。吏、刑部有漢掌印，餘皆滿員，且不限郎中、員外郎、主事，惟堂官所任。主稿亦然，不限定司缺，亦有此司候補人員掌他司印鑰者，全以堂官意恉爲之。此下有管股司員，有當月司員，則初到部者爲之。

部有檔房，一部之關鍵也。以司員爲總辦，幫辦有堂主事，有筆帖式。筆帖式之分曰委署主事，曰掌稿，曰繕摺，曰牌子，所以供筆札、司收掌、任奔走，而實則學習部務，以備司員之選，分吏胥之權也。故列一等者，不三年洊至員外、郎中而掌印矣。乃法久弊生，堂官視爲微員，不任以公事，筆帖式亦自甘廢棄，不復問公事，而公事之權，乃仍在吏胥矣。

盛京五部

世祖初定北京，盛京設昂邦章京一員，及駐防官員兵丁若干，以爲陪京保障，時未設文員也。康熙初，丁口漸盛，其賦税刑名等事亦漸增，因仿明南京之制，設户部侍郎一員，並以次設禮、兵、刑、工等部侍郎各一員，陪京之制始備。其官由京銓選，故不設吏部。後王侍郎原祁請增設漢員，以備體制，部議駁之。

承政參政

國初，滿、漢大臣多有稱某部承政、某部參政者，承政即尚書，參政即侍郎。左、右承政即左、右都御史，左、右參政即左、右副都御史。

一尚兩侍之新官制

光緒丙午九月，改定新官制，始以一尚書二侍郎爲一部之長官，不分滿、漢，非若前此之尚書滿、漢各一，侍郎滿、漢各二也。

至改官制之動機，則本於五大臣之出洋考察憲政，其事在乙巳，實發議於袁世凱，張伯熙等贊助之。初派載澤、徐世昌、紹英、端方、戴鴻慈五人，既因吴樾炸之於天津東站，世昌、紹英止不行，得旨，改派尚其亨、李盛鐸分赴歐美。自炸彈案發，廷議乃汲汲於警政，特設巡警部，以徐世昌任尚書，趙秉鈞任侍郎。又命王治馨率巡防八百人入京，籌保安，詰姦暴，數日之間，車不方軌，人異道行，街市溲便者處罰，蓋猝然改觀焉。樾匆促擲彈，彈遽發，自腰以下燔焉。當時知爲吴樾者，不過數人，又不敢言。警部立，任史伯龍爲偵探，乃於桐城會館偵得之，不逮捕家屬，不株連館人，蓋與雍、乾時之展轉荼毒，稍異矣。

丙午夏，五大臣陸續還朝，始議立憲，先以改革官制爲入手辦法。孝欽后頗猶豫，周樹模慫載澤具摺，再三請，謂必立憲始可救亡，始可保全皇室及滿族，孝欽乃召直督袁世凱入京與議。當是時，鐵良在軍機，恐新制行，不能兼領，失權利，奮力與袁抗，每會議，惟具奏請旨。孝欽惑於鐵，輒留中。會百熙入對，孝欽詢以立憲利弊，輒侃侃陳之，孝欽傾聽動容，始決議改定官制。奏上，數軍機皆以兼部出樞廷，部臣皆恨新制行，不得兼差，指爲多事，雖奉明諭改制，不過具文耳。

當會議官制時，端方力持改革議，鐵陰請孝欽簡端督兩江，且擬旨，江南地方重要，令卽赴任。袁知鐵意，自請入對，面奏孝欽，請暫留端議官制，謂彼初自海外歸，應留備諮詢。鐵謂江南事急，竟促之赴任。

各部堂司官瑣事

管部及尚書、侍郎，皆各部之堂官也。往例，堂官至，則衙役呵殿而入，惟工部，則司官均趨門外站班，若外官之於上司焉。他部皆否，但有呵殿耳。光緒丙午後所設之新部則無之。

堂官至，則掌印、主稿率全司司官魚貫而出，至堂檐下，書吏捧稿，每人而授之，使呈堂焉。受之者，莫知內容，亦勿庸知也。至堂上，則堂官整冠迎之，立而畫行，司官雁行立，畫畢，敬還司官，不敢久閱以煩司官也。有問，則掌印、主稿肅以對，對畢，率其曹出，有隨班上堂數年，不得與堂官交一語者。

凡指麾一切者，謂之當家，部事向皆滿尚書當家，漢尚書伴食而已。四侍郎則更不事事，有半月不入署者。若管部爲滿大學士，或漢人而兼軍機，則實權在管部；若漢大學士管部，尚書則滿人而兼軍機，則管部絕不過問。蓋視乎地位勢力而有異同也。然亦有以侍郎當家者，趙舒翹、沈家本之在刑部，皆以深明舊律，爲尚書所不及，實權乃漸集於侍郎。蓋因其人而生權力也。非當家之堂官，值司官來請畫稿，不敢細閱，謂之畫黑稿。故有任堂官數年而不知部事爲何物者。

掌印，佩司印之鑰也。其事爲至榮，皆旗人，恆以繡荷包佩腰間以自表異。雖尚有幫掌印，掌印未至，印不得啓。漢人終身無佩印鑰者，有之，則在丙午後矣。主稿率以漢人充之。

進士以主事分部，恆十餘年或二十年始補缺，若捐納出身，則白首不得補。戊戌變法後，限闕始破。

滿、漢不分缺，自外務部始。丙午改官制，滿、漢之界乃破，獨都察院仍存此制。

部曹俸給至微，外務部始定津貼，其他新部效之。丙午後，各部亦踵起矣，然未畫一也。

凡分部之司官，先日，由本司書吏具牒，請上任期。至日，司堂設公案，兩吏夾案立，捧硃筆，請標某日，高揭上任大吉，羣吏賀焉，諸役齊聲叩喜。吏道拜各司，至門不入，對門一揖而去。丙午改官制後，此例遂廢。

掌印、主稿，列坐堂皇，書吏持稿至，印、稿取其數目字或案名筆點之，書吏肅退，則公事畢矣。新入署之司官至，則隅坐無過問者，故鮮入署。如必欲習部務，則日往而隅坐，久之，印、稿見其人面善，偶一垂盼，乃試以小事，無誤，則漸引而上之。舍此，則末由自進也。

舊制，冠帶入署，終歲趨公者，自晨迄暮，無不冠帶也。自唐紹儀爲外務部侍郎，便衣入署，始屬司官用便衣，學部、郵傳部效之。及張文襄公之洞筦學部，命仍冠官帽，逮文襄薨，乃始不冠。

外務部前之總理衙門

自與各國通商，交涉之事日繁，咸豐辛酉，乃設總理各國事務大臣以主其事，世稱總理衙門，簡稱曰總署或譯署者是也。其初定名則曰撫局，蓋猶視如夷狄之就撫耳。

署在京師東堂子胡同，大學士賽尚阿第也。總以親王，副以尚、侍，章京分數股，有英股、法股、俄股、美股之別，皆以司員充之，不分滿、漢。兼此者，本署可不復顧，而升轉如常。二年保奏一次，不數年，外放海關道。故京官趨之若鶩，視爲終南捷徑焉。

外務部

光緒庚子，德宗奉孝欽后西狩，即於行在諭改總理衙門爲外務部，從外人請也。於是瞿鴻禨遂爲外務部尚書。外部沿總署之舊，故有督辦大臣、會辦大臣、尚書兼會辦大臣之三缺。至壬寅，那桐忽以户部侍郎授外務部尚書，列鴻禨上。那桐旋授大學士，仍爲會辦大臣，當時驟增一尚書，旋驟減一尚書，而皆不見明詔也。

軍諮府

軍諮府設軍諮大臣二，軍諮使二，總務廳副官二。另設廳五：曰第一、第二、第三、第四、第五，廳各設廳長一，副官一。廳之屬各四科，科各設科長一，科員四，及録事。

海軍衙門之創設

光緒癸未、甲申間，法、越戰事起，侍講學士張佩綸上疏請大興海軍，朝議韙之，未遑行也。乙酉春，中、法和議成，始決議興辦，於是建海軍署於京師，以醇賢親王督其事，貝勒奕劻、時奕劻尚未封王。李文忠公鴻章副之，而曾忠襄公國荃、劉壯肅公銘傳、曾惠敏公紀澤及容貴皆會辦。醇固不知軍，文忠總其成，然小事則不暇過問，且京津路隔，亦無由遥制，忠襄、壯肅皆疆臣，不過與議而已。故署中事，悉決於惠敏一人，規畫精密，世稱道之。

署中各科司員皆滿人，十九紈袴子，非特不知海軍，亦且未諳陸軍，第以車馬衣服酒食相徵逐。惠敏病之，謀所以參用漢員者，孝欽后疑焉，密敕容貴爲之備。容本市井無賴，徒以出身勛閥，得挑乾清門侍衛，因緣媚宫闈，不數年，洊至都統，孝欽特用之會辦海軍，第以鈐制諸漢大臣而已。容至署，既盡用所親爲司員，又欲以滿人充海軍將校，惠敏不可，容乃大恨，所以齮齕之者甚至。惠敏憤，遂病，容更薦一歐醫，使以藥鴆之。惠敏既卒，海軍署遂無漢人蹤跡，都人士目爲新内務府。後某國以汽舟進，乃置輪船公所，某國又進電燈，復置電燈公所。兩所皆直隸海軍衙門，調用旗員至數十人，月領巨薪，每二年開保一次，悉照軍功異常勞績，勅吏、兵部不得駁議。

尚書協辦大學士

定制，凡以尚書協辦大學士者，不開尚書缺。既大拜，或仍預部務，則曰管理某部，不繫尚書原銜。亦有以大學士、尚書管理順天府者，則曰兼尹。

各部尚書班次

滿、漢大臣班次，各部滿尚書在漢尚書之前，以大學士管部，雖漢人，亦列滿尚書之前。若滿、漢皆以大學士管部，則仍滿先漢後。雍正戊申，公爵富爾丹管部務，張文和公廷玉方兼吏、户部，遜讓再四，上命文和居前。至朝會班次，大學士例在領侍衛内大臣下，上亦特命張列王之下，公侯領侍衛内大臣之上。

朝鮮人官侍郎

康熙間，朝鮮人金簡以内務府旗籍入國子監肄業，得官，仕至工部侍郎。

沈端恪以郎中擢侍郎

錢塘沈端恪公近思於康熙朝通籍，官河南臨潁縣知縣，膺卓薦，遷廣西同知，旋以病歸。經浙江巡撫奏乞破格擢用，雍正癸卯，特用吏部文選司郎中，恩加一級，賜第一區，帑金四百兩。甲辰，即擢吏部右侍郎，賜詩，有「操比寒潭潔，心同皎月明」之句。

吴郁生爲一日侍郎

宣統庚戌春二月，吴郁生方以内閣學士入軍機，適吏部侍郎唐景崇擢尚書，入學部，遂以缺授吴。然新例，入軍機，又不許帶底缺，故翌日復詔吴出吏部，入軍機。而吴輾轉於軍機、吏部間，實止一日，故時人稱之爲一日侍郎。吴，字蔚若。

各部丞參

各部之有左右丞、左右參議，自光緒庚子設外務部始也。當總理衙門時，大臣之下有總辦，顧肇新時方以郎中充總辦，自揣必不能得侍郎，乃建增設丞、參之議，長官納之。時王文勤公文韶在樞府，甚不謂然，謂：「京官與外官不同，本無隔閡，以丞、參橫亙其間，徒生障礙。若仍重司官，則何必多此贅疣？」其後，卒從肇新議，設丞、參，肇新乃得左丞矣。

於是商部繼之，學部又繼之。學部初立，喬樹枏本爲學務處總辦，如肇新之在譯署也。樹枏倡一丞兩參之說，以當一尚書兩侍郎。張仁黼爲右侍郎，告樹枏曰：「他部皆兩丞兩參，吾部乃擬一丞，一丞必屬足下，人將謂足下以升轉侍郎爲一丞所獨專，毋乃不可乎？」樹枏大恚，後卒用兩丞兩參之制。

丙午，改新官制，各部並設丞、參。初皆由各部指名請簡，以郵傳部競争爲最烈。御史趙炳麟乃上奏，謂：「以二品之侍郎，指名請補三四品卿，褻朝廷之爵。請先准列保，臨時開單請簡。」從之。此後乃先由長官列保，及簡任時，又須奔走樞要矣。

各部丞、參情狀各殊。外務部丞、參由本部司員轉授，故事堂官謹。商部以貝子載振不習公事，有藉於丞、參，唐文治爲載振師，手創商部者也，載振乃延丞、參列坐大堂，若小堂官焉。法部選自秋審處，度支部選自北檔房，皆熟習部務，視他部較勝者也。堂官如傳舍耳，故事權集於丞、參。陸軍部丞、參皆自外入，對司長極恭。司員皆直接堂官，已行之公事，命録事送丞、參補押而已，故陸軍部丞參權弱。郵傳部當陳壁爲尚書時，視丞、參若無物，無過而問者。徐世昌至，以部務屬丞、參，乃皆驟驕倨，盛宣懷來，仍陳壁之舊，又極閒廢矣。

郎中前之啓心郎

國初，滿人不解漢語，部置啓心郎一員，以通曉滿語之漢員爲之。職正三品，每議事，坐其中。後多緣以爲奸，乃汰之。

司員回原衙門行走

京官三載考績曰京察，各部司員遇京察截取年分，例得保送道府，或考授御史。然嘗有引見時，察其才具不勝或御史條陳不合者，輒令回原衙門行走，此似以各部爲容納闒冗徒使伴食之地矣。

留學生居各部要津

部曹最清苦，自晚近舉行新政，設立新部，如外務、民政、郵傳、農工，其組織皆采新法，經費裕，人才多，都人士所嘖嘖稱羨者也。其得上峯賞拔居要津者，大抵皆東西洋留學生，惟陳壁任郵傳部尚書時，烏布最紅，升遷最速者，爲龍建章、葉恭綽。或一官兼數差，或一歲至九遷，則皆本國京師大學堂學生也。

嘉道以前部曹重於翰林

尹文端公繼善官翰林院侍講時，怡賢親王延之爲記室，尋奏補刑部郎中。陳文恭公宏謀由編修擢吏部郎中，張船山太守問陶且由翰林充御史，由御史選補吏部郎中，嘉、道以前，似此者不可枚舉。其後新列詞垣者，幾視部郎爲噲等，蓋由捐例既開，六部司員皆可入貲行走，而柏臺芸館，必由科目進身，郎署黯然，職是之故。其實郎中非屢考不能得，編檢則宂雜無定員，同一進士出身，皆可內升卿班，外放道府也。

郎員品級

郎中、員外郎二職之品級，在國初，滿洲郎中三品，員外郎四品，漢郎中五品，員外郎從五品。順治戊戌，始將滿、漢品級畫一。

員外郎九轉四品

員外郎內用九階，方得四品，故有九轉丹成之號。謂員外、郎中、御史、掌道、給事中、掌科、鴻少、光少、通參也。

主事分三等引見

國初，每科進士選充庶吉士外，分派各部，以主事學習行走，三年期滿，始以部屬知縣分別録用。乾隆丙辰，經侍郎勵宗萬奏請嗣後學習期滿人員，令該堂官出具考語，分三等引見，一等補主事，二等即用知縣，三等補國子監助教監丞及司經局正字等缺。又前因禮部事簡，停止分派學習主事，至是，宗萬請仍照舊例，與五部一體籤派。下部議行。

録事正字

國初有録事正字，併入中書行人司正副，未久俱裁。其官此者，與府部寺院各司員及小京官筆帖式相埒。又順天府治中通判，與各衙門司員統歸京察，不視爲外官也。

各部之録事，自光緒朝設立新部始，原有各部亦效之，有一等、二等、三等之别，其職務與供事同。

九卿

漢制，以太常、光禄、衛尉、廷尉、太僕、大鴻、署正、大司農、少府爲九卿，明以都察院與六部稱七卿，國初，則嘗益以理藩院而稱八卿。咸豐戊午，因會訊故相耆英一案，命大學士六部九卿會議，樞臣徧檢檔册，並未指定何項衙門爲九卿。時軍機章京焦佑瀛倡議，以都察院、通政司、大理寺、太常寺、太僕寺、光禄寺、順天府尹、宗人府丞、理藩院九項當之，於是九卿之名始定。

弼德院

宣統時，弼德院成立，設院長一，副院長一，顧問大臣不限名額，其下有參議、秘書兩廳。

都察院

六科給事中，國初自爲一署，有都給事中，左、右給事中，後省，並改隸都察院，視各道御史。國初有巡按，後停，又有巡視五城、巡倉、巡漕、巡鹽、巡察臺灣者。

理藩院

理藩院，古典屬國也，國初置蒙古尚書一人，侍郎二人，秩視六部。漢院判一人，秩三品。蒙古郎中、員外郎、主事若干人。漢知事四人，主事二人，經歷二人。康熙時裁漢員，惟滿員獨存。司蒙古内、外部落諸務，分司六，曰旗籍，曰理刑，曰柔遠，曰王會，曰典屬，曰徠遠。

旗籍司掌内四十八部落疆域、襲封、譜族、旗制諸典。故各析部族畛域，勿使侵佔，其台吉有分析者，則加其賦，人丁滋蕃滿百，許改官屬以督之。其孳畜牛羊諸物，視其土之寒暖可種植者，許其自率蒙古人丁以耕。容留漢人，及以貨易土者戒之。諸王公有襲封者，先辨其嫡庶，考其德行，然後授以印綬。其弱小者，擇族人之忠正者護其印，既冠而後納之。三歲修其譜牒，辨其貴賤。每旗設都統一人，秩二品，副軍一人，秩三品。命諸王公自選其宰之良者授之，而部臣歲課其政令，有不職者易之，暴戾者罪之，並飭其王公焉。

王會司掌朝貢、會盟、聘享、武備諸政。藩王充補近侍者，歲一朝，餘則三歲一朝，各於歲終分班入覲，辨其名位，給以廩餼。凡朝，郎官領入大內，按照爵秩，列於宗室王公下，朝見如儀，元旦、上元亦如之。歲朝，上宴諸藩於紫光閣，貢則視其土之所宜，禾黍皮帛以及牛羊諸物，部臣受貢。翌日，寓其使於署中。俸幣則視宗室王公之半，有勳業者加之。部落有荒饉者，部長捐金以救，乏則請賑於朝。使入，許以驛傳，視其途而賚之。國有大喪，則集諸藩王奔訃入次，舉哀如儀。

典屬司掌外汗四部落。各分視其畛域，奠其土宇，教以德化，理其政績，旗制會盟，咸如內藩。屯戍將帥士卒，食其屯，乏則濟以餉。每歲閱武，本司司員一人往視之，其技良者，賚其部長以兵仗，弱者罰。

柔遠司掌外盟諸部朝覲、宴享、聘納諸儀。汗諸長四歲一朝，薄海諸長三歲一朝，杜爾伯特、西藏諸部長不限以年，五歲請命於朝，許之則覲。貢期，汗三歲一貢，西藏間歲一貢。各視其土之所宜，汗貢馬、駝、羊、羯諸物，西藏、青海貢藏香、氆氌、馬、駝，享使頒賞如內藩。

徠遠司掌回部疆土分封、朝會、聘享諸政。嘉峪關外之回部，若吐魯番、闢展、英吉沙爾、庫車、巴顏岱、巴里坤、烏什、阿克蘇、葉爾羌、和闐等，悉屬之。其舊疆建諸王一，咸如蒙古諸藩，餘則置伯克司之。伯克者，回部長吏也。三載更之。外藩如布魯特、哈薩克、安集延、愛烏汗諸屬國，皆置譯使以通其語，朝聘宴享，悉如朝鮮、琉球。

理刑司掌蒙古諸刑名。自斬絞外，罪止鞭扑，不及徒流，而以牛馬作贖，罰數惟九，牛三馬六，遞以加之，窮者貰之，富者倍之。

翁文端兩爲祭酒

翁文端公心存以大理寺少卿丁艱，服闋還京，補國子監祭酒。祭酒秩從四品，理少秩正四品，不得降補，時宣宗亟欲擢用，故有是命。於是文端兩爲祭酒矣。

黃壽廷授司業

香山黃壽廷生於乾隆庚午，至道光庚戌，錢塘許信臣祭酒督學粵東，始補博士弟子員。咸豐辛亥，欽賜舉人。壬子，授國子監司業，時已百有三歲矣。某贈以聯云：「四朝身歷昇平日，百歲人呼矍鑠翁。」

欽賜司業

世人視翰林至重，一若人而翰林，則無論德行節操，學問事功，無一不登峯造極者。持此見解，深入肺肝，根深蒂固，牢不可拔，雖通儒鉅子不免。光緒甲午恩科會試，有欽賜進士湘人某，年一百十四歲，殿試後，欽賜國子監司業，蓋寵異之也。某意殊不慊，謂：「某某年僅百齡，某某且未逮百齡，皆蒙欽賜翰林，何獨於吾靳弗予也？」

世祖以湯若望掌欽天監

順治甲申十一月，以湯若望掌欽天監事。時若望疏言：「臣等按新法推測月食時刻分秒，復定每年進呈書目，重複者刪去，以免混淆。」得旨：「欽天監印信，著湯若望掌管，所屬官員，嗣後一切占候選擇，悉聽舉行。」

樂部

樂部在京師西安門內，國初沿明制，設教坊司，有奉鑾。其屬，左、右韶舞司樂四人，協同官十人，俳長無定員。或云用領樂官妻四名，領女樂二十四名，由各省樂户挑選，入京充補。凡東朝行禮筵宴，隨鐘鼓司進，入宮作樂。順治辛卯，改女樂，乙未，復之，己亥，又改用太監，遂爲定制。雍正己酉，改爲和聲署，禮部、內務府、太常寺、鴻臚寺皆領之。乾隆壬戌，始命王大臣總理樂部事，王一人，侍郎一人，皆兼職也。

凡郊廟祠祭之樂，神樂署司之，仍隸於太常，和聲署則隸內務府，以掌殿廷朝會宴饗之樂，俗呼爲南府。宮中慶賀宴饗之樂，掌儀司司之，鐃歌鼓吹前部大樂，鑾儀衞司之，其優伶皆內監也，亦即古教坊司。又有蒙古樂舞、回人樂舞、緬甸樂舞等，至大燕，則用之，以示徠遠之意。

罷十三衙門

世祖開國，鑒明代宦官干政之失，始設内務府，罷太監不用。順治癸巳，設乾清宫執事官及直殿局。甲午，裁内務府，置十三衙門。凡八監，曰司禮，曰御用，曰御馬，曰内官，曰尚衣，曰尚膳，曰司設，曰尚寶。有三司，曰尚方，曰鐘鼓，曰惜薪。有二局，曰兵仗，曰織染。嗣改鐘鼓司爲禮儀監，尚寶監爲尚寶司，織染局爲經局，後又改尚方司爲尚方院。庚子，又改内官監曰宣徽院，禮儀院設郎中以下官。辛丑二月，世祖以遺詔罷之，並治滿洲佟義、内官吴良輔變易舊制之罪。吴良輔論斬，以佟義已死，削其世職，其黨大學士劉正宗以年老免死，於是革去十三衙門。後設内務府，以御用監之職立廣儲司，以尚膳監之職改採捕衙門，以惜薪司之職改内工部，又改御馬監曰阿敦衙門，兵仗局曰武備院。

内務府

自古宫禁服御、飲食必有專司，惟周禮分設各官，統於冢宰，後世皆以宦寺掌之。國朝规立内務府，以舊僕司其事。入關後，復以明三十二衛人附之，凡内廷之會計、服御、物飾皆屬焉。

廣儲司掌庫六：曰銀庫，曰緞庫，曰衣庫，曰茶庫，曰皮庫，曰瓷庫，茶庫兼收人薓。初名御用監，順治辛丑改。其初進項不敷，檄取户部庫銀接濟。乾隆時，高宗親爲裁定，汰宂費，歲支六十餘萬兩。後盈積，轉充外府之用。

會計司掌領皇莊田畝事。田各有等，盛京莊八十有四：一等莊三十五，二等莊十，三等莊八，四等莊三十四。山海關外莊二百十一：一等莊六十六，二等莊四，三等莊二十，四等莊百二十一。喜峯口、古北口外莊百三十八，均一等。歸化城莊十有三。畿輔莊三百二十二：一等五十七，二等十六，三等三十八，四等二百十一，半莊七十一。每莊設莊長一人，瓜田菜圃置長亦如之。各莊共地一萬三千二百七十二頃八十畝有奇，賦糧九萬三千四百四十石，菽二千二百二十五石，芻八萬一千九百四十束有奇。編比壯丁，三年一次，盛京及關外、口外各莊由總管、將軍、都統等，畿輔由內府委官，各具册至府，由府彙册奏聞。皇子分封，各按爵秩，給以莊地、人丁，公主、郡主贈嫁亦如之。宮女選內府三旗佐領、管領下女子年十三以上者，造册送府，奏交宮殿監督領侍等引見。入選者留宮，餘令父母擇配，留宮之女，至二十五歲遣還擇配。收録內監，由禮部册列姓名、籍貫移府，總管太監察其來由無異，委年老內監一人驗實具奏，候旨分撥。年老者聽其回籍爲民。支領內監月費，執事人匠役餼廩皆隸之。

掌儀司掌奉先殿大內景運門東。朔、望瞻拜，歲時薦新，誕忌祭享出入啓告之禮。前殿後殿均九間，中爲穿堂，繚以周垣，供奉列聖、列后神牌，遇朔望、萬壽聖節、元正、冬日及國有大慶，恭奉列聖神牌，前殿祭饗禮成，還御後殿寢室。禮儀祭器，一如太廟制，惟不設牲俎，不行飲福受胙禮，王公不陪祭。其樂有《貽平》、《敉平》、《敷平》、《紹平》、《光平》、《乂平》諸名，亦異太廟之奏，遣官行禮，與太廟儀同。遇列聖、列后聖誕、忌辰及元宵、清明、中元、霜降、歲除等日，於後殿行禮，神位前設鐙酒脯果實。壽皇殿尊奉聖祖、世宗、高宗聖容，遇聖誕及忌辰，上躬率諸皇子及近支王展謁行禮，歲時奠獻，一如事生儀。外藩蒙古，歲除及正月十五日賜宴，奏請命進酒大臣、內管領備筵九十席，宴於保和殿及正大光明殿。屆時，鴻臚寺、理藩院引蒙古王、公、台吉入，領侍衛內大臣序王公班次，八旗一二品武職亦預焉。上陞殿，奏《隆平》之章，蒙古王、公、武大臣各就席，行一叩禮，坐。丹陛清樂作，奏《海宇昇平》之章，尚茶正率侍衛等舁茶案由中道進，至檐下正中北嚮跪，注茶於碗。進茶大臣奉茶入中門，羣臣皆就本位跪，進茶大臣由中陛升至御前進茶，退西立。上飲茶，與宴臣僚咸行一叩禮。進茶大臣跪受茶碗，由右陛降，出中門，衆皆坐。侍衛等分授與宴臣僚茶，皆於本位一叩，飲畢復行一叩禮。尚茶正徹茶案退，樂止。展席冪，乃進酒，如進茶儀。進酒大臣出，尚膳正率所屬進膳，殿廷清樂，奏《萬象清寧》之章，尚膳正奉旨分賜食品各席遍，樂止。奏《慶隆舞》、《揚烈舞》以次畢，殿內奏《喜起舞》畢，上召王公大臣及朝鮮等國使臣賜酒，羣臣咸跪受，一叩，卒飲。朝鮮國俳進，百伎並作，退。尚膳正升，徹御筵，與宴之王公大臣等咸謝宴，行一跪三叩禮。丹陛大樂作，奏《治平》之章，上還宮，鴻臚寺、理藩院引外藩及百官以次退。

皇子成婚，公主下嫁，設宴其邸，與內廷宴同。皇子成婚，欽天監先期諏吉以聞，乃命夫婦偕老之大臣傳旨曰：「以某官女某氏作配皇幾子爲福晉。」福晉父率闔族謝恩，行三跪九叩禮。擇吉，簡內臣侍衛隨皇子詣福晉家行文定禮。福晉父率闔族綵服迎於大門外，延皇子入，至正寢，西向，行三叩禮畢，皇子回宮，福晉父率族人送大門外。諏吉行納采禮，以內務府大臣、宮殿監督領侍充使。及門，福晉父迎入中堂謝恩，行三跪九叩禮，與宴大臣陪福晉父及族人在官者宴於中堂，內務府命婦女官同陪女眷宴於內室畢，內務府大臣暨宮殿監督領侍回朝復命。成婚先一日，皇子於皇上、皇后前行禮，福晉母率諸婦至皇子所居宮中，設牀帳妝匳，工部於宮門及皇子所居宮懸綵。屆吉時，於皇子宮設錦褥二，東西嚮，設酒饌案於前，置兩爵兩巹於案。請皇子西面，福晉東面，相嚮行兩拜禮，各就坐。執事者執金瓶，女官以巹爵酌酒，合和以進，皇子與福晉皆飲，乃進饌。酒饌三行，皇子與福晉起，仍行兩拜禮，徹饌案。次日，皇子偕福晉朝見皇上、皇后，女官二人引皇子居左稍前，行三跪九叩禮，福晉居右稍後，行六肅三跪三叩禮。公主下嫁亦如之。王公之女奉旨授爲和碩公主、郡主暨宗女撫養中宮者，其下嫁之禮，各視爵秩以別差等，筵宴會禮部辦理。進時憲書，進春牛，皆如禮部儀。凡妃嬪大事，皆會禮、工二部，按例遵行。

都虞司掌内府兵衛。訓練内府護軍、驍騎，歲以春秋二季，由該管官督率操演，各賞罰有差。宿衛大内，護軍統領宿神武門内，掌順貞門鑰，大内後複道中，皆内務府護軍值宿，其值宿西華門北者，合護軍、驍騎、步軍及三旗服役人。鑾儀衛校尉別立班次，曰防範兵，專司戒火。皇后内廷主位出入，以内務府總管或散秩大臣一人，司官八人，内府護軍統領一人，護軍參領四人，護軍校十人，率護衛豹尾班執槍者十人，佩儀刀者十人，翊衛護軍百人，導引扈從。皇子、福晉出入，遞減騎從。畿輔行宮，京東七處，京西四處，京北六處，口外十三處，各設千總若干人，分隸湯山、盤山、黃新莊、熱河各總管管轄。捕牲烏喇官弁亦隸焉。

慎刑司掌太監、蘇拉等詞訟。審讞内府所屬人犯，罪在杖一百下者，依律讞結，一百以上者皆移送刑部定擬，如事干宮禁者，請旨鞫問。内監私逃，按其次數，分別自首、被獲，治以枷杖等罪。

營造司掌匠役，均有定額。內府所屬在官執藝者，於佐領管領下選取，招募民匠，於工部咨取。又設司匠領催以督率之，缺補惰除。凡修造紫禁城內工程，小修、大修、建造，皆會同工部，大內繕完，由內府匠人自理，禁城牆垣有應修理者，奏交工部，均由欽天監諏吉興工。

慶豐司掌牧畜。定額，設內三圈於西華門外，養騸牛十有二，牿牛六，牡牛三，青牛一，乳牛無定數。設外三圈於南苑。設羊六圈於豐臺，設牛羊羣牧於張家口外。各牧所牛羊，均由該管官烙印。典牧設廐、副若干人，廐丁、司蒭等夫以次遞減。口外牧羣設總管一人，副管二人，牛羊羣協領、牧長、牧副、牧丁若干人，隸張家口外總管管轄。大淩河牛羣隸盛京將軍管轄。郊廟祭祀，皆用廐牛。歲以三月十五日後四月初一日前，於南苑寬閒豐草之處牧放，停止養蒭，以九月二十日後十月初五日前各歸原圈飼養。視牛犢斃損之多寡，以別功過。游牧諸羣，每三牛三年孳生一犢，三羊三年孳生二羔，於定數內缺少者治罪，定數外孳生者由該總管奏聞。

上駟院掌圉牧。設內廐於紫禁城，外廐於南苑，牧羣於盛京及張家口外。以畜馬籍其數而領之，稽查與慶豐司牛羊同。其供直，以內廐御馬四，齊其鞍轡，立院門外。行幸駐蹕，以御馬六，立圈門右。車駕巡幸，日以十馬備上乘御，由內院大臣奏請於御馬內，簡其尤良者以從，其駕車馬及公馬橐駝之數，附疏奏聞。扈蹕各執事官役、內監所乘之馬，由所司行院，如數以公馬撥給。禂馬，歲春秋二祭禱馬於神，繫帛於御馬鬣尾以爲識，凡三十匹。附養四色馬四十匹，祭堂子，率以十匹詣神前受釐，繫絲帛亦如之。

奉宸苑掌御園亭河道，南苑、西山稻田事。網户，沙河二十六人，霸州四十六人，江南六人，歲給米有差。河道應通濬者，知會工部修理。玉泉山稻田十有五頃，供上方玉食，餘田三十餘頃，皆徵租賦。御河、三海諸處，歲有蓮藕之租，均量地薄徵，以供内庭植花卉之用。

武備院掌上甲胄、弓矢、兵仗及鞍轡、行帳、蓋褥。御殿設繡蓋，巡幸鹵簿設黄羅銷金九龍三檐曲柄華蓋。春冬用黑貂褥，夏秋用黄龍綺，於换季日更易。兵仗皆由院敬謹修造，御用弓矢，皆選盛京之良楛砮石以造之。採辦物料，歲支崇文門税務銀千兩，交各省辦理。

内府人員不任部院

定制，内府人員充本府差使，不許任部院，惟科目出身者，始許與縉紳伍，故國朝内府大員，罕有勳績可稱。惟金恪恭公簡自内府司員進登六卿，以勤慎受高宗知。

漢臣總理内務府工程處

大庾戴文端公衢亨，以清慎愨誠爲仁宗所知，命爲總理内務府工程處，冀變歷年積習也。而三晉工程，皆獲咎譴。初以監修吉地失察工弊，奪一官，褫宫銜花翎。繼以裕陵隆恩殿專金四柱俱丈二圍大木，而十五六年之頃，遽致蠹朽，時方由河督起病，坐是遷副都。及予告歸，適寶華峪地宫滲水，被嚴旨，與相國英和同逮。籍家産，才值萬餘緡，宣宗意稍解，除名放還。

鑾儀衛

鑾儀衛沿明錦衣衛制，不司緝探，掌衛者一人，七所隸之。左所掌輦輅，右所掌繖蓋、儀刀、弓矢，中所掌麾、幡幢、纛節鉞、仗馬，前所掌扇、拂、罏、盒，後所掌旗、瓜、金吾仗，馴象所掌儀象、騎駕、鹵簿、《鐃歌大樂》，旗手衛掌金鉦、鼓角。其署列刑部之次，校尉、輿隸等，儀猶明制。管衛事大臣到任，拜印陞堂，悉如部制，秩雖次領侍衛内大臣，而威儀過之。鐘鼓司司譙漏，城北鐘鼓樓，每夕委官校尉直更。神武門鐘樓，上駐蹕圓明園，則每夕鳴鐘記更漏，上在宫日，則已。午門鐘鼓，上祀郊廟受朝賀時，鳴以爲則。

鑾儀衛初有漢員，後以滿洲侍衛間之，名曰鑾儀衛侍衛。雍正時，改漢員爲漢軍，滿洲侍衛亦改定冠軍、雲麾等名，惟漢武科甲侍衛仍舊名。後許外放緑營武弁，漢軍人員視爲捷徑，掌衛者復受私謁，故事多諉惰。仁宗親政，特簡大臣挑取，弊始革。

宗室任職官

國初宗臣，皆王公世廕，無任職官者。聖祖念宗臣無入仕之途，乃欽定侍衛九十人，命宗室挑補。雍正中，裁汰宗人府滿洲司員筆帖式之半，皆命宗室人員充補。乾隆時，又設宗室御史四員，爲司員升階。嘉慶己未，以特設宗室繙譯鄉會試科目，六部理藩院亦增設宗室司員。

滿缺任漢人

雍正時，滿洲副都御史缺出，世宗命九卿密保，鄂文端公爾泰奏許希孔忠直可任。上曰：「彼漢人，礙於資格。」文端曰：「風憲衙門，爲百僚丰采，臣爲朝廷得人計，不暇分滿、漢也。」上可其言。踰年，始調漢缺。

漢軍用滿缺

國初定制，漢軍皆用漢缺，至六部司員，則有專爲漢軍而設者。雍正時悉汰之，併入漢員中，是以漢軍之升轉甚難。乾隆時有破格用滿缺者，范時紀任滿洲户部侍郎，范宜清任盛京工部侍郎，李侍堯任熱河副都統，孫慶成任滿缺户部侍郎兼護軍統領。嘉慶時亦有之，范建豐任滿缺吏部侍郎，李毓秀任熱河都統，張百齡任滿缺刑部尚書，復調左都御史，皆曠典也。

筆帖式

筆帖式爲旗人進身之一途，各衙門皆有額設候補者。國初之大學士達海、額爾德尼、兩文成公，領侍衛内大臣一等公文忠公索尼諸人，皆起家武臣，以精通滿文，皆特恩賜號巴克什。巴克什，即筆帖式也。

且微員中之似無足重輕而關係極重者，莫如筆帖式。雖堂官不甚重視，司官亦羞與爲伍，彼亦自儕於書吏輿儓之列。然三年大計，保列一等，不數年，題升郎官，掌印鑰矣，又不數年，外任監司太守矣。

內院筆帖式

國初，督撫多用漢人，文移用滿文者皆不識，外省委內院筆帖式數人，代司滿字文書。後內三院改爲內閣翰林院繙書房，而督撫衙門筆帖式仍未更正。

爵邸員額

定制，親王長史一員，頭等護衞六員，二等護衞六員，三等護衞八員，四五六品典儀各二員，牧長二員，典膳一員，管領四員，司庫二員，司匠、司牧六員。世子減二三等護衞各二員，餘如故。郡王減二等護衞二員，三等護衞三員，四品典儀二員，牧長一員，典膳一員，餘如故。長子減頭等護衞三員，餘如故。貝勒減頭等護衞四員，增司儀長一員，二等護衞一員，減五品典儀一員，司牧、司匠皆減。貝子減二等護衞六員，增三等護衞二員，減六品典儀二員，增七品典儀二員，八品典儀二員。鎭國公減三等護衞二員，其餘如故。至包衣參、佐領，親軍校，護軍校，包衣驍騎校等，皆視其佐領親軍馬甲之多寡，以遞設之。惟怡賢親王以贊襄世祖，莊恪親王以輔翊高宗，封雙親王，其護衞皆倍增之。嘉慶初，仁宗諭儀、成二王皆增設頭二三等護衛各二員，定親王、慶郡王皆增設頭等護衛一員，二三等護衛各二員，皆曠典也。

京城管理地面之官

京城管理地面之官不一，曰步軍統領，司內城盜賊也；曰外營汛，司外城盜賊也；曰五城巡城御史，司閭閻詞訟也；曰街道廳，平治道途也；曰順天府尹，大興、宛平兩縣，職在郊坰，城內之事不負責也。然相沿既久，漸至侵官，偶有違言，任人赴訴，任便拘捕，聽官所爲。蓋其職不相統攝，民亦莫知適從，輦轂之下，肅清不易，亦大率由此也。

其中惟步軍統領之權爲較重，苟得其人，尚可爲理，向以恩文肅公桂爲稱職。其爲政尚嚴厲，街衢瑣事，無不周知，姦人不得逞其技，至造歌謠以謗之。先是，技勇營人多糧少，用之不能得力，恩爲奏減其額之半，俾人領雙糧而嚴於選，於是番役始可用。又各街堆鋪雖有兵，而夜多私宿於家，恩復奏許鋪兵攜眷，於是夜巡始嚴。後則以文錦如總兵秀爲稱職。凡道途小不修，立呼鋪兵鞭責，俟平治畢始去。救火巡夜，多以兵法部勒之。且清廉不名一錢，故能孤行己意。蓋京師街巷，皆有堆鋪，有官司之，凡水火盜賊及民家細故之須聞於官者，皆可一呼即應，法至善也。乃日久弊生，始而捕盜，繼而諱盜，終且取資於盜，或代盜償其直。街市小竊俗號小綹者，倘被其竊，苟鳴之官廳，三日之內，無不返者，返則重酬之。

順天府府尹

順天府府尹，卽古京兆尹之遺。國朝三品官皆用銅印，順天府尹獨以銀，重之也。雍正癸卯，特簡大臣兼理府事，較之部院堂上官，尤清要也。蔚州魏敏果公象樞尹京兆時，嘗自署一額，書「我愧包公」四字，自後秦小峴侍郎瀛遂於署之聽事，榜曰「知愧堂」。

議遣重臣監察督撫

康熙乙巳，停巡按，議遣重臣監察督撫，省各二人。吏部尚書阿思哈等主其議，馮溥、徐元文力持不可，議乃寢。

朝鮮採詩使

康熙朝，嘉定布衣孫致彌以都尉耿某薦，特旨賜三品服，充朝鮮採詩使。戊辰，入詞苑，旋罣吏議。後復起用，至翰林院學士。

浙江觀風整俗使

雍正丙午九月，世宗以浙江風俗澆漓，特授光禄寺卿王國棟爲浙江觀風整俗使。並停浙江鄉會試，蓋以文字獲罪之汪景祺、查嗣庭皆浙人也。

外臣加宫銜

太子所居爲青宫，本朝雖不建儲，而太子太師、太子太傅、太子太保、太子少師、太子少傅、太子少保仍設之，以爲大臣特殊榮寵之加銜，謂之宫銜，如加太子少保銜者曰宫保，加太子太保銜者曰宫太保。雖列二品，而一品之尚書苟得之，亦至以爲榮，固不以品級論也。其後外臣乃亦有得之者，則以其服務於我國也。宣統辛亥八月，太子少保銜總税務司英人赫德卒，晉贈太子太保銜。

編訂各省官制

光緒丙午九月，德宗命編訂各省官制，蓋繼釐定京官制而發也。京官制至是有已釐定者，若内閣、軍機處、外務部、吏部、學部均如舊；巡警部改爲民政部；户部改爲度支部，以財政處、税務處併入；太常、光禄、鴻臚三寺併入禮部；兵部改爲陸軍部，以練兵處、太僕寺併入；商部改爲農工商部；另設郵傳部，理藩院改爲理藩部。各部除外務部外，均設尚書一員、侍郎二員，不分滿、漢，都察院改爲都御史一員，副都御史二員，大理寺改爲大理院是也。

世宗破除文官迴避本省之見

官員補授之例，迴避本省，而如江蘇之與安徽，湖北之與湖南，陝西之與甘肅，亦稱同省，例應迴避。雍正己酉，江蘇、安徽、湖北、湖南、陝西、甘肅尚未分省，世宗以江南之上江、下江，湖廣之湖南、湖北，陝西之西安、甘肅，雖同在一省，而幅員遼闊，各設巡撫司道以統轄之，其情形與隔省無異，且既係同省，則於彼處之人情土俗較爲熟悉，未必不於地方有裨。嗣後此數處府、州、縣以下官員，不在本籍巡撫轄下者，不必迴避。

銀鐵二匠以保舉而貴顯

青浦葉雨臣，名夢雷，幼習銀匠。及冠，北遊至京師，受傭於人。康熙某年端午，同伴皆出游，明珠經其肆，出元寶一令剪之。葉爲跳剪兩端，不差累黍，明歎賞，招至邸，令司會計。尋以嬭娘女佛氏妻之，並保以官，使入户部供職。其母初傭於邵氏，雍正時，以病乞歸，自奉奢侈，爲鄉人官臬司者所劾，遂籍没。高宗登極，始赦回。其族弟有名照二官者，初業鍛鐵，雨臣貴，招之去，亦得官，由知府擢巡道。

吴湛山一歲九遷

固始吴湛山中丞士功起家部曹，自乾隆丁丑暨戊寅，僅一載，由楚臬而護楚撫，升陝藩，護陝撫，既調直藩，再調陝藩，再護陝撫，旋授閩撫，仍留陝撫兼管陝藩，蓋一歲而九遷也。

阮文達佩六印

阮文達官粤時，以兩廣總督、兩廣鹽政、攝廣東巡撫、太平關稅務、廣東學政、粤海關庶務，共佩六印。時適生孫，因以六印名之。

宣宗重科舉出身

宣宗任用官吏，頗重科舉出身之人。故有由道府兩三年而至督撫，由童生不二年而至一品官者。

滿漢督撫

世祖入關時，初議各省督撫盡用滿人。時柏鄉魏文毅公裔介方爲給事中，獨抗疏力争，謂國家撫四海大一統，當宏立賢無方之治，不當專用遼左舊人。朝廷亦重違其論，議遂寢。康熙時，三藩既平，僅議定山西、陝西兩撫不用漢人而已。當時漢大臣之爲督撫者，本多於滿人，故議用滿人巡方以監察之。雍正一朝，督撫十七八皆漢軍，硃批諭旨常有斥漢軍卑鄙下賤之語，大書特書，殆不一見。至乾隆朝，則直省督撫滿人爲多，漢人仕外官者，能洊至兩司，則已爲極品矣。及季年，各省督撫凡二十有六缺，漢人僅畢沅、孫士毅、秦承恩三人耳。

世宗增設四川總督

雍正辛亥，大軍征噶爾丹策淩，世宗以川陝地廣，又理軍需，總督一員，難於控制，特旨增設四川總督，即以四川提督黄廷桂補授，兼管提督印務。乾隆丙辰，西陲軍務告竣，裁川督，廷桂仍爲提督。後於戊辰年復設總督，始爲定員。

方恪敏父子叔姪總督

桐城方恪敏公觀承以布衣賜中書，官至太子太保，直隸總督。子勤襄公維甸繼之。而猶子來青宫保，亦官至兼圻。

尹文端久督兩江

尹文端公繼善，字元長，姓章佳氏，世居盛京。父文恪公尹泰時方罷祭酒家居。世宗居藩邸時，奉聖祖命祭三陵，會雨，宿其家。與文恪語，奇之，問：「有子仕乎？」對曰：「第五子舉京兆。」曰：「令見我。」即文端也。及文端試禮部，將謁於邸，而世宗踐阼，乃止。中雍正癸卯進士，引見，上喜曰：「汝泰子耶！果大器也。」入翰林，未踰年，授廣東按察使。甫抵任，遷副總河，未半年，遷江蘇巡撫，去釋褐甫六載。後督兩江幾三十年，久之，拜文華殿大學士，仍留江南。次年召還，臨行，吏民環送悲號，文端不勝悽愴。過村橋野寺，流連小住，慰勞送者。其再督江南時，吴民有「吉甫再來天有眼」之諺。年八十餘卒於位。

李文忠久督直隸

咸、同以還，朝廷簡授直隸總督，輒擇其勛業資望獨出冠時者，故李文忠公鴻章任期爲最久。蓋以直督爲疆臣領袖，凡有大興作大改革必先咨之，而疆臣遇有要事亦必先以函電探詢意旨，亦實遥握中央政府之權也。

黄崑圃撫浙之早

康熙朝，宛平黄崑圃，名叔琳，年十九，已官至浙江巡撫。疆臣持節，殆無蚤於此者。

任道鎔累遷至督撫

宜興任筱沅中丞道鎔嘗以拔貢爲奉賢訓導，咸、同兵事興，遂從戎，積功，保道員。累遷至浙江巡撫，擢河督。

鄂文恭由筆帖式至巡撫僅六年

滿員升遷較捷於漢，以缺多而人少也。承平時循例升官，八旗中以鄂文恭公爾達爲最速。文恭於雍正癸卯，猶一筆帖式也，旋授吏部主事，至庚戌，已擢廣東巡撫。由微員至疆臣，食俸僅六載耳。

徐文穆以皖撫查辦浙江事件

雍正甲寅，徐文穆公本方撫安徽，二月初六日奉旨充浙江查辦事件大臣，令由安慶赴浙，會同浙江總督程元章審訊事件，蓋會審接壤江西鉛山之江山縣匪類王益善一案也。其會同元章復奏之摺有云：「據詹子彬供稱，劄付係向文陽王吳士榮領來，是督兵大元帥。徐敏也有劄付，是提調。天下兵馬大元帥，原係希圖騙人財物，揑稱天下將亂，領此劄付，便可保守身家，兼得做官。因照吳士榮給劄式，刊刻劄板，與祝芳昇合夥，四處煽誘，賣與王益善、張齊雲、周德、黃雄、黃邦奇、周士興、王昌宇、周燦、周統、錫管連、陳明章、周廷鳳、祝芳昇及已故之吳元德、鄢國嵋各劄付一張等語。起出劄付劄板，及提各犯，訊無異。嗣於四月初六、初七等日，准江西撫臣由江南先解到首犯黃森官等一十五名，臣等復加察審。初猶狡供，迨至嚴加夾訊，並將盟布令其自行閱看，始供原因開店折本，無可營生，遂於雍正十年三月內，與傅秀山商量，在江西省城創造齋堂，設立三皇聖祖教，即圓敦大乘教，又白陽會等名目，煽惑愚民。而森官之父黃廷臣則自稱爲天老爺，又稱黃大師，森官則爲彌勒佛紫薇星。不但入教男婦皆奉爲教主，即伊胞叔亦甘心下拜。其後附和者衆，森官則居然以紫薇星自居，遂與黃雨珍、熊簪舉、周簪鳳結爲生死之交，因而狂悖之語，形於盟布之內，不軌情形，已屬顯然。惟散給劄付之處，堅供止有堂簿，並未造劄。若果有僞造情弊，盟布經書已經搜獲，劄板安能隱藏？再提吳士榮研審，據稱係伊自造劄付，誆騙詹子彬、徐敏，恐其不信，故自稱爲文陽王等語。但黃森官父子設立齋堂，創議起自傅秀山，而各犯又曾供傅秀山爲軍師，是造劄實情，必傅秀山到案質訊，始成信讞。今於四月二十日，准江西撫臣謝明咨報，傅秀山一犯，分差查拏，業在福建地方拏獲。臣等現在咨提，應俟提到傅秀山與各犯質對。至封禁山聚有夥黨之處，夾訊黄森官，雖供並無同夥，復令前在衢州府供有千餘人之祝芳昇質對，則稱得之詹子彬，而詹子彬又稱吴士榮所説，及提吴士榮究訊，復稱庚子年間聞鉛山地方有强盜説過是封禁山，所以借此哄人等語。惟是封禁山地連江、閩，周圍遼闊，封禁日久，易致藏姦。臣程元章已經會同江閩督撫委官前往山内，嚴密搜查，尚未回報。而四月十一日，又據江山縣呈報，准玉山縣關稱，訊據獲犯曹小胡供稱『封禁山内有箇齊陽王在裏頭，姓齊』等語，更非無因。臣等現在提訊，尚未解浙，除現在行提江西應質要犯一十五名，俟解到之日，再加確審，按律定擬，另行奏報」云云。文穆籍隸錢塘，以本省之人，查辦本省事件，衣錦還鄉，此爲僅見。

巡撫加提督銜

乾隆庚申，河南布政使黄定疏言：「豫東二省止有總兵，並無提督，凡隊伍之整弛，弁員之勤惰，及墩臺營房之防守疏密，撫臣不相統屬，難於稽查。若添設提督，未免紛更成例，請照山西例，加撫臣提督銜。」得旨，允行。

伊里布擢巡撫之速

伊里布，字莘農，以通判起家，至大學士。嘗與客自道其生平，其言曰：「人生枯菀升沈，或由福而禍，或由禍而福，皆有定數。不見予年五十，猶於滇省節署堂皇西偏，枯坐胡床，仰屋默數木椽方磚時耶？」客請其說，曰：「予初選雲南通判，因公罣吏議，去官，窮滯不得歸。欲謁撫軍，求諭寅寀，籌賵資，閽者斥不與通，懇再三，始領之，令少待。但見大小吏分隊晉謁白事，司閽者次第傳命，意以爲當及己也。日晡，忽聞閽者大聲言曰：『撫軍今日接見屬吏，一一處分公事，爲時久，憊甚矣，爾且退，期以詰朝相見。』予趦趄徒步歸，往返三日，皆如之。惟日於節署堂皇西偏支胡床，屏息枯坐。始仰屋默數廳事自西訖東之木椽若干，繼默數所嵌之方甎若干，目諦心識，順算逆覆，周而復始。既，撫軍但語郡守爲道地，僅斂白金百兩爲賵，而撫軍固終未得見也。

「滇去京師萬里，途長貲短，因才身入都稱貸，不意都中戚友，見予免官，相率避道，無一存問。故事，旗員因公去官，例許請覲，有舊胥謂予曰：『君困若此，盍援例請覲，倘邀曠典，未可知。』因如其言，得具文上請。時朝廷方廑念滇中苗疆事宜，以予從滇來，特召見，垂問苗情，予據實條陳。奏對稱旨，上嘉悅，敕以原官仍回滇視事。戚友聞予復官，漸有來慶賀者，及陛辭遄發，旋奉命擢郡守，戚友來者愈衆，有推薦紀綱者矣，有餽贈食物者矣，且有不向稱貸而殷殷嘉惠程幣惟恐拒而不受者矣。予迫於朝命，不敢濡滯，甫出都，卽奉詔簡授監司，並諭兼程馳驛赴任。抵滇，卽日謁撫軍，閽者見予至，亟趨前，言笑和悦。比將命入，撫軍卽傳命曰：『請。』見予著監司冠服，訝曰：『君尚不知耶？昨已奉詔，命君陳臬滇中，君尚不知而猶衣此耶？』命左右速爲具按察冠服，卽於節署更易。兩年之間，由滇臬轉布政，遷巡撫。受命之日，詣節署堂皇，接印畢，仰見堂皇西偏屋椽方甎，歷歷在目，因憶昔支胡床枯坐其下，三日往返，欲求一望見撫軍顔色而不可得。固不料當日求見不得之撫軍，兩易寒暑，竟及身而代之也。」

琦善三十歲任巡撫

道光間，琦靜庵相國善以蔭生官刑部，時未逾冠，爲漢族老輩所侮，心大恨之，以三百金延一部胥在家，事以北面，一年而盡其技。二十五歲擢京堂，特派查辦事件。二十七歲任豫臬，連劾二巡撫去任。三十歲，卽由江寧藩司擢山東巡撫。

江淮巡撫設而卽裁

光緒甲辰十二月，改漕運總督爲江淮巡撫。初，署兩江總督端方代奏翰林院修撰張謇條陳，請於徐州建立行省，御史周樹模亦請裁漕運總督，均下政務處議。至是，議覆，改漕運總督爲巡撫，仍駐清江，名爲江淮巡撫，江、淮、揚、徐四府暨通、海兩直隸州全歸管轄，仍由兩江總督兼轄。奏入，允行。乙巳三月，裁之。

巡撫加尚書銜

岑制軍毓英巡撫福建時，譚制軍鍾麟巡撫浙江時，皆加兵部尚書銜。巡撫有頭品頂戴者移撫他處，皆照例題請，其加尚書銜者，則特典也。若李鶴年撫河南，劉錦棠撫新疆，皆加尚書銜，一則以曾任總督，一則以萬壽盛典賞之，不在此例。至光末宣初，則此類甚多，不悉記矣。

巡撫銜

南城曾侍郎燠由翰林散館授户部主事，甫擢員外郎，即蒙高宗特簡兩淮運使，既洊陟封圻矣，乞養事畢。仁宗以淮鹺疲憊日甚，特命曾以巡撫銜巡視兩淮鹽政。

光緒朝，劉錦棠以提督改新疆巡撫，劉銘傳以提督改臺灣巡撫，張曜以提督改山東巡撫，皆先賞巡撫銜。

李如蘭由訓導至藩司

榆次李方伯如蘭初官澤州訓導，雍正初年，以例當改主簿，與同輩三十六人入見。奏對獨當上意，徑授高郵州知州，累遷至四川布政司使。

江蘇有兩布政使

乾隆庚辰，高宗以江蘇錢穀殷繁，令增設布政司分理。尹繼善等奏請分江寧、淮南、揚州、徐州、通州、海州爲一布政使，駐江寧；蘇州、松江、常州、鎮江、太倉州爲一布政使，駐蘇州，而以安徽布政使移駐安慶。

潘士成爲本省運使

潘士成，字德畬。以粵人授本省運司，一時目爲至榮。尋以方伯因病出缺，兼署藩篆數日，鄉里尤嘖嘖稱羡，以爲不易覯之遭逢。士成雖奢侈，顧嗜詩書，文人學士争集其門。所輯《海山仙館叢書》著稱於世。

守道巡道

國初，設布政司左、右參政及參議，曰守道，按察司副使、僉事兼督學政曰巡道，以三四五品爲差。康熙時，始議簡放學政，由翰詹科道出任者爲學院，由部曹出任者仍爲學道。至雍正丙午，皆改學院。乾隆癸酉，省參政等兼銜，定爲守巡各道，秩正四品。

各省道員准奏事

道府同知准封章奏事，雍正時行之，後亦漸止。嘉慶己未三月初十日，仁宗以監司大員職任巡查，與京中科道相等，除知府、同知外，有准各省道員照藩臬兩司例密摺封奏之諭。

臺灣鎮道奏事

臺灣鎮爲挂印總兵，王命在焉。舊例，臺灣鎮道得封章奏事，每決囚，道至鎮署會鞫行刑，奏事列銜，道居鎮後，決囚坐次如之。上元葉撫部世倬爲臺灣道，謂坐次不合，力争，奏事亦由道主稿，他鎮武人悉聽之。都統音登額兼嫻吏治，爲臺灣鎮時，閲道中稿，常有商改，遂爲葉所銜。道光初，葉方大用，陛見，奏音有微詞，宣宗猶念音功，第令改鎮天津而已。

新進士即用道府

順治己丑，春闈榜發，有新進士即用道府二十餘人，分發兩廣。止此一科，後不爲例。

左必蕃仍管揚州府知府事

康熙朝，左必蕃以太常寺少卿守揚州，其結銜曰太常寺少卿仍管揚州府知府事。蓋品秩雖埒，而一爲京卿，一爲外官，體制究有不同也。陛辭日，聖祖並賜以「世貞堂」匾額。

藍鼎元以知縣被劾授知府

漳浦藍鹿洲鼎元，工古文，少與上杭劉鼇石坊友善，以文章經濟相期勖，顧貧甚，嘗著《餓鄉記》以自慰。爲諸生，受知於張清恪公。旋從其族兄臺澎總兵廷珍平臺灣朱一貴之亂，羽書露布，咸出其手。雍正初，貢入太學，以保舉官廣東普寧令。失上官意，被劾逮繫。久之事白，世宗召見，即授廣州府知府。蒞任甫逾月，卒於官。

知府兼御史銜

外官之加京官銜者，惟總督加右都御史銜，巡撫加右副都御史銜，以便白簡言事，外此無兼臺職者。惟雍正朝陳文恭公宏謀由臺垣出守揚州時，仍帶御史銜。

改知府爲從四品

知府舊爲正四品，道員則視其所帶布政使司參政、參議，按察使司副使、僉事兼銜爲等差，有三四五品之異。乾隆癸酉，詔以錢穀、刑名二司分任，道雖兼銜，事難越俎，且知府爲受轄於道而兼參議、僉事銜者，階級反較知府爲卑，不足以示表率。因定守巡各道皆正四品，停兼銜，而改知府爲從四品。

和尚爲知府

嘉慶朝，有和尚而爲官者。和尚俗姓王，名樹勳，山西人。幼服役於揚州鹽賈王家，僕也。後至京師爲僧，號明心和尚。有口辯，多技能，兼挾異術，一時名動公卿，達官士庶皆有皈依座下者，一日，言於衆曰：「塵劫且至，吾當往游善地。」遂出都，留髮蓄妻，往依所善某中丞，爲之夤緣捐通判，分發湖北。不數年，授襄陽府知府，旋以卓異赴部，御史石承藻廉得其狀，劾之，得旨逮訊。詞連百制府齡，謂百居京師，識明心，在湖北任時，又曾令王樹勳占休咎。仁宗諭詢百是否卽一人，百覆奏，謂：「臣止知樹勳爲候補同知，不意其卽明心也。」然百實與明心交好，固知樹勳卽明心之化身。後下刑部獄。奏上，仁宗震怒，發黑龍江編管，死於戍所。

訓導授知州

雍正丙午，海陽吳文伯以訓導引見，奏對稱旨，特授河南禹州知州。文伯父隆嘗以奉化丞權縣事，時方養痾奉化，得家書，伏牀北向叩頭謝恩。

知州體制

直隸州知州視守，知州視令。

丞倅鹽官

直隸同知、通判，名雖與丞倅同，職掌實與守牧埒，蓋沿元、明軍民府之制。至鹽課司提舉鹽場大使，則分治井竈民事。

劉元燮辭道就佐貳

湘潭劉侍御元燮在詞館有雋望，在諫院有直聲。授蒼梧道，辭不赴，遂以違旨謫廣西佐貳，泊然束裝而行。

大挑知縣

每屆大挑，欽派王大臣在內閣舉行。每二十人爲一班，既序立，先唱三人名，蓋用知縣者三人。既出，繼唱八人名，乃不用者，俗謂之八仙，亦皆出。其餘九人不唱名，皆以教職用，自出，更一班進。大挑論品貌，以「同田貫日身甲氣由」八字爲衡。同則面方長，田則面方短，貫則頭大身直長，日則肥瘦長短適中而端直，皆中選。身則體斜不正，甲則頭大身小，氣則單肩高聳，由則頭小身大，皆不中選。

揀選知縣

雍正丁未，命吏部將會試舉人揀選引見，並令九卿各舉所知，舉人内有同鄉素日推服之人，亦著舉人公舉。或數人公舉一人，或十數人公舉一人，俱將姓名註册，務須有猷有爲有守之人，方可推薦，不准冒濫。

孝廉方正知縣

被舉孝廉方正之舉人出身者，以知縣分發各省候補。

有瘴知縣

廣西鄉試題名，每名下，注官至某官。順治丁酉科，是年廣西始行鄉試。第六名鄧開泰，注云：「湖北有瘴令，蓋當時知縣缺，有有瘴無瘴之分。以粤人耐煙瘴，故專補有瘴缺。」

招民知縣

康熙初，凡招民百户送至盛京者，優敍知縣，謂之招民知縣。後經王文靖公熙上疏，言恐有不肖奸民，借貲爲市，貽害地方，宜改授散秩，以絶徼倖。從之。

知縣行取

國初，以知縣俸滿行取，即得考選科道，康熙壬午，御史黄秉中疏言：「科道官由滿洲、漢軍陞補者，大抵積俸二十餘年，漢人一爲知縣，三年即選科道，殊覺太驟。請嗣後行取知縣，先以六部主事用，俟練習有年，始許考選。」下九卿議行。

月選知縣條陳時事

令甲，凡月選官吏部給卷，許條陳時政得失，無所指陳者，各攤卷書履歷以上，蓋古懸鞀設鐸意也。後選人多踐踏循故事，並履歷亦鮮親書。康熙時，漳浦藍鼎元授廣東普寧縣時，獨上五千言，奏陳五事，其議多見施行。

改孔氏族人宰曲阜縣之例

山東曲阜縣，向由衍聖公保選孔氏子孫中之諳習治體者，任知縣事，蓋明例，唐昭宗帝天祐乙丑，孔氏之洒掃户孔末作亂，殺先師四十二代孫光嗣，而自爲曲阜令，是聖裔之世令曲阜自唐已然。而本朝因之者也。乾隆丙子，漢軍白莊恪公鍾山以河東河道總督攝東撫，疏謂：「曲阜知縣，例用孔氏族人衍聖公保舉，每多瞻顧。且邑中非其尊長，即係姻婭，牽制狎玩，在所不免。請改爲在外揀選，不必拘用孔氏一家。」下部議，如所請。

初擬現任曲阜縣知縣赴部，以外省知縣另補，諭曰：「我國家尊崇先聖，遠邁前朝，延恩後葉，有加無已，豈於此而有靳焉。但與其循舊例而致瘝官，有乖政體，何如通變宜民，俾吏舉其職，民安其治，於邑中黎庶孔氏族人，均有裨益。但現任世職知縣既已謝事，若歸部銓選，不過恩及其身而止，於朕心猶有未愜。著加恩授爲世襲六品官，用副重道崇儒至意。」

米喬林保八品而得七品

乾隆庚戌，廓爾喀之役，孫文靖公士毅入藏督餉，從行者中書周肖廉、通判胡雪方。蜀道崎嶇，過察木多數站至墨竹工卡，支帳甫就，忽有浙客米喬林請謁，孫喜曰：「真空谷足音也。」問之，乃肖廉之戚。肖廉娶山陰馬氏，寄籍灤陽，米父亦以北籍，來教授，頗周旋。喬林以佻達爲父所逐，其戚有倅於蜀者，依之，流轉至此。獻越釀一小瓶，云居停以革囊攜至。嘗之，如挹天漿，卽留共飯，情話良久，別去。明晨欲行，以烏拉不集，滯留竟日，此弊途中時有之。蓋番人言語不通，理諭勢驅，均屬無用，須檄土司始辦。方踟躕間，喬林適來，告以故，曰：「試籌之。」喬林故無賴，昵一蠻妓，譯云坐鴉頭，因與土民浹洽，且通蠻語。乃詔之，俾招烏拉。妓遣父兄招之，薄暮大集，五更行矣。孫更大喜，復令番民等前站曉諭，後站蟬遞而下，由是無復阻滯，至楊八景駐焉。乃以喬林功上聞，乞以八品用。得旨，與七品。將補劇邑。肖廉力阻，告孫曰：「米生輕躁，宜且試之。」乃借補州判，旋改縣令，不十年，擢刺史。

弟終兄及之知縣

夏宗彝，浙江人，以難廕縣丞。中本省鄉試經魁，旋納粟爲令，指分江蘇。光緒初，補金壇令。諳吏事，有能名。遇命盜重案，手定爰書，不假事權於人，既定讞，罕遭駁詰，以久爲刑幕，學有根柢也。然性苛刻，不理於衆口，鄉人尤惡之。宰金壇數年，催科報最。調吴縣，吴爲邑繁劇，甲江蘇五屬，而政不難於治民，難在長官之趨承，巨室之周旋，夏肆應咸宜，在任遂歷二載之久。旋以在任候選道選湖北督糧觀察使。蓋以金壇所得納資爲道也。即日卸邑篆，長、元、吴三令爲賃巨宅於衛前街，朔望行庭參禮。未幾，以家事被控，咨原籍查復，而御史亦露章劾之，遂褫職。

有知其事者，則曰自粵寇亂後，赳赳武夫，以軍功廁武秩者，來歷多不可問，空白劄付，李代桃僵者，往往而有。若文官至七品以上，必可稽考，況難廕有奏案，經魁有榜名，是可僞也，孰不可僞也？而孰知夏之官職，乃襲其弟者，亦云奇矣。初，夏以布衣遊幕，名祖彝，宗彝，其同堂弟也。弟承父廕，旋捷於鄉，入貲爲令，而忽以病卒。其母猶在堂，計納粟引見，所費不貲，嘗痛人財之兩失也。夏乃倩人以頂替説進，謂一轉移間，死者若復生，失者可復得。其嬸惑之，允其請，約終身奉養，視弟之母如母，撫弟之子如子。弟婦某氏稍知大義，痛夫之實亡而名存也，抑鬱死。

夏之被控也，初聞有嬸挈弟來自故鄉，將正其冒名之罪，同官同鄉，争來探訪。夏以弟早亡，何得有第三之夏宗彝出現？恃此以不恐，任其揚言不一顧。嬸居學士街斌陞棧，奉其孤孫爲亡子所立神主及宗彝行狀，置乘騶橋上，披髮號呼，將俟官吏出而途訴之。尋控於撫院，並黏具宗圖及誣坐甘結以實之，蘇撫方行文咨查原籍，而平地風波又起矣。

方夏之從師學幕也，師有徒三人，其一爲夏，夏既襲弟職而貴，其同學實知之。聽鼓之初，猶有忌憚，內而叔母，外而同門，贍給之費，未嘗後時。其後叔母約迎養，不從，孤姪需婚娶，不問，同學偶來，亦閉門不納。同學有葭莩親，方在臬署，乃爲其嬸主謀，賄屬彈劾，交原籍及服官省分督撫查辦。夏行賄求免，乃以「居心刻薄不洽鄉評」八字免官，原控則指爲受唆，從寬免究，原參則稍事湔滌，謂爲有因。其叔母原呈有數語曰：「冒死爲生，輕犯國家之憲典；弟終兄及，實乖人道之大防。」

高宗加崇學官品級

康熙以前，各省府教授係從九品，學正、教諭、訓導均係未入流。及高宗登極，一日，念及學校之官所以訓迪多士，厠居流外，則與雜職無殊，諭吏部議奏賞給品級。遂議教授加爲正七品，學正、教諭加爲正八品，訓導加爲從八品，升轉仍依舊例。

以考試勞績捐納三途而仍爲八品官

武進黃仲則景仁，詩才駿發，洪亮吉以李白比之。乾隆丙申，高宗幸山東，以獻詩召試。入武英殿書簽，敍勞授主簿。時畢沅方撫陝，爲入貲得縣丞，僅八品官。歟歷中外，兼考試、勞績、捐納三途，亦不數覯也。

李震爲本縣縣丞

華亭青村人李震爲曾羽王之中表，明末，以營書得武職。順治初，仍充翁家港汛官，以事爲土人告訐於游擊于登第，責二十板，革職。時適華亭縣丞缺出，以原任青村守備傅介之居間，營謀得之。然震無資可籌，介復爲之言於蘇撫土國寶，約到任後償值，土許之。震即蒞任，出入乘四人輿，士紳入謁，其名刺皆自稱治弟。縣令每遇限期追比，發震理之，日扑責數十人。

有監生宋俊卿者，家貲數十萬，以此雄於華亭。震落魄時，嘗詣宋，有所求，然不滿所欲，心銜之。震既得勢，乘其納糧時，藉端扑責之。後震解糧歸，逋負頗多，以監追，死於獄。

江北河工之官

江北河工，廳官有五，閘官有六，歲需庫帑可數十萬。上下游緊要各閘凡六，一曰惠濟，二曰通濟，三曰福興，四曰清江，五曰石碰，六曰草埝。此項閘官，秩雖卑而職綦重，其升轉例由道詳請去留。

供事藍某特授河泊所所官

雍正時，内閣有供事藍某，從公頗勤慎，戊申元夕，同事者皆歸家，藍獨留，對月獨酌。忽來冠服甚麗之偉丈夫，疑爲内廷直宿官，急起迎，奉觴致敬。其人欣然就坐，問：「何官？」曰：「非官，供事耳。」問：「何姓名？」具以對。問：「何職掌？」曰：「收發文牘。」問：「同事若干人？」曰：「四十餘人。」曰：「皆安往？」曰：「皆假歸矣。」問：「何獨留？」曰：「朝廷公事綦重，若人人自便，萬一事起意外，咎將誰歸？」問：「充供事有好處否？」曰：「將來差滿，冀選一小官。」問：「小官樂乎？」曰：「若運好，選廣東河泊所所官，大樂矣。」問：「何以樂？」曰：「以其近海，舟楫往來多有餽送耳。」其人笑頷之。又飲數杯，別去。明日，世宗視朝，召諸大臣問曰：「廣東有河泊所所官乎？」對曰：「有。」曰：「可以内閣供事藍某補授之。」諸大臣領旨駭詫，一内監密白昨夜上微行事，乃往内閣宣旨。藍後官至郡守。

捐例花樣

自捐例盛行，迭創大小花樣，或歸部候選，或到省補用，班次甚多。姑略計之，有遇缺先，海防先，海防卽，候補先，候補委用先，委用捐納先，分缺先，分缺間等花樣，輒按新舊輪計算，文武大小京官外官皆有之。

五人公捐知縣

自捐例開而游手好閒之徒大率以官爲市，越人爲最多。官之歲入，縣令尤鉅，年得數千金者爲瘠缺矣，然以視他項商業，則獨贏。腴者多至十萬，亦僅就錢糧漕米之平餘計之耳，若不恤人言，遇事納賄，則可至數十萬。山陰蔣淵如涎其利久矣,而苦於捐資之鉅也,乃與其友唐文卿、陳栢生、王平齋、呂少川謀之,醵資上捐,得最新花樣最優班次之候選知縣。於是彼此約定,蔣爲令、唐爲刑幕、陳爲錢幕、王爲錢漕,(司錢糧漕米之家丁曰錢漕。)呂爲門稿,(一切公牘先由書吏送家丁,乃轉呈官幕,職此者曰門稿。)以免利之外溢。歲入多金之事,皆醵資者得之,而職權有高下,收入有多寡,卽按出資之大小以定之。協商就緒,盟於神,歃血爲誓,無間言。

越數月,得某邑,腴缺也,蓋乘鄭工捐例之第一卯而出貲上兑,故捷足先得焉。唐、陳、王、呂乃從蔣行,舟車與馬衣飾之資,亦醵之以集。既抵任,如前約,蔣爲令,高坐堂皇,待唐、陳以賓師之禮,而奴視王、呂矣,王、呂安之,無違言。於是五人者舞文弄法,狼狽爲奸,輦部民之金以入邑廨者歲可二十餘萬。三載考績,蔣以貪褫職,然已與唐、陳、王、呂四人滿載而歸矣。中途遘疫,唐、呂殁於逆旅。蔣、陳還鄉之越翼日,陳謁蔣,方對酌,庖人不謹,遺火於積薪,屋猝焚,時蔣、陳已爛醉,不及逃,皆燼焉。王歸,則詗其婦與人有私,日詬誶。一日,遇所歡於闥,大忿,出刀斫之,婦斃。尋悔,亦自殺。

粤寇爲其徒捐道府

咸、同間,捐納之風大開,遂爲寇賊所利用。粤寇楊秀清於其隊中,挑取端正魁梧者百餘人,令其詭捏姓名籍貫,赴京捐輸,並指捐省分,至省候補,預伏内應。其有捐至道府者,一時竟無從查察也。

捐生以武陽山會爲最多

自咸、同以迄光緒，其間捐例迭開，納粟入官之徒，各縣皆有，多至恆河沙數，而以武進、陽湖、山陰、會稽之捐生無論官職大小，納捐時均稱捐生。爲尤夥。蓋武陽人之以官爲市，甚於他省，呼朋引類，聲應氣求。光緒丙午，户部奏請停止實官捐輸，於是各省捐生，亟乘未奉明詔是年七月二十九日奉旨依議。之前，争先報捐，一時武、陽人士輸出之金殆五十萬，可謂鉅矣。至於山、會，則吏部胥吏爲其世業，諳悉捐例，某班之可壓某班，某輪之何時輪到，皆預知之，章程未布，儲金以待。故自身及戚友凡有捐納，無明珠投暗之失，其候選者，輒於第一卯得之。以是二因，各省之佐貳雜職，遂至如微生物之滋蔓，所在皆是矣。

各省候補情形

光、宣間，各省官僚自道員以至未入流，多者可數千人，需次者日多，槁餓以死者所在皆有，其有勢力善運動者，則兼數差。一日，江西藩署忽貼有聯語云：「有甚心兒，須向别處去；無大面子，莫到這裏來。」蓋不得志者之所爲也。

候補文官之多，莫如江寧。宣統末年，在江寧之候補道三百餘員，府、直隸州三百餘員，州、縣一千四五百員，其他佐貳雜職約二千餘員，冠蓋薈萃，備極一時之盛。顧此三數千候補人員與江寧所設差缺數目相較，僅能得三十與一之比例，蓋寧、蘇兩屬，僅轄道缺七，府缺八，直隸州三，廳三，縣六十七，若專以江寧而論，合道、府、廳、州、縣計之，不滿五十缺也。

文官各階之名稱

文官本身得授之階，五品以上曰大夫，爲誥授，正八品以上曰郎，爲勅授，從八品正從九品曰佐郎，亦勅授。正一品曰光禄大夫，從一品曰榮禄大夫，曾祖、祖、父均得封。正二品曰資政大夫，從二品曰通奉大夫，祖、父均得封。正三品曰通議大夫，從三品曰中議大夫，祖、父均得封。正四品曰中憲大夫，從四品曰朝議大夫，父得封。正五品曰奉政大夫，從五品曰奉直大夫，父得封。正六品曰承德郎，從六品曰儒林郎，吏員出身者曰宣德郎，父得封。正七品曰文林郎，吏員出身者曰宣德郎，從七品曰徵仕郎，父得封。正八品曰修職郎，從八品曰修職佐郎，父得貤封。正九品曰登仕郎，從九品曰登仕佐郎，父得貤封。此原則也。自捐例推廣，可照銜給封，可踰品請封矣。未入流無階。

將之名稱

國初有五大臣、八大臣、十大臣、十六大臣，任兼將相，贊決軍國重務，然究以征討立勳爲多。又有特授經略大將軍、副將軍、各路統兵大臣及領侍衛内大臣、内大臣、都統、步軍統領、左右翼總兵、前鋒統領、護軍統領、京旗副都統、散秩大臣，各省駐防將軍、都統、副都統、提督、總兵等職，自提督總兵外，皆八旗專閫之將帥也。

國初，緑營各官帶虚銜者，有左右都督，都督同知，都督僉事，以一二品爲差，與師、傅、保銜之無職掌員額者同。至乾隆癸酉，裁之。

武官乘轎

舊制，武官一品皆乘轎。高宗以滿洲大員皆宜習勞，將都統、將軍、提督等乘轎之制盡行裁革，惟領侍衛内大臣例無明文，向率以諸王、大學士兼之，未有單銜者，故皆乘轎。惟英誠公阿克棟阿無兼官，又貧乏，不能豢輿夫，獨乘車行。後超勇王拉旺多爾濟以足疾，足跛之七額駙喀爾沁貝勒丹巴多爾濟以擒逆犯成德受重創，皆奉特旨賜轎，繼者亦相率因之。嘉慶丙子冬，仁宗特旨罷斥，仍交部議處，自是，武官無坐轎者矣。

伊犂設官

伊犂乃準噶爾建庭之地，乾隆乙亥，蕩平之。壬午，設伊犂將軍，建惠遠、惠寧二城。設將軍一人，參贊大臣一人，領隊大臣五人，分統滿洲、蒙古、緑營、索倫、錫伯、額魯特回民諸營，以扼邊防之要。其漠南去伊犂三千餘里曰烏魯木齊，設都統一人，副都統一人，提督一人。掌漠南軍務，通北去驛路，其實爲新疆門户重地。其北近哈薩克曰塔爾巴哈臺，設參贊大臣一人，領隊大臣一人。扼外夷要路，其地西連哈薩克，北界俄羅斯，爲二國郵貢要隘。哈薩克入冬後則遷幕於卡倫内避寒，暑夏始驅逐之，實北之關鍵也。其山南諸路最要者，曰喀什噶爾，設參贊大臣一人，幫辦大臣一人。與拔達克山接壤，風俗醇良，土地肥沃，所轄皆二和卓木遺氓。其北曰葉爾羌，其西南曰和闐，皆設辦事大臣各二人。惟司回民採辦玉石，以爲貢獻。其地富渥，天時和暖，有類內地，非漠北窮荒比也。其南五百餘里曰烏什，曰庫車，曰阿克蘇，皆設辦事大臣各一人。爲回部心腹之區，綏定保障，尤加慎重。其南曰吐魯番，設領隊大臣一人。其北曰古城，設領隊大臣一人，相傳爲唐李衛公建節之所。乾隆時，迪化城督糧道永餘齋從紀文達公昀議，因建城焉。曰巴里坤、哈密，後大學士温福改爲古城營，各設辦事大臣及營汛諸官。轉通糧餉，建牙設堠，咸如內地焉。

漢人任都統副都統

漢人之官副都統者，自康熙時陳昂始。昂，福建同安人。嘗從靖海侯施琅征臺灣，丙午，敍勛授職，洊至廣東副都統。又康熙辛卯，以陝西總兵陝人何天培爲鑲白旗漢軍都統，尋補某處將軍，天培遂隸正白旗。自後温州總兵李華，平陽總兵王應虎，皆漢人，相繼爲福州副都統。平陽總兵後裁。

御前大臣

寺人不許干政，命內務府大臣監之，而內廷事務特設御前大臣，皆以內廷勳戚諸臣充之。無定員，凡乾清門內之侍衛司員歸其統轄。每上出宮巡幸，皆櫜鞬扈從，代宣王言，名位優重，仿兩漢大將軍制而親密過之。初尚命軍機大臣代攝，仁宗親政，特分析之，體制尤正。乾隆時，命喀爾沁固山貝子扎爾豐阿兼之，其後蒙古藩臣有攝其職者。嘉慶初，特命睿恭王及定莊二王兼之。

領侍衞内大臣

國初八旗諸將士，鑲黃、正黃、正白三旗爲皇上自將，選其子弟曰侍衞。日侍禁廷左右供趨走者曰御前侍衞，稍次曰乾清門侍衞，值宿宫門者統曰三旗侍衞。設領侍衞内大臣六員，内大臣六員，散秩大臣無定員，俱以世廕公侯勳舊大臣並王公子弟充之。其班列尚書下，侍衞躋三階，選其才俊者充隨印協理事務。班領十二員，每旗四人。掌文書政令諸事。凡六班，分奇偶以爲離合，十二日爲一轉。每班，先於圓明園直宿四日，入禁中直宿二日，餘六日爲休沐之暇，更番輪直，行幸駐蹕宿衞，一如禁中制。扈從，則後扈二人，於御前大臣中簡之，前引十人，於内大臣、散秩大臣及御前侍衞中簡之。郊廟諸大祭祀，陞殿慶賀，及巡幸殿蹕，迴鑾日引導，常日駕出，則以侍衞二十員充前導隊。豹尾班侍衞，選功臣後裔十人，日派二十人直後左門。乘輿出入，以十人執豹尾槍，十人佩儀刀，侍於乾清門階下左右。駕出，侍衞殿於後，以領侍衞内大臣一人領之。巡幸方岳、木蘭行圍，御前大臣、侍衞暨乾清門侍衞，均隨從輪直，侍衞以二班或三班隨從。日行二十人，前導左右各十人，名曰傍扈。滿語曰費延吉。豹尾槍殿如常制。次二班侍衞列隊後行，或内大臣散秩大臣一人，侍衞什長二人，率黃龍大纛行，其餘仍分令稽察踰越喧譁者駐蹕行營，以内大臣一人、散秩大臣二人入直，分宿御營兩廂。御營黃幔城旌門以侍衞二十人四隅分宿，網城門内以侍衛什長三人率親軍校等三十人環拱宿衛。御蹕圓明園日，以領侍衛内大臣一人、散秩大臣一人於朝房駐宿，禁城，則命内大臣一員代之。

朝會班次，歲於十二月將應入座之一品武大臣、散秩大臣、前鋒護軍統領暨外省來京之將軍都統，開列職名進呈，恭候欽定。散秩大臣世襲者，缺出，移咨該旗，將應襲人員開送引見補授。其兼攝者，爲上駟院侍衛，每旗七人，鷹鷂房、鶻房、十五善射、善騎射、善鵠射、善强弓、善撲等處，統於三旗。漢侍衛一甲一名者充頭等侍衛，一甲二名三名充二等侍衛，二甲則簡選三等侍衛，三甲則簡選藍翎侍衛。

楊芳授國什哈

宿衛之臣，滿人輒除乾清門侍衛，其重以貴戚或異材乃擢御前侍衛。漢人輒除大門上侍衛，以領侍衛内大臣轄之，其有材勇，則擢侍乾清門，而班之崇極矣。惟嘉慶間楊勤勇公芳，特授國什哈，轄漢國什哈。

御前各職

御前行走與御前侍衛同官而有别，外藩蒙古王公及貝勒、貝子、八分公則稱行走，滿洲則稱侍衛。侍衛有額缺，行走無額缺也。

十五善射

國初定制，選王公大臣及滿洲武官中之善射者四十五人，善騎射者三十人，善鵠射者二十人，賞戴花翎。至八旗兵丁，則每旗各選善射者十五人，賞六品頂帶藍翎。凡皇上御射，皆侍側，命射，則隨射之，名十五善射。

五旗爲王府僚屬

皇帝親將之鑲黄、正黄、正白三旗外，諸王親將之旗有五：曰正紅，曰鑲白，曰鑲紅，曰正藍，曰鑲藍。其五旗户籍，皆爲王公僚屬，沿左氏人有十等之制，遞爲臣僕，升擢皆由王公掌之。承平日久，諸王習於驕汰，多虐其所屬，世宗憫之，乃命王府護衛諸官由本王遷擢，其餘悉隸有司，歲時慶弔趨謁，仍如制。其後護軍營操習，各用王府旗纛，存舊制也。

綠營虚銜

國初沿明制，綠營總兵官有勳勞者，遞加都督僉事、都督同知、右都督、左都督諸名目，蓋即明五軍府官。其最優者始加將軍，如趙良棟勇略將軍、潘育龍綏遠將軍、楊捷昭武將軍是也。乾隆癸酉，高宗厭其名近僞，皆裁革，官提督爲從一品，不尚虚銜矣。

綠營功加

旗人從軍有功者，視功之優次，與之功牌，分三等級，凱旋日，兵部計敍功，與之世職。綠營則有功加之目，臨陣奮勇者，與功加一次，覈計功加二十四次，始敍一雲騎尉，較之八旗功牌，殊爲屈抑，是以世襲者少。高宗特頒恩旨，於陣亡人員一體予以世職，然功加尚未有及者。

武職借缺補署

咸、同以來，漢族武職以軍功保舉者至多，粵捻既平，位置不能盡，以一二品武職大員事力作自活者，不可勝計。蓋有官無禄，固不僅漢家之薄視邊功也。曾文正督兩江時，省有縫人某，日以一肩擔兩筐，擔頭掛一冠，乃紅頂花翎，若求沽者。一日，伺文正出，故招搖過市，衛其前導，從者呵之，文正知其欲有訴也，止從者，與之言，則曾以平粵寇功而累官提督者。文正念名器不可褻，而此輩又不可恝置也，乃謂之曰：「國家不能爲君等增官，又不能使君等降品，故除拜有不及，非恩薄也。君以崇階執賤役，辱國而不足爲己榮，自玷焉爾。今爲君救困計，請以百金易翎頂，可乎？」某不得已，允之，欷歔取金去。翌日，上奏，遂請爲借缺補署例，朝旨可之。故光緒初葉，江南有以提鎮而權千把者，蓋由此也。

特設江北提督

光緒乙巳三月，裁撤江淮巡撫，改淮揚鎮總兵爲江北提督。蓋江淮分省，江蘇京官争言其治理不便，事下政務處。至是，奏請裁撤江淮巡撫，設江北提督，允之。乃以汴人劉永慶爲江北提督，並加侍郎銜，江北文官亦爲其屬，得轄治之。

掛印總兵

明以公侯伯都督掛印，充各處總兵官，國朝仍明之舊而損益之。掛印總兵官凡九缺，宣化、大同、延綏、陝安、涼州、寧夏、西寧、肅州、臺灣、皖南凡十鎮。然有掛印之名，無將軍之號也。

陳春萬意外得總兵

咸、同間，湘、淮軍興，削平粤、捻、回諸大亂，所保記名提督近八千人，總兵二萬人，副將以下尤不可勝數，提鎮欲得實缺，非督撫密保不可。桐城陳春萬，農也，多力而有膽。同治初，投身湘軍，從戰至隴，亦保至記名提督、巴圖魯、黄馬褂矣。左文襄喜其勇，然亦僅派充營官而已。文襄出關，陳營又裁，及文襄班師回，陳往見之，文襄向之賀。陳方驚異，文襄曰：「爾不知耶？爾之印視我印，大且倍也。」陳愈不解。文襄乃命設香案，命陳跪聽宣旨，始知已特簡肅州鎮挂印總兵。挂印總兵者，例得專摺奏事，不受總督節制。時廷寄到已數日，正覓其人不得也。時文襄頗疑陳密求李文忠而得之，蓋因肅州鎮出缺時，例由文襄奏報，卽隨摺保二人以進，而皆未用也。後始知是日軍機開單呈請簡放時，德宗御筆蘸硃太多，硃點誤滴於陳名之上，上曰：「卽此可也。」時人謂之曰意外總兵。

千把品級

順治辛丑十二月，世祖始命給與千總、把總品級，千總爲六品，把總爲七品。

武官各階之名稱

武官本身得授之階，正從二品以上曰將軍，正從四品以上曰都尉，正從五品以上曰騎尉，均爲誥授。正從七品以上亦曰騎尉，爲敕授。正從九品以上曰校尉，爲敕授。正一品曰建威將軍，從一品曰振威將軍，正二品曰武顯將軍，從二品曰武功將軍，正三品曰武義都尉，從三品曰武翼都尉，正四品曰昭武都尉，從四品曰宣武都尉。正五品曰武德騎尉，從五品曰武德佐騎尉，正六品曰武略騎尉，從六品曰武略佐騎尉，正七品曰武信騎尉，從七品曰武信佐騎尉，正八品曰奮武校尉，從八品曰奮武佐校尉，正九品曰修武校尉，從九品曰修武佐校尉。

加級紀録

凡京外文武陞任之官，前任所得，及恭遇恩詔，京察加級，不准其隨帶，俱改爲紀録一次。議敍加級題明隨帶者，准其隨帶，未經題明隨帶者，不准隨帶，改爲紀録一次。惟軍功議敍，加級紀録，不論曾否題明，悉准帶於新任。至議敍加級改爲紀録之後，又經陞任抵銷，餘剩紀録，若係隨帶之級所改者，仍准隨帶，若非隨帶之級所改，在任時抵銷過一次二次三次者，陞任概行註銷。若在任時所改，紀録並未抵銷，祗准將紀録一次帶於新任。至特恩賞加之級，及捐納加級，不准改爲紀録四次，此原則也。自捐例廣開，皆可輸資得之矣。

官員呈遞履歷

文武官員參謁上司，例須呈遞履歷，以本身言，實缺之到任，需次之到省者均然，於上司之初至，亦如之。其所記載，大抵爲姓名、省府縣、出身、官階、翎銜及曾任、現任之缺或曾充、現充之差，並加級、紀録等。發端用「今開」二字，結尾用「須至履歷者」五字。

以文職言，布政司於督撫，卽須呈遞履歷，若武職之非有缺者，雖提鎮於督撫，於執掌兵權之文職，受其管轄者，不論其品秩相當與否，皆備履歷呈遞。

西藏設官

西藏額設駐藏大臣二員，一正一副，均欽派，鎮守邊疆，袤延七千餘里。每年春秋兩操，七月啓行，至後藏定日巡閱一次，九月回藏。二大臣輪值，一年報銷銀二千六百五十兩，月費各銀二百零六兩四錢零。糧務二員，專管支放糧餉，兼錢法事，轄本藏漢民。藏江以東即拉里，糧員月費銀一百五十四兩五錢，因兼管鼓鑄，是以較多，自餘五台糧員，月僅支一百十六兩。夷情一員，爲理藩院司員所派，管蒙古達木及三十九族。蒙古凡有土官缺出，聽夷情先行考送駐藏大臣衙門定奪。歲十月，各夷族應上貢馬銀兩俱於夷情衙門完納。

番目，爲辦事之噶倫卜、噶布倫、管兵之戴琫等，由達賴、班禪選定，咨由駐藏大臣具奏，餘由藏中自署。乾隆甲寅乃定官制，自三品至七品，給與頂戴，前藏官出缺，駐藏大臣會同達賴喇嘛選補，後藏官出缺，會同班禪額爾德尼選補，噶倫卜以下番目及管事喇嘛，皆爲駐藏大臣屬員，於是西藏官制定，而駐藏大臣之權亦愈重矣。

噶倫卜者，代達賴喇嘛理事者也。達賴喇嘛恆坐禪入定，事悉委之噶倫卜，或達賴年幼未滿十八歲，則噶倫卜代掌宗教政治權，及達賴成年，當喇嘛大臣頭領及貴顯等前，奉還宗教及政治之玉璽。凡新立噶倫卜，須經噶布倫大臣詳議，得布達拉宮神之託宣，乃由駐藏大臣奏准行戴冠禮。噶倫卜所屬，有書記官曰茶飾、財務官曰鍵持者二缺，茶飾管理玉璽。凡加士書記之長。所繕文牘，既呈達賴，達賴發交茶箭，即令用璽。苟不協，茶箭得拒卻之，仍交加士别擬。

噶布倫一作噶隆。有四，統理兵馬刑名，中一爲喇嘛。喇嘛坐首席，爲寺院代表。噶布倫爲終身之職，雖達賴亦不得左右之。遇出缺時，由噶倫卜選戴琫、仔琫、商卓特巴三人之名送布達拉宫，就神前卜之。其官爲三品，衣黄色，甚長，曰沙古希，冠蒙古帽。

密琫，掌户口册，戴琫，主兵，皆五品。次曰加琫，次曰甲琫，次曰定琫。

仔琫有三，商卓特巴有二，皆四品，總理金銀緞疋珍寶内庫之出納及鑄幣事。遇出缺，以業爾倉巴、協爾幫、大中譯等官陞補，或以濟仲喇嘛陞補。商卓特巴本即倉儲巴，以諸處皆有之，故特異其名。

業爾倉巴有二，五品官也，掌徵收錢糧。出缺，以喇嘛補之。

朗仔轄有二，五品官也，管理拉薩市政。

噶廈、協爾幫，各有二，五品官也，任司法。

達琫有二，爲六品官，掌馬廠事。

大中譯有二，六品，卓尼爾有三，達賴之傳事者也。小中譯有三，七品，屬於噶布倫，分掌文牘庶務。第巴以下，管達賴之雜事。

歲琫，爲達賴喇嘛起居之内侍。其次曰森琫，曰曲琫，司經卷。曰濟仲，司熬茶。諸人並佐班禪額爾德尼分掌後藏大小政務。

碩第巴爲五品官，管理札什倫布市政。堪布，僧官之總稱也，前後藏皆同。管理寺院，講習經典，有總堪布、通巴堪布、達爾罕堪布之别。其品級自三品至八九品不等，惟以寺院之大小，喇嘛之多寡爲差。札薩克三人，乃濟隆第穆兩呼圖克圖及那門汗一作諾門汗，位在呼圖克圖之次。理事之大僧官也。傳譯語者曰羅藏娃。又有邊缺大營官、小營官，皆主地方及兵事。外有管門、管草、管粑糌、帳房、牛羊廠諸職事。此西藏官吏之制也。

西康番官

西康呼圖克圖之官乃漢人所稱番官之名也。土司雖有宣慰司、宣撫司、安撫司、長官司之分，番人均不知，統稱之曰人不齊，乃尊大無比之意也。而土司亦有屬官焉，爲總理者曰襄資，言贊襄土司也。此外有名鼓抄者，有名業巴者，各四人，皆土司之内官，分管糧稅詞訟等事。其管理地方之外官，或名協廠，或名惡巴，或名黑巴，或名學巴，所在不同，漢人統稱之曰頭人，番人則稱之曰本。本，即官也。番人稱漢官亦曰剖本。至呼圖克圖，番人稱之曰佛都督，亦曰人不齊。呼圖克圖所屬之官爲總理者曰倉儲巴，其餘之官與土司所屬者大同小異。又有呼圖克圖臨事時派往他處辦事之官與以全權者，曰替身。其各官職，在番人自有尊卑大小之别，而番官之名亦尚不止此。自邊務大臣趙爾豐奏將土司改漢官，頭人名稱皆改爲保正、村長矣。

宣慰司、宣撫司、安撫司、長官司之職，歷代以之隸兵部，承襲時，由兵部發給劄付。土司有不職，督撫得題參之。後改漢官，土千總改千總職，土把總改把總職，以此推之，則宣慰司秩視副將矣。

番官之妻稱曰子莫姑學，頭人之妻稱曰姜姑學。亦有以姑學名土司者，惟姑學上加稱之字不同耳。

二氏官職

二氏者，釋道也。凡民有出家爲僧道者，置首領以約束之，在京師者曰僧録司：左、右善世二人，正六品；闡教二人，從六品；講經二人，正八品；覺義二人，從八品。曰道録司：左、右正一二人，正六品；演法二人，從六品；至靈二人，正八品；至義二人，從八品。由禮部選擇，移吏部補授。在各省者，府曰僧綱、道紀，州曰僧正、道正，縣曰僧會、道會，均未入流。府二人，州縣各一人，由各省咨部給劄，擇其樸謹者充之。惟仍服方外衣冠，異於行政司法之職官，且與喇嘛有別，不必竟視爲朝廷之命官也。

府州縣道教之首領，既有道紀司、道正、道會，以約束道士，而道士又服從於張天師。張世居江西貴溪縣之龍虎山，其邸曰大真人府，亦復侈作威福，設官分職，各處道士且亦有入貲得官者。於潛趙伯英廣文逢年言其邑有道會司，設銜牌五副於廳事，一爲道會司正堂，則朝廷所授之職也，二爲大真人府知事廳，三爲大真人府贊教廳，四爲大真人府仁静觀提舉廳，五爲大真人府消遥觀提舉廳，凡此四職，皆天師所授也。

喇嘛官職

喇嘛之職十數等，最尊者曰國師，曰禪師，其次曰札薩克大喇嘛，曰副札薩克大喇嘛，曰札薩克喇嘛，以上皆給印，餘給劄付。又其次曰大喇嘛，曰副喇嘛，曰閑散喇嘛。札薩克喇嘛之徒有德木齊格、思規格隆、班第等。

其在蒙古者有上柱特巴喇嘛掌印。多呢喇嘛爲活佛之近侍，傳達活佛號令。達喇嘛總理廟務，袋德喇嘛爲王公世子，品最尊貴，位置無定。德木齊喇嘛專司經卷，戈什貴喇嘛專司清規，蚊子喇嘛爲誦經喇嘛之領袖，誦經時，彼先倡，徒衆和之。喇嘛爲司誦經卷之徒衆也，無專名稱。達喀爾齊喇嘛管理佛堂，漢波喇嘛以喇嘛之齒尊者充之，有虛名無實權。高妞喇嘛司門户。此外又有呢式把，爲活佛之侍僕，如王公府之包衣然。大廟喇嘛六七百，小廟百餘，每旗之喇嘛至少亦千人。

青海僧官

青海寺院所設僧官，視西藏制爲略簡，無堪布名號，各因其僧額之多寡、事務之繁簡、田產之肥瘠而設之焉。惟森琫、曲琫、孜仲、商卓特巴、羅藏娃等職司，則無寺無之。森琫漢名僧綱，曲琫漢名法台，孜仲漢名法司，商卓特巴漢名管家，番語又名香錯，蓋卽商卓二字之譌音也。其羅藏娃以下亦不辨其品級大小，概以僧官名之而已。職司之繁者，以香錯爲最，蓋常以一職而兼數差，事務叢脞，日不暇給也。

土司官職

滇、黔、蜀、桂有土司，官皆世襲，大率沿明之舊。官名爲宣撫司，副宣撫司，安撫司，正長官司，副長官司，長官司，正左司，正右司，土知州，土知縣，土州同，土縣丞，土守備，土千總，土把總，土外委，土舍，土目。其初授官時，漢人爲多，間有以土人充之者。遇有典禮，無論品秩崇卑，取《春秋》王人雖微序諸侯上之義，分列僚佐之末。

太平府土司

太平府屬有土司一十九處，其先世皆隨宋狄武襄來者，故籍隸山東者爲多。歲必採辦山羊血石羊膽解府彙齊，貢之上方。

土州

廣西土州，吏目治漢人，土司治土人。漢知州不事事，相去數十里，有官署，歲收所輸官税，遇應襲，報名，官死襲職，或仇殺用兵，土司移文相告，爲之轉達，平居給膳度日，年滿候陞而已。土司知州乃世襲，類似古蠻夷小國，自擅生殺。其官屬，首老二人最尊，次首大四人，次曰都老，曰耆老，曰權户，曰權工，無禮兵刑，蓋兵刑自有主者，禮弗尚也。州之峒甚多，每峒有峒官，有頭目，有小目。主兵之官曰內兵，與首老敵體者一人，中軍一人，先鋒二三四人。有七總，總旗、總槍、總礟、總甲、總鎗、總刀是也。兵無弓矢。又有八把，有馬房，馬房之官曰甲槽，曰馬排。首老以下文職也，內兵以下武職也，峒官則縣令巡司也，各得專刑殺。首老子弟送名於知州，補頭目等職，次第遷轉。送名注籍，餽獻甚厚，每州輸官税，歲三十六金，爲重額，遞輕至二十金而止。所取於其民者，蓋萬數而赢。

內地士人之往客遊者，禮敬備至，土官必延內地人爲師，教其子弟。重價買內地人女爲姬妾，寵則薄其妻。妻怒，或以蠱毒殺夫，而利使子襲。子幼，母得肆志與所延士人爲偶，亦不畏人知也。土官之考終者，亦鮮克中壽，則由少時縱欲使然。然自南寧、泗城以下，與安南鄰接，境域遼廣，珍異儲積，匿亡命，前代逸民頗遯迹其中，其藏書有中土所未覯者。

土司改流

宣統庚戌以前，湖北、湖南土司悉已改爲流官，而廣西之土州縣，貴州之長官司，尚仍舊貫，四川則未改流者十之六七，雲南土司多接外服，甘肅土司從未變革。曾經民政部於宣統辛亥春，奏請飭該督撫暨邊務大臣酌擬改流辦法。

女官名數品級

順治戊戌十一月，禮部等衙門議定宮闈女官名數、品級及供事宮女名數，乾清宮有夫人一員，秩一品；淑儀一員，秩二品；婉侍六員，秩三品；柔婉二十員，芳婉三十員，秩俱四品。尚宮局有尚宮司紀、司言、司簿各二員，司闈四員，女史六員。尚儀局有尚儀一員，司樂二員，司籍、司賓、司贊各四員，女史三員。尚服局有尚服一員，司仗四員，司寶、司衣、司飾、女史各二員。尚食局有尚食一員，司饌四員，司醞、司藥、司供、女史各二員。尚寢局有尚寢一員，司設、司鐙各四員，司輿、司苑、女史各二員。尚績局有尚績一員，司製四員，司珍、司彩、司計、女史各二員。宮正司有宮正、女史各二員，秩俱六品。慈寧宮有貞容一員，秩二品，慎容一員，秩三品，勤侍無品級。

薩滿

坤寧宮供奉神位，皆依盛京清寧宮舊制，應由皇后每日行禮，設一女官代之，食三品俸，名曰薩滿，俗謂稱撒麻太太，舊《會典》謂之贊祀女官。清晨入神武門，至宮禮神。薩滿身故，傳媳不傳女，以所誦經咒不輕授人也。

奉聖夫人

康熙丁巳，聖祖特頒恩詔，封世祖之乳母朴氏爲奉聖夫人，蓋與明客氏所得之封號同。

官員之妻有封典

文武官員之妻有封典，五品以上曰誥封，七品以上曰敕封，正從同。一品曰一品夫人，曾祖母、祖母、母亦均得封。二品曰夫人，祖母、母均得封。三品曰淑人，祖母、母均得封。四品曰恭人，母得封。五品曰宜人，母得封。六品曰安人，母得封。七品曰孺人，母得封。八品九品文武之妻無封，文之母得貤封，曰孺人，武之母無貤封。然此爲原則，自捐例推廣而後，亦有照銜給封、踰品請封之事矣。

粵寇設官分爵

粵寇所置官吏，以天地春夏秋冬別之，均有正有副，又有丞相、檢點、指揮、侍衛揮禦、總糧將軍、坐闕將軍、巡狩將軍，及女丞相、女掌教、女掌簿、女指揮、女百長各職。其王爵頗多。侯爵以下，有捐米五百石者，即加一等。又有金、木、水、火、土五將軍，揠地道築土牆爲土將軍之事，渡河掘溝爲水將軍之事，點放鎗礮爲火將軍之事，製造軍器爲金將軍之事，列木柵、造木城、修理營帳，則爲木將軍之事也。

清稗類鈔

幕僚類

幕僚曾定品級

雍正初，上諭有曰：「今之幕賓，卽古之參謀記室。凡節度觀察，皆徵辟幕僚，功績果著，卽拜表薦引。其仿古行之。」乾隆初，兵部侍郎吴應宗疏請督撫設七品幕職二員，布按兩司設八品記室二員，府州縣設九品掾司一員。後皆不果行。

延請幕友有期限

乾隆丙申，御史胡翹元奏稱：「各衙門延請幕友，定以五年更換，並不准延請本省人，及鄰省五百里以内者。」得俞旨，通行各省。已而有劣幕徐、葉二案，均浙人。高宗怒，謂幕友果不通聲氣，雖年深，亦不至於請託舞文，設不能遠迹避嫌，卽年淺，亦難保無狥私曲法。且有馴謹之幕，相隨日久，尚可資其輔助，若已滿年期，動易生手，諸事未能卽諳，而新延之人，亦未必悉皆可信。於是幕客之限稍弛。

紹興師爺

紹興師爺，紀文達稱之爲四救先生是也。非必有兼人之才、過人之識，不過上自督撫，下至州縣，凡官署皆有此席，而彼此各通聲氣，招呼便利，遂能盤踞把持，玩弄本官於股掌之上。其辦事也，除鈔襲師傳祕本及等因奉此而外，類皆事理不通。官之所以必用之者，實以其能與上級衙門通聲氣焉。至紹興師爺之稱，可詳言之。蓋僕從之於官稱老爺，於幕友稱師爺，刑名、錢穀二席，均得此稱，冠以紹興二字者，則以操是業者之類皆紹人也。

粵省幕友

粵省幕友，束脩與火食併送，與江浙等省脩金之外別送火食者不同。脩多少不等。刑名、錢穀兩席有分辦，有兼辦。南海、番禺兩首縣，案牘較繁，分捕屬、司屬、客案各席；廣府分屬案、提案、客案三席；臬司分廣股、惠股、潮股三席；藩司分東西文案兩院。張文襄督粵汰之，改委文案委員。

名臣起家幕僚

一當代名臣多由辟幕起家，百文敏公齡督兩江，林文忠公則徐、陳芝楣中丞鑾爲幕僚，文敏均許以封疆才，後果不謬。陳佐文敏時，居署西偏池上百八十笏精舍，嘗作小篆牓於亭，曰個中樂。及陳權兩江督篆，復居此亭，舊同幕友顧蕙爲作《个中真意圖》，僚屬多有題詠。至如合肥二李之客於曾文正，左、劉二公之客於駱文忠，則尤爲表表也。

紅蘭主人邸多文學士

紅蘭主人岳端，安親王子，善詩詞。邸中多文學士，安王命教諸子弟，故康熙間宗室文風，以安邸爲最盛。延沈方舟濟等爲上賓。方舟妻朱氏，名柔然，亦工詩，遲方舟久不歸，作《杭州圖》寄之。主人爲題詩云：「應憐夫壻無歸信，翻畫家山遠寄來。」沈即日束裝南旋。主人嘗選郊、島詩，爲《寒瘦集》行世。

彭訒庵佐金光祖

南昌彭佑訒庵，國初俠士也，力田養親，且耕且讀。年四十，父母歿，始有四方之志。才略過人，諸大帥爭致之幕府，而名績尤著於粵東。康熙癸丑，三藩作亂，彭與寧都魏際瑞以策干平南王，不合，遂遊諸方面間，而制府金光祖雅重之。劉進忠畔，官兵合圍潮州，議繞營掘濠，而近營塚數百，居民洶懼。彭詢知其俗多深葬，遂獻議，濠寬上狹下如釜形，斜深丈許，即不傷墓中骨。金稱善，因屬役於彭，民大喜。未幾，城遂下。海寇趙子龍犯肇慶，欲招之降，而難其人，強彭往。至則露刃相向，彭屹然注視良久，曰：「若非濠畔街趙某乎？」趙屯胄涕泣，立解甲歸順。始趙居廣城，衆辱之於市，彭解之，與白金爲生計，故一見而屈。金將上功以彭攝監司，彭拂袖行。抵廣州，傅忠烈公以書幣迎。謝曰：「公惟伉直輕信人，勿蹈賊計。吾二親未葬，子幼，不復來分憂矣。」已而傅果中詭計，入賊營，遇害。彭在軍，當道所遺白金，隨手散，至家解裝，僅買屋兩楹，田數十畝，而葬四世十喪，餘皆以恤族姻朋友之貧者。

邵子湘佐宋牧仲

邵長蘅字子湘，號青門，武進人。康熙中曾應博學鴻詞之召，報罷，入太學，再應京兆試，卒不遇，益縱情山水。宋牧仲開府吳會，禮致之幕府，談道論文，敦布衣昆弟之好。

世宗聘會稽徐某

雍正初，會稽有徐某，年四旬餘，精名法，游河南，當時名幕也。偶家居，忽有使來聘，幣至豐，所訂束脩亦甚厚，而不具名。徐訝甚，謂其使曰：「爾主爲何人？爲何官？聘我往何處？」使曰：「先生毋詳詰，至後自知之，決不有負先生也。」徐籌躇至再，遂約期同行。不旬日而至，使前導，歷高堂大廈數十重，至一處，使謂徐曰：「此卽先生室也。服御飲食，有人司之，但不可出某處之門，出則恐不利。主人事忙，暇時自來相會，毋亟亟也。」言畢，忽忽去。徐大疑，詢役人，又皆言語含糊。越數日，卽有人送案件來辦，徐閱之，皆各省重案也。方一月，前使又來，囑寫家書，注明銀兩居址，徐作書付之。家書來，亦以原封送閱。如是年餘，徐以一步不能出門爲恨，適院牆倚有木梯，乃緣梯而升，欲覽牆外風景。不意隔牆一院，方有人小步，諦視之，友人某也，急呼與語。友驚曰：「可急下，此時不及細談，晚餐後當來也。」徐乃卽下梯。薄暮，友果至，謂之曰：「此事無須更言，子當知之。且子之來，出余之薦，實欲藉子相助爲理耳。」徐曰：「子豈不知余無昆季，有老母，奈何？」友亦爽然若失，沉吟良久曰：「余固無還鄉之理，若子則尚有可望，但須緩圖。」語罷卽去。後半載餘，友又至，曰：「子事諧矣，但須愼密，不可漏言，更不可就他人聘。速摒擋一切，自有人來相送。」徐如教。不數日，果有人來爲之整理行裝，送歸里，自此不敢復理舊業。久之，始知遣使聘之者，卽世宗也。

世宗問鄔先生安否

雍正朝，田文鏡爲河東總督。有幕客鄔先生，紹興人，習法家言，嘗謂田曰：「公欲爲名督撫耶？抑僅爲尋常督撫耶？」田曰：「必爲名督撫。」曰：「然則當任我爲之，毋掣我肘矣。」田詰之，則曰：「爲公草疏上奏，然不能令公見，疏上而名成矣。」許之，蓋劾隆科多也。隆爲世宗元舅，有擁立功，既而驕恣不法，世宗深苦之。鄔早窺知上意，故疏上而隆果獲罪，田寵遇遂日隆。已而以事與鄔齟齬，大憤，辭去。自此田奏輒不當上意，數被譴責，不得已，使人求鄔所在，以重幣聘之返。鄔要以日必白金五十兩，許之，鄔始再至。然不居撫署，辰入酉出。每至，見几有紅箋封元寶，卽命筆，或偶闕，輒去。時世宗亦知鄔在田幕，請安摺至，有時輒批：「朕安，鄔先生安否？」鄔客大梁，無眷屬，日得五十金，恆以振貧乏，或劇飲妓館，必不留一毫忽至明日也。

或曰，浙撫署有屋三楹，相傳爲雍正時鄔先生所居室。鄔先生者，老貢生也，沈酣於制藝，對人吶吶，不能作一語。世宗在潛邸，微服游各省，三至浙，輒飯其家，鄔亦不知爲世宗也。及李衛督浙，陛辭日，世宗謂浙中某先生，端人也，可延之入幕。李謹誌之。既至浙，亟延之，見其百無一能，無奈何，姑奉以厚糈，館以精舍。時屆歲暮，例進請安摺。請安摺者，寥寥數字，曰「某官某跪請皇上萬安」。可影寫，乃令鄔書之。摺入，世宗識其字，硃批曰：「朕安，鄔先生安否？」李大驚，益優禮之。嗣是浙督屢易人，而鄔先生者年享千餘金，書一請安摺，終其身勿替。

顧禮琥一生作幕

乾隆中，有名幕顧禮琥者，久居河督幕府，雖嘗以進士授職，而自爲諸生時，以代河臣草奏，適中上旨，遂留不遣。尋被薦，再進官，未離幕府。高宗東巡，有欲爲之地者，輒固謝以免。

畢秋帆幕多雅士

太倉畢秋帆尚書沅開府武昌，幕下賓僚，多一時方雅之士。會重修黄鶴樓成，江都汪中爲之銘，歙縣程瑤田書石，嘉定錢坫篆額。過客登樓，歎爲三絕。

畢秋帆待程魚門

畢秋帆尚書待士優異，程魚門舍人晉芳亦嘗入幕，勗以宜多讀書，程謂行篋無書，畢立呼閽人至，諭曰：「程老爺若買書，當爲給值。」程自是得博觀羣籍。

孫淵如洪稚存焚妖書

畢秋帆尚書撫陝日，孫淵如觀察星衍居幕府，僚衆以其狂而好狎侮人也，撳逐之，不卽行，至以去住要畢。畢以別館館淵如，且加餼焉。而淵如好冶遊，節署地嚴，漏三商，必下鍵，畢自督視之。淵如乃夜踰垣出，輒翌晨歸。一日，有長安生員某揭咸陽生員某僞造妖書，結黨謀逆，已捕置獄中矣，並搜獲妖書名册。刑幕語畢，窮治之，將興大獄。淵如聞有妖書，約洪稚存同往，就請假觀，則皆剽襲佛門福利之說，爲誘脅箕歛計，並無悖逆字樣，名册乃編造門牌草稿也。時方隆冬，罏火甚熾，出其不意，遽拉雜摧燒之。刑幕以白畢，畢坦然，事竟以釋。

鄧石如客曹畢幕

完白山人鄧石如，立品甚高潔。乾隆庚戌，曹文敏公以祝釐入都，強山人同入都，山人獨戴草笠，靸芒鞋，策驢，後文敏三日行。文敏與從以山東發水，轉後，與山人相值於開山。時巡撫以下命吏郊迎文敏，山人策驢過轅門，門者呵止之。文敏坐堂上，望見山人，趨出，延入，讓上座，語座客曰：「此江南高士鄧先生也，四體書皆國朝第一。」座客大驚，爲具車從。文敏曰：「吾屈先生甚，欲其入都，卒不肯同行，願諸公共成其志。」乃率座客送之轅門外，上驢去。後入畢秋帆尚書幕。吳中名士，多在節署，裘馬都麗，山人獨布衣徒步。居三年，辭歸，畢強留之，不可，乃爲置田宅爲終老計，而觴其行，曰：「山人，吾幕中一服清涼散也。今行矣，甚減色。」四座慚沮。

胡思顯以撰擬奏稿得三品卿銜

川楚用兵，以額勒登保爲經略，奏帶郎中胡思顯代具奏稿。每有小衄，直陳不諱，仁宗嘉額不欺，並加胡思顯三品卿銜。

幕友爲招房所屈

戴山立家有婢曰珠姑，其夫亦戴氏奴。珠與傭工吉方、褚大、孔名姦好，同致夫死。事發，供出褚起意，吉買藥，孔置餅中。幕友議四人罪維均。有招房陳大川，乘醉而罵，至內堂，曰：「官以數百金聘幕賓，而罪不能定，天下寧有一人死而四人抵命者乎！」幕友大慚，招與商議，乃以買藥者爲罪首。獄定，吉遂斬，珠姑凌遲。

府幕遭瘟縣幕慌

嘉慶中，山東萊州府太守新舊交替，值歲杪，舊太守未即成行，幕友屠某、楊某至新守署賀年，旋至首縣。縣令王某，湘人也，司閽不爲通，屠、楊厲聲叱之，詎閽者喝令門役肆毆。主人出，客狼狽不堪矣，訴於新守。新守作調人，爲書二律詩於牘尾，詩云：「豪奴結黨打屠楊，府幕遭瘟縣幕慌。兩面調停新太守，一時氣倒舊黃堂。拜年何必尋煩惱，喊稟居然要驗傷。磕過頭兒賠過禮，得收場處且收場。」又云：「這回廝鬧太無因，打狗還須看主人。平日縱容原不免，當場喝令恐非真。也知械杖循王法，無奈門丁是內親。寄語長沙王令尹，從今紗帽要留神。」

馮志沂佐勝保

馮志沂字魯川，代州人，以刑部郎中京察一等出爲廬州府知府。古文私淑姚惜抱，師梅伯言，而以仁和邵位西、洪洞董研樵、平定張石州、滿洲慶伯倉爲友，皆當時攻經學肆力於詩古文詞者。嘗入勝保幕，司奏牘。勝軍無壁壘，兵士散處民間，從官皆備良馬，聞警則騎而馳去。馮獨以騾駕帷車，以牛車載行李書笥，嘗曰：「吾不善騎，脫有警，墮馬而死，不如死賊之爲愈也。」一日，與勝言論不合，留書別之。勝大驚，亟命材官賫狐裘一襲，白金二百，飛騎追之還，戒材官曰：「馮不歸，殺無赦！」並手書致馮，略曰：「計此書達左右時，公度韓侯嶺矣。此卽『雪擁藍關馬不前』，韓退之咨嗟太息之地也。公於軍事雖非所長，然品望學問，當代所重。所以拳拳於公者，以公之品學足以表率羣倫也。」馮得書卽返，勝大慰。某記室私詢於馮曰：「公何以去而復返？」馮曰：「勝雖跋扈恣睢，然能重斯文，言出於至誠，可感也。」然勝於章奏往往自屬草，動曰『先皇帝曾奬臣以『忠勇性成，赤心報國』』，蓋指咸豐庚申與英人戰八里橋事也。又曰：「古語有云，『閫以外將軍治之』，非朝廷所能遙制。」又曰：「漢周亞夫壁細柳時，軍中但聞將軍令，不聞天子詔。」意以爲太后婦人，穆宗幼穉，恐其牽掣耳。

曾李之於幕僚

曾文正公之督兩江也，大事章奏，必令幕府諸賢各創一稿，然後審擇點竄，亦有一字不易者。李文忠公督直隸，則必先自草創，聽幕僚指陳得失，乃更自裁定。論者謂曾謙謹，李機警，而集思廣益，其道則同。

曾文正幕府人才

咸、同間，曾文正公國藩督師勦粤寇，幕府人才，一時稱盛。於軍旅、吏治外，别有二派，曰道學，曰名士。道學派爲何慎修、程鴻詒、涂宗瀛、倪文蔚、甘紹盤、方某諸人，名士派爲莫友芝、張裕釗、李鴻裔諸人。

文正之重督兩江也，中江李眉生鴻裔游其幕，年少倜儻，不矜細行。文正特愛之，視如猶子，文正祕室，惟眉生得出入無忌。時文正幕中有三聖七賢之目，皆一時宋學宿儒，文正震其名，悉羅致之，然第給以厚糈，不假以事權。一日，文正方與眉生在室中坐談，適有客至，文正出見之，眉生獨在室，繙几上案牘，得《不動心説》一首，爲某老儒所撰。老儒，卽所稱聖賢十人中之一也。文之後幅，有「使置吾於妙曼娥眉之側，問吾動好色之心否乎？曰不動。又使置吾於紅藍大頂之旁，問吾動高爵厚禄之心否乎？曰不動」。眉生閲至此，戲援筆題其上曰：「妙曼娥眉側，紅藍大頂旁，爾心都不動，祇想見中堂。」題訖，擲筆而出。文正送客去，返書室，見之，歎曰：「必此子所爲也。」因呼左右召眉生，則已不在署，蓋又往秦淮河上冶遊矣。文正令材官持令箭大索之，期必得，果得諸某姬舟中，挾以歸。文正指所書詰之曰：「子所爲耶？」李曰：「然。」文正曰：「此輩皆虛聲純盜之流，言行必不能坦白如一，吾亦知之。然彼所以能獵得厚資者，正賴此虛名耳。今汝必揭破之，使失其衣食之資，則彼之仇汝，豈尋常睚眦之怨可比，殺身赤族之禍，伏於是矣。盍戢諸。」眉生悚然受教，自此遂深自斂抑。

李文忠入曾文正幕

合肥李文忠公鴻章，始以翰林供職京師。愚荃封翁與曾文正公國藩，同年也。文忠未第時，嘗以年家子從文正習制舉文，既得翰林，亦常往問業。咸豐壬子，文正丁憂回籍，文忠與其封翁從侍郎呂文節公賢基，奉旨回籍治團練，自是遂不甚通音問。厥後皖北糜爛，呂殉舒城難，團練事遂無可爲。文忠旋入皖撫福元修中丞濟幕，中丞固文忠座主也。福本不知兵，措注未盡合宜，文忠亦不甚得志。會粤寇勢日横，文忠病官軍之退避也，力請大舉一戰。是時鄭軍門魁士爲總統，謂：「寇強如此，君既欲戰，如能保其必勝，願書軍令狀否？」文忠毅然書之。官軍與寇戰而大敗，寇漫山偏野而來，合肥諸鄉寨皆被蹂躪，文忠所居寨亦不守。封翁先已捐館，文忠與諸兄弟奉母。避之鎮江，而自出謁諸帥，圖再舉。既落落無所合，居久之，聞文正督師江西，遂間道往謁，意文正篤念故舊，必將用之。居逆旅幾一月，未見動靜。此時在文正幕者，爲候補道程桓生尚齋、翰林院庶吉士陳鼐作梅、江寧布政使許振禕仙屏，而鼐與文忠本亦同年，探文正意不得要領，因言曰：「少荃以昔年雅故，願侍老師，藉資歷練。」文正曰：「少荃，翰林也，志大才高。此間局面窄狹，恐艨艟巨艦，非潺潺淺瀨所能容，何不回京供職？」鼐曰：「少荃多經磨折，大非往年意氣可比，老師盍姑試之？」文正諾，文忠入居幕中。文正每日黎明，必召幕僚會食，而江南北風氣與湖南不同，日食稍晏，文忠欲遂不往。一日，以頭痛辭。頃之，差弁絡繹而來，頃之，巡捕又來，曰：「必待幕僚到齊乃食。」遂披衣踉蹌而往。文正終食無言，食畢，舍箸，正色謂文忠曰：「少荃既入我幕，我有言相告。此處所尚，惟一誠字而已。」遂無他言而散，文忠爲之悚然。蓋文正素諗文忠才氣不羈，故欲折之使就範也。文忠初掌書記，繼司批稿奏稿。數月後，文正謂之曰：「少荃天資，於公牘最相近，所擬奏咨函批，皆有大過人處。將來建樹非凡，或竟青出於藍，亦未可知。」文忠亦自謂歷佐諸帥，茫無指歸，至此如識南鍼，獲益非淺。既而文正進駐祁門，文忠謂祁門地形如在釜底，殆兵家之所謂絶地，不如及早移軍，庶幾進退裕如。文正不從，文忠復力争之。文正曰：「諸君如膽怯，可各散去。」會皖南道李元度率師守徽州，違文正節度，出城，與寇戰而敗，徽州陷。始不知元度存亡，久乃出詣大營，又不留營聽勘，徑自歸去。文正將具疏劾之，文忠以元度嘗與文正同患難，乃率合幕人往争，且曰：「果必奏劾，門生不敢擬稿。」文正曰：「我自屬稿。」文忠曰：「若此，則門生亦將告辭，不能留侍矣。」文正曰：「聽君之便。」文忠乃辭，往江西，閒居一年。適官軍克復安慶，文正移建軍府焉，文忠馳書往賀。文正復書云：「若在江西無事，可即來。」文忠乃束裝赴安慶，文正復延入幕，禮貌有加於前，軍國要務，皆與籌商。明年，吳中紳士僱輪船來迎援師，文正奏遣文忠募淮軍赴滬，而密疏薦其才大心細，勁氣內斂，可勝江蘇巡撫之任。抵滬未及一月，奉命署理江蘇巡撫，練兵選將。克復蘇州、常州、嘉興等郡，遂實授巡撫，加太子少保，賞黃馬褂、雙眼花翎，封一等肅毅伯，勳名幾與文正相並，距出幕府時僅逾兩年耳。未幾，績望日隆，卒蕆文正未竟之緒。蓋文正之志業，文忠實繼之也。

文宗垂詢劉樹森

巴陵劉湘浦名樹森，弱冠以申、韓家言遊秦，歷佐諸侯四十餘年。文章宗柳州，簡練峭潔，其敘事之奏牘，雖極繁賾瑣屑，他人數十語所不能盡者，輒以數語了之，曲折奧窔，無不畢舉，以是名動九重。咸豐中，曾卓如中丞望顏入覲，文宗曾以劉名垂詢及之。

朱秋芳幕於滇

秀水朱竹垞有裔曰秋芳，性剛介，幕於滇。晨起，日必令奴襆被，一言不合，即可褰裳也。脩脯以十日爲斷，不透支。居停有以處分隔閡見商者，必遭呵斥，謂：「足下官職，豈與生偕來者耶？或前人遺留，或己身遭際，皆儻來之物，奈何以民命徇之？」上官或有偏倚，必再三頂覆，得申其意，乃已。嵋峨有土豪李監生，富而横，悦佃婦。婦性貞烈，利誘之不動，勢刼之不動，賄其夫若父，交逼之，終不動。乃遣數人縛婦，裹綳大樹，熾火，炙殺之。夫若父跪求，益怒，且劫令其夫手爇之，卽瘞之山。三年無敢發其事者，獨一執爨人知之，大憤，然無以發也。旗員某廉幹有識，選是邑，履任歲餘，訪得其耗，密稟上游，均難之。某愠，欲乞病。朱曰：「何弱也！君不辦，此案終不得白矣。我通詳已定，連夜發之，等罷官耳，去乃有名。」某奮袂從之，搜得執爨人，藏之署中，以爲證。案既定，織悉皆入奏，大府奪俸鐫級，二守皆實降，前任三令皆褫職，某以蒞任二年，亦在議中，奉特旨寬免，且令引見。李監生已畏罪自縊，仍戮屍，爲從二人發新疆爲奴。籍其家，以半給夫家，以半給父家，氏旌表。於是朱秋芳之名大著，瑶僮至奉之爲神。

林文忠訪延記室

侯官林文忠公則徐年二十，中嘉慶甲子舉人。時方就旁邑記室，以所削牘見賞於閩撫張師誠，延入幕，是爲知名之始。其生平持論，謂「交際啓事，第憑尺一以通情款，於此而不竭吾誠，烏乎用吾誠」，故能擅絶詞翰。復篤於師友淵源，雖羽書旁午，親切函札，從不假手於人。僚吏稟牘，寫作佳者，每親自批答，圈點付還。沈蔭士嘗在其幕中，詢以亦嫌煩瑣否，文忠曰：「寒士緣此增重，官吏亦緣此加意佐治人才，所係固不細也。」蔭士以會試北上，道出吳門，又問以「物色尺牘人才今得其人否」。文忠云：「嘗從陶文毅處知鄂藩署書啓李某，詞翰爲當代第一，前歲託人以千金聘之，已辭館入都會試，得館選矣。」

左文襄佐駱文忠

左文襄公宗棠，初以舉人居駱文忠公秉章幕府，事無大小，專決不顧。文忠日與諸姬宴飲爲樂，文襄嘗嘲之曰：「公猶傀儡，無物以牽之，何能動邪！」文忠乾笑而已。嘗於夜半撰一奏草，叩文忠內室，大呼。文忠起讀，叫絶，更命酒，對飲而去。監司以下白事，輒報請左三先生可否。

范肯堂佐李文忠

通州兩名士，范肯堂其一也，德行文章，在人耳目。光緒初年，就李文忠公鴻章之聘。文忠尊師重道，朔望必衣冠候起居，每食，奉魚翅一簋。范固甘菜根而薄膏粱者，却之，不獲，文忠遂以乾翅寄奉其二親。時有以鄉舉勸者，范笑曰：「誰不知我爲李公西席，中式何爲！」故事，節幕得用居停輿馬，文忠蒙賞紫韁，范嘗假用之，訪友於天津紫竹林。或告文忠，謂范乘紫韁輿作狹邪游，文忠曰：「既用紫韁，不可缺擁衛。」立命戈什哈八員護之。

李秉衡逐幕客

光緒甲午後，下汰兵詔。時李秉衡撫山左，幕府中有五六輩，皆樞密中人爲作曹邱生者，思去之，而躊躇不決，至是乃下逐客令，且謂之曰：「朝廷方撙節糜費，諄諄告誡，爲人臣者敢不仰體九重之意，而徒博結納名乎？」

徐仲眉入李子和幕

徐仲眉名葆齡，侯官人。少孤貧，從軍，充書識，旋保武官，擢至副將。以代某提督作左文襄奏稿敍，爲李子和督部鶴年所賞識，延入幕府，與陳木菴、陳芸敏、葉損軒友善。年五十餘矣，風骨清峻。有廬一區，琴書瀟灑。工小篆，自書門前楹聯云：「南州高士宅，東海偃王孫。」顔臥室曰落葉菴。設一榻，甚緻，嘗邀同人分韻，賦《落葉菴詩》。

張文襄與幕僚會餐

光緒朝，南皮張文襄公久督兩湖，知名之士大半羅致，故幕中人才稱盛一時。其尤契合者，每飯必召與同餐。幕僚以文襄位望之尊，奉召，必肅然陪侍。然有時餐未及半，文襄竟倚几假寐，沉沉睡去；諸幕僚未便遽離，仍整肅端坐，待文襄醒，然後畢餐。

張文襄不使幕僚誤一字

張文襄督鄂時，嘗委一首縣楊某兼院署文案，某不敢辭而甚苦之。一日，院事畢，即回署，適稿中誤一字，飭人持令某改。同幕以某既去，即爲代改。見字迹不類，詢持去人，具以對，不懌，即召某與代改者入。凡文案入見，必衣冠，故某與代改者衣冠而進。先斥某曰：「稿有誤字而不知，大謬；令改而已他出，尤謬。」又斥代改者曰：「汝何敢代人改字，更荒唐，速自塗去。」仍謂某曰：「非汝自改不可。」某改之，乃出。

幕友之敷衍伎倆

張文襄督鄂時，有振興實業之舉，分咨各省，調查物產。浙江玉山縣令既奉憲檄，將以邑中所有樹木茶紙之屬據實牘報，幕友不可，僅舉土產玉蟹、墨蘭種種玩物具覆。縣令叩其所以，幕友曰：「樹木茶紙，皆有用物品，上達憲聽，勢必派員查驗，仿效西法，求所以改良之方。委員接踵於道，行李之供給，君且疲於奔命，況有不止於是者乎？今以一二玩物塞責，大憲將一笑置之，顧不善耶？」其敷衍之伎倆如此。

吳彥復辭端午橋

廬江吳彥復字保初，武壯公長慶子也。光緒中嘗客天津，時督直隸者爲泗州楊文敬公士驤，楊與之雅故，延入幕府。楊卒，繼者端方。端字午橋，諡忠愍，亦舊識也，欲留之。先是某歲，吳嘗大宴客於京師某酒肆，遇雨，猝改期，客有未及知者。端與全椒薛某先後至，固不相識，偶有觸迕，端遽詈薛，薛憤，毆端。傭保奔告，吳亟往釋紛。至是，吳入謁，端咄嗟謂之曰：「得爾師季直書札否？」吳曰：「張季直乃先君幕客，非吾師。」端曰：「師可背乎？」吴慍曰：「滿人之剛愎者無逾剛毅，吾斥之，不能聲。若何敢爾！」拂衣徑去。

書啓預備德政碑文

光緒末，山西太谷縣某令將到任，或薦一書啓友，令曰：「能古文否？」問何故，令曰：「他日我滿任時，一篇德政碑文自不可少，故必請老夫子先爲預備也。」

清客次於幕友

俗所謂清客者，門下食客也，主人之待遇次於幕。都下清客，在承平時至多，然亦須才品稍兼者，方能自立。有編爲十字令者，曰：「一筆好字，二等才情，三斤酒量，四季衣服，五子圍棋，六齣崑曲，七字歪詩，八張馬弔，九品頭銜，十分和氣。」有續其後者，曰：「一筆好字，不錯；二等才情，不露；三斤酒量，不吐；四季衣服，不當；五子圍棋，不悔；六齣崑曲，不推；七字歪詩，不遲；八張馬弔，不查；九品頭銜，不選；十分和氣，不俗。」則更進一解矣。

清稗類鈔

薦舉類

命舉賢才

順治初，順天巡撫宋權獻治平三策，首言致賢才以佐上理，薦明薊遼總督王永吉，因詔廷臣各舉所知。嗣以知舉多明季故吏廢員，無肥遯逃名之士，定舉主之法，得人者賞，繆濫連坐，禁不得以雜流黜革之人充數，緘默不言者罪之。順治末，停差巡按，定直省巡撫應薦方面有司佐貳教官員額。康熙己未，都御史魏象樞舉清廉十人，上諭「張沐、陸隴其係廉能之員，畀以直隸、江南繁劇之地，庶其才可以表見」。旋令部臣保闕差，咸以操守難知對。上曰：「清操如何可廢，如郝浴居官甚好，猶侵蝕錢糧，魏象樞嘗薦之，此事安能豫知，但將有守之人舉出，自能効力。」尋九卿疏薦蘇赫、范承勳、趙倫、崔華、張鵬翮數人，而陸隴其復與焉。之數人者，皆以廉惠愛民，有聲於時。康熙中，尚書趙申喬舉張應詔能耐清貧，可爲兩淮運使，疏内有「爲知府不製衣服隨從數人」之語。上諭：「清官不係貧富，張伯行家道甚饒，任所日用，皆取諸其家，隨從四五十人，今以爲不清可乎？操守雖清，不能辦事，何裨於國！」

世宗即位，大開賢路，諭京外大臣各舉賢才，同鄉、同年、門生、親戚子弟，俱准保奏，勿避嫌疑，而得人稱盛。晚近彈章慣語，罔不曰任用私人，實則用人之道，僅有賢不肖，而無所謂公私，不問其稱職與否，斤斤於公私之間，亦已過矣。世宗嘗因鄂藩開缺，思之數日，不得其人，始令九卿密保。蓋明保爲揚於王庭與衆共之之義，至於黨援聲氣，又不得不豫防其微，乃有密上封事之例，則古大臣寵利不居之意也。乾隆時，以道府要職，令督撫藩臬各舉一二人。厥後，詔大學士舉編檢堪任知府者，尋又令侍郎以上舉堪任三品京堂者，尚書以上舉堪任侍郎者，明薦密保，更進迭用，未嘗失之寬濫。嘉、道間，稟承家法，薦舉之路，猶極謹嚴。咸、同軍興以後，需才孔亟，始有破格用人之典矣。

薛所蘊薦孫奇逢

順治初，祭酒薛所蘊薦容城孫奇逢，稱爲許衡、吴澄，請以奇逢長成均。奇逢固辭。

湯文正薦徐文敬

錢塘徐文敬公潮官翰林日，睢陽湯文正公斌方侍講東宫，獨深器之，嘗薦於聖祖曰：「臣老矣，受恩至重，無可報稱，薦徐某，所以報也。」因命書文正語於起居注。文正去，文敬遂繼爲講官。

格爾古德薦衛立鼎陸隴其

文清公格爾古德繼于清端公撫直隸，疏薦盧龍令衛立鼎、靈壽令陸隴其，衆論翕然。及詔舉賢能，九卿交推其清廉莫及焉。

帥顏保薦吴興祚

康熙間，無錫知縣吴興祚以漕督帥顏保保薦，特擢福建按察使。

聖祖諭臣僚舉所知

康熙戊午，聖祖御懋勤殿，召郎中王士禎賦詩，賜讌，特授翰林侍讀，遂諭中外臣僚各舉所知。

年羹堯薦蔡文勤

漳浦蔡文勤公之以庶吉士入都也，寶應喬教諭某遇諸逆旅，見其舉止而異之，聞諸外舅甘撫胡期恆，胡以聞之年羹堯，遂薦諸世宗，至大用，然文勤實不知也。

札某以薦人受刑

雍正時，禮部侍郎札某以保舉人才，摺中引孔明不識馬謖事。世宗大怒，杖四十，復枷示以辱之。

祁鶴皋薦劉澄齋自代

祁文端公之父鶴皋，名韻生，邃於輿地掌故之學，所著《皇朝藩部要略》、《西陲要略》、《西域釋地》諸書，綱領秩然，甄採有法。嘗提調史館，舉介休劉澄齋錫五自代。總裁阿文成公問曰：「此非某耶？骨氣如此，可勝提調任矣。」

訥親薦兆惠阿桂

乾隆中葉，訥親以恃寵驕倨，復貽誤金川軍務，致罹重譴。其操守頗廉介，當隆赫時，門無苞苴，部院司員以公事關白，必反復駁詰，見有才器出衆者，薦引惟恐後人。贊樞垣時，武毅謀勇公兆惠、誠謀英勇公阿桂，均爲庶僚，訥即密保二人内堪尚書，外堪督撫，無一知者。迨訥身後，高宗將原摺發出，人始服其論薦之公。

來保薦兆惠

文端公來保善相馬，一時有九方皋之目，而亦有知人之明。文襄公兆惠，微時貧甚，生未逾月，父母亡，育於姑家。七八歲，長大如成人，力敵百夫，入營，就步糧爲街卒。時文端兼攝步軍統領，見諸卒潑水，水所及不過尋丈，兆獨遠及數十丈外，異之，呼與語，甚戇，命鞭之，如擊石焉，大呼曰：「性耐刀鋸耳，不堪鞭箠也！」文端聞言，益大異，令明日至府面試，挽强命中，揮刀運石，力大無窮。與談行軍紀律，侃侃而言，動中窾要，文端益喜。次日入朝，見高宗，叩首賀曰：「臣爲國家得一奇士。街卒兆惠，真大將才也。」即日召見，命之射，九發皆中，卽授一等侍衛。後平定西域，數建大功。

阿文成薦松文清

相國松文清公筠年十二時，父母窮困失養，流轉至吉林商販家，爲之飼馬。年雖幼，能解馬性，歷一年，繁蕃異恆，主人異之。及蒙古某赴吉林將軍任，過其地，覺其狀貌魁異，不類常兒，召馬主人，還以身價，攜歸，撫爲己子。讀書習射，皆冠其曹。及冠，得阿文成公賞識，奏拔之，遂大用。阿疾革，仁宗臨問：「卿後誰當大任？」阿以松及慶相國對之。後松任封疆，勳業卓卓，爲一代名臣。

以保薦期年至開府

宣宗卽位，賢俊之沈淪下僚者，率超擢。如鄭裕官郎中，以蔣攸銛薦，期年至直隸布政使。董鄂阿麟官鄖陽知府，以那彥成薦，期年至江西巡撫。唐仲冕官知府，左輔官按察使，以英和薦，期年皆至開府。

大臣合薦羅繞典

安化羅文僖公繞典，生而有文在手，曰典，因以爲名。在詞館，卽究心經世之學。湖南瑤變，宣宗詢軍事，圖形勢扼塞以進。曹文正公振鏞言於上曰：「有用才也。」未幾，上書房員闕，上詢於潘文恭公，文恭舉文僖及杜文正以對。上復以二人詢王文恪公，對曰：「羅某，良吏才也。」會召對，垂詢良久，諭近臣曰：「此人精神滿腹，可外任。」遂自平陽府知府洊督雲貴，歷官秦、晉、湘、楚、滇、黔六行省。湖南爲本籍，曾奉辦理團防之命，力解長沙城圍。其鄉人稱其少讀書嶽麓，凡十二年，歲再歸省，必徒行，曰：「吾以習勞也。」

孫文靖薦陶文毅

安化陶文毅公澍，丰裁峻整，好議論人物，惟恐不盡，雖廷對亦然。開藩皖中，循例覲見，論某官溺職狀，至聲色俱厲，鬚髯翕張。宣宗疑之，密諭孫文靖公爾準，察其爲人，時文靖方撫安徽也。文靖密疏薦引。硃批曰：「卿不可爲其所愚。」復具疏，條列善政，力保其無他。文毅遂獲大用。

肅順薦胡文忠曾文正

肅順於咸豐年間始爲御前大臣，貴寵用事。入軍機，屢興大獄，竊弄威福，大小臣工被其賊害，怨毒繁興，卒以驕横僭擬，獲罪伏法。然是時粵寇勢甚張，而將帥之有功者皆在湖南，朝臣如祁文端公、彭文敬公尚瞢焉不察，惟肅知之深，頗能傾心推服。平時以座客談論，常心折曾文正公之識量，胡文忠公之才略。蘇、常既陷，何桂清以棄城獲咎，文宗欲用文忠督兩江，肅曰：「胡林翼在湖北，措置盡善，未可移動，不如用曾國藩督兩江，則上下游俱得人矣。」上曰：「善。」遂如其議。

穆彰阿薦曾文正

穆彰阿嘗汲引曾文正公國藩，每於御前奏稱曾某遇事留心，可大用。一日，文正忽奉翌日召見之諭。是夕，宿穆邸，及入內，內監引至一室，則非平時候起處。踰亭午矣，未獲入對。俄內傳諭：「明日再來可也。」文正退至穆宅。穆問奏對若何，文正述後命以對，並及候起處所。穆稍凝思，問曰：「汝見壁間所懸字幅否？」文正未及對。穆悵然曰：「機緣可惜。」因躊躇久之，則召幹僕某，諭之曰：「汝亟以銀四百兩往貽某內監，屬其將某處壁間字幅，炳燭代録，此金爲酬也。」因顧謂文正，仍下榻於此，明晨入內可。洎得覲，則玉音垂詢，皆壁間所懸歷朝聖訓也。以是奏對稱旨。並諭穆曰：「汝言曾某遇事留心，誠然。」而文正自是駸駸嚮用矣。

左宗植薦江忠烈

湘陰左舍人宗植，文襄公宗棠兄也。少豁達，好談時務，歷贊大府帥戎幕，與文襄齊名。咸豐初年，粵寇起事，文宗命故相賽尚阿經略粵西軍務。時左官京師，以賽參佐非人，亟草牘，力薦江忠烈公忠源於相國祁雋藻，祁遂上達天聽。忠烈之轉戰數省，豐功勁節，實自左識拔始。

潘文勤胡文忠保左文襄

左文襄公宗棠爲官文恭公文所劾，後得潘文勤公祖蔭奏保獲免，其中委曲甚多。當文恭參摺之上已奉密諭：「左某如果有不法情事，即行就地正法。」肅順知之，語其幕客高心夔，高轉語王闓運，王又轉語郭嵩燾，郭使王偕高求肅營救。肅允之，第云仍須別有人奏保，上如問及，可從而解釋之，其勢順而言亦易入；若憑空陳奏，恐上見疑。王以告郭，郭乃撰具保摺，並懷三百金往見潘。既相見，郭卒然指潘而問曰：「伯寅，何久不宴我於蓮芬家也？」蓮芬姓朱，爲爾時名伶，工生旦劇，潘所眷也。潘曰：「近者所入甚窘，何暇及此。」郭强嬲之，偕赴蓮芬家。既至，郭又問曰：「今者具奏保舉人，肯爲之乎？」潘詢保何人，郭曰：「姑勿問，摺已代撰，且繕就，第能具奏者，當以三百金爲壽。」言次，即出三百金置潘前，連問曰：「如何如何？」潘既夙信郭，又見多金，足以應急，不能無動，即取金納懷中，曰：「吾輩姑飲酒，再商。」因命蓮芬置酒，相與痛飲。既，郭要潘同往遞摺，潘於路，復以所保何人爲問，郭慮其中變，仍枝梧之。至奏事處，潘曰：「事已至此，必無悔理。惟所保何人，摺中所言云何，必先令我知，否則萬一叫起。叫起即召見也。將何詞以對？」郭乃出摺與觀，潘無異言。摺上，果叫起，上問曰：「汝從何識左宗棠而知其爲人？」潘倉卒間未籌及此，乃飾詞對曰：「左宗棠是臣業師。」上頷之。未幾，而胡文忠保左之摺亦至，上乃顧肅曰：「官文劾左宗棠，潘祖蔭、胡林翼又保舉左宗棠。方今多事，用人之際，人才難得，左宗棠果爲不法，固應嚴懲，如有大才，亦應重用，不知究竟何若？」肅曰：「聞左宗棠爲湖南巡撫駱秉章所信用，一切皆歸其主持。官文劾之，亦頗以其攬權爲言。然駱秉章之在湖南，功績昭著，即左宗棠之才可知矣。」上恍然，於是諭官再行確查。及官覆奏，亦爲左洗雪，即奉命以三品京卿用。

曾文正薦李文忠

李文忠公鴻章初以優貢客都中，受知於曾文正公國藩，師事之，日與講求經世之學。及入翰林，未三年，而粵寇難起，李適在籍，佐巡撫福濟幕。時廬州已失，福欲復之，不得手，李乃建議先取含山、巢縣以絕其援，福授以兵，克之，由是有知兵名。福疏薦，道員鄭魁士沮之，遂不得志，而謗言日起。後授福建延建邵道，擁虛名，無官守。咸豐戊午，文正移師建昌，往謁，留焉。旋文正派湘軍新舊九營，使其弟國荃統之，赴景德鎮助勦，以李同往。江西告捷，又隨文正大營兩年有奇。庚申，文正議與淮陽水師，薦李補兩淮運使。疏上，值文宗北狩，不省。李時年三十八歲也。

胡文忠薦舉人才之法

益陽胡文忠公關心時事，遇四方之使，雖小吏末弁，引坐與談，舉所述聞見，隨筆記之，以備參攷。若稍有志意者，則必問所見人才，所學何方，已效安在，且令指實事一二證之，兼注考語。故几席所在，手摺數十。或不知其故，以爲何厚我而殷勤若是，蓋文忠薦舉人才，往往非宿昔相知，博采慎取，實默具權衡也。

陳國瑞薦段得勝

陳國瑞梟勇，爲咸、同間諸將之冠，而秀美若處子，後與李世忠互毆落職，錮於家。生平愛才若渴，曾保薦段得勝於湖廣總督譚廷襄，書云：「部民有髮僧天元道人頓首再拜，謹奉書於竹巖督帥大公祖閣下：杜老云：『炎風朔雪天王地，只在忠良翊聖朝。』其君之來督吾楚救民水火之謂歟？武侯曰：『鞠躬盡瘁，死而後已。』其僕昔日之愚忠，可以質諸天地鬼神而不能剖以示人之苦心歟？五祖曰：『心心相印。』非僕與君未謀面之神交歟？語曰：『飛鳥盡，良弓藏。』其千古將帥之定論歟？嗟嗟，『棧石星飯，結荷水宿』，是僕罷兵後問道取歸景況。『近鄉情更怯，不敢問來人』，是僕初入里門景況。『世亂遭飄蕩，生還偶然遂』，是僕與家人老弱終夜共話刺刺不休景況。『傷心不忍問耆舊，復恐初從亂離説』，是與鄰人酬酢景況。『在山泉水清，出山泉水濁』，是僕思渴多飲以清肺肝景況。『磨刀嗚咽水，水赤刃傷手』，是回思辛苦賊中來景況。『積屍草木腥，流血川原丹』，是今日之《無家别》、《垂老别》景況。嗚呼！手無斧柯，奈龜山何？惟有日夜焚香默禱，以祝吾帥指揮能事回天地，訓練强兵動鬼神，使死者盡雪恥，生者皆銜恩而已。僕買山以來，舊部士卒生還者，惟千總段得勝一人。昨來相見，僕久居深山，聞足音，則欣然以喜。僕憐其轉徙無成，今幸得歸隸麾下，伏惟鞭策，使盡其犬馬之勞，不勝大幸。」文詞鬱勃可誦，書法亦渾勁騰踔。

郭嵩燾薦熊天保

郭嵩燾字筠仙，有致江督劉文誠公坤一書，保薦熊天保。蓋自粤撫落職後内召授閩臬時作，詞意固極佗傺也。書云：「去臘入都，敬聞榮督兩江之命，以手加額，頌朝廷之明，賢者得位乘時，名業之流傳方盛也。江南吏民相謂以穩實精鍊，度越前型。嵩燾聞而忻快飛揚，不自知其身之淪賤也。自分家居養疾，讀書自娛，無進取仕宦之心。去歲蒙恩内召，躊躇數月，乃始成行，實以濫承疆寄，未一叩謁天顏，臣子之心，有不能自己者。意謂京師小住月餘，尚可告歸，甫及一月，而有閩臬之命，欲遂決然以去，慮有不安貧賤之嫌，勉强扶病一行。三數月後，病體或不能支，仍即乞歸耳。月之十三日，由天津航海抵滬，守候福建輪船。船價昂貴，數倍他處，以閩地窮瘠，僅一船來往，運載貨物，用以居奇，耽延多日，耗費滋甚。閩官之不可爲，隨事皆然，足爲一慨。都司熊天保，向在李伯相處充當護衛，嵩燾曾識之，爲言於梅小岩方伯，求一小差使。頃至滬相候，求隨赴閩，豈非怪誕。幸隸麾下，恩施磅礴，尚能蔭及，因以一書代其懇求。」

恭王薦人得體

光緒癸未春，豫撫李鶴年以王樹汶案革職，孝欽后召見樞臣，謀代者。李文正公鴻藻舉定興鹿傳霖，寶鋆舉覺羅成孚，二人皆藩司，資望相埒。孝欽疑未決，顧問恭忠親王，當與何人恭對曰：「成孚亦甚好，但滿員，恐不諳民間利病。豫省吏治甚頽敝，不可不簡授清望之員以矯之，用成不如用鹿。」議遂定。會河督梅啓照亦緣是案罷斥，乃命成孚署理河督。

李文忠保電報學生

李文忠公鴻章督直時，嘗保奏電報學生謝某，中有云：「有民胞物與之量，體國經野之才。」

張百熙薦陳璧

光緒庚子前，御史陳璧巡視中城。時京師路政不修，行人遺矢，觸目皆是，居民率以穢物傾門外，纍纍如小阜。陳視事後，於所轄境嚴禁之。京師畏巡城御史過天子，令出，果有效。更捐廉僱人，平其如小阜者，使皆成坦途，以是輿論德之。壬寅，兩宮回鑾，張文達公百熙由廣東學使任滿，自行在授總憲，隨扈返京，僦居中城境，聞人追述陳事，乃疏保陳辦事勤能。時陳已轉給諫，不數年，卽長郵部。

徐郙薦廣東人

光緒中，徐協揆郙保舉經濟特科之摺上，或有謂其受賄者，某相語人曰：「頌老保舉經濟特科之摺，總覺粵人太多。」蓋粵人喜用錢，迷信神鬼之外，於科名仕宦尤爲迷信，每不惜以巨金冒險運動也。而此次實不然。

剛毅薦龍殿揚

總兵龍殿揚魁梧多力，剛毅所識拔者也。剛於孝欽后訓政時，寵頗固。孝欽嘗問之曰：「爾夾袋中儲有良才乎？」剛曰：「有一黃天霸。」問爲誰，以龍殿揚對，笑頷之。蓋剛於滿臣中自命忠清，故欲以施公自比，而不自知其辭之陋也。然龍後出鎮䓫州，卒賴剛所薦引。光緒乙巳，曹匪起，時剛已死，楊文敬公士驤方撫魯，以龍釀亂，劾去之。

光宣間保舉之濫

光、宣間，保舉濫，仕途雜，朝輸金帛，暮晉升階。各省大員子弟，每有年未及歲，而祖若父卽爲之預捐升階，丐人保舉，以爲日後登進之地者。

以父舉子

康熙初，陝西提督王進寶保奏其子王用予材武可令勦賊。嗣大軍進規漢中，進寶遣用予前驅，繞出武關後，與大軍夾攻，奪險而前，所向無敵，遂抵保寧，擒渠殲敵。詔擢用予松潘鎮總兵，父子同建節鉞。雍正癸卯，雲南總兵趙坤擢貴州提督，陛辭日，請以其子候補參將趙秉鐸補貴州提標參將，世宗允之。乙巳冬，調湖廣提督，丙午二月，復特命秉鐸調湖廣提標參將。

以子舉父

雍正戊申，世宗命内外諸臣各保舉一人。衡永郴桂道汪樹乃保舉其父原任刑部司官汪澐，學問優裕，政事練達，忠愛之性，出於至誠。奉旨，汪澐補授四川敍州府知府。

以兄舉弟

孫文定公嘉淦官祭酒時，嘗舉其弟揚淦爲國子監學正，而同時侍郎陳樹萓奏保族弟鹽大使陳大芳，則大爲高宗譙責。

清稗類鈔

知遇類

汪鈍翁知宋既庭疇三

宋既庭與宗弟疇三俱以孝廉知名，時稱大宋、小宋。或問汪鈍翁曰：「大宋何如人？」汪言阮思曠都不及真長、逸少，而能撮有諸人之勝。

趙千門知王丹麓

王丹麓早年高隱，甚負才望，萊陽趙千門司李亟稱之，喻以天地私蓄。丹麓名晫，杭人。

應嗣寅知張元時辭奇

杭人張廣平，名元時，少與弟辭奇同執經於應嗣寅之門，應亟稱賞之，賞贈廣平以詩云：「子既張目無不識，弟亦下筆如有神。兒如亞子真可畏，元方季方安擬倫。」後果以詩文著稱於時。應名撝謙，仁和人。

查伊璜知吳順恪

海寧查孝廉培繼，字伊璜，明崇禎時名士也。家居歲暮，值雪，偶步至門，見一丐避雪廡下，强直而立，心異之，因呼之入，坐而問曰：「聞市中有手不曳杖，口若銜枚，敝衣枵腹，而無飢寒之色，人皆稱爲鐵丐者，汝耶？」曰：「是也。」問：「能飲乎？」曰：「能。」因以壺中餘酒傾甌與飲，丐者舉甌立盡。查復熾炭發醅，與之約，曰：「汝以甌飲，我以巵酬，竭此醅，乃止。」丐盡三十餘甌，無醉容，而查頹臥胡牀矣，侍童扶掖入內。丐逡巡出，仍宿廡下。達旦雪霽，查酒醒，使人以絮袍與之，丐披袍而去，亦不求見致謝。

明年，查至杭，暮春之初，遇丐於西湖放鶴亭側，露肘跣足，昂首獨行。復挈之歸寺，詢以舊袍。曰：「時當春杪，安用此爲，已質錢付酒家矣。」因問曾讀書識字否，丐曰：「不讀書識字，不至爲丐也！」查悚然心動，薰沐而衣履之，徐諗其姓氏里居，丐曰：「僕系出延陵，心儀曲逆，家居粵海，名曰六奇。衹以早失父兄，性好博弈，遂致落拓江湖，流轉至此。因念叩門乞食，昔賢不免，僕何人斯，敢以爲污！不謂獲遘明公，賞於風塵之外，加以推解之恩。僕雖非淮陰少年，然一飯之惠，其敢忘乎！」查亟起而捉其臂曰：「吳生，固海內奇傑也。我以酒友目吳生，失吳生矣。」仍與痛飲，盤桓累月，贈資遣歸。

六奇世居潮州，爲明吳觀察道夫之後。略涉詩書，耽遊盧雉，失業蕩產，寄身郵卒。時王師由浙入廣，舳艫相銜，旌旗鉦鼓，喧耀數百里不絕，所過都邑，人民避匿村谷間，路無行者。六奇獨貿貿然來，邏兵執送麾下，因請見主帥，備陳粤中形勢，傳檄可定。奇有義兄弟三十人，素號雄武，苟假奇以遊劄三十道，先往馳諭，散給羣豪，近者迎降，遠者響應，不踰月而破竹之勢成矣。如其言行之，粤地悉平。由是六奇運籌之謀，所投必合，扛鼎之勇，無堅不破，征閩討蜀，屢立奇功。數年之間，官至通省水陸提督。康熙初，開府循州，卽遣牙將賫三千金存問查家，別奉書幣，邀之至粤，舟輿供帳，俱極腆備。居一載，軍事旁午，得查一言，無不立應，義取之貲，幾至鉅萬。其歸也，復以三千金贈行。

先是，苕中有富人莊廷鑨者，購得朱相國《史概》，博求三吴名士，增益修飾，刊行於世。前列參閱姓氏十餘人，以查夙負重名，亦借列焉。未幾，私史禍發，凡有事於是書者，皆論置極典。吴力爲查奏辯，得免。後吴卒，贈少卿，兼太子太師，謚順恪。

龔芝麓知馬世俊

馬章民世俊下第留京，落拓殊甚，以行卷上合肥龔芝麓尚書鼎孳。龔讀至「而謂賢者爲之乎」題，至後比「數亡主於馬齒之前，遇興王於牛口之下」，「河山方以賄終，而功名復以賄始」，「七十年以前之歲月已淪，七十年以後之星霜復變」，「少壯未聞諫書，而衰齡反同販豎」云云，淚卽涔涔下，曰：「李嶠真才子也！」歲暮，贈諸名士炭金，章民得白金八百兩，明年遂及第。

張自由識拔白謙

陳州環城皆水，産佳鯽。康熙初，張自由撫河南，陳州牧以鯽餽之，摺書鮓鯽百頭。張甚駭愕，促召中軍以手摺視之曰：「送魚者稱尾，此獨稱頭。陳州牧由進士得官，當必有説。」中軍曰：「職有知書之胥白謙，可令入對。」須臾，謙至，跪而言曰：「小人嘗讀《詩經》，有《在藻》之篇，其首章云：『魚在于藻，有頒其首。』其次章云：『魚在于藻，有莘其尾。』故魚有稱尾，亦有稱首者。今州牧之稱頭而不稱尾，正見其尊上之意。」張大驚喜，手扶謙起曰：「汝有此大學識，豈可屈居下役！汝卽入我幕府，專掌書記可也。」自後事必諮謙，謙行則行，謙止則止，不踰年，拔爲本省提塘，復改文職，旋以同知解秩歸。

顔習齋知朱越千

博野顔習齋，名元。曾於開封市上見一少年甚偉，問其姓字，知爲朱越千也，沽酒與飲，叩其志不凡，半醉起舞，爲之歌曰：「八月秋風凋白楊，蘆荻蕭蕭天雨霜，有客有客夜徬徨。徬徨良久鸜鴿舞，雙眸炯炯空千古。紛紛世儒何足數，直呼小兒楊德祖。尊中有酒盤有餐，倚劍還歌行路難。美人家在青雲端，何以贈之雙琅玕。」

湯文正知馮山公

錢塘馮山公景條陳淮揚民困於江蘇巡撫湯文正公斌，因萬季野以上之。文正見書三歎息，語季野致意，謂宜勉立德功，不在徒言也。又嘗語沈昭嗣曰：「令友馮山公固是不朽人。青史名長，不在暫時科第也。」

尤悔庵知宋荔裳

宋荔裳標格意氣，風流文采，並足推倒一世，尤悔菴目爲東海偉人。悔庵名侗。

尤悔庵知王西樵阮亭

新城王西樵阮亭昆仲之出游也，每過郵亭野店，輒題詩於壁，詩既驚人，使筆斗大，龍拿虎攫。尤悔菴道經燕齊，見之，解鞍造食，坐對移晷，不能去。阮亭名士禛，官至刑部尚書，謚文簡。

王阮亭知吴天章

吴雯字天章，蒲州人，進士允升之子，授臨潁縣知縣。康熙己未，舉博學宏詞，放歸。有《蓮洋集》。初至京師，未知名。王阮亭亟賞其詩，謂爲天才。一日，待漏朝房，誦其句於葉訒菴云：「泉遠漢祠外，雪明秦樹根。濃雲溼西嶺，春泥沾條桑。」又「門前九曲崑崙水，千點桃花尺半魚。」葉大驚異，下直，即命駕訪之。自是吴之詩名大噪都下。

王西樵知林鐵崖

王西樵嘗稱林鐵崖有異人者三：鬚眉奇古，畧如李伯時所畫羅漢相，則異在容貌；下筆落落，能爲崒屼俶詭之詞，出入於孫樵、劉蜕之間，則異在文筆；每當讌會，竹肉間作，或值徜徉山水之際，時而意得忘言，如釋迦拈花，達摩面壁，時而快論斗發，又如春雷奮蟄，奇鬼搏人，則異在性情言語。

吴慶百知毛季蓮

吴慶百以應康熙己未博學宏詞之薦入京，止竹林寺。毛季蓮嘗偕其叔大可過吴廡，坐甫定，輒據柳林，自吟其宴集及登臨諸作，大聲撼四壁。吴顧大可曰：「君家阿咸，正復不減，將不使卿單行。」

毛大可知史訥齋

毛大可嘗謂史訥齋雖睦居家，事父怡愉，不聞嘻嗃，似陳季方；把臂堪託以妻孥，似朱生；見利思義，不因人炎熱，似童子鴻；嗜酒疏脱，每一飲，必陶然盡醉，而諸務不失簡則，似張黄門；訓諸經百氏，鉤深致遠，可使擔囊負笈，執經問字者不絶門舍，雖傾筐倒篋，隨叩隨應，猶鼠壤有餘物，似馬季長。史名廷柏，與毛皆蕭山人。

彭羨門知沈去矜董文友

海鹽彭羨門尚書孫遹在廣陵，見沈去矜、董文友詞，笑謂鄒程邨曰：「泥犂中皆若人，故無俗物。」

黄俞邰知周櫟園

晉江黄俞邰，名虞稷，嘗謂周櫟園吏事精能，撫戢殘暴，如張乖崖；屢更槃錯，乃别利器，如虞升卿；文章名世，領袖後進，如歐陽永叔；博學多聞，窮搜遠覽，如張茂先；宏獎風流，座客恆滿，如孔北海；心好異書，性樂酒德，如陶淵明；敦篤友朋，信心不欺，如朱文季；孺慕終身，友愛無間，如荀景倩、李孟元；登朝未久，試用不盡，如范希文；遭讒被謗，坎壈挫折，如蘇長公。櫟園名亮工。

丁葯園知李湘北

丁葯園儀部澎嘗典試河南，在闈，搜采瑋異，得一卷，奇之。同考官以波瀾簡質，度其人已老，請置於乙。丁曰：「才與膽峙，豈老生所辦，此必年少知名，終爲大器者也。」榜發，乃永城李湘北天馥也。同考官出語人曰：「吾以世目衡文，幾失此佳士。」李年方弱冠，名振西清，以文章道誼有聲於世，後官侍郎。

許原孝知許彝干

許彝干少而岐嶷，總角時，偶詣從祖原孝。原孝冠見之，左右曰：「孫見祖，何必冠？」原孝曰：「此子是許氏南來之秀。」

萬季野姜西溟知方望溪

古文大家，必推桐城方侍郎苞爲正宗，其裁成而引掖之者，實賴一二先喆。侍郎少遊京師，下筆爲古文，輒工。萬季野奇之，告之曰：「勿讀無益之書，勿爲無益之文。」侍郎終身誦之，遂一心窮經。後讀徐氏所雕九經解三過，爲文益峻潔。時姜西溟方以古文伏天下，揚於衆曰：「後來之秀也。」侍郎名遂大起。

陳筠受知於海外國王

吳縣陳筠字友石，幼孤，善書，能琴棋，獨不能治家。年長未娶，父產已蕩然無存，乃挾三十金入山販筍，至崑山王彥修家賣之。居數日，彥修語之曰：「天氣蒸熱，筍包宜開矣。」開則筍已腐爛。囊餘二金，乃販時憲書數十本，賣以度日。既而鬻字於蘇州閶門，爲扇肆寫扇。一日，有滿洲大員奉旨封王至海外者，方南下，泊舟閶闔外，令家人買扇，筠爲書之。滿洲大員閱之稱善，酬白金一兩，邀至舟。茶罷對弈，歡若平生，謂筠曰：「我奉旨航海，倘不棄，與我同行，則幸甚。」筠諾之。餽三十金爲安家資，筠以十金奉母，十金製衣，更以十金買肴饌，徧款同舟之人。既而舟至琉球、安南諸國，其王尊天使，並及同來之客，所至分庭抗禮，各求其字，一小字酬一小銀錢，一大字酬一大銀錢。舟至高麗，高麗王太子好書律，與笳鼓琴，乃授以新聲數曲。太子喜，謂其侍官曰：「我國僻處海中，得陳先生至此，天賜也，宜厚贈之。」於是所贈金銀珍寶象犀珠玉之物，不可數計。歸舟至大洋，舟重不能行，柁工命以所載金銀撒入海中，約存二三萬兩，舟始能行。趁風至福建漳州，值漳、泉大荒，笳所至賑饑，費萬金，而自以二萬金歸家娶妻。後與其婦兄貿易，不數年，復蕩盡，爲窶人。晚年賣藥於陽澄湖之濱，跌損一足，然與甚豪，猶不肯作寒乞相也。

高麗使臣購徐成顧詞

吴漢槎戍寧古塔，行笥攜有徐電發釚《菊莊詞》、成容若德《側帽詞》、顧梁汾貞觀《彈指詞》三册，會高麗使臣仇元吉、徐良崎見之，以一金餅購去。元吉題《菊莊詞》云：「中朝寄得《菊莊詞》，讀罷烟霞照海湄。北宋風流何處是，一聲鐵笛起相思。」良崎題《側帽》、《彈指》二詞云：「使車昨渡海東邊，攜得新詞二妙傳。誰料曉風殘月後，而今重見柳屯田。」以高麗紙書之，寄至我國。王阮亭《漁洋續集》有「新傳春雪詠，蜚徹織弓衣」句，卽指此。

蔡文勤知張鵬翼

連城張鵬翼耄而好學，嘗曰：「考亭易簀之年，乃我下帷之始。」所居鄉曰新泉，男女往來，分二橋，道不拾遺，市中交易，先讓外客，皆服其教也。漳浦蔡文勤公世遠甚器之，嘗書「醇學」二字以表其閭，語人曰：「吾知蔡君甚深也。」

方觀承一生知遇

桐城方氏以《南山集》一案，牽連遣戍者十餘人，觀承之父亦與焉。於是方觀承歲恆隻身徒步，省親於塞外。嘗轉徙至浙之寧波訪戚某，比至，歲已逼除，見其戚倚門諸奴，皆貂帽狐裘，甚豪倨，自顧襤褸，往謁恐遭逐，乃於其巷中賃屋以居。惟以資斧將盡，進退兩難，日於門簷下探聽其戚居鄉狀況。對門一屠奇方狀貌，詢邦族，詰來意，曰：「我與之同巷二十年，未見其恤一親族，去恐無益。」方聞言，深悔輕至。屠曰：「先生既士族，必能書，亦解算否？」方曰：「略諳之。」屠曰：「時將度歲，我有帳目，煩一結，代開帳單，以便索欠。寒舍伊邇，便請下榻，何如？」方遂往。屠呼妻出見，款接甚殷。方持籌握算，半日已畢。屠出索逋，得錢較往歲爲豐。除夕，具酒肴，延方上坐，作守歲宴。屠女五歲，亦隨母側坐。元旦，方欲行，屠堅留之，并囑其妻爲製絮袍相贈。至六日，屠捧絮袍，婦攜襪履至，奉方服訖，見方帽破碎，乃脱己氈笠易之，並贈錢二千爲路費，遂别去。

方至杭，偶游西湖，見數十人圍星士而談相。星士瞥見方，遽離案出揖曰：「貴人至矣。」方疑其揶揄，正色曰：「我不求相，何遽相戲！」星士諦視曰：「此非深談處。」遂收卜具，邀入小廟，揖之坐，曰：「予跋涉江湖數十年，閲人多矣，無一失者。子某年爲何官，某年至總督，惜不能令終耳。今官星已透，可速赴都，以應機緣。」方曰：「無論罪人子無仕進路，即有機緣，徒手何由北上？」星士取二十金贈之，並出一名條，囑曰：「他日節制陝甘，有總兵遲誤軍機當斬，千萬留意拯之，此卽以報我也。」叩其姓氏，枝梧以對。遂行，至直隸，行李爲盜掠。將至保定，訪其素識某，至白河，遇大雪，凍斃古寺外。僧啓戶，見方偃卧雪中，挾入，灌救，始甦。頗相契，留數月，始行。

先是，寺中有老僧，蓄金石極多，老僧圓寂後，無講此者，因悉出所蓄，浼方鬻之，捆載至保定，就督署前設行肆焉。制府出，前導嗔方收肆遲，横加鞭扑。方憤甚，棄去，赴都，至東華門，以測字資旅食。適平郡王輿過，見招帖，善之，呼問，知爲方書，延歸，掌記室，備蒙禮遇。久之，藩邸楹帖盡出方手，世宗臨幸見之，詢何人筆，王以方對，卽召見，賞中書，從此受知。由監生至建節，不過十年。方既貴，招屠至，贈以三千金，令改業，並爲其女擇佳壻。遣人至白河，修古寺。後果總制陝甘，督餉嘉峪關外，總兵某違誤軍機當斬，力爲開脫，則星士乃其父也。方思晚節不終之語，恆懼不免，及總制直隸，迎星士至署，求解免法。星士曰：「定數也。惟作大善事，救千萬人命，或可感動彼蒼。」方徧檢案牘，見直隸通省報流民路斃者，歲多至數百起，思設留養局以拯之，方定見而未發也。翌晨，往見星士，星士遽賀曰：「公滿面祥光，必已有莫大功德，不特獲免刑戮，並可望累代貴顯矣。果何事而至此？」方詳告之，遂奏行焉。後陝甘軍營事發，兩督撫、一將軍皆罹法，方亦應坐，奉特旨原免。

鄂文端知孫文定

世宗朝，合河孫文定公嘉淦被誣有婪贓，據以入告者，某親王也。上詢鄂文端公爾泰，文端曰：「孫嘉淦性或偏執，若操守，臣敢以百口保之。」上意解，即命文端弟訊問。事白，抵誣者罪。文端弟名爾奇，時與文定同以少司空兼祭酒，亦賢者也。

梁文莊知侯夷門

台州侯元經，字夷門，才士也。詞賦敏贍，屢躓場屋。年五十，官縣佐，解餉至户部，筦庫之吏有所需，不即予批迴，侯未僚而貧，大窘。時錢塘梁文莊公爲侍郎，見侯名曰：「此夷門也。」語司官：「某尚書祭文，諸公謙讓不作，盍以屬之？」即召至户部後堂，給筆札。不移晷，成駢體，極莊麗。某司官復進曰：「此堂官公祭文，諸曹司尚需一首，亦以相屬。」侯磨墨濡筆，復成四言韻文，於是堂上下嘖嘖稱賞不已。彼筦庫者已袖批迴，俟侯出而付之，明日，束裝行矣。後鎮江黃太守永年試童子，延至署閱卷，醉後如廁，陷而卒。身後蕭條，無一長物，江寧令袁枚以百金資之，始歸其喪。

尹文端知程鏡濤

程鏡濤嘗爲尹文端公幕客，賓主甚契。初，尹下車江南，微行巡郡邑，至嘉定城隍廟靈苑中。時方春游，士女雜遝，尹踞坐磐石，鏡濤適至，遇婦女，側身避之。有遺釵者，鏡濤拾得，亟訪其夫，還之，其夫感謝，且叩姓氏，不以告，拱手遥去。尹追而擘其袪曰：「先生一舉有三善焉：不目色，一也；不拾遺，二也；不徼名，三也。覩子於微，知非矯飾所致。某閲人多矣，未有高誼如先生者。」遂與訂交，已而延之幕府。尹督兩江，賢聲大著，章奏悉出其手。

紀文達知朱子穎

試帖初興，多尚典贍，紀文達公始變爲意格運題，館閣中人輒呼此體爲紀家詩。乾隆丙子，文達以扈從道出古北口，偶見旅壁一詩，剥落過半，中有「一水漲喧人語外，萬山青到馬蹄前」二句，奇賞之。壬午，順天鄉試，文達充同考官，得朱子穎運使孝純，投詩作贄，則是聯在焉，因歎鍼芥之契，果有夙因。後出督閩學，道浙，嘗於嚴江舟中賦詩云：「山色空濛淡似煙，參差緑到大江邊。斜陽流水推篷望，處處隨人欲上船。」嘗語子穎，謂此詩實從「萬山」句脱胎。人言青出於藍，今日乃藍出於青矣。

金冬心感惓知己

錢塘金冬心名農，續集自序，多述其自少至七十所遇前輩詩老聞人評詩贊美之語，文頗詭瑋無繩幅，而感惓知己，真氣在胸。節録數段，以存逸事。南山之南吴慶伯徵君，隱居閉關，卻軌著書，比牛腰粗。隔月，舁輭輿過談亦諳亦諳，杭詩僧。禪窟，見予《林逋墓上作》，謂亦諳曰：「吾新營生壙，宜乞此子寒瘦詩，阿師爲吾乞之，吾以高辛氏銅盤、太康玉辟邪相報。百載後，幽光藉之不泯也。」又乾隆丙戌，渡羅剎江，訪九十一翁毛西河太史，至會稽禹穴，觀窆石，作九言詩。太史激賞，誇示賓坐曰：「吾年逾耄耋，忽覩此郎君，紫豪一管，能顛狂耶！」又讀書吴中，秀水朱檢討在慧慶寺主東南詩盟，懷刺往謁。檢討出迎，笑曰：「子非秀水周林張高士宅賦木蓮花錢塘金二十六乎？吾齒雖衰脱，猶能記而歌也。」又辛丑游揚州，謝秀才前義馳譽江表，不可一世，見予《景申集》雕本，槌壁發顛曰：「吾目如炬，不輕讓第一流，何來狂夫，奪吾赤幟！」又予赴萊東，道經臨淄，邂逅趙秋谷詹事，索予詩，啞啞撫掌曰：「子詩造詣，不盜尋常物，亦不屑效吾鄰家雞聲，鄰雞即指王文簡公士禎不忘談龍舊隙也。自成孤調。」又客澤州陳幼安學士四載，相國午亭，留詠殆遍，中條、王屋，無處不放膽題詩，學士歎曰：「吾不幸十六中進士，翱翔禁庭十年，罷歸，不深讀書。今夜鐙相對，受益良多。君鄉查翰林兔園挾策，吾最薄之。君詩如玉潭，如靈湫，綆汲不窮。非吾友，實吾師也。」從此執業稱詩弟子。又華亭張得天尚書，即文敏公照。曾屏車騎訪予櫻桃斜街云：「昨見君《風氏園古松歌》，病虎癡龍，造語險怪。君善八分，遐陬外域爭購，極類建寧、光和筆法，曷不寫五經以繼鴻都石刻，吾當言之曲阜上公。」又予在新安，臨川李侍郎來游黃山，乃云：「君刻集自稱冬心先生，吾謫官時，曾諾君作記，記古人自稱先生四十九家，今可償夙願矣。若君詩，凌顏轢謝，含任吐沈，久播人口，吾不復稱説也。」

阿文成拔擢人材

阿文成善拔擢人材，每遇散僚卒伍，一二語，即知其器識，輒登薦牘，故人樂爲用。嘗識興奎於軍校，奇其狀貌，令攻某寨，即日授副將。海蘭察權奇自負，同時無一當其意，獨服文成驅使，辱罵惟命，遇他帥，雖禮下之，不樂爲用。

桑調元推器盧抱經

餘姚盧抱經學士文弨，少傳父業，敦篤翫古，婦翁桑調元甚推器之，以爲風韻似其外祖馮景，其湛深乃過之也。學士父藏景遺藁於家，有示抱經詩云：「外祖馮山公，文章驚在宥。衣鉢無後人，瓣香落汝手。」抱經謹識之，晚乃出景《解春集》，請長洲彭紹升別擇鋟行。

塾師賞錢大昕之破題

錢大昕幼時，塾師以「至則行矣」命作破題，大昕援筆書曰：「入其室，闃無人，但見雞毛一堆而已。」蓋從上文「殺雞爲黍」而言之也。塾師見之，大激賞，謂文思迥不猶人。此足與鄭成功幼時作「當洒掃應對進退」題文：「堯舜之揖讓，一洒掃應對進退也；湯武之征誅，一洒掃應對進退也」數句，並傳不朽。

李穆堂知劉海峯

劉海峯名大櫆，桐城人，古文名家。少以文謁臨川李穆堂侍郎紱，李驚曰：「五百年無此作者，歐、蘇以來一人而已。」

紀文達知陶文毅

陶文毅公澍某年會試下第，無力出都，不得已，鬻謝石之術於某胡同。其地近紀文達公昀寓邸，文達出入，習見之。一日，詢閽者，以湖南舉人對。命延入，素閱其文，亟賞之，屬假館餘屋，善視之，俾俟再試。陶自是德紀甚，及貴，則厚恤紀之諸孤，兩家往還如族姓。

阮文達知蔣徵蔚

乾、嘉間，元和有三蔣：伯莘，字於野；仲徵蔚，字蔣山；季夔，字希甫。皆工詩，人各一集。蔣山尤淵博，治經史小學，兼通象緯，著述甚精，詩文才力雄富，無所不有。弱冠游浙，阮文達公元方督浙學，一見傾倒，留之署，約爲異姓兄弟，復序其《經學齋詩》，謂研精覃思，夢見孔、鄭、賈、許時，不失顔、謝山水懷抱也。

王蘭泉得淮海四士

青浦王蘭泉侍郎昶嘗曰：「吾於淮海得四士焉：給事中王念孫及子引之善蒼、雅之學，汪中爲楊、馬之文，劉台拱有曾、閔之養。」時謂四士三美，宜矣。

巨室識林文忠

福州林文忠公則徐之父，以賣柴爲生。幼時，輒隨父力作。有巨室某，見其器宇非凡兒，頗以爲異，試與語，應對有序，聰穎殊常。計其必有成就，乃謀於其父，令伴諸兒讀，時僅十二齡也。由是遂得通顯，歷任巡撫總督者十三省。

汪文端知姚石甫

山陽汪文端公廷珍嘗督學安徽，聞姚石甫鄉試中式，語萍鄉劉金門侍郎鳳誥曰：「吾昔於皖中佳士，無所遺，獨惜未得姚瑩，今君暗中得之，何快也。」及姚成進士，爲福建平和縣知縣，赴官，過錢塘。時汪督學浙江，姚謁之，縱談三日，索觀詩文，爲題詩卷首，有「衆鳥啁啾中，獨見孤鳳皇」之句。石甫名瑩，桐城人，後官臺灣道。

何文安知李文恭

湘陰李文恭公星沅嘗以編修督學廣東，時道州何文安公數主文，所在有清望，文恭叩以利弊，筆識之。文安斂手曰：「子能虛心問，實心行，吾不獨爲粵士慶，爲異日封疆幸矣。」

李文恭知曾文正能辦賊

李文恭爲欽差大臣時，曾遇曾文正公於逆旅。時粵寇方起，殊以爲憂，談竟夜。明日，李出京，臨去時，按曾於坐而拜之曰：「吾視天下人，惟君真能辦賊。星沅老矣，無足言者，此一拜，所以寄此任於君也。」

林文忠知左文襄

左文襄微時，爲林文忠所知。道光戊戌，林起自原籍，督師廣西，胡文忠騰書薦左。林過湘，使縣令覓左，時歲晚，將歸家，挐舟江岸，縣吏從小舟中大索得之，與共登林舟，忽失足落水，衣履盡溼。登舟，敍禮畢，卽謂林曰：「聞古者待士以三薰三沐之禮，今三沐，已拜領之矣，若三薰，則猶未也。」林笑曰：「子猶作文語耶？速易衣，防中寒也。」是日，卽宿舟中，爲竟夕談。談次，及新疆邊事，忽舉手拍左肩曰：「他日竟某之志者，其惟君乎！」左亦殊自負，後卒如林言。左晚年嘗引以語幕僚，謂一生榮幸，此爲第一。是時，林卽於舟中手書一聯贈左，聯云：「此地有崇山峻嶺茂林修竹，是能讀三墳五典八索九邱。」上款書「季高仁兄先生大人法正」，下款署「愚弟林某某」。左極感之，晚年，猶懸此聯於齋壁。

陶文毅知左文襄

左文襄禮部報罷，回籍，侘傺甚，充醴陵書院山長，脩脯至菲，幾無以給朝夕。時安化陶文毅公澍方督兩江，乞假回籍省墓。當時輪舶未通，吳楚往來，皆遵陸取道江西。文毅奉優詔，馳驛回籍，地方官吏供張悉有加。醴陵爲贛、湘孔道，縣令特假書院爲行館，囑文襄撰書楹帖，其上房聯曰：「春殿語從容，廿載家山，印心石在，大江流日夜，八州子弟，翹首公歸。」印心者，文毅家有古石一，其形正方，名之曰「印心石」，故文毅齋名卽以印心石屋命之，召見時宣宗嘗從容詢及也。文毅覩楹帖，激賞不已。問縣令孰所撰，令具以文襄姓名對，卽遣輿馬迎之至，談一日夜，大洽，卽延入幕府，禮爲上賓。

文毅得子晚，其公子尚在髫齡，而文襄有一女，年與相若。文毅一日置酒，邀文襄至，酒半，爲述求婚意。文襄遜謝不敢當，文毅曰：「君毋然，君他日功名，必在老夫上。吾老而子幼，不及覩其成立，欲以教誨累君，且將以家事相付託也。」文襄知不可辭，卽慨然允諾。未幾，文毅騎箕，文襄經紀喪事，挈公子歸里，親爲課讀，且部署其家事，內外井井，如文毅在時。陶氏族人欺公子年幼，羣謀染指，賴文襄之禦侮，得無事。文毅藏書綦富，文襄暇日皆遍讀之，學力由是日進，一生勛業，蓋悉植基於是時也。

駱文忠信任左文襄

咸豐初年，左文襄以在籍舉人，就張石卿中丞亮基之幕。張去位，駱文忠公秉章繼之，信任文襄尤專。文忠每公暇，適幕府，值文襄與幕僚數人慷慨論事，援古證今，風發泉涌，文忠靜聽而已，未嘗置可否也。

胡文忠知鮑武襄

鮑武襄公超，四川奉節人。微時在蜀，拐某民家婦，遁而至湘，寄其婦於長沙理問街某刀店。刀店主婦收養之，武襄乃呼爲乾阿嬭，隻身赴鄂，謁鄂撫胡文忠公。文忠一見器之，曰：「汝誠將才，若統一二營，必爲出奇制勝之偏師也。」武襄大喜，亟還湘，召募湘人兩營，率以見文忠。文忠訝之，意謂實未給劄令募兵，然既來，姑給游餉。自是遂率師勦寇，然以無的餉，故每克一城，許部曲掠三日，三日後則嚴戒秋毫無犯。

朱伯韓知張忠武

臨桂朱伯韓觀察琦嘗居諫垣，與蘇廷槐、陳慶鏞齊聲，號稱三直。粤西寇起，方在籍辦團練。張忠武公國樑之來歸也，官吏多疑之，觀察獨謂忠武可任事，毅然以十口保其無他，忠武卒爲名將。

鄧保之知王闓運

鄧繹字保之，湖南武岡人。少有大志，不屑屑章句，喜訪求才俊，嘗謂求才爲經濟第一事。湘潭王壬秋檢討闓運幼時讀書村塾，繹聞人誦其詩，有「月落夢痕」之句，喜曰：「此妙才也。」即往訪訂交。王故貧，繹資之，使學於名師，又逢人譽薦之，由是闓運學益精，聲名大昌。

鍾建霞受知於司帳者

咸豐朝，有廣東運使鍾建霞者，起家寒微，以賣油爲業。時漕運方盛，必擔油赴糧艘求售。一日，以索值往，適司帳者方句稽款目，盤珠格格不已，鍾睨其旁。久之，司帳者問何人，以索油值對，並謂君帳於某某處有誤，故不符合。乃屬鍾代算，數悉符，則大喜，詢姓名里居，留之舟中，相助爲理，月酬以金，視擔油豐且逸矣。

越數年，糧艘裁，司帳者謂：「吾今亦無所事，我二人盍業賈。」遂託以三千金往來販運，贏利倍蓰。其人欲與分，鍾不可，但計月取辛貲，固與而固辭焉。因爲納粟，得巡檢，選授湖北酙底司。未幾，胡文忠駐兵新堤，鑲糈支絀，鍾以隨辦捐輸，保升沔陽州州同，旋擢知州，積官至廣東鹽運使，以精明綜覈見稱。

胡元煒捐官之奇遇

胡元煒之初仕也，告貸戚友，得數百金，將入都捐從九雜職。方在渡口僦舟，忽有一人來共渡，與語甚洽，因結伴同行。入都，僦屋同居。月餘，其人忽問胡曰：「子來何事？」曰：「將捐官。」曰：「盍將履歷示我。」胡示之。數日，忽謂胡曰：「吾已爲子上兑，捐知府矣。子攜來之物，即可作歸費。大丈夫生當斯世，何必齷齪爲小官。且朋友有無相通，我有餘財，敢不爲子圖耶？」胡驚喜拜謝，云不敢忘德而已。

胡出都，到省未久，即奉檄署廬州府。時爲咸豐癸丑，粤寇悍黨方攻廬州也。胡資望淺，忽權守雄郡，蓋亦其人爲之經營，胡初不知也。及在圍城中，一日，忽有人持名帖入署，胡視之，大驚，蓋即代捐知府之人也，出都後已久不相聞矣。屬胡毋衣冠相迎，恐涉張皇，令外人知也。胡迎入，拜述前德。其人曰：「子毋然，吾將以十二月十七日下廬州，子能迎降，必受封王之賞；不然，則命在今日矣。且子受我德甚大，今廬州兵餉兩絀，決不能守，與其執迷而自速厥死，孰若報德以取富貴乎？」胡躊躇良久，決意從寇。屆期，寇由胡所守之門入城。廬民聞胡通寇狀，至城破時，相率入府署滅其家。胡降，寇使擔水執爨，旋授以職。後官軍克安慶，執而戮之。

譚紹洸待士人

粵寇譚紹洸據蘇州時，有一士人爲其徒所擄，擁之入見。譚見其温文爾雅，體羸甚，謂之曰：「知書否？」士人曰：「十年窗下，苦讀未成，今不幸見獲，家有老父，當倚閭而望矣。」譚曰：「姑居此，吾當送還家也。」因與談《左傳》，刺刺不休，士人亦背誦如流。譚大喜，撫其背，知其寒，解衣衣之。士人素佞佛，夜静無人，輒禮斗。譚偶見之，戒曰：「此間以拜偶像爲例禁，幸余見之，尚無害。營中有墨面大漢，最粗暴無禮，苟爲所見，則汝頸不足血彼刃矣。彼故渡僧橋惡丐也，以軍功擢大將，幸自注意，勿攖其怒也。」居數日，譚曰：「吾見汝身軀孱弱，此間不可久居。今派小隊，送汝歸家矣。」士人稱謝而歸。

石達開知熊倔

熊倔字屈人，嘗挾策金陵，干粵寇洪秀全，不能用也。石達開與語，奇之，告秀全曰：「熊某，奇才也。若用之，天下不足平矣；不然，即殺之，勿以資敵。」秀全猶豫未決。尋某酋被收，倔以書告達開，勸速遁。達開就其館訪之，已不知所之矣。

李文忠知王韜

咸、同間，吳縣王紫詮廣文韜曾上書於粵寇之號稱忠王者，洋洋數千言，皆足致官軍於死命，而不見用，乃走南洋，歷諸島，息影於香港百步梯。初亦曾客忠幕，多所擘畫，忠於是書乃交臂失之，不可謂非朝廷之幸也。蓋粵寇不能善用五人，故致顛覆如是之疾。五人者，石達開、李秀成、錢江、容閎與韜也。韜名籍甚，斯時李文忠擬以上賓待之，聘使交至，胥遜謝，其答書有「此心久灰，老朽難用。同根相伐，敢再加厲」等語。文忠得書，數歎息曰：「張元不爲宋用，誰之過歟？」

曾文正知楊毓枏

拔貢朝考，得知縣，以到省先後爲補缺之序，授職後，即詣吏部領憑，既領憑，未有不即時遄往者。曾文正爲侍郎時，有兩門生，皆得直隸知縣，同時往謁。問行期，其一爲楊毓枏，遽對曰：「已雇車，即行矣。」其一則某，曰：「方待束裝。」文正疑楊爲巧宦，已而聞先去者乃某也，因歎曰：「人固難知哉！楊嚮者之對，正其拙耳。」文正後頗遺書直隸大吏，言楊之賢。及楊復至，文正問相待如何，楊曰：「上官待屬吏皆好，待毓枏亦好。」文正大笑曰：「若真老實矣，好，好！」楊後官至大名府知府，某竟以事被劾，如文正言。楊澹於宦情，文正督直隸時，欲委署道缺，竟辭歸。乃贈以聯云：「已喜聲華侔召杜，更看仁讓式鄉閭。」

曾文正知江忠烈程忠烈

江忠烈公忠源初謁曾文正於京邸，既別去，文正目送之，曰：「此人必名天下，然當以節烈死。」時天下方無事，衆訝其言之不倫。後十餘年，忠烈果自領偏師，戰功甚偉，嗣殉難廬州。

文正東征時，滬上乞師，乃奏請以合肥李文忠赴滬，而以程忠烈公學啓從。臨發，文正送之登舟，拊忠烈背曰：「江南人譽張國樑不去口，君去，亦一國樑也。行聞君克蘇州矣，勉之！」李至滬，由下游進兵，自青浦、崑山轉戰，拔名城，殪大憝。雖嘗借助英、法兵，而西人獨推忠烈功爲淮軍諸將最，其聲威殊不出張忠武下。嗣克嘉興，先登，中鎗仆地，卒不救。其以死勤事，亦與忠武同。

曾文正重羅忠節塔忠武

曾文正生平所最器重者二人，曰羅忠節公澤南，曰塔忠武公齊布，分兵殺賊，屢建奇勳。後羅、塔同時殉難，曾臂援頓失，東西南北，往來無定。湘人爲之口號曰：「拆掉一座塔，打碎一面鑼，穿爛一部曾。」蓋紀實也。

曾文正識拔杜文瀾

秀水杜小舫方伯文瀾始以錢幕入仕，曾文正至金陵，頗不然之。適由行臺移節府，見堂室所揭楹聯，於人地事事切合，奇賞之。詢爲杜之手筆，卽延見，譚至鹽務、洋務，尤指畫詳明，並條陳利害，灼然可行，歎爲奇才。旋奏署江寧藩司，由是徧歷三司五道，然未曾引對入都也。及沈文肅公葆楨蒞任，乃以嗜好太深，劾之去職。

曾文正知容閎

容閎字純甫，香山人。年七歲，卽學於英教士。十三，從美教士普拉温。普愛其才，攜之至美，使肄業於葉爾大學，時年十九。後七年，畢業回國。又十年，始受知於曾文正。同治中，奏設機器製造局於上海。文正使容赴美購料，容乃建議，遣聰俊子弟遊學於美。文正從之，使爲監督，兼充駐美副使。適華工在祕魯、古巴諸國受虐待，事聞，中朝使容就近往查，屬實，遂禁止移民祕魯。已而文正薨，李文忠悉召遊美學生回國，皆未畢業。容大失意，遂留美二十年，不還。

先是，容娶美婦，舉二子，皆三十餘歲矣。光緒甲午中日之役，雖在海外，然仍不忘故國。時張文襄主戰，幕客某與容識，容因獻策於張，其一曰：「請親赴倫敦借款一千五百萬元，購辦現成鐵甲艦三四艘，招借洋兵五萬，由太平洋出拊日本之背，以阻其西侵之勢。」其二曰：「借款歐洲某國四億元，以臺灣爲抵押，九十九年還，大興海陸兩軍，以挽頹勢。」張納第一策，飛電促赴英。容急詣倫敦就富商謀之，富商咸欲以海關作抵，文忠與赫德皆不欲，議垂成而寢。

後數年，日皇簡兒玉大將爲臺灣總督。一日，有白髮短軀者來，投刺，書「容閎」兩字。兒玉出見之，極道傾慕之意，已而曰：「今竊爲足下危者一事。」容不解，促膝問之。兒玉曰：「前者閩浙總督致書，言容閎苟來，請捕拿解交。」蓋謬傳容爲康黨也。容泰然曰：「公欲捕我，固無所逃。雖然，我爲祖國謀，爲忌者所中，此士之榮也。」兒玉笑曰：「我不爲貴國捕吏，請足下勿慮。」因出報紙示之，曰：「此事爲何人提倡？」蓋所録者卽容向所建第二策也。容受之讀竟，曰：「此非他人，卽我之策也。」舉右手叩其胸者三，乃繼語曰：「此言借款億元，非事實也。吾欲借者，特其半耳。」兒玉笑而頷之。容曰：「他日苟臨國難，吾將復建此策，人不能奪吾志也。」時兒玉將東歸，勸容俱往。容適患喘，不果行，居數日，遂詣香港。兒玉派兵四人晝夜爲之警護焉。

曾文正知李芋仙

李芋仙名士棻，四川忠州人。嘗爲江西南豐令，劉仲良中丞秉璋劾罷之。初，芋仙客曾文正所，使酒嫚言，文正以方外畜之，不甚重也。然時憐其才。文正官江南日，芋仙屢有干請，戒門者勿通，芋仙乃以四詩。用稟封達之文正，讀之稱善。次日，梅小巖方伯啟照入見，文正曰：「李芋仙終是才人，務爲之地，勿使失所。」於是芋仙得以温飽數年。文正卒，乃流落上海，教一二女伶度曲以自給。所藏書鈐有「忠州李芋仙隨身書卷」一印。其上文正詩有云：「憐才始信得公難。」文正爲之動心者此也。

曾文正李文忠識劉省三

劉銘傳字省三，懷遠人。自幼喜弄棍棒，粵寇據金陵時，劉糾合數百人練之爲團，以衞地方。然以經費支絀，嘗遣其所部刦資以爲助。邑人大忿，控之於欽差大臣向忠武公榮，向命邑令就地正法。令使入站籠，將斃之也，然劉無所苦。守役奇之，與之談。劉謂：「因公獲罪，自問爲全大局計，無所懟。惟吾死恐邑亦陷矣。」役心善之，乃與偕亡，中途，守役別去。

劉乃至蘇州，以鄉誼謁李文忠公鴻章，李畀以幫哨。未幾，曾文正公國藩閱兵至蘇，命傳見，且納爲門生，旋令統領四十營，去待罪時僅十八日耳。其後洊至提督，改巡撫，遂開府臺灣。

程忠烈感曾貞幹

合肥程忠烈公學啓初從粵寇，後降於官軍。降時，與所部數百人俱，嚴裝持滿，叩曾文正之弟貞幹壁門，大呼曰：「我來降，追者在後，故不能釋兵。信我，可開壁相迎；不信，亦請發礮相擊，免使我死賊手也。」曾聞之，遽倒屣出視，傳呼開壘門納之。程以此感曾甚，誓效死以報。

酒家叟識王筱嵐

黔陽王筱嵐，同、光間以詩文名。少時家貧，爲村塾師，三應童子試，不售，人咸藐視之。王鬱鬱不樂，奇懷於酒，日持百錢至村店沽飲，必醉而歸，醉則益詈人，或痛哭大叫不已。酒家叟獨敬之，待遇不與常人同。王怪之曰：「汝酒家傭也，豈知我哉！何厚我？」叟曰：「君舉止非碌碌者，何困於是？」王曰：「汝豈知，貧家子豈有讀書分耶？終歲辛苦，得館穀，不足買一書。富人圖書滿家，子孫竊出易狗馬，然不得入寒士手。若吾，豈有福讀書者？已矣，吾其醉死矣！」言已，擲杯，狂叫而起。叟曰：「君不聞映雪鑿壁事耶？士豈患貧哉！雖然，老夫當爲君助。」乃延王至家課子，兼督其自學，有所需，力爲之謀。王感其意，肆力於學，數年乃大進。後王與叟子皆成進士，爲詩古文辭，有名於時。時叟年七十餘，猶親見之，王尊爲師。叟曰：「君力學之功也，老夫何與焉。」

左文襄知英果敏

左文襄公在西疆時，湘軍而外，旗營勇營，林立其間。遇有餉項支絀時，無不立予協濟，以是人服其公。然意氣甚盛，雖有與文襄官秩相等者，而言語酧酢，書函往復，若自處於卑下，則遇有所求，無不如志。英果敏公翰時任烏魯木齊都護，一見傾倒，派兵派餉，以供使用，概辭不受。嗣奏陳邊事艱難情形，極推文襄之功，遂得月協八萬鉅餉，情好以是日密。將軍金順頗不能事，將奏薦代領其衆，未及，而英卒矣。英疾亟時，以寸紙手書告訣，文襄爲之痛哭，告僚友曰：「西邊少一替人，吾且傷一知己矣！」飛章表其夙勤，爲理身後事。甚備。文襄向論旗員習氣重，解事少，遇金順，猶以部曲等之，至果敏，則稱爲有用才，同時督撫罕有其比也。

張文襄待遇僚屬

南皮張文襄公之洞督鄂，勳績頗著，然頗有僻見。僚屬以事晉謁，或上條陳，甫接見，張默坐無語，若倦而假寐者，久之而發言，果爲所稱許，當視爲循例套語之敷衍而已；或搖首蹙額，未幾且呵叱之，則其人不出數月，必再被傳見，爲所用矣。

張文襄待士

張文襄博學強識，口若懸河。或有薦幕友者，無不並蓄兼收，暇時，則叩其所學，率不能對其十一，多有知難而退者。督鄂時，一日，有狂士某投刺入，命見。見已，遽曰：「我某某也。我通測繪學，公知否？」文襄命人授以紙筆，欲面試以窮其技，狂士一一臚列，瞭如指掌。乃大歎賞，卽檄充畫圖局教習。某出，謂人曰：「某公固易與也。」

張文襄爲某令之知己

張文襄入贊樞密，出任封疆，久鎮兩湖，政績卓著。其平日，凡僚屬秀異者，罔不加以青眼。某令者，歷任劇邑，號能員，適解任，僑寓省垣。一日，謁文襄，以楹帖進。文襄見而歎賞，立委某邑篆。句云：「師事幾人心北面，感恩知己首南皮。」

張文襄賞梁崧生

張文襄督鄂時，督署電報房領袖學生梁敦彥後爲尚書字崧生者，時方專司譯電報事。向例，朔望行禮，文案委員與電報學生皆分班行禮，梁在諸生之列，文案委員無一與談者。一日，文襄瞥見之，自曳其手，使厠文案委員之列，曰：「汝在此。」衆大愕。此後文案委員見梁，皆刮目視之矣。

潘文勤知趙舒翹

長安趙展如司寇舒翹以寒素起家，致位六卿。晚節不終，失身奸黨，論者輒詆訶之。然其歷官治事，實有過人之才，不可没也。

趙初通籍，觀政刑部。京曹本清苦，刑部事尤繁重，俸入又最廉。趙聰強絶人，耐艱苦，恆布衣蔬食，徒步入署，爲常人所不能堪。秦士官秋曹多有聲，趙尤冠其僚，論者謂薛雲階尚書允升以學力勝，趙則以天資勝，自二人外，前後數十年，無第三人也。吴縣潘文勤公祖蔭官大司寇時，尤器其才，奏留，未五年，即以提牢廳補主事缺，總辦秋審，旋擢員外郎，外保京察一等。胡體安獄起，李鶴年爲汴撫。初以王樹汶代體安死，暨樹汶臨刑呼冤，則又援強盜不分首從立斬律，當樹汶大辟，卒置體安不問。汴京官聯銜參奏，文勤力主提案至京，委趙主其事。讞垂定矣，文勤忽入李鶴年客某言，欲寢其事弗究，而仍依汴中原讞定案。趙持稿，上堂力争，聲色俱厲。文勤不能堪，然心亦知趙所持正，顧未欲於衆司官前顯示詘伏。方猶豫，趙遽拂衣出，歸家繕呈，乞開缺回籍修墓，擬翼日入署呈遞，而文勤以是夕丁外艱矣。繼任者爲南皮張文達公之萬，文勤於倚廬中手書致文達，略謂「趙司官學問才品皆不居第一流，蔭於五年中超擢其人，由箸股至律例館提調。前日之事，曲實在蔭。丈既接任秋卿，乞仍照趙君所讞定稟。趙君剛烈過人，尤望吾丈曲意保全之也。」時趙去志已決，文達以文勤手書示之，始已。是時趙名震中外，而人尤服文勤之勇於改過、篤於愛才也。

翁叔平知康長素

光緒戊戌，常熟翁叔平相國同龢嘗於德宗前言及南海康長素主政有爲，贊其才。蓋德宗奮發自强，欲求人才，一日，以康詢相國，相國對以「才勝臣十倍」。

寶廷識吴武壯

光緒乙亥，吴武壯公長慶授真定鎮總兵。入覲，寶竹坡侍郎廷邂逅與之言，既定交，退而語人曰：「中興名將，吾見多矣，未見有氣度高朗若吴筱軒武壯字者。異時國家有事，建功者必斯人也。」

張翼受知於醇王

張翼字燕謀，順天通州人。父爲諸生，貧甚。父歿，母姊藉針黹以度日。張爲人牧馬，展轉至醇王邸。一日，王出，見張憐之，召問焉，應對有序。王喜，令充近侍。一日，王忽病，幾殆。羣醫會商，非大黄不爲功，顧以藥力猛，未敢用。張瞰知其故，毅然曰：「汝曹第開方，別將藥名重量，書條與我，我自購之，雜他藥中。脫有他故，我負其責，與汝曹無涉也。」藥進後，王病良已，問此方出自誰某，張直告之。王大稱歎，曰：「不料汝竟有此忠心，且有此膽。」次日，孝欽后及德宗往視疾，王具告之。孝欽亦稱賞，且曰：「俟張至二十歲時，可令其作官。」時張甫成童也。張及冠，納貲得道員，指省江蘇。時左文襄公宗棠督兩江，王於左陛辭時面託之。歷供要差，旋返直隸，督採開平煤礦，累遷至禮部侍郎，以開平礦事鐫職。張性孝友，年五十，母怒時，輒長跪不起，待其姊甚厚，奩資達數十萬金，姊有所求，無弗應。

醇王信任許恭慎

光緒癸未法、越之役，醇王以事關交涉，非尋常外侮可比，將發神機營出征。許恭慎公庚身不韙其策，乃委婉其詞，以書達之，略謂：「以王之訓練有素，自必所向克捷。惟慮南北水土異宜，且聞彼地有瘴，倘兵士遘癘，有所挫折，不特有損天威，且於王之神武亦有所礙。」王大悟，謂許爲知言。翌晨，要許於朝房，語之曰：「昨君書大是，見識遠到，匪急性人所思。且兵士戰死固爲本分，若死於瘴，勢必挫損，豈不貽笑外人。吾昨已止前命矣。後有磋議事，還當不我遐棄耳。」由是王信任之彌篤焉。

袁忠節知施洛笙

施洛笙名亦爵，吴縣人。年十六，從父賈於滬，執業之暇，輒就婁縣沈約齋習詩文，且工六法，似董香光。初主計於錢肆，繼司招商局筆札，有肆應才。時董局者爲嚴芝楣，器之，及老病，薦洛笙自代。袁忠節公昶見其詩札，與訂交，語人曰：「此吴下後來之秀，非阿蒙也。」

希將軍悦羅某

湖北拔貢羅某，屢應鄉試不售，喟然歎曰：「人身在世，能幾何年。大丈夫欲立大事，成大名，必欲藉手於科舉，則終老泥塗耳。」時潘文勤公在朝，酷好金石，博收古代遺物。羅因以舊藏漢磚及最大之銅缸載以北上，趦趄燕京者久之，得識同仁堂主。同仁堂者，燕京藥肆，著稱於時，王公大臣所常藉以休息之地也。同仁堂主暇輒以羅意告潘，潘延羅入私邸，頗賞其所攜金石，問何所欲：「金耶？官耶？幕府耶？抑推薦他處耶？」羅曰：「他皆非所願，願得一書投吴大澂麾下，得行吾志，以報國家，則幸甚矣。」潘壯其言，作書命往投之。

時吴方駐天津，羅至，則吴已出關，羅孑身往從，裘敝金盡，困於逆旅。一日，有同寓之某見而問焉，羅悉告無隱。某曰：「惜哉，失此機會。顧吾子之意奚若？」羅曰：「吾仍願達吴帥處耳。」某曰：「關外險阻，非孑身可行也。吾向隸希將軍麾下，將軍方招致南方士子，君能從我往，川資不足計也。」羅大感之，因偕行謁希。希與語，大悦，因以轉運之職託焉。凡三年，無過失。希曰：「今俄人野心勃勃，君爲我偵之，可乎？」曰：「奚不可！」希曰：「俄近與吾國有隙，吾國人之履其境者頗危，君其珍重。」羅乃飾酒賈裝，操俄語，往西比利亞鐵路詳偵之。歸，以所得告希，并上其所著見聞録。希欲薦之，使得大用也，乃爲達之部，部臣置不問，迺回里，時已保至浙省候補知縣矣。

清稗類鈔

隱逸類

徐俟齋賣畫爲活

徐枋字昭法，别字俟齋，長洲人。父忠節公汧，明崇禎戊辰進士，官少詹事，乞病歸。乙亥六月，蘇州破，正衣冠投虎邱橋下死。俟齋弱冠舉崇禎壬午鄉試。忠節將殉國，號泣欲從死，忠節曰：「吾不可以不死，若長爲農夫以没世，可也。」自是隱居終其身，與宣城沈壽民、嘉興巢鳴盛稱海内三遺民。書宗孫過庭，畫宗巨然，間法倪、黄。自署秦餘山人。得其遺墨者，視如拱璧。然貧甚，南岳僧洪儲時周之，曰：「此世外清淨食也。」嘗絶糧數日，黄九烟造訪，出手中畫扇，使童鬻於市，無售者，則曰：「黄九烟詩畫也。」乃得銀數錢歸。而俟齋及九烟皆怒，以爲溲九烟名，趣返其值。豢一驢，甚馴，通人意，日用有所需，則以所作之畫卷，置簏於驢背，遣之。驢獨行，及城門而止，見者争趣之，曰：「高士驢至矣。」亟取卷，以日用所需物如其指，備而納諸簏，以爲常。康熙甲戌，卒於天平山麓之澗上草堂，時年七十三。

方密之不臣不叛

方以智字密之，爲明末四公子之一，學者私謚曰文忠先生。明崇禎庚辰翰林。甲申，爲睿親王所得，脅之降，不屈，釋之。逾年，桂王立於湖南，與瞿式耜並徵，將以爲東閣大學士，亦不赴。旋遁爲僧，隱居桐城之浮山，自號浮山愚者，又稱無可道人。不臣不叛，不降不辱，殆古伯夷、叔齊之流亞歟！密之於書無不讀，學兼漢、宋，旁及諸子百家，天算、輿地、方伎、雜藝無不通貫，著書凡百二十種。

敬一主人讀書醫巫閭山

敬一主人高塞，太宗七子也，封鎮國公，世居盛京。善文翰，詩多清警，隱醫巫閭山，讀書其間。常熟孫赤崖暘以事戍吉林，主人留之數載，遇赦始歸。

黃梨洲憑几雙肘隱然

餘姚黃梨洲入國朝而隱，嘗坐雪交亭，不知日之晚，倦則出門行塍畝間，已復就坐。如是而日而月而歲，其所憑之几，雙肘隱然。慶弔吉凶之禮盡廢，一女嫁城中，終歲不與往來。一女三年在越，涕泣求歸寧，問之不答。黃嘗曰：「自北兵南下，懸書購余者二，應捕者一，守圍城者一，以謀反告訐者一二，絶氣沙墠者一晝夜，可謂瀕於十死者矣。李斯將腰斬，顧謂其中子曰：『吾欲與若復牽黃犬，俱出上蔡東門，逐狡兔，豈可得乎？』陸機臨死歎曰：『華亭鶴唳，豈可復聞乎？』吾死而不死，則今日者，是復得牽黃犬出上蔡東門，復聞華亭鶴唳之日也。以李斯、陸機所不能得之日，亦已幸矣。不自愛惜，而費之於慶弔吉凶之間，九原可作，李斯、陸機其不以吾爲怪乎？」

余若水不出城南一步

余若水，會稽人。明末畫江之役，補禮部主事，遷郎中。事去，逃之山中，郡縣逼之出見，乃與疾城南，以死拒。久之，事得解。所居僅草屋三間，不蔽風雨，以鱉甲承漏。聚村童五六人，授以《三字經》。卧榻之下，牛宫雞桀，無下足處。晨則秉耒出，與老農雜作。同年生王天錫爲海防道，欲與話舊，以疾辭。天錫披帷直入，擁衾不起，曰：「不幸有狗馬疾，不得與故人爲禮。」天錫執手勞苦，出門未數武，則已與其婢擔糞灌園矣。天錫遥望見之，歎息去。冬夏一阜帽，雖至昵者，不見其科頭。嘗慨世路偪仄，遂疑荀卿性惡之説爲確，至欲著論以非孟。康熙己酉十月卒，年六十有五，蓋二十有四年不出城南一步也。疾革，黄梨洲造其榻前，欲爲切脈。笑曰：「某祈死二十年以前，反祈生二十年以後乎？」梨洲泫然而别。

顧祖禹不願列名

徐乾學修《一統志》，設局於包山，辟四方知名之士以爲輔。無錫顧處士祖禹精地理學，固延之，三聘乃往。書成，將列名以上，處士不可，至欲投死階石，始已。或謂處士嘗游耿精忠幕，干以策，不用，乃去。

申凫盟無干世心

申凫盟名涵光，明遺民也。自見蘇門孫夏峯後，大書於門曰：「真理學從五倫做起，大文章自六經得來。」又題書室曰：「學古之志未衰，每日必擁書早起；干世之心已絶，無夕不飲酒高歌。」

張覆輿閉户絶人跡

永年張覆輿，明諸生，與申凫盟同學齊名。崇禎甲申後得狂疾，築土室村外，閉户絶人跡，穴而進食。歲時一出拜母，雖妻子不見也。入夜時有泣聲。

郭大臨竄身黄冠

常熟郭孝廉大臨，任俠尚氣，明亡後，卽竄身黄冠，偏走江湖，欲得奇才劍客而友之，卒無所遇。順治辛丑，餘姚黄太沖讀書雙瀑寺。雙瀑在萬山中，人跡殆絶，大臨忽走訪。太沖問何以知之，笑不答。問奚自，曰：「甬上也。」

何穉元叔姪同隱

何穉元名蔚文，浪穹人。五歲讀書，過目不忘，九歲能詩文。有大志。會明亡，屢有所謀，不就，遂與兄星文輩隱遯寧湖。家貧，四壁蕭然，詠歌自適，間爲詞曲書畫，以發其怨憤之情。巡撫袁懋功聞其賢，徵之。謝曰：「吾家世受明恩，願以布衣終。」時人稱其有陶靖節之遺風。著有《浪楂詩集、文稿》。年七十三歲而卒。從子素珩，字尚白，讀書有得，無意進取，與蔚文同隱於寧湖，自號茈碧漁家。浪穹別名茈湖。往來乘小舟，以琴樽自隨，出入煙波中，其高風亦不減於蔚文也。

八大山人以啞字署門

八大山人者，即朱耷，明宗室也。爲諸生，世居南昌。弱冠明亡，棄家遁奉新山中，祝髮爲僧，住山二十年。臨川令胡亦堂聞其名，延之官舍。居年餘，意忽忽不自得，遂發狂疾，忽大笑，忽痛哭竟日。一夕，裂其浮屠服，焚之，還走會城，獨身佯狂市肆間。嘗戴布帽，曳長領袍，履穿踵決，拂袖蹁躚行，市中兒隨觀譁笑，人莫識也。猶子某留止其家，久之，疾良已。

山人工書法，行楷學大令、魯公，狂草頗怪偉，亦喜畫水墨芭蕉、怪石、花竹及蘆雁、汀鳧，翛然無俗韻，人爭寶之。飲酒不能盡二升，乃喜飲。貧士或市人屠沽邀之飲，輒往，往飲輒醉，醉後墨瀋淋漓，不甚自愛惜。數往城外僧舍，雛僧爭嬲之索畫，至牽袂捉衿，不拒也。戚友餽遺之，亦不辭。貴顯人欲以數金易一石，不可得。或持綾絹至，直受之，舉懷素語，謂將以爲襪。以故貴顯人求書畫，乃反從貧士山僧屠沽兒購之。一日，忽大書「啞」字署其門，自是對人不交一言。然善笑，而喜飲益甚。或招之飲，則縮項撫掌，笑聲啞啞然。又喜爲藏鉤拇陣之戲，賭酒勝，則笑啞啞，數負，則拳勝者背，笑愈啞啞不可止。

醉則往往泣下。

鄭孫段傅爲四廢

太原鄭大元，偕孫緈、段樵、傅山隱沁源山中。旋歸柳峪，授徒自給，友一跎一啞一聾，號四廢，不知所終。傅有贈大元詩云：「伯陽吾愧汝，一飯不曾嘗。節苦甘溝壑，蒙亨小學堂。三人傷獨在，四廢寄情狂。手植芳椒老，辛紅滿夕陽。」又題墓碣云：「柳峪似谷口，姓還同子真。上京名不振，倫擬德彌尊。白日無朋友，黄泉有段孫。心期長夜合，抵掌論乾坤。」

李潛夫不受人餽

寧都魏叔子嘗游杭州，過嘉興，訪李潛夫。潛夫方絶糧，叔子探囊，得銀五錢，爲之買米。因作書與周青士，屬其集知交數人，月爲潛夫給盤餐。青士曰：「君意良厚，但李君不肯受人餽，君力不能，聽其餓死可也。」

杜于皇四壁蕭然

國初，杜于皇濬隱居雞鳴山下，足跡不入城市，四壁蕭然，炊煙常絶。偶有遠友過之，欲供一飯而無所措，以案頭《葉龍泉集》易炊。食頃，口占一絶，有「看君咀嚼葉龍泉」句。有人詢以近狀，答書云：

「昔日之貧，以不舉火爲奇；今日之貧，以舉火爲奇，此其别耳。」

謝南衡遇大寧洞黄冠

謝南衡者，武昌人，本姓朱。嘗遊黔、蜀間，至大寧洞，洞有黄冠，兀坐如枯樹，問之不答，試手觸其冠，應手墮地爲灰。旁有一印，文曰「大寧巡簡司」。蓋此人明世爲是官，鼎革後避地修真於此，坐化，印故所佩，雖入定，未嘗捨也。洞深處石壁，有羅念菴題一絶云：「海門千丈浪如山，一轉千年瞬息間。洞裏聞雷催雨急，作龍争似作魚閑。」道流謂爲念菴住静處，不可知也。

汪魏美爲三高士之一

錢塘汪渢字魏美，嘗舉明崇禎己卯鄉試。娶錢飛卿之女，盛飾入門，誡之，乃屏侍婢，躬操作。明亡，棄科舉，姻黨欲强之試禮部，出千金眎其妻，俾勸駕。妻曰：「吾夫子不可勸，吾亦不屑受此金也。」嗣因兵亂奉母入天台。海上師起，羣盜滿山谷，始反錢塘，居北郭外。室如懸罄，處之晏如。當是時，湖上有三高士之目，汪其一也。當事皆重之，監司盧高尤下士，一日，遇之於僧舍，問汪孝廉何在，汪應曰：「適在此，今已去矣。」盧悵然，不知應者即汪也。盧嘗遣人通殷勤於三高士，約置酒湖船，以世外禮相見。其二人幅巾抗禮，盧相得甚歡，惟以汪不至爲恨事。已知其在孤山，放船就之，終排牆遁去。

孫豹人隱居揚州

三原孫豹人隱居揚州，僦居董相祠，扃户讀書。身長八尺，龐眉廣額，衣冠甚偉。初與尤悔庵未識面，一日，悔庵宴集某處，豹人甫入門，悔庵卽離坐起迎曰：「此孫先生也，余固識之。」相與大笑。晚年築室數楹，題曰溉園，烹魚釜鬵，隱然寓「匪風」之痛也。嘗遊焦山，中流遇大風，舟中人失色震恐，豹人獨扣舷歌曰：「風起中流浪打舷，秦人失色海雲邊。也知賦命原窮薄，尚欲西歸太華眠。」

邵得魯遊山始笑

明亡，餘姚邵得魯，名以貫，欲死之，以母老不果，遂祝髮爲頭陀，狂走，入雪竇山中。妙高臺僧道巖者，故鄞廣文張廷賓，亦姚產，而沈史講會中人也，乃依之，苦身持力，不與人接。鄞故都御史高斗樞物色得之，曰：「異人也。」遣二弟從之遊。周囊雲亦以僧服居白坑，時時過從，尋以省母，返居潭上園。黃澤望志節夙與邵近，至是，居園中，夜共讀謝皋羽遊録而慕之，曰：「方今豺虎滿天下，五嶽之志不可期矣，四明二百八十峯，近在卧榻，宜峯峯有吾兩人屐齒也。」於是始偏走山中。然山寨方不靖，所在多邏卒，而黃、邵衣冠奇古，頻遭詰難，不以爲苦。亡何，入絶谷，不知所向，方茫然求故道，不可得。俄而峯回路轉，松竹梧桐甚盛，有雞犬聲，輒就之。茅舍一椽，中有幅巾者出，問客何來，則語之以里宅。笑曰：「吾亦姚人，避世居此，不虞君之涉吾地也。」乃止宿，則告曰：「是爲石屋山。僕爲故孫公碩膚監軍，孫死海上，吾無所依，來此山中，遂與人世絕。」因相顧歎曰：「是真桃源矣。」黄嘗曰：「得魯自明崇禎甲申後，輔頰間無日不有淚痕，其稍稍開口笑者，遊山耳。」未幾黄卒，邵無所依，自是益卞急，棄家投四明山之楊菴。時尚有一妾，邵去，亦爲尼於菴中。每日晨昏，各上堂禮佛，此外，雖茗粥不相通。久之，皆卒於菴。

周唯一爲無髮居士

明亡，周唯一棄官歸，遯入剡源。盡去其髮，葬之，爲髮冢，架險立瓢，榜曰囊雲。自稱無髮居士。剡源饒水石，則與山僧樵子出没瀑聲虹影間。王天錫求見，拒之曰：「咫尺清輝，舉目有山河之異，不願見也。」唯一名齊曾，鄞人。

閻古古湖山容身

閻古古名爾梅，遇赦後，别柏鄉魏相公、合肥龔尚書詩云：「君相從來能造命，湖山此後好容身。」述感謝之意也。其詠歌風臺云：「英雄原不羞貧賤，歌舞奚曾損帝王。嫚罵亦看何等客，腐儒原足使人輕。」至函谷關句云：「范叔西來人不識，田文東去吏猶眠。」

錢湘靈隱虞山

錢湘靈晚年隱虞山，老屋三楹，適當石梅之下，松陰嵐翠，到處青蒼。錢兀坐其中，擁書萬卷，咿哦不輟。過其門者，往往駐足窺之，流連不去，而錢自若也。室榜一聯云：「名滿天下不曾出户一步，言滿天下不曾出口一字。」爲三峯老衲碩揆書。

劉公勇著隱者服

潁川劉體仁字公勇。其父惟中，在明季以任俠著。時流賊大起，潁當賊衝，惟中日夜部勒其鄉人子弟，爲潁捍守，其後竟死於賊。公勇甫弱冠，意氣卓犖，有父風。數往來兵間，爲諸大帥畫策。及江南内附，入蘇門山，從孫徵君逢奇，著隱者服。然公勇爲人輕財喜事，以交游爲樂，實不能久留山中也。一旦，舍徵君，去之梁、宋間，與其故交把酒賦詩談笑，倨傲自若。

聖祖贊海内三隱

聖祖天亶右文，凡耆儒碩學名山著書者，其姓氏多達睿聽。一日，李文貞奉獨對，上偶問今時夷退之士，文貞以宣城梅文鼎、關中李容、河南張沐對。上親筆記之御箑，屢語廷臣，嘉歎特至。中外聞風，因號文鼎等爲海内三隱。

柴紹炳不應舉

柴紹炳入國朝，居南屏山，貧甚，屏絶餽饟，賣藥自給。其爲學，於象緯、律歷、輿地、禮制、農田、水利、兵戎、賦役莫不研究。康熙己酉，敕舉山林隱逸之士，浙撫范忠貞公親詣之，請以應詔，固辭。

李二曲隱居讀書

李二曲名容，起自田畯，嘗一就科舉，遂隱居讀書，以理學倡導關中，修明横渠、藍田之教，當時與孫夏峯、黄梨洲爲三大儒。遠近皆重其學行，稱二曲先生。父信吾，從明監紀孫兆禄死賊難。家貧甚，母子相依，或一日不再食，或連日不舉火。有踵門求見者，力辭不得，則一見之，終不報謁；再至，并不復見。有餽遺者，雖十反，亦不受。母卒三年後，徒步之襄城，徧覓父遺蜕，不得，晝夜哭不絶。知縣張允中聞之，爲立信吾祠，且造冢於故戰場以慰其心。乃負其冢土歸，告於母墓，更持服，如初喪。陝督鄂善以隱逸薦，自稱廢疾，長卧不起。康熙戊午，部臣以海内真儒荐，繼之詞科徵，獨得昌明絶學之目，必欲致之，固稱疾篤。舁其牀，至行省，遂絶粒，水漿不入口者六日。大吏猶欲强之，拔刀自刺，乃得予假治疾。自謂不幸有此名，乃學道不醇，洗心不密，不能自晦所致。其後荆扉反鎖，不復與人接。已而聖祖西巡，欲見之，令陝督傳旨，辭以廢疾不至，特賜「關中大儒」四字寵之。

應潛齋卻徵

仁和應潛齋，名撝謙，既入國朝，遂棄諸生服。康熙戊午，閣學李天馥、項景襄以博學鴻儒薦，潛齋舉床以告有司曰：「某非敢卻聘，實病不能行耳。」或舉泰山孫明復嘗從石介請以成丞相之賢，謂不必果於卻薦。潛齋曰：「我不能以我之不可，學明復之可。」乃免徵。范承謨撫浙，又欲薦之，遂稱廢疾。海甯州牧許酉山請主講席，造廬者再，不見，既而曰：「是非君子中庸之道也。」扁舟報謁。酉山大喜曰：「應先生其許我乎？」潛齋逡巡對曰：「使君學道，但從事於愛人足矣，彼口説者適足以長客氣耳。」酉山嘿然不怡。既出，潛齋解維疾行，曰：「使君好事，必有束帛之將，拒之且益其愠，受之則非心所安也。」杭州太守嵇宗孟數式廬，欲有所贈，囁嚅未果，及見所作《无悶先生傳》，乃不敢言。後以志局請，辭之，則請下榻郡齋數日以請益，然但一報謁而已。

同里姜御史圖南視鹺返，於故舊皆有餽，嘗再致潛齋，不受。偶遇諸途，方盛暑，則衣木棉衣，蕉萃躑躅。圖南歸，貽越葛二端，曰：「雅知先生不受人絲粟，然是戔戔者，非自盜泉來也。」輒又謝曰：「笥尚有絺綌，昨偶感寒，欲其汗耳。」竟還之。平日坐卧小樓，一几一榻，書册外無長物。弟子甚多，乃以樓上樓下爲差，如馬融例。里中一少年使酒，忽叩門，求聽講，許之，居三日，不勝其苦，去使酒如故。偶醉，持刀欲擊人，洶洶莫能阻。忽有人曰：「應先生來！」少年頓失魄，投刀垂手，汗浹背。潛齋撫之曰：「一朝之忿，何至此？盍歸乎！」乃俯首謝過去。

一壺先生蹤跡無定

一壺先生者，不知其姓名，亦不知何許人，蓋明之遺老，雪庵和尚、補鍋匠之流亞也。衣破衣，戴角巾，佯狂自放。常往來登、萊間，愛勞山之勝，居數載，去，久之復來，莫可得而跡也。好飲酒，每行，以酒一壺自隨，人稱之曰一壺先生。知之者飲以酒，即留宿其家。閒一讀書，輒欷歔流涕而罷，不能竟讀也。與即墨黃生、萊陽李生善。兩生知其非常人，皆敬事之，或就先生宿，或延先生主其家。然先生對兩生，皆瞠目無語，輒曰：「行酒來，余爲生痛飲。」兩生度其胸中有不平之思而外自放於酒，嘗從容叩之，不答。一日，李生策蹇山行，望見桃花數十株，盛開臨深溪，一人獨坐樹下，心異之，曰：「其一壺先生乎？」比至，果先生也。方提壺下蹇，與共飲，醉別去。其蹤跡既無定，或留久之，乃去，去不知所之，已而又來。康熙壬戌，去即墨久矣，忽又來，居僧舍，視其容貌蕉萃，神氣惝恍，異前時。問其所自來，不答，每夜半，即放聲哭，哭竟夜。閱數日，自經死。

紀伯紫爲鍾山遺老

紀映鍾字伯紫，一字檗子，號戇叟，上元人，自稱鍾山遺老，與方文林古度齊名。白髮當歌，紅牙聽曲，説青溪舊事，娓娓不倦。一日，與大梁周在浚雪客、楓江徐釚電發痛飲燕市城西，有絶句云：「風雅松陵勝昔時，力裁僞體出偏師。徐郎本事從珍重，始信無情未是詩。」謂電發所輯《續本事詩》也。徐亦和云：「人物南朝賭酒時，過江僕射是吾師。猶餘戇叟風流在，悵絶青溪數首詩。」

錢近仁隱於補履

蘇州虎丘有錢補履墓。其人名近仁，以補履爲業，嗜讀書，通知古今事。吳中士大夫稱爲補履先生，汪稼門廉使樹墓碣以表之。

洞庭丐者爲隱君子

吳中洞庭山有丐者，隱君子也，貌似狂易。汪鈍翁記其數絶句云：「不信乾坤大，超然世莫羣。口吐三峽水，脚踏萬方雲。有形皆是假，無象孰爲真？悟到無生地，梅花滿四鄰。」

林茂之墨守

林茂之窮老金陵，《冬夜》詩云：「老來貧困實堪嗟，寒氣偏歸我一家。無被夜眠牽破絮，渾如孤鶴入蘆花。」夏日又無帷帳，或遺之，則以易米。施愚山曰：「夏無帷，病於寒無衣，君能守之，當爲作註。」處士笑曰：「當守之以虎。」客皆絶倒。後愚山自豫章寄一紵帳，書絶句云：「北牕高卧豈知貧，料理偏愁白髮人。紵帳親題林處士，草堂長伴百年身。」並屬同志者各題一幅，曰：「不問知爲林處士物，即謂之墨守可也。」時茂之年八十三，猶老健如五六十許人。

朱竹垞以七品官歸隱

秀水朱竹垞檢討休官後，著書自娛，收藏日富。長洲韓文懿公菼嘗語門人張大受曰：「吾貴爲尚書，何如秀水朱十。以七品官歸田，飯疏飲水，多讀萬卷書也。」

三風太守歸隱

歙縣吳綺字園次，遷居江都，以部郎出知湖州府。有清操，不畏強禦，時人目之爲三風太守，謂其多風力、尚風節、饒風雅也。解組歸隱，有園一區，荒穢不治。凡索文與詩者，多以花木竹石爲潤筆費，不數月而成林，因名之曰種字林，日讀書宴客其中。

豸青山人夫婦偕隱

李鍇字鐵君，號豸青山人。隸漢軍，本勳臣後，當得官，不就。其婦翁爲太傅索額圖。索當枋用時，聲勢隆赫，山人遠避之，盡以先世產業屬二昆，偕其婦隱於盤山，買田豸峯下，構草舍，雜山甿以耕。其尤貧者，授之田而無所取。蔬材果實，與衆共之。賢聲遠聞。嗜茗飲，遇山谷幽邃處，輒埽葉煑泉，竟日忘返。見者曰：「此李山人茶煙也。」

逆旅主人乃隱君子

陳恪勤之被逮入都也，除夕，市米潞河。主人問客何來，曰：「陳太守。」「是湘潭陳公邪？」曰：「然。」曰：「是廉吏，安用錢爲？」反其值，問寓何所。次日，門外車檻檻，饋米十石，書一函，稱「天子必再用公，公宜以一節終始，毋失天下望。」紙尾不署姓名。問擔夫，曰：「其人姓魏。」訪之，則閉户他出矣，蓋隱君子也。

徐康侯結廬小和山

錢塘徐康侯茂才浩，沈静寡欲。康熙中，以治書入郡庠，一試秋闈，不售，即棄去，爲韁吏記室。未半月，厭官廨之囂，留書别居停。居停賢其行，却之，襆被歸。結廬小和山，自號和峯子，與金冬心、盛嘯崖唱和自遣。邑令聞其名，造廬請謁，穴牆遁。

梅岩真逸所遇之叟

梅岩真逸，不詳其姓名里居。年二十，學仙，歷晉、豫、燕、趙，遇林下者老狀貌瑰異者，必從之游，反覆窮叩，稍有所得，即訂爲兄弟。嘗由京師過熱河，僦居廢寺，年五十餘矣。一日，經木廠，見一老叟頎身玉立，須髯如蝟，心異之，叩其姓字，曰：「姓李，名君燦，字君燦。」問其年，曰：「猝不能記，但記生於明初。曾從宋金華先生受《春秋》學，由雁宕移居西湖頗久，至康熙時，始遷此地。」梅岩驚駭，揖而言曰：「叟倘得暇一痛飲乎？」叟曰：「可。」遂共入酒肆。從容問養生術，叟曰：「愛惜精氣神而已，無他術也。」既又詢知叟家相距不遠，酒後送叟歸。入山數折，澗水如玉，桃花盛開。入門，則三五童子拱立以竢。問童子爲誰，曰：「十六代孫也。」言已，導梅岩入寢室。窗間花草數缾，案上焚楠檀，日夕不斷，書卷惟《道德經》、《内經》、《大學》、《中庸》數種而已。梅岩曰：「聞叟爲金華弟子，金華手蹟尚有存乎？」叟發笈出示，則手札數首，古色爛然，嗟賞久之。既而復請却老方，叟曰：「但默體案上書，求之在己可耳。」後梅岩遊吳門，止於南薰樓，與一道人談及彭祖張三丰事，心怦怦欲動。道人別去，則默念此説果否，安得重訪李叟爲印證之。忽報樓外有老人相候，延入，即李叟也。詢以何事來，曰：「知君惑於道人之説，頗念鄙人，故來一談耳。」梅岩卽請曰：「道人之説，是耶非耶？」叟曰：「眞人應世，元出無心，若以有心求之，失之遠矣。」於是市酒共飲，樂甚。明日叟歸，梅岩欲與之俱，叟曰：「珂鄉某君與子同志，某歲有急，子當拯之。他日同訪吾家，未晚也。」别後，梅岩以某歲濟某之急，如叟言。

厲樊榭隱而不仕

厲樊榭以孝廉需次縣令，將入京候銓，道經天津。查蓮坡留之於水西莊，觴詠數月，同撰周密《絶妙好詞》箋，遂不就選而歸。揚州馬秋玉兄弟延爲上客，後遂隱而不仕。

方子雲索居屏迹

歙縣方正澍字子雲，忘情仕進，樂志衡門，古之賈浪仙、羅昭諫一流人。詩工體物，與袁子才同寓金陵，激揚風雅，詩壇争長，照耀江東。子雲賃屋長干，索居屏跡，於時詞客，罕有頡昂。故袁有《論詩絶句》云：「金陵從古詩人少，近有南園與古漁。更有閉門工索句，無人解扣子雲居。」子雲著有《伴香閣詩》。南園爲江都何士容，古漁爲上元陳毅也。陳詩矯健，何詩清婉。古漁當尹文端督兩江時，欲延爲鍾山書院諸生説詩，古漁呈詩，有「餓夫爲將一軍驚」句，議遂寢。

諸琴溪爲青浦隱君子

青浦諸琴溪，隱君子也。捐館之三日，邑宰孫溥致賻儀，且往弔。諸與孫素未謀面，又巷不容車，家人力辭之。孫曰：「我敬其品，重其學。曩之不來，未敢以塵俗相溷耳，今當一奠，以展向往之誠。」遂卻輿蓋，徒步入門，而向靈帷瞻拜焉。

圖鞳布築墓字傍

學士圖鞳布，滿洲人，官至侍讀學士。貌清癯，中歲即以疾告而隱。築室西郊外數里，竹籬茅檐，軒窗精潔，院中疊石爲山，奇峯崒嵂，徑迂折，饒清趣。後圃蒔花種蔬，親灌溉。春秋佳日，偕宗丞曹學閱遍覽西郊蘭若，又嘗風雪中共策蹇訪潭柘、戒壇諸勝。短裘笠帽，望之如神仙中人。好吟詠，有靖節、放翁之風。築墓宇傍，病劇時，告妻孥曰：「不必舁入城中，死即埋我於此。」言訖，端坐而逝。夫人從其志。

何春巢隱居愛梅

錢塘何春巢名琪，嘉慶時人。隱居不仕，雅好花竹。尤愛梅，其庭院中，凡梅之種種色色幾備。嘗倩人寫一小影，箬笠短衣，席地坐，旁置梅花一擔，自題云：「賣花叟，擔花走。賣得銅錢復沽酒，花兒賣罷擔兒丟，賣賦還如賣花否？賣花叟，擔花走。」

徐虛齋中年不入城市

嘉慶中，錢塘徐虛齋明經以誠，屢應秋試，薦而不售，築枕江樓於鳳山門外，而獨居之，歗歌自適。性寬大簡重，好潔，涕唾必擇所，坐處無纖塵。布袍整肅，襘如也。時方中年，足迹不履城市，近則默坐於櫻桃山麓，遠則散步於西湖之漪園。妻孥經歲不相見，日夕相從者，一僮一鶴而已。

李我隱於江湖

江南生者，嘉慶間江南畸人也，隱於江湖。嘗遊湖湘、江西，不言姓字。年三十許，無鬚，長身頎立，動止俶詭。逢人輒談韻學，時或及經義，獨發奇論，聞者舌撟不能下。盧溪諸生林逢馨館之家，事以師禮，昕夕講貫。有以疑義詢者，輒曰：「出某書第幾頁。」檢之。果然，數十問，無一誤。性嗜酒，酣飲無算，醉輒侘傺悲嘯。與之游者莫之測也，逡巡避去。不甚喜見客，尤厭薄富家兒，有造謁者，則閉户大聲讀書，俟其去，乃已。好習禮儀，暇輒設几席，招諸生，而已爲之賓，槃辟自西堦上，跪拜罄折如儀，宛然叔孫通之綿蕞也。嘗語人曰：「聰明誠由天授，而强識盡人可爲。日以寸紙記五六事，黏壁間，終歲所獲多矣。」其作字，必依許氏書。未嘗泚筆爲文，而衣帶間恆繫片紙，視之，則所作《武寧盧氏溉園記》也。述經學，以漢魏爲宗。縣令楊朝位館之半載。獨居，恆拊膺太息，若有大不得已於中者。一日，忽辭歸。贐以金，卻之曰：「吾無所用此也。」遂去。或謂生實姓李，偶見其《贈葠客》詩，自署「李我」也。語音類楚。或曰：「此楚之王百齡也。」質之，皆非是。

郭頻伽萬梅花擁一柴門圖

郭頻伽名麐，吴江人。嘗以《水村圖》索人題詠，同縣女士汪玉軫題之云：「深閨未識詩人宅，昨夜分明夢水村。」卻與圖中渾不似，萬梅花擁一柴門。」頻伽乃倩奚鐵生補寫《萬梅花擁一柴門圖》，以代前軸。

梁茝林七十歸田

福州梁茝林中丞，晚年歸田，有一印云「二十舉鄉，三十登第，四十出守，五十還朝，六十開府，七十歸田」。

張南山安享林泉之樂

番禺張南山維屏，以進士宰湖北，所至有政聲，擢守南康。歸田後，閉户著書，著作等身。有《國朝詩人徵略》行世。工詩，善書，老而彌篤，有嶺南三子之譽。嘗刻一小印，曰「乾隆秀才，嘉慶舉人，道光進士，咸豐老漁」。曾築聽松園於花田之濱，爲著書所。性愛松菊，園植老松，沿畦繞砌悉佳菊。每當黃花盛開，卽邀友游讌其中，酒賦琴歌，盤桓竟日，享林泉之樂者三十餘年。其絶筆詩云：「煙雲過眼總成空，留得心情紙墨中。書未刻完人已逝，八旬回首惜匆匆。」「偶墮塵寰八十年，飄然歸去大羅天。松溪花埭常游處，或者詩魂泛畫船。」

何蓮舫隱居邗上

江陰何蓮舫太守自廣信罷官，隱居邗上，託業淮鹺。自刻《悔餘庵全集》行世，貽息《莊》、《騷》，曾文正公劇嘉許之。嘗手書一聯以貽之曰：「千頃太湖，偶與陶朱同泛宅；二分明月，合隨何遜共移家。」

徐山雲補梅孤山

錢塘徐山雲茂才時，既屢應秋試不售，乃絶意進取，就六世祖文敬公潮清風草廬旁築屋以居，慕林和靖處士風。道光丁酉，與同里汪介眉、沈念農、孫閬青諸老輩補梅孤山，以寄岑寂。同治辛未，閬青自湘中還，訪其種梅處，題詩壁間曰：「空廊苔屐宛然新，重訪寒花幾愴神。記自碎鋤明月後，又拋三十六回春。」

劉省三掛冠遺世

合肥劉銘傳字省三，起家淮軍，轉戰江右，建業回疆，被爵歸田，年甫及壯。其《遺懷》云：「自從家破苦奔波，懶向人間喚奈何。名士不妨茅屋小，英雄總是布衣多。爲嫌仕宦無肝膽，不慣逢迎受折磨。餓有糗糧寒有帛，草廬安卧且高歌。」自新疆歸，即掛冠遺世。嘗居金陵莫愁湖，恆策小驢，尋老僧譚佛。有《題報國寺慧真和尚游春圖二絶》云：「桃花如錦草如茵，一杖逍遥物外身。春色萬山仗誰管，神仙多半出家人。」「踏青攜杖到雲岑，繞澗穿林緩步行。山水多情常供佛，不教春色動禪心。」

朱研臣隱居胥山

朱研臣提舉大勛，錢塘人。以所居在大井巷之吴山麓，自號胥山老農。少丁亂離，方粤寇擾杭時，爲倉皇出走。亂定歸，棄舉子業，得官亦不出，以詩酒自娱。春秋佳日，輒與二三同志小集樂山草堂，爲文讌之會。樂山草堂襟西湖，枕錢江，風景清幽，以城郭而有山林之勝者也。女承芳，字蓉笙，髫年知書，嘗云：「吾家居胥山，固秀色可餐也。」後適同里徐珂。

汪笑儂隱於伶

汪笑儂名僢，自號伶隱，皖人，仕而優者也。光緒中，以明經得鄉選，大挑用知縣。挾資次京師，自以新貴將得官，乃謀置一妾與之省，不知其適爲宗室女也。事聞於臺官，奏之朝，按驗，例當斬。汪有家奴私請曰：「其無救乎？」汪曰：「救可爲，惟必有任其罪者，乃得耳。」奴曰：「誠能乞得主人命，奴萬死不辭也。」汪曰：「審乎？」奴曰：「第勉爲之，奴誓無悔也。」汪知其誠，乃出資賄朝貴，遂坐奴買獻罪。

奇丐隱於乞

榕城之西市，一日來一丐，臉瘦身矮，衣衫藍縷，手一布囊，纍纍然不知中貯何物，蹒跚道上，口作吟詩聲。途人皆奇之，有佇而觀者，有踵其後者。繼至一隙地，以布囊委地，向衣袋中取出一紙，鋪地上，字大如錢，爲端楷，上書「四海散人痛告」六字，下叙其由浙入閩，尋親不遇，見逐於逆旅居停，腹枵三日，是以呼號將伯，解囊助予，云云。時觀者多憫之，佽助銅元數十枚，丐者殊弗顧，徐向布囊中取出一書，高聲宣讀，中多隱約語，其音清朗嘹喨。久之，始俯身拾地上錢，擕囊行至一書坊前，昂然入，將所乞錢購書數册，束於腰，彳亍而出。或詰之曰：「爾奚有閒資購書？」丐者嗤之以鼻曰：「子鴻鵠耳，寧知我志哉！」弗顧而去，後亦不復見其人。